Joachim Nettelbecks wundersame Lebensgeschichte

von ihm selbst erzählt

Joachim Nettelbecks wundersame Lebensgeschichte

von ihm selbst erzählt

ISBN/EAN: 9783954271597
Erscheinungsjahr: 2012
Erscheinungsort: Bremen, Deutschland

© *maritimepress in Europäischer Hochschulverlag GmbH & Co. KG, Fahrenheitstr. 1, 28359 Bremen. Alle Rechte beim Verlag und bei den jeweiligen Lizenzgebern.*

www.maritimepress.de | office@maritimepress.de

Bei diesem Titel handelt es sich um den Nachdruck eines historischen, lange vergriffenen Buches. Da elektronische Druckvorlagen für diese Titel nicht existieren, musste auf alte Vorlagen zurückgegriffen werden. Hieraus zwangsläufig resultierende Qualitätsverluste bitten wir zu entschuldigen.

Joachim Nettelbeck. 1738 bis 1824

Gneisenau über Nettelbeck: Es ist wohltuend, in einer Zeit, wo oft
Kleinmut die Herzen beschleicht, das Bild eines Mannes aufstellen zu
können, der im alten deutschen Sinne und Mut Millionen seiner Zeitgenossen voransteht

Ein Mann

Des Seefahrers und aufrechten Bürgers
Joachim Nettelbeck
wundersame Lebensgeschichte
von ihm selbst erzählt

Neithardt von Gneisenau

der Kommandant der Festung Kolberg, deren ruhmreiche Verteidigung einen der interessantesten Abschnitte dieses Buches bildet, 1760 geboren, hatte schon in einem zu Erfurt garnisonierenden österreichischen und danach in einem der Regimenter des Markgrafen von Ansbach-Bayreuth gedient, die in englischem Solde in und gegen Amerika kämpften, als Friedrich der Große ihn 1786 als Premierleutnant in die preußische Armee aufnahm. In dem Jahre des preußischen Zusammenbruches 1806 hatte er an den Schlachten bei Saalfeld und Jena teilgenommen. Nach dem die Belagerung Kolbergs endenden Tilsiter Frieden berief ihn Friedrich Wilhelm III. als Chef des Ingenieurkorps in die Reorganisationskommission, wo er mit Stein und Scharnhorst unermüdlich für die Wiedergeburt des Staates wirkte. Von der französischen Partei verdächtigt, erbat er nach Steins Entlassung den Abschied und lebte in England, Schweden und Rußland, sowie als einer der Führer der Kriegspartei in Berlin, bis er 1813 zum Generalquartiermeister des Blücherschen Korps und nach Scharnhorsts Tode zum Chef des Generalstabes der schlesischen Armee ernannt ward. Energisch, kühn und zielbewußt, gewann Gneisenau an den großen Siegen der deutschen Freiheitskriege entscheidenden Anteil. Er starb 1831 in Posen an der Cholera.

Ferdinand von Schill

1776 geboren, war 1806, als preußischer Dragonerleutnant bei Auerstedt verwundet, nach Kolberg gekommen, an dessen Verteidigung er mit einem Freikorps tapfer teilnahm. Nach dem Tilsiter Frieden ernannte ihn der König zum Major und Kommandeur des Leibhusarenregiments. Mit diesem rückte er, nachdem die Österreicher den Franzosen den Krieg erklärt hatten, am 28. April 1809 eigenmächtig ins Feld. Nach anfänglichen Erfolgen mußte er sich nach Stralsund zurückziehen, wo er, von Holländern und Dänen mit Übermacht angegriffen, am 31. Mai mit den meisten der Seinen fiel.

Erster Teil

Am 20. September 1738 ward ich zu Kolberg geboren und bekam dann den Taufnamen Joachim. Mein Vater, Johann David Nettelbeck, war hier Brauer und Branntweinbrenner und stand bei der Bürgerschaft in besonderer Liebe und Anhänglichkeit. Dies Glück ist mir von ihm übererbt, und ich genieße es noch jetzt, in meinem Alter, bei meinen lieben Mitbürgern. Meine Mutter war aus des Schiffers Blanken Geschlecht. Auch meiner beiden Paten – nämlich der Kaufleute Herren Lorenz Runge und Grüneberg – muß ich hier dankbar erwähnen, weil so manche ihrer väterlich gemeinten Vorstellungen und was sie mir sonst Gutes eingeprägt, bei mir einen Eindruck gemacht, der mich durch mein ganzes Leben begleitet hat.

Seit ich kaum das Alter von dreiviertel Jahren erreicht, bin ich bei meinen Großeltern väterlicherseits erzogen worden; aber sobald ich habe lallen können, stand auch mein Sinn darauf, ein Schiffer zu werden. Dies mag wohl daher kommen, daß mir dergleichen oftmals vorgeplaudert worden. Mein Hang dazu trieb mich so gewaltig, daß ich aus jedem Holzspan, aus jedem Stückchen Baumrinde, was mir in die Hände fiel, kleine Schiffchen schnitzelte, sie mit Segeln von Feder oder Papier ausrüstete, und damit auf Rinnsteinen und Teichen oder auf der Persante hantierte.

Meines Vaters Bruder war Schiffer; und keine größere Freude gab es für mich, als wenn er mit seinem Schiffe hier im Hafen lag. Dann hatte ich zu Hause keine Ruhe, sondern bat, man möchte mich

1

nach der Münde lassen. Oh, welch ein vergnügtes Leben, wenn ich auf dem Schiffe war und mit den Schiffsleuten in ihrer Arbeit herumsprang!

Nicht viel geringer war meine Liebe und Freude am Gartenwesen, denn auch mein Großvater war ein sonderlicher Gartenfreund, nahm mich beständig mit in seinen Garten, gab mir sogar ein klein Fleckchen Land zum Eigentum und ließ mich sehen und lernen, was zur Gartenarbeit gehörte. Hier legte ich Obstkerne; ich verpflanzte, ich pfropfte und okulierte; ich begoß und pflegte meine Gewächse. Meine Kernstämmchen wuchsen heran, und sieben von diesen selbstgezogenen Bäumen sind noch (wie sehr es mir auch um sie leid tat, da ich jetzt der Besitzer des nämlichen Gartens bin) in der letzten französischen Belagerung umgehauen worden.

An dieses kleine, aber für mich unschätzbare Grundstück, dessen Pflege noch in diesem Augenblicke die Freude meines Alters ausmacht, heften sich ein paar meiner frühesten und lebendigsten Erinnerungen.

Ich mochte wohl ein Bürschchen von fünf oder sechs Jahren sein und noch in meinen ersten Höschen stecken (also etwa um das Jahr 1743 oder 44), als es hier bei uns, und im Lande weit umher, eine so schrecklich knappe und teure Zeit gab, daß viele Menschen vor Hunger starben, denn der Scheffel Roggen kostete einen Taler acht Groschen. Es kamen, von landeinwärts her, viele arme Leute nach Kolberg, die ihre kleinen hungrigen Würmer auf Schiebkarren mit sich brachten, um Korn von hier zu holen, weil man Getreideschiffe in unserem Hafen erwartete, die der grausamen Not steuern sollten. Alle Straßen bei uns lagen voll von diesen unglücklichen ausgehungerten Menschen. Meine Großmutter, bei der ich, wie schon gesagt, erzogen ward, ließ täglich mehrere Körbe voll Grünkohl in unserm Garten pflücken, kochte einen Kessel voll nach dem andern für unsere verschmachtenden Gäste, und *mir* ward das gern übernommene Ehrenämtchen zuteil, ihnen diese Speise in kleinen Schüsselchen nebst einer Brotschnitte zuzutragen. Da rissen mir denn Alte und Junge meinen Napf begierig aus der Hand, oder auch wohl einander vor dem Munde weg. Ich kann nicht aussprechen, welch einen schauderhaften Eindruck diese Szene auf meine kindliche Seele machte.

Endlich langte ein Schiff mit Roggen auf der Reede an, dem sich tausend sehnsüchtige Augen und Herzen entgegenrichteten. Aber, o Jammer! beim Einlaufen in den Hafen stieß es gegen eine Steinküste des Hafendammes und nahm so beträchtlichen Schaden, daß es, im Strome selbst, nur wenige hundert Schritte weiter, der Münder Vogtei gegenüber, in den Grund sank. Sollte die kostbare Ladung nicht ganz verloren sein, so mußten schleunige Anstalten getroffen werden, das verunglückte Fahrzeug wieder über Wasser zu bringen. Dazu wurden dann zwei Schiffe benutzt, die eben auch im Hafen lagen, und wovon das eine von meines Vaters Bruder geführt ward. So war ich denn auch bei diesem Emporwinden, an welchem ich eine kindische Freude hatte, beständig zugegen; ward mitunter auch wohl als unnütz und hinderlich beiseite geschoben, und habe darüber all diese einzelnen Umstände nur um so besser im Gedächtnisse behalten.

Ging nun gleich das Wiederflottmachen des Schiffes glücklich vonstatten, so war doch das Korn durchnäßt, zum Vermahlen untüchtig und die Hoffnung all der darauf vertrösteten Menschen vereitelt. Die Kolberger Bürger kauften den beschädigten Roggen um ein Viertel des geltenden Marktpreises, und da mein Vater damals königlicher Kornmesser im Orte war, so ging auf diese Weise die ganze geborgene Ladung durch seine Hände. Jeder suchte mit seinem Kauf so gut als möglich zurechtzukommen und ihn aufs schnellste zu trocknen. Alle Straßen waren auf diese Weise mit Laken und Schürzen überdeckt, auf welchen das Getreide der Luft und Sonne ausgesetzt wurde. Kurze Zeit darauf erschien ein zweites großes Kornschiff; und nun ward es endlich möglich, die fremde Armut zu befriedigen.

Im nächstfolgenden Jahre erhielt Kolberg, durch des großen Friedrichs versorgende Güte, ein Geschenk, das damals hierzulande noch völlig unbekannt war. Ein großer Frachtwagen nämlich voll Kartoffeln langte auf dem Markte an; und durch Trommelschlag in der Stadt und auf den Vorstädten erging die Bekanntmachung, daß jeder Gartenbesitzer sich zu einer bestimmten Stunde vor dem Rathause einzufinden habe, indem des Königs Majestät ihm eine besondere Wohltat zugedacht habe. Man ermißt leicht, wie alles in stürmische Bewegung geriet, und das nur um so mehr, je weniger man wußte, was es mit diesem Geschenke zu bedeuten habe.

Die Herren vom Rate zeigten nunmehr der versammelten Menge die neue Frucht vor, die hier noch keiner gesehen hatte. Daneben ward eine umständliche Anweisung verlesen, wie diese Kartoffeln gepflanzt und bewirtschaftet, desgleichen wie sie gekocht und zubereitet werden sollten. Besser freilich wäre es gewesen, wenn man eine solche geschriebene oder gedruckte Instruktion gleich mit verteilt hätte; denn nun achteten in dem Getümmel die wenigsten auf jene Vorlesung. Dagegen nahmen die guten Leute die hochgepriesenen Knollen verwundert in die Hände, rochen, schmeckten und leckten dran; kopfschüttelnd bot sie ein Nachbar dem andern; man brach sie voneinander und warf sie den gegenwärtigen Hunden vor, die dran herumschnupperten und sie gleichmäßig verschmähten. Nun war ihnen das Urteil gesprochen! »Die Dinger«, hieß es, »riechen nicht und schmecken nicht, und nicht einmal die Hunde mögen sie fressen. Was wäre uns damit geholfen?« – Am allgemeinsten war dabei der Glaube, daß sie zu Bäumen heranwüchsen, von welchen man zu seiner Zeit ähnliche Früchte herabschüttle. Alles dies ward auf dem Markte, dicht vor meiner Eltern Türe, verhandelt; gab auch mir genug zu denken und zu verwundern und hat sich darum auch, bis aufs Jota, in meinem Gedächtnisse erhalten.

Inzwischen ward des Königs Wille vollzogen und seine Segensgabe unter die anwesenden Garteneigentümer ausgeteilt, nach Verhältnis ihrer Besitzungen, jedoch so, daß auch die Geringeren nicht unter einigen Metzen ausgingen. Kaum irgend jemand hatte die erteilte Anweisung zu ihrem Anbau recht begriffen. Wer sie also nicht geradezu in seiner getäuschten Erwartung auf den Kehrichthaufen warf, ging doch bei der Auspflanzung so verkehrt wie möglich zu Werke. Einige steckten sie hier und da einzeln in die Erde, ohne sich weiter um sie zu kümmern; andere (und darunter war auch meine liebe Großmutter mit ihrem ihr zugefallenen Viert) glaubten das Ding noch klüger anzugreifen, wenn sie diese Kartoffeln beisammen auf einen Haufen schütteten und mit etwas Erde bedeckten. Da wuchsen sie nun zu einem dichten Filz ineinander; und ich sehe noch oft in meinem Garten nachdenklich den Fleck drauf an, wo solchergestalt die gute Frau hierin ihr erstes Lehrgeld gab.

Nun mochten aber wohl die Herren vom Rat gar bald in Erfahrung gebracht haben, daß es unter den Empfängern viele lose Verächter gegeben, die ihren Schatz gar nicht einmal der Erde anvertraut hätten. Darum ward in den Sommermonaten durch den Ratsdiener und Feldwächter eine allgemeine und strenge Kartoffel-Schau veranstaltet und den widerspenstig Befundenen eine kleine Geldbuße aufgelegt. Das gab wiederum ein großes Geschrei und diente auch eben nicht dazu, der neuen Frucht an den Bestraften bessere Gönner und Freunde zu erwecken.

Das Jahr nachher erneuerte der König seine wohltätige Spende durch eine ähnliche Ladung. Allein diesmal verfuhr man dabei höheren Orts auch zweckmäßiger, indem zugleich ein Landreiter mitgeschickt wurde, der, als ein geborner Schwabe (sein Name war Eilert, und seine Nachkommen dauern noch in Treptow fort), des Kartoffelbaues kundig und den Leuten bei der Auspflanzung behilflich war und ihre weitere Pflege besorgte. So kam also diese neue Frucht zuerst ins Land und hat seitdem, durch immer vermehrten Anbau, kräftig gewehrt, daß nie wieder eine Hungersnot so allgemein und drückend bei uns hat um sich greifen können. Dennoch erinnere ich mich gar wohl, daß ich erst volle vierzig Jahre später (1785) bei Stargard, zu meiner angenehmen Verwunderung, die ersten Kartoffeln im freien Felde ausgesetzt gefunden habe.

eben manchen anderen Kindereien war ich auch ein großer Liebhaber von Tauben. Von meinem Frühstücksgelde sparte ich mir so viel am Munde ab, daß ich mir ein Paar kaufen konnte. Das war nun eine Herrlichkeit! Da aber meine Großeltern unter dem Posthause bei Herrn Frauendorf wohnten, so gab es hier keine Gelegenheit, die Tauben ausfliegen zu lassen. Ich machte daher mit dem sogenannten »Postjungen«, Johann Witte (nachherigem Post- und Bankodirektor in Memel), einen Akkord, daß er meine Tauben zu sich

5

nehmen, ich aber täglich eine gewisse Portion Erbsen zum Füttern hergeben sollte, die ich meinen Großeltern leider heimlich in den Taschen wegtrug! Die Tauben vermehrten sich, hinfolglich auch die Futtererbsen.

Bei all diesen Spielereien ward (wiederum leider!) die Schule versäumt; ich hatte weder Lust noch Zeit dazu. Wenn meine Großmutter meinte, ich säße fleißig auf der Schulbank, so schiffte ich in Rinnsteinen und Teichen, oder ich verkehrte mit meinen Tauben; und das machte mir so viel zu schaffen, daß ich weder bei Tag noch bei Nacht davor ruhen konnte. Diese unruhige Geschäftigkeit hat mich auch nachmals bei weit wichtigeren Dingen und selbst bis in mein Alter verfolgt. Freilich habe ich mir wohl dabei weniger für mich als für andere meiner Mitmenschen zu tun und zu sorgen gemacht.

Einigen Vorschub zu diesen Possen tat mir Pate Runge, der nicht Frau noch Kinder hatte, mich sehr liebte und sich viel mit mir abgab. Endlich aber nahm er mich einmal etwas ernsthafter ins Verhör (wie auch zuweilen von Pate Grüneberg geschah), und gab mir zu bedenken, daß, wenn ich Schiffer werden wollte, so müßte ich auch fleißig in die Schule gehen, eine firme Hand schreiben und gut rechnen lernen, sonst dürft' ich nie an so etwas denken. Mir fuhr das gewaltig aufs Herz. Ich sann nach, was denn wohl von meinem jetzigen Tun und Treiben abgestellt werden müßte? – Was anders, als meine Tauben, die mir so viel Zeit kosteten und doch so sehr am Herzen lagen! *Wie* ich's aber auch bedenken mochte, so war es doch nicht anders; ich mußte meine lieben Tierchen fahren lassen, die sich indes ansehnlich vermehrt hatten! Dies geschah denn auch mittels eines förmlichen schriftlichen Kontraktes, wodurch ich den Johann Witte zu ihrem alleinigen Herrn und Besitzer einsetzte.

So war ich also meine Tauben los und nun kriegt' ich einen so brennenden Trieb zur Schule, daß mich die Lernbegierde auf Schritt und Tritt verfolgte. Ich wollte und mußte ja ein Schiffer werden! Auch alle meine heiligen Christgeschenke, woran es meine Herren Paten nicht fehlen ließen, hatten immer eine Beziehung auf die Schifferschaft. Bald war es ein runder holländischer Matrosenhut, bald lange Schifferhosen, bald Pfefferkuchen, als Schiffer geformt.

o mochte es in meinem achten Jahre sein, als Pate Lorenz Runge mir unter anderen Weihnachtsbescherungen auch eine Anweisung zur Steuermannskunst in holländischer Sprache verehrte. Dies Buch machte meine Phantasie so rege, daß ich Tag und Nacht für mich selbst darin studierte, bis mein Vater ein Einsehen hatte und mir bei einem hiesigen Schiffer, namens Neymann, zwei wöchentliche Unterrichtstage in jener edlen Kunst ausmachte. Dagegen blieben die anderen vier Tage noch zum Schreiben und Rechnen bei einem anderen geschickten Lehrer, namens Schütz, bestimmt. Ein Jahr später aber ward die Steuermannskunst die Hauptsache und alles andere in die Neben- und Privatstunden verwiesen.

Mein Eifer für diese Sache ging so weit, daß ich im Winter oftmals bei strenger Kälte, wenn des Nachts klarer Himmel war, und wenn meine Eltern glaubten, daß ich im warmen Bette steckte, heimlich auf den Wall und »Die hohe Katze« ging, mit meinen Instrumenten die Entfernung der mir bekannten Sterne vom Horizont oder vom Zenit maß und danach die Polhöhe berechnete. Dann, wenn ich des Morgens erfroren nach Hause kam, verwunderte sich alles über mich und erklärte mich für einen überstudierten Narren. Schlimmer aber war es, daß man mich nun des Abends sorgfältiger bewachte und mich nicht aus dem Hause ließ. Dennoch suchte und fand ich oftmals Gelegenheit, bei Nacht wieder auf meine Sternwarte zu kommen, was mir aber, wenn ich mich morgens wieder einstellte, von meinem Vater manche schwere Ohrfeige einbrachte.

Ähnlicher Lohn ward mir auch sonst noch für ähnlichen Eifer! Zu oft hatte ich gehört, daß ein Seemann vor allen Dingen lernen müsse, gut klettern, um die Masten bei Tag und Nacht zu besteigen, als daß ich nicht hätte begierig werden sollen, mich darin beizeiten zu üben. Hierzu fand sich eine erwünschte Gelegenheit durch die nähere Bekanntschaft mit dem Sohne des damaligen Glöckners. Er war in meinen Jahren, hieß David, und wollte auch Schiffer werden. Mit diesem machte ich mich, außer der Schulzeit, auf den Boden der großen Kirche in das Sparrwerk und die Balkenverbindungen bis hoch unter das kupferne Dach hinauf. Hier stiegen und krochen wir überall herum, daß wir uns in der gewaltigen Verzimmerung dieses großen Gebäudes oftmals dergestalt verirrten, daß einer vom andern nichts wußte. Kamen wir dann wieder zusammen, so konnten wir nicht genug erzählen, *wo* wir gewesen waren und *was* wir gesehen hatten.

Bald ging es nun zu einem Wagestück weiter. Auch in die Spitze des Turmes krochen wir in dem inwendigen Holzverbande hinauf – so hoch, bis wir uns in dem beengten Raume nicht weiter rühren konnten. Aber eben diese Gewandtheit und Ortskenntnis kam mir in der Folge recht gut zu statten, um hier in der äußersten Spitze, wo ein Wetterstrahl am 28. April 1777 gezündet hatte, das Feuer löschen zu können; wie ich zu seiner Zeit weiter unten erzählen werde.

Und nunmehr genügte es uns nicht, bloß innerhalb uns von Balken zu Balken zu schwingen: es sollte auch außerhalb des Gebäudes geklettert werden! So machten wir uns denn auf das kupferne Dach; stiegen bei den Glocken aus den Luken auf das Gerüst; von da auf den First des kupfernen Kirchendaches, und indem wir darauf wie auf einem Pferde ritten, rutschten wir längshin vom Turme bis an den Giebel und auf gleiche Weise wieder zurück. Ein paar Hundert Zuschauer gafften drunten, zu unserer großen Freude, nach uns beiden jungen Waghälsen in die Höhe. Auch mein Vater war, ohne daß ich es wußte, unter dem Haufen gewesen, und so konnte es nicht fehlen, daß mich, bei meiner Heimkunft, für diese Heldentat eine derbe Tracht Schläge erwartete.

Aber die Lust zu einem wiederholten Versuche war mir dennoch nicht ausgetrieben worden! Ich lauerte es nur ab, daß mein Vater verreist war, und an einem schönen Sommertage, nachmittags um vier Uhr, als ich der Zucht des Herrn Schütz entlaufen war, konnte ich nicht umhin, meinen lieben Turm wieder zu besuchen. Ein Schulkamerad, David Spärke, eines hiesigen Schiffers Sohn, leistete mir Gesellschaft. Diesen beredete ich, den Ritt auf dem Kirchendache mitzumachen. Zuerst stieg ich aus der Luke auf das Gerüst und von da auf den First des Daches. David Spärke kam mir zuversichtlich nach, da er mich so flink und sicher darauf hantieren sah.

Allein kaum war er mir sechs oder acht Fuß nachgeritten, so überfiel ihn plötzlich eine Angst, daß er erbärmlich zu schreien begann, sich zu beiden Seiten an den kupfernen Reifen festklammerte und nicht vor- nicht rückwärts kommen konnte. Ich kehrte mich nach ihm um, kam dicht zu ihm heran; und hier saßen wir nun beide, sahen uns betrübt ins Gesicht und wußten nicht, wo aus noch ein. *Er* wagte es nicht, sich umzudrehen, *ich* konnte an ihm nicht vorbeikommen. Dabei hörte er nicht auf, in seiner Seelenangst aus vollem Halse zu schreien. Auf der Straße gab es einen Zusammenlauf und bald auch Hilfe. Denn der alte Glöckner mit seinem Sohne und mehreren anderen kamen auf den Turm und zogen meinen Freund David mit umgeworfenen Leinen rücklings nach dem Gerüste und so vollends in die Luke hinein. Ich aber folgte, wie ein armer Sünder, zitternd und bebend nach.

Des nächsten Tages kam mein Vater wieder nach Hause, und da gab es denn, wie zu erwarten war, rechtschaffene, aber verdiente Prügel. Damit aber nicht genug, meinte auch Herr Schütz, mein Lehrer, es müsse hier, der übrigen Schulkameradschaft wegen, noch ein anderweitiges Beispiel zu Nutz und Lehre statuiert werden, und bat sich's bei meinem Vater aus, gleichfalls noch Gericht über mich halten zu dürfen. Das ward ihm gern bewilligt. Meine Strafe bestand in einem dreitägigen Quartiere in dem dunklen Karzer auf dem Schulhofe. Hier ward ich nachmittags, sobald die Schulzeit abgelaufen war, eingesperrt und immer erst morgens um acht Uhr, wo die Schule wieder anging, herausgelassen. Nur mittags durfte ich nach Hause gehen, um zu essen; aber schon in der nächsten Stunde auf meiner Schulbank mich einfinden und um vier Uhr meine traurige Wanderung in die Finsternis wieder antreten.

Nächst der Unbequemlichkeit einer einzigen täglichen Mahlzeit bei einem (Gott weiß es) gesegneten Appetite, war's meine größte Qual, daß ich von den andern Schulbuben über mein Abenteuer noch ausgelacht ward. Niemand hatte Mitleid mit meinem Unstern; ausgenommen ein einziges gutherziges Mädchen, die älteste Tochter des Kaufmanns, Herrn Seeland. Wenn ich mich recht entsinne, nannte man sie Dörtchen. Dörtchen also steckte mir den letzten Abend, mit Tränen in den Augen, ihre Semmel zu; konnte es aber nicht so heimlich abtun, daß es nicht von den anderen wäre gesehen und verraten worden. Die Semmel ward mir vom Lehrer wieder abgenommen und konfisziert. *Ich* weinte; *sie* weinte; Herr Schütz selbst konnte sich dessen nicht erwehren. Ich bekam meine Semmel zurück: aber bloß – wie er hinzusetzte – um das gute Kind zu beruhigen. – Ich habe nachher, im Jahre 1782 (also nach Verlauf von vierunddreißig Jahren!) die Freude gehabt, dieses nämliche Dörtchen Seeland in Memel wieder anzutreffen. Ihre Eltern waren in ihrem Wohlstande zurückgekommen, den sie damals durch eine Auswanderung nach Rußland zu verbessern hofften. Ich hatte jene Semmel noch nicht vergessen; und es hat mir wohlgetan, sie einigermaßen vergelten zu können.

Endlich, da ich etwa elf Jahre alt sein mochte, sollte es, zu meiner unsäglichen Freude, Ernst mit meiner künftigen Bestimmung werden. Meines Vaters Bruder nahm mich auf sein Schiff, die Susanna, als Kajüten-Wächter, und so ging meine erste Ausflucht nach Amsterdam. Hier sah ich nun eine Menge großer Schiffe auf dem Y vor Anker liegen, die nach Ost- und West-Indien gehen sollten. Täglich ward auf ihnen mit Trommeln, Pauken und Trompeten musiziert, oder mit Kanonen geschossen. Das machte mir allmählich das Herz groß! Ich dachte: Wer doch auch auf so einem Schiffe fahren könnte! – und das ging mir nur um so viel mehr im Kopfe herum, als es damals unter all unsern Schiffsleuten, wie ich oft gehört hatte, für einen Glaubensartikel galt: daß, wer nicht von Holland aus auf dergleichen Schiffen gefahren wäre, auch für keinen rechtschaffenen Seemann gelten könnte. Gerade *das* aber machte ja mein ganzes Sinnen und Denken aus! – Wirklich findet man bei keiner Nation eine größere Ordnung auf den Schiffen als bei den Holländern.

Wovon mir das Herz voll war, ging mir auch alle Augenblicke der Mund über. Ich gestand meinem Oheim, wie gern ich am Bord eines solchen ansehnlichen Ostindien-Fahrers sein und die Reise mitmachen möchte. Er gab mir immer die einzige Antwort, die darauf paßte: Daß ich nicht klug im Kopf sein müßte. Endlich aber ward dieser Hang in mir zu mächtig, als daß ich ihm länger widerstehen konnte. In einer Nacht, zwei Tage vor unserer Abreise, schlüpfte ich heimlich in unsere angehängte Jolle – ganz wie ich ging und stand und ohne das geringste von meinen Kleidungsstücken mit mir zu nehmen. Man sollte nämlich nicht glauben, daß ich desertiert, sondern daß ich ertrunken sei, und wollte so verhindern, daß mir nicht weiter auf den anderen Schiffen nachgespürt würde. Unter diesen aber hatte ich mir eins aufs Korn gefaßt, von welchem mir bekannt geworden war, daß es am anderen nächsten Morgen nach Ostindien unter Segel gehen sollte. Das letztere zwar war richtig, aber über seine Bestimmung befand ich mich im Irrtum, denn es war zum Sklavenhandel an der Küste von Guinea bestimmt.

Still und vorsichtig kam ich mit meiner Jolle an der Seite dieses Schiffes an, ohne von irgend jemand bemerkt zu werden. Ebenso ungesehen stieg ich an Bord, indem ich mein kleines Fahrzeug mit dem Fuße zurückstieß und es treibend seinem Schicksale überließ. Bald aber sammelte sich das ganze Schiffsvolk (es waren deren vierundachtzig Köpfe, wie ich nachmals erfuhr) verwundert um mich her. Jeder wollte wissen, woher ich käme? wer ich wäre? was ich wollte? Statt aller Antwort – und was hätte ich auch sagen können? – fing ich an, erbärmlich zu weinen.

Der Kapitän war diese Nacht nicht an Bord. Man brachte mich also zu den Steuerleuten, welche das Verhör ins Kreuz und in die Quere mit mir erneuerten. Auch hier hatte ich nichts als Tränen und Schluchzen. »Aha, Bursche!« legte sich endlich einer aufs Raten – »ich merke schon! du bist von einem Schiffe weggelaufen und denkst, daß *wir* dich mitnehmen sollen?« – Das war ganz meine Herzensmeinung. Ich stammelte also ein Ja darauf hervor, konnte mich aber diesmal nicht entschließen, noch weiter herauszubeichten. Inzwischen hatte man einiges Mitleid mit mir, gab mir ein Glas Wein samt einem Butterbrot und Käse, und wies mir eine Schlafstelle an, mit dem Bedeuten, daß morgen früh der Kapitän an Bord kommen werde, der mich vielleicht wohl mitnehmen möchte. – Da lag ich nun die ganze Nacht schlaflos und überdachte, was ich sagen und verschweigen wollte.

Am andern Morgen mit Tagesanbruch fand sich der Lotse ein; der Anker ward aufgewunden und man machte sich segelfertig; wobei ich treuherzig und nach Kräften mit Hand anlegte. Unter diesen Beschäftigungen kam endlich auch der Kapitän heran. Ich ward ihm vorgestellt, und auch seine erste und natürlichste Frage war: Was ich auf seinem Schiffe wollte? – Ich fühlte mich nun schon ein wenig gefaßter und gab ihm über mein Wie und Woher so ziemlich ehrlichen Bescheid; nur setzte ich hinzu (und diese Lüge hat mir nachmals oft bitter leid getan, denn mein Oheim war gegen mich die Milde selbst, als ob ich sein eigen Kind wäre), dieser habe mich auf der Reise oftmals unschuldig geschlagen, wie das denn auch noch gestern geschehen sei. Ich könne dies nicht länger ertragen, und so sei ich heimlich weggegangen und bäte flehentlich, der Kapitän möchte mich annehmen. Ich wollte gerne gut tun.

Nun ich einmal so weit gegangen war, durfte ich auch die richtige Antwort auf die weitere Frage nach meines Oheims Namen und Schiff nicht schuldig bleiben. »Gut!« sagte der Kapitän – »ich werde mit dem Manne darüber sprechen.« – Das klang nun gar nicht auf mein Ohr! Ich hub von neuem an zu weinen, schrie, ich würde über Bord springen und mich ersäufen, und trieb es so arg und kläglich (mir war aber auch gar nicht wohl ums Herz!), daß nach und nach das Mitleid bei meinem Richter zu überwiegen schien. Er ging mit seinen Steuerleuten in die Kajüte, um die Sache ernstlicher zu überlegen; ich aber lag indes, von Furcht und Hoffnung hin und her geworfen, wie auf der Folter, denn die Schande, vielleicht zu meinem Oheim zurückgebracht zu werden, schien mir unerträglich.

Endlich rief man mich in die Kajüte. »Ich habe mir's überlegt,« hub hier der Kapitän an, »und du magst bleiben. Du sollst Steuermanns-Junge sein und monatlich sechs Gulden Gage haben, auch will ich für deine Kleidungsstücke sorgen. Doch höre, sobald wir mit dem Schiffe in den Texel kommen, schreibst du selbst an deines Vaters Bruder und erklärst ihm den ganzen Zusammenhang. Den Brief will ich selbst lesen und auch für seine sichere Bestellung sorgen.« – Man denke, wie freudig ich einschlug und was für ein Stein mir vom Herzen fiel!

Jetzt gingen wir auch unter Segel. Allein ich will es auch nur gestehen, daß, sowie ich meines Oheims Schiff so aus der Ferne darauf ansah, mir's innerlich leid tat, es bis zu diesem törichten Schritte getrieben zu haben. Trotz diesem Herzweh erwog ich, daß er nicht mehr zurückgetan werden konnte, wofern ich nicht vor Beschämung vergehen sollte. Ich machte mich also stark; und als wir im Texel ankamen, schrieb ich meinen Abschiedsbrief, den der Kapitän las und billigte, und mein Steuermann an die Post-Suite besorgen sollte.

Wie die Folge ergeben hat, ist jedoch dieser Brief, mit oder ohne Schuld des Bestellers, nicht an meinen Oheim gelangt; entweder daß dieser zu früh von Amsterdam abgegangen, oder daß das Blatt unterwegs verloren gegangen. Mein Tod schien also ungezweifelt, denn man glaubte (wie ich in der Folge erfuhr), ich sei in der Nacht aus der Jolle gefallen, die man am nächsten Morgen zwischen anderen Schiffen umhertreibend gefunden hatte.

Nachdem wir in Texel unsere Ladung, Wasser, Proviant und alle Zubehör, welche der Sklavenhandel erfordert, an Bord genommen hatten, gingen wir in See. Mein Kapitän hieß Gruben und das Schiff Afrika. Alle waren mir gut und geneigt; ich selbst war vergnügt und spürte weiter kein Heimweh. Wir hatten zwei Neger von der Küste von Guinea als Matrosen an Bord. Diese gab mir mein Steuermann zu Lehrern in der dortigen Verkehrssprache, einem Gemisch aus Portugiesisch, Englisch und einigen Negersprachen; und ich darf wohl sagen, daß sie an mir einen gelehrigen Schüler fanden. Denn mein Eifer, verbunden mit der Leichtigkeit, womit man in meinem damaligen Alter fremde Sprachtöne sich einprägt, brachten mich binnen kurzem zu der Fertigkeit, daß ich nachher an der Küste meinem Steuermanne zum Dolmetscher dienen konnte. Und das war es eben, was er gewollt hatte.

nsere Fahrt war glücklich, aber ohne besonders merkwürdige Vorfälle. In der sechsten Woche erblickten wir St. Antonio, eine von den Inseln des grünen Vorgebirges, und drei Wochen später hatten wir unser Reiseziel erreicht und gingen an der Pfefferküste, bei Kap Mesurado, unter sechs Grad nördlicher Breite, vor Anker, um uns mit frischem Wasser und Brennholz zu versorgen. Zugleich war dies die erste Station, von wo aus unser Handel betrieben werden sollte.

Späterhin gingen wir weiter östlich nach Kap Palmas; und hier erst begann der Verkehr lebendiger zu werden. Die Schaluppe wurde mit Handelsartikeln beladen, mit Lebensmitteln für zwölf Mann Besatzung auf sechs Wochen versehen und mit sechs kleinen Drehbassen, die ein Pfund Eisen schossen, ausgerüstet. Mein Steuermann befehligte im Boot; ich aber, sein kleiner Dolmetscher, blieb auch nicht dahinten und ward ihm im Handel vielfach nützlich. Wir machten in diesem Fahrzeuge drei Reisen längs der Küste, entfernten uns bis zu fünfzig Meilen vom Schiffe und waren gewöhnlich drei Wochen abwesend. Nach und nach kauften wir hierbei vierundzwanzig Sklaven, Männer und Frauen (auch eine Mutter mit einem einjährigen Kinde war dabei!), eine Anzahl Elefantenzähne und etwas Goldstaub zusammen. Bei dem letzten Abstecher ward auch der europäische Briefsack auf dem holländischen Hauptkastell St. George de la Mina von uns abgegeben.

Unser Schiff fanden wir bei unserer Rückkehr etwas weiter ostwärts, nach der Reede von Laque la How oder Kap Lagos vorgerückt. Acht unserer Gefährten waren in der Zwischenzeit infolge des ungesunden Klimas gestorben. Dagegen hatte der Kapitän anderthalbhundert Schwarze beiderlei Geschlechts eingekauft und einen guten Handel mit Elfenbein und Goldstaub gemacht. Für alle diese Artikel gilt Kap Lagos als eine Hauptstation, weil landeinwärts ein großer See von vielen Meilen Länge und Breite vorhanden ist, auf welchem die Sklaven von den Menschenhändlern (Kaffizieren) aus dem Inneren in Kanots herbeigeführt werden.

Gerade in dieser Gegend war auch Kapitän Gruben bei den hier ansässigen reichen Sklavenhändlern von alters her wohl bekannt und gern gelitten. Dennoch war ihm schon auf einer früheren Reise hierher ein Plan fehlgeschlagen, den er entworfen hatte, sich zum Vorteil der holländischen Regierung an diesem wohlgelegenen Platze unvermerkt fester einzunisten. Er hatte mit den reichen Negern verabredet, ein zerlegtes hölzernes Haus nach europäischer Bauart mitzubringen und dort aufzurichten, worin zehn bis zwanzig Weiße wohnen könnten und welches durch einige daneben aufgepflanzte Kanonen geschützt werden sollte. Als es aber fertig dastand, kamen diese Anstalten den guten Leutchen doch ein wenig bedenklich vor. Sie bezahlten lieber dem Kapitän sein Häuschen, das so ziemlich einer kleinen Festung glich, reichlich mit Goldstaub; und als ich es sah, war es von einem reichen Kaffizier bewohnt.

Nachdem wir von hier noch eine Bootreise, gleich den vorigen und mit ebenso gutem Erfolge, gemacht hatten, gingen wir nach vier bis fünf Wochen mit dem Schiffe weiter nach Axim, dem ersten holländischen Kastell an dieser Küste, wo denn auch fortan der Schaluppenhandel ein Ende hatte. Ferner steuerten wir, Cabo tres Puntas vorbei, nach Accada, Boutrou, Saconda, Chama, St. Georg de la Mina und Moure. Überall wurden Einkäufe gemacht; so daß wir endlich unsere volle Ladung, bestehend in vierhundertundzwanzig Negern jedes Geschlechtes und Alters beisammen hatten. Alle diese Umstände sind

mir noch jetzt in meinem hohen Alter so genau und lebendig im Gedächtnisse, als wenn ich sie erst vor ein paar Jahren erlebt hätte.

Nunmehr ging die Reise von der afrikanischen Küste nach Surinam, quer über den Atlantischen Ozean hinüber, wo unsere Schwarzen verkauft werden sollten. Während neun bis zehn Wochen, die wir
zur See waren, sahen wir weder Land noch Strand, erreichten aber
unseren Bestimmungsort glücklich, vertauschten unsere unglückliche
Fracht gegen eine Ladung von Kaffee und Zucker, und traten sodann
den Rückweg nach Holland an. Wir brauchten dazu wiederum acht
bis neun Wochen, bis wir endlich wohlbehalten im Angesichte von
Amsterdam den Anker fallen ließen. Es war im Juni 1751, und die
ganze Reise hin und zurück hatte einundzwanzig Monate gedauert.
Elf Leute von unserer Mannschaft waren während dieser Zeit gestorben.

n Amsterdam ließ ich es mein erstes sein, nach
Kolberg an meine Eltern zu schreiben und ihnen Bericht von meiner
abenteuerlichen Reise zu erstatten. Denke man sich ihr freudiges Erstaunen beim Empfange dieser Zeitung! Ich war tot und wieder lebendig geworden! Ich war verloren und war wiedergefunden! Ihre
Empfindungen drückten sich in den Briefen aus, die ich unverzüglich
von dort her erhielt. Segen und Fluch wurden mir darin vorgestellt.
Ich Unglückskind wäre ja noch nicht einmal eingesegnet! Augenblicklich sollte ich mich aufmachen und nach Hause kommen!

Es traf sich erwünscht, daß ich mich in Amsterdam mit einem
Landsmanne, dem Schiffer Christian Damitz, zusammenfand. Auf
seinem Schiffe ging ich nach Kolberg zurück. Von meinem Empfange
daheim aber tue ich wohl am besten, zu schweigen.

In meiner Vaterstadt blieb ich nun und hielt mich wieder zum
Schulunterricht, bis ich mein vierzehntes Jahr erreichte und die Kon-
firmation hinter mir hatte. Dann aber war auch kein Halten mehr, ich

wollte und mußte zur See, wie der Fisch ins Wasser, und mein Vater übergab mich (zu Ostern 1752) an Schiffer Mich. Damitz, der soeben von Kolberg nach Memel und von da nach Liverpool abgehen wollte, und in den er ein besonderes Vertrauen setzte. Beide Fahrten waren glücklich. Wir gingen weiter nach Dünkirchen, wo wir eine Ladung Tabak einnahmen; dann über Norwegen nach Danzig – und so kam ich, kurz nach Neujahr, zu Lande, um neunzehn Taler Löhnung reicher, nach Kolberg zurück. Ich glaubte Wunder, was ich in diesen neun Monaten verdient hätte! Und noch vor wenig Jahren brachten es unsere Matrosen wohl auf fünfzehn und mehr Taler monatlich. So ändern sich die Zeiten!

In den beiden nächstfolgenden Jahren (1753 und 54) schwärmte ich auf mehr als einem Kolbergschen Schiffe und unter verschiedenen Kapitänen auf der Ost- und Nordsee umher, und war bald in Dänemark und Schweden, bald in England und Schottland, in Holland und Frankreich zu finden.

ber der alte Hang zum Abenteuern erwachte, so daß ich in Amsterdam, wo ich mit Kapitän Joach. Blank, einem alten lieben Kolbergschen Landsmann und Verwandten, zusammentraf, der Versuchung zu einem weiteren Ausflug länger nicht widerstehen konnte, sondern mich, ohne weitere Erlaubnis von Hause, flugs und freudig auf sein Schiff Christina, das nach Surinam bestimmt war, als Konstabler verdingte. Als indes auf der Hinfahrt unser Steuermann das Unglück hatte, über Bord zu fallen und zu ertrinken, kam ich für diese Reise zu der Ehre, den Untersteuermann vorzustellen.

Man weiß, daß die Kolonie Surinam ihren Namen von dem Flusse führt, an welchem auch dritthalb Meilen aufwärts die Hauptstadt Paramaribo gelegen ist. An seiner Mündung ist er wohl zwei Meilen breit und bleibt gegen sechzig Meilen landeinwärts, auch bei der niedrigsten Ebbe, für kleinere Fahrzeuge noch schiffbar. Nur wenig geringer ist der mit ihm verbundene Fluß Komandewyne, welcher bis gegen fünfzig Meilen aufwärts befahren wird. Mit beiden steht noch eine Menge toter Arme oder Kreeks in Verbindung, und an allen Ufern hinauf drängen sich die Zucker- und Kaffeeplantagen, während alles übrige Land eine fast undurchdringliche Waldung ausmacht. Eben dadurch wird diese Kolonie eine der ungesundesten in der Welt; und wenn eine Schiffsequipage von vierzig Mann binnen den vier Monaten, welche man hier gewöhnlich verweilt, nur acht bis zehn Tote zählt, so wird dies für ein außerordentliches Glück gehalten.

Diese große Sterblichkeit hat aber zum Teil auch wohl ihren Grund in den anstrengenden Arbeiten, wozu die Schiffsmannschaften nach hiesigem Gebrauche angehalten werden: denn sie müssen ebensowohl den Transport der mitgebrachten Ladung an europäischen Gütern nach den einzelnen Plantagen, als die Rückfracht aus denselben an Kolonialwaren, besorgen. Man bedient sich dazu einer Art von Fahrzeugen, Punten genannt, die wie Prahme gebaut sind und ein zugespitztes, mit Schilf gedecktes Wetterdach tragen; so daß sie das Ansehen eines auf dem Wasser schwimmenden, deutschen Bauernhauses gewähren. Zwei solcher Punten werden jedem Schiffe zugegeben, und mir, als Untersteuermann, kam es zu, mit Hilfe von vier Matrosen die Fahrten auf den Strömen damit zu verrichten, wozu denn oft vierzehn Tage und noch längere Zeit erfordert wurden.

Bei unserer Ankunft gab es auf dem Schiffe ein kleines Abenteuer, das unseren Schiffer eine Zeitlang in nicht geringe Sorge setzte, endlich aber dennoch einen ziemlich lustigen Ausgang gewann. Unter der Ladung nämlich, die wir in Amsterdam eingenommen hatten, befand sich auch eine Kiste von etwa drei Fuß ins Gevierte, worüber der Kapitän zwar das richtige Konnossement in Händen hatte, ohne gleichwohl beim Löschen vor Paramaribo die Kiste selbst an Bord wieder auffinden zu können. Sie war an einen dortigen Juden adressiert, dessen wiederholte Nachfrage trotz alles Suchens unbefriedigt bleiben mußte. Diese Verlegenheit schlau benutzend, brachte endlich der Hebräer nicht nur seine Klage bei dem holländischen Fiskal (Kolonie-Richter) an, sondern reichte zugleich ein langes Verzeichnis ein von goldenen und silbernen Taschenuhren, Geschmeiden und anderen Kostbarkeiten, zu einem Belaufe von beinahe viertausend Gulden an Wert, die in der Kiste enthalten gewesen. Der Prozeß ging seinen Gang, und der Jude brachte seine Beweise so bündig vor, daß das endlich erfolgte rechtskräftige Erkenntnis meinen Kapitän zur völligen Schadloshaltung binnen vierzehn Tagen verurteilte, dem es übrigens überlassen blieb, sich wiederum an seine Leute zu halten.

Ganz unerwartet aber fand sich nunmehr die verwünschte Kiste im hinteren untersten Schiffsraum wieder auf, wo sie durch irgendein Versehen hoch mit Brennholz überstaut gewesen war. Glücklicherweise hatte ihr Siegel, das auch auf dem Konnossement abgedruckt war, keinen Schaden gelitten. Aber zugleich kam es uns wunderlich vor, daß die Kiste beim Heben und Schütteln sich gar nicht so anließ, als ob Sachen von der angegebenen Art darin enthalten sein könnten. Dieser Verdacht ward dem Fiskal unter der Hand gesteckt. Er kam selbst an Bord, überzeugte sich von Richtigkeit des Konnossements und der Unversehrtheit des Siegels, und da der Jude ein armer Teufel war, dem sich mit einer Geldstrafe nichts anhaben ließ, so sollte er, wie es in aller Welt Brauch ist, für den versuchten Betrug mit seiner Haut bezahlen.

Zuvörderst ward ihm gemeldet, daß sein Eigentum wieder zum Vorschein gekommen sei und von ihm alsogleich am Bord in Empfang genommen werden könne. Sein Erschrecken über diese Nachricht war drollig genug, aber dem Frieden nicht trauend, verlangte er, man möchte ihm die Kiste in Gottes Namen nur an Land und in sein Haus schaffen; bis auf seine beharrliche Weigerung der Fiskal ihn durch zwei Neger mit Gewalt und gebunden an Bord holen ließ. Hier mußte er in dessen Beisein die Kiste als die seinige und als vollkommen unverletzt anerkennen; dann aber auch öffnen, und nun kam ein gar bunter Inhalt zum Vorschein. Der ganze Trödel bestand aus Redoutenanzügen und fratzenhaften Gesichtslarven; der unglückliche Eigentümer aber ward, auf des Richters Geheiß, über seine Kiste hingestreckt und von ein paar Matrosen mit ihren Tauendchen so unbarmherzig zugedeckt, daß ihm wahrscheinlich alle ähnliche Spekulationen für eine lange Zeit vergangen sein werden.

Eher hätte man Surinam damals eine *deutsche*, als eine *holländische* Kolonie nennen können, denn auf den Plantagen, wie in Paramaribo, traf man unter hundert Weißen immer vielleicht neunundneunzig an, die hier aus allen Gegenden von Deutschland zusammengeflossen waren. Unter ihnen hatte ich während dieser Reise Gelegenheit, auch zwei Brüder, des Namens Kniffel, kennen zu lernen, die aus Belgard in Pommern gebürtig und also meine nächsten Landsleute waren. Sie hatten in früherer Zeit als gemeine holländische Soldaten sich hierher verirrt, aber Glück, Fleiß und Rechtlichkeit hatten sie seither zu Millionären gemacht, welche hier eines wohlverdienten Ansehens genossen. Am Komandewyne besaßen sie zwei Kaffeeplantagen. Die eine hieß Friedrichsburg, und eine andere dicht daneben, welche von ihnen selbst angelegt worden, hatten sie ihrer Vaterstadt zu Ehren Belgard genannt. Zu Paramaribo war eine Reihe von Häusern, die eine Straße von vierhundert Schritten in der Länge bildeten, ihr Eigentum und führte nach ihnen den Namen Kniffels-Loge. Ebendaselbst hatten sie eine lutherische Kirche aufgeführt und zur Erhaltung derselben für ewige Zeiten die Einkünfte der Plantage Belgard gewidmet.

Diese Gebrüder standen schon seit längerer Zeit mit meinem Kapitän Blank, als einem Kolberger und Landsmann, in besonders freundschaftlichem Verkehr. Er versorgte sie und ihre Plantagen ausschließlich mit allem, was sie aus Europa bedurften; und hinwiederum führte er alle ihre dortigen Erzeugnisse nach Holland zurück. So geschah es auch bei der gegenwärtigen Reise; daß ich denn oft von ihm mit Aufträgen an sie geschickt und ihnen auf diese Weise bekannt und lieb wurde. Schon die vielfältigen Beweise von Güte, die ich von ihnen erfuhr, würden mich veranlaßt haben, ihrer hier zu gedenken, wenn nicht auch der Verfolg meiner Lebensgeschichte mir wiederholt Gelegenheit gäbe, auf ihren Namen zurückzukommen.

nsere Heimfahrt nach Amsterdam, die sechs Wochen währte, war glücklich, aber ohne weitere Merkwürdigkeit. Wir waren vierzehn Monate abwesend gewesen, und unser Schiff bedurfte einer völlig neuen Verzimmerung, die sich bis in den November 1755 zu verzögern drohte. Dies dauerte mir zu lange und gab die Veranlassung, daß ich in einen anderen Dienst, unter Kapitän Wendorp, überging. Sein Schiff war nach Kurassao bestimmt; auf der Rückreise ergänzten wir bei St. Eustaz unsere Ladung, und nach neun Monaten, die ich hier kurz übergehe, warfen wir wiederum vor Amsterdam wohlbehalten die Anker.

Hier warteten Briefe auf mich von meinen Eltern, von so drohendem Inhalt und angefüllt mit so gerechten Vorwürfen, daß ich's wohl nicht länger verschieben durfte, mich zum zweitenmal, als der verlorene Sohn, reuig nach Hause auf den Weg zu machen. Doch fand ich gleich im voraus einigen Trost in dem Vorschlage, daß meines Vaters Bruder bestimmt sei, des Herrn Beckers Schiff, genannt die Hoffnung, mit einer Ladung Holz von Rügenwalde nach Lissabon zu führen, und mit dem sollte ich fahren. Dies war im Jahre 1756.

So ging ich denn als Passagier nach Danzig und traf es da eben recht, daß zwölf junge und schmucke seefahrende Leute ausgesucht werden sollten, um die sogenannte Herren-Borse aufs stattlichste zu bemannen. Es war nämlich zu der Zeit der König August von Polen in der Stadt anwesend, und auf der Reede lag eine zahlreiche Flotte von russischen Kriegsschiffen vor Anker, der er einen Besuch abzustatten gedachte. Zu dieser Lustfahrt, die Weichsel hinunter, sollte nun jene Staatsjacht dienen. Zufällig kriegte man mich mit an, um die Mannschaft vollzählig zu machen, und sowohl das Außerordentliche bei der Sache, als auch der Dukaten, der dabei für jeden Mann abfallen sollte, machten mir Lust, diesen Ehrendienst zu verrichten.

Das dauerte aber nur so lange, bis wir zum Schifferältesten Karsten kamen, wo wir zu der Feierlichkeit mit einer Art von Uniform aufgeputzt werden sollten, die mit blanken Schilden und vielen roten, grünen und blauen Bändern verbrämt war. So ausstaffiert, hielt man mir zuletzt einen Spiegel vor: – aber wie erschrak ich, als ich sah, was für einen Narren man aus mir gemacht hatte! Das war jedoch das wenigste! Allein das Herz im Leibe wollte mir zerspringen, wenn ich dabei bedachte, daß ich einen anderen, als meines eigenen Königs Namenszug im Schilde an meiner Stirne tragen sollte. Die Tränen traten mir in die Augen. Mir war's, als mutete man mir zu, meinen großen Friedrich zu verleugnen. Gern hätte ich mir alles wieder vom Leibe gerissen und hätte den Handel wieder aufgesagt, wenn es möglich gewesen wäre. Doch ich war einmal unter den Wölfen und mußte mit ihnen heulen! Indes gelobte ich mir's, diesen Makel dadurch wieder gut zu machen, daß ich den verheißenen Dukaten dem ersten preußischen Soldaten zuwürfe, der mir begegnen würde. Ein alter Husar wurde dies Glückskind, und der mag sich wohl nicht schlecht verwundert haben, daß ein achtzehnjähriges Bürschchen wie ich mit Gold um sich warf!

Im Monat August traf ich in Kolberg ein, fand meines Oheims Schiff bereits in der Ausrüstung und ging mit diesem auf die Rügenwalder Reede, wo wir unsere Ladung Holz einnahmen. Mit mir fuhr mein jüngerer Bruder, sechzehn Jahre alt, als Kajütenwärter. Auch hatte mein Oheim seinen eignen vierzehnjährigen Sohn mitgenommen, und es befanden sich unserer in allem dreizehn Menschen an Bord. Aber gleich der Anfang dieser Fahrt versprach wenig Gutes, da wir durch Sturm und widrige Winde dergestalt aufgehalten wurden, daß wir erst mit Ausgang Oktober im Sunde anlangten.

Hier ging mein Oheim mit mir und noch drei anderen Matrosen in der Segelschaluppe nach Helsingör an Land, woselbst seine Geschäfte ihn so lange verweilten, daß wir erst abends um neun Uhr auf den Rückweg kamen. Die See ging hoch, und unser Fahrzeug, das mit Wasser- und Bierfässern und anderen Provisionen schwer beladen war, hielt wenig Bord. Zudem stand uns ein steifer Südwind entgegen, der uns zum Lavieren nötigte; und eben machten wir einen Schlag dicht hinter dem dänischen Wachtschiffe vorüber, als ein harter Stoßwind so plötzlich aufstieg und so ungestüm in unsere Segel fiel, daß die Schaluppe Wasser schöpfte, umschlug und im Hui den Kiel nach oben kehrte.

Ich ergriff ein Ruderholz, und war so glücklich, mich über dem Wasser zu erhalten. Wo die anderen blieben, sah ich nicht. Indes war unser Unglück von dem dänischen Kriegsschiffe nicht unbemerkt geblieben; und sogleich stieß ein Fahrzeug ab, uns zu retten. Allein es war stockfinster und von uns Verunglückten keine Seele aufzufinden. Nur die Schaluppe kam ihnen in den Wurf und ward geborgen; freilich aber war die ganze Ladung davongeschwommen und ging verloren.

Unter uns Umhertreibenden mochte ich wohl der erste sein, der sich glücklich aus diesem bösen Handel zog. Ich trieb nämlich gegen ein vor Anker liegendes Schiff und erhielt mich so lange am Ankertau, bis die Leute mich zu sich an Bord ziehen konnten. Mein guter Oheim hingegen ward ebensowohl durch den harten Sturm als die schnelle Strömung beinahe eine Viertelmeile weit bis unterhalb des dänischen Kastells davongeführt. Aber indem er sich kümmerlich an einer Segelstange festgeklammert hielt, brauchte er wohl eine Stunde, bevor er mit Schwimmen das Land erreichte. Zwei Matrosen wurden durch eine Lotsenjolle gerettet; einer aber blieb leider verloren.

Erst am Morgen fanden wir vier Geborgenen uns in Helsingör wieder zusammen. Unsere Schaluppe ward uns von dem Wachschiffe wieder zurückgegeben; wir ersetzten unsere verunglückte Ladung durch angekaufte neue Vorräte, versahen uns mit frischen Rudern und kehrten sodann nach unserem Schiffe zurück. Sobald Wind und Wetter wieder günstiger geworden waren, säumten wir nicht, unsere Fahrt, trotz der späten und bösen Jahreszeit, fortsetzen.

Am 2. Dezember nahmen wir, nicht ohne Beunruhigung, wahr, daß ein gewaltiger Sturm aus Norden uns auf die flämischen Bänke geworfen hatte, deren Gefährlichkeit wir nur gar zu wohl kannten. Nur zu bald bekamen wir mehrere heftige Grundstöße, die unser Steuerruder aussetzten und uns seiner verlustig machten. Um nicht augenblicklich auf den Strand zu geraten, blieb nichts übrig, als uns auf der Stelle vor zwei Anker zu legen. Es war zehn Uhr vormittags; das Land eine kleine halbe Meile entfernt, und unser Ankerplatz, auf vier Faden Tiefe, mitten in der schäumenden Brandung; während unsere Segel, die wir nicht mehr festmachen konnten, im Winde flatterten. Welle für Welle stürmte über das Verdeck hinweg, so daß wir uns sämtlich oben im Mast festsetzen mußten.

Unsere Lage ward noch unerfreulicher, da wir uns hier im Angesichte der flandrischen Küste befanden. *Hier* war also österreichisches Gebiet, *wir* preußische Untertanen, und Preußen mit Österreich seit kurzem im *Kriege* begriffen. Mein Oheim verbot uns demnach zu verraten, daß wir von Rügenwalde kämen und ein preußisches Schiff hätten. Vielmehr sollten wir in der Aussage übereinstimmen: Schiff und Ladung sei schwedisches Eigentum, komme von Greifswalde und sei nach Lissabon bestimmt. Sobald der Sturm es nur zulasse, setzte er hinzu – wolle er hinabsteigen, die preußische Flagge vernichten und ebensowohl seine Schiffspapiere beiseite zu bringen, als der bereitgehaltenen schwedischen Dokumente aus der Kajüte habhaft zu werden suchen.

Wirklich auch entschloß er sich zu diesem gewagten Versuche: aber beim Niedersteigen schwankte der Mast dergestalt und ein unglücklicher Schlag des peitschenden Segels traf ihn so gewaltsam, daß es ihm unmöglich wurde, sich länger zu halten. Er fiel, stürzte mit dem Rücken auf den Rand des auf dem Verdecke stehenden Bootes, von da mit dem Kopfe gegen die scharfe Ecke eines Pöllers, und endlich auf das Deck, welches die Sturzwellen immerfort so hoch, als die Seitenborde ragten, mit Wasser überschwemmt hielten; und so sahen wir ihn in diesem Wasser hin und her gespült werden. Der Anblick war so gräßlich, daß wir ihn länger nicht ertragen konnten. Ich wagte mich mit noch zwei Matrosen hinab; wir zogen ihn mit Mühe auf das Kajütendeck, wo doch nicht jede Woge eine Überschwemmung verursachte, und waren nun in der Nähe Zeugen von seinem jammervollen Geschicke. Der Schlag des Segels hatte das linke Auge getroffen, welches weit aus dem Kopfe nur noch an einer schwachen Sehne hervorhing. Das Blut drang zugleich aus Mund, Nase und Ohren. Aus der hohlen Brust stöhnte ein dumpfes Röcheln, ohne Spur eines Bewußtseins. Trost- und ratlos schob ich ihm das hängende Auge in den Kopf zurück und band ihm mein Halstuch darüber. Um und neben ihm lagen nun ich, sein Sohn und noch ein getreuer Matrose in fester Umklammerung, um uns gegen die Gewalt der Sturzseen zu erhalten, und unbeweglich bis gegen fünf Uhr abends, da endlich unsere Ankertaue brachen und wir, bei halber Flut, unaufhaltsam gegen den Strand getrieben wurden.

Endlich stieß das Schiff auf den Grund und hielt mit heftigen Stößen an, solange das Wasser im Wachsen blieb. Erst als die Ebbe wieder eintrat, saß es völlig fest: aber nun brachen sich auch die rollenden Wellen mit solcher Macht dagegen, daß jede einzelne darüber wegschlug und Schaum und Gischt die volle Höhe des Mastes emporgewirbelt wurden. Allmählich brach auch das Gebäude in all seinen Fugen und wir sahen die Stücke unter unseren Füßen eins nach dem anderen davontreiben. Sowie aber die Ebbe sich immer weiter zurückzog, ließ auch die zertrümmernde Gewalt des Wogendranges nach, die uns sonst unausbleiblich in den Abgrund mit fortgerissen hätte; das Verdeck ward von Wasser frei und wir konnten wieder einen Gedanken an Rettung fassen.

Es war Mondschein, und am Lande erblickten wir eine Menge von Menschen, die uns aber, bei unserer noch beträchtlichen Entfernung vom Ufer, nicht helfen konnten. Zwar banden wir ledige Wasserfässer an Taue und warfen sie über Bord, in der Meinung, daß sie dorthinwärts treiben sollten; allein die Strömungen der Ebbe rissen sie vielmehr in der entgegengesetzten Richtung mit sich fort. Jetzt fiel uns ein, daß wir einen Pudel auf dem Schiffe hatten, der wohl ans Land schwimmen und die ersehnte Gemeinschaft mit jenen Helfern bewirken könnte, wenn wir ihm ein Tau um den Leib bänden und dieses nach und nach fahren ließen. Es geschah: doch das arme Tier wollte dem Schiffe nicht von der Seite; und wenn auch eine Sturzwelle es eine Strecke mit sich fortschleuderte, so kam es doch alsobald wieder zurückgeschwommen und winselte, an Bord aufgenommen zu werden. Vergebens schlugen wir nach ihm mit Stangen und Tauen, bis es uns endlich erbarmte und wir das treue Geschöpf wieder an Bord nahmen.

So schlich die Mitternacht heran, wo uns deuchte, daß nunmehr die Ebbezeit wohl abgelaufen sein müßte. Jetzt also befanden wir uns dem Strande am nächsten, der, unserer Schätzung nach, zwei- oder dreihundert Schritte entfernt sein mochte; und so war es denn auch an der höchsten Zeit, alles aufzubieten, um, wo möglich, lebendig an Land zu kommen, bevor die Flut wieder stiege, deren Gewalt ohnehin das Schiff nicht mehr ausdauern konnte, ohne gänzlich in Trümmer zu gehen. Es mußte gewagt sein! Sowie demnach eine Sturzwelle nach der anderen sich zu uns heranwälzte, so sprang auch, der Reihe nach, jemand von uns über Bord und ward sogleich mit der Brandung gegen das Ufer hin getrieben, wo die Menschen uns aufzufangen und aufs Trockene zu bringen bereit standen.

Ich, samt meinem Bruder und dem Sohne meines Oheims – wir waren die letzten, die, um den Röchelnden her, mit den Armen fest verschlungen, dies alles vom Kajütendeck mit ansahen, aber uns nicht entschließen konnten, dies teure Jammerbild zurückzulassen. Wir schrien, wir wimmerten, und wußten nicht, was wir mit demselben anfangen sollten. Vom Strande her ward uns durch ein Sprachrohr unaufhörlich zugeschrien: »Springt über Bord! Springt über Bord! Wächst das Wasser mit der Flut wieder an, so seid ihr verloren! – Springt! Springt!«

Angefeuert und beängstigt zugleich durch dies Rufen, zogen wir endlich unseren Leidenden, dessen Bewußtsein völlig geschwunden war, hart an den Bord des Schiffes und nahmen eine besonders mächtige Sturzwelle in acht, mit welcher wir ihn in Gottes Namen dahinfahren ließen. Zu unserer unaussprechlichen Freude sahen wir, wie er mit derselben im Fluge dem Lande zugeführt wurde, und wie dort die guten Leute ihn auffingen, ehe er noch von der See wieder zurückgespült werden konnte. Jetzt trieb ich meinen Bruder, den entscheidenden Sprung zu wagen, dann den Sohn meines Oheims; und ein Stein nach dem andern fiel mir vom Herzen, da ich sie alsobald gerettet und in Sicherheit erblickte. Nun warf ich mich gleichfalls, als der letzte, wohlgemut in die rollenden Wogen, und in der nächsten Minute umfingen mich auch bereits hilfreiche Arme, die mich den Strand hinauf ins Trockene trugen.

Es ergab sich, daß die Mehrzahl unserer menschenfreundlichen Retter aus österreichischen Soldaten bestand, welche hier, seitdem ihre Kaiserin, Maria Theresia, sich auch mit England im Kriege befand, zur Deckung der Küste postiert standen und etwa alle zweitausend Schritte ein Wachthaus am Strande hatten. In ein solches Gebäude ward nun auch unser armer zerschmetterter Oheim von uns, mit Hilfe der Soldaten, an Armen und Beinen getragen, und man deckte ihn mit allem, was sich an trockenen Kleidungsstücken vorfand, sorgfältig zu, um ihn wieder zu erwärmen. Neben ihm, zu beiden Seiten, lagen sein Sohn und ich, hielten ihn umfaßt und nahmen ihm von Zeit zu Zeit das geronnene Blut aus dem Munde.

So mochte er etwa eine Stunde gelegen haben, als er zum erstenmal wieder nach seinem unglücklichen Falle den Mund zu der hervorgestöhnten Frage öffnete: »O Gott! Ist mir noch zu helfen?« – Das war Musik in meinen Ohren! Mit freudiger Hast erwiderte ich ihm: »Ja, ja, lieber Vatersbruder! Gott kann – Gott wird Euch noch wieder helfen. Wir sind am Lande.« – »So bringt mich denn zu einem Doktor!« war seine kaum verständliche Antwort, und ich konnte ihn damit trösten, daß bereits nach einem geschickt sei.

Dem war wirklich also: denn sofort nach unserer Landung war auch an die nächste Garnison in Veurne, welches dreiviertel Meilen entfernt lag, eine Meldung geschehen und um ärztliche Hilfe gebeten worden. Zugleich erfuhren wir von den Soldaten, daß wir uns hier drei Meilen von Nieuport und zwei Meilen von Dünkirchen befänden. Der Grund und Boden unter uns war österreichisch, aber die französische Grenze, nach letzterem Orte hinwärts, nur eine Viertelmeile entfernt. Als man uns (wie sofort geschah) über unser Woher und Wohin befragte, so erklärten wir uns, der früheren Abrede eingedenk, für Schwedisch-Pommern aus Greifswalde, die eine Ladung Balken nach Lissabon hätten bringen wollen.

Am 3. Dezember, mit dem frühen Morgen, erschien ein Fuhrwerk, mit Stroh gefüllt und einer Leinwanddecke versehen, welches angewiesen war, unsern armen Oheim in das Lazarett nach Nieuport zu schaffen. Dieser Ort war mir, aus Furcht einer möglichen Entdeckung unserer wahren Herkunft, nicht recht gemütlich; dagegen vermeinte ich unserem Elende in Dünkirchen vielleicht besseren Rat zu schaffen, wo ich vor ein paar Jahren bereits gewesen war und einigermaßen des Ortes Gelegenheit kannte. Ich schlug daher unserem Führer vor, seinen Kranken lieber nach der französischen Grenzstadt zu bringen; und hierzu ließ er sich auch um so bereitwilliger finden, da er eine Meile am Wege ersparte.

Mit schwerer Mühe ward der Oheim auf den Wagen gehoben. Ich und sein Sohn legten uns zu beiden Seiten neben ihn und hielten ihn möglichst sanft in unseren Armen, während mein Bruder den Wagen begleitete, welcher den ebenen Weg längs dem Seestrande einschlug. Gott weiß aber, daß ich wohl nie mehr geweint und gejammert habe, als auf dieser Fahrt. Der geringste Anstoß des Wagens verursachte dem Kranken die peinlichsten Schmerzen, daß er kläglich winselte und zugleich an den Stücken geronnenen Blutes im Munde und Halse zu ersticken drohte, wie sehr ich auch bemüht war, ihm Luft zu verschaffen.

So kamen wir endlich nachmittags (es war an einem Sonntage) in Dünkirchen an. Ich ließ den Fuhrmann vor einem Wirtshause halten, welches das Schild »zum roten Löwen« führte, denn hier hatte ich bei meiner früheren Anwesenheit zuweilen ein Glas Bier getrunken und rechnete mich also in meinem Sinne zu den Bekannten des Hauses. Das hinderte jedoch nicht, daß ich hier mit meiner unerwünschten Begleitung geradezu ab- und nach dem Klosterhospital hingewiesen wurde, wo der rechte Ort für fremde Kranke und Gebrechliche sei. Wirklich auch waren wir dort kaum angelangt und mein Oheim vom Wagen gehoben, so sahen wir ihn auch von einem Schwarm katholischer Ordensgeistlicher umzingelt, die ihn in Empfang nahmen und zuvörderst auf einen langen und breiten Tisch ausstreckten, wo er bis auf die nackte Haut entkleidet wurde.

Hiernächst fand sich eine Anzahl von Doktoren und Chirurgen ein, welche nun zu einer genaueren Untersuchung seiner Verletzungen schritten. Die erste Operation geschah durch Lösung des Tuches, welches ich dem Armen gleich nach seinem unglücklichen Falle um das Auge gebunden. Jetzt war dieses mit dem geronnenen Blute an dem Verbande festgetrocknet und zog sich mit demselben weit aus dem Kopfe hervor. Da es nur noch durch einen dünnen Nervenstrang in der Augenhöhle befestigt hing, so war es freilich rettungslos verloren, ward kurzweg abgeschnitten und auf eine Teetasse hingelegt.

Bei weiterer Untersuchung ergab sich's, daß das linke Bein, oberhalb dem Knie, im dicken Fleische gebrochen war; doch am bedenklichsten blieb die Zerschmetterung eines Rückenwirbels, dicht unterm Kreuz, und die dem armen Manne auch wohl die empfindlichsten Schmerzen verursachen mochte; denn während man ihn nach der Kunst behandelte und die Gliedmaßen bald so, bald anders reckte und dehnte, hörte er nicht auf zu winseln und zu ächzen. Uns drei Jungen, die wir Zeugen von dem allem waren, schnitt jeder Klageton tief durchs Herz; und wir heulten und lamentierten mit ihm in die Wette, so daß man sich genötigt sah, uns aus dem Gemache fortzuweisen.

Nachdem der Kranke endlich geschient und verbunden worden, legte man ihn auf ein Feldbett, welches man in die Mitte des Zimmers hingestellt hatte. Eine Klosternonne (Beguine) saß neben ihm und flößte ihm von Zeit zu Zeit einen Löffel roten Weines ein, den sie auf einem Kohlenbecken zu ihrer Seite erwärmte. Am Kopfende des Bettes aber standen wir arme Verlassene und weinten unsre bitterlichen Tränen; und so währte das bis abends, wo ein Pater uns andeutete, daß wir die Nacht über im Kloster nicht bleiben könnten, sondern uns nach einer anderen Herberge umsehen müßten. Diese fanden wir denn auch zu unserer notdürftigen Erquickung in dem vorgedachten Wirtshause; doch brachten wir eine schlaflose, trübselige Nacht zu und wußten nicht, wo Trost und Hilfe zu finden.

Kaum graute auch nur der Morgen, so machten wir uns wieder nach dem Kloster auf den Weg, wo wir den Oheim noch in dem nämlichen Zustande, wie gestern, fanden. Indes hatte man uns verständigt, daß heute Posttag sei, und so ließ ich mir im Gasthofe Papier und Schreibzeug reichen und brachte den Rest des Tages damit zu, sowohl an unsern Schiffsreeder, Herrn Becker, als an meine Eltern nach Kolberg zu schreiben. Die Briefe wurden versiegelt, und am nächsten Morgen standen wir wiederum, von Herzen betrübt, am Bette unseres Kranken, ohne daß wir eine merkliche Veränderung an ihm spürten. Ich beugte mich indes dicht zu seinem Ohre und versuchte die Frage: »Lieber Vatersbruder, sollen wir auch nach Kolberg schreiben?« Er hatte mich verstanden, denn er schüttelte mit dem Kopfe, als ob er Nein sagen wollte. So schwach auch dieser Hoffnungsstrahl seiner wiederkehrenden Besinnung war, so erfüllte er mich doch mit Mut, daß wohl noch alles wieder gut werden könnte. Ich glaubte darum auch, daß ich die Briefe unbedenklich abgehen lassen dürfte, gab den anderen beiden einen verstohlenen Wink und eilte mit ihnen nach dem Postkontor.

Unsere Abwesenheit mochte etwa dreiviertel Stunden gedauert haben. Doch als wir wieder in das Kloster und das Krankenzimmer eintraten, fanden wir zu unserer höchsten Bestürzung und unbeschreiblichem Schmerze nur unseres guten Oheims Leiche vor. Sie ward auch alsbald aus dem Bette genommen auf den nämlichen Tisch wie vorhin ausgestreckt, abermals völlig entkleidet und der wiederholten genauen Besichtigung der Ärzte unterworfen, wo sich denn die zuvor bemerkten Verletzungen noch deutlicher bestätigten. Sobald uns aber die Doktoren verlassen hatten, traten einige Pfaffen herzu und fragten mich: »Zu welchem Glauben dieser unser Schiffskapitän sich bekannt habe?« Ich antwortete unbedenklich: »Ei, zum Lutherschen!«

Sowie dies unglückliche Geständnis über meine Lippen floh, war es gleich, als ob das Gewitter ins Kloster geschlagen hätte. Alles geriet in Bewegung; der eine sprach hitzig mit dem andern; niemand wollte den Seligen anfassen, und doch mußten die Ketzergebeine, ehe die Sonne unterging, aus dem geweihten Bezirke fortgeschafft werden. Man steckte uns endlich eine beschriebene Karte in die Hand, die an einen Tischler lautete, welcher wohl die Lieferung der Särge für das Hospital auf sich haben mochte. Denn als wir ihn uns endlich ausgefragt hatten, fanden wir deren bei ihm einen reichlichen Vorrat vor und wurden bedeutet, unter denselben einen nach der Größe unserer Leiche auszusuchen. Unsere Wahl fiel auf den längsten, weil unser Oheim von einer ansehnlichen Statur gewesen war, und mit diesem Sarge wanderten wir nun nach dem Kloster zurück.

Hier trieb man uns, ohne sich zu irgendeiner Handreichung zu verstehen, mit barschem Ernste, den Leichnam unverzüglich einzusargen und ihn aus dem Gemache hinweg auf die Straße unter einen uns dazu angewiesenen Schuppen zu bringen. Unsere Wehmut kannte keine Grenzen. Indes taten wir, wie uns geboten worden; man reichte uns Hammer und Nägel, um den Deckel zuzuschlagen, und nun hoben wir an, den Sarg mit den uns so teuren Überresten eine kurze Strecke auf den Flur fortzuziehen und zu schieben. Hier aber übermannte und lahmte der ungeheure Schmerz plötzlich all unsere Kräfte, und wir fühlten uns, in ein lautes und vereintes Jammergeschrei ausbrechend, ohne Vermögen, die geliebte Last auch nur einen Schritt weiter zu bringen. Ich fiel vor dem einen Pater auf die Knie und bat um Gottes willen, man möchte sich unser erbarmen, denn wir könnten hier nichts mehr tun.

Jetzt gab es ein kurzes Gespräch unter den Anwesenden; ein Aufwärter ward fortgeschickt, und binnen einer Viertelstunde erschienen vier Kerle mit einer Trage, und jeder mit einem Spaten versehen. Sie packten die Leiche an; und so ging der Zug zum Tore hinaus, etwa zweitausend Schritte weit und gerade auf eine Kirche zu. Wir, die wir den Trägern gefolgt waren, meinten, der Leichenzug eile dem Kirchhofe zu. Das war aber weit gefehlt: denn es ging, neben dem Gotteshause vorüber, wohl noch tausend Schritte weiter auf ein freies Feld; und da die Träger ihre Last wohl zwanzigmal niedergesetzt hatten, um frischen Atem zu schöpfen, so begann es bereits dunkel zu werden, bevor wir die Grabstätte erreichten.

Es war ein Fleck am Wege, der nichts hatte, was einem Totenacker ähnlich sah. Hier sollten wir nun ein Grab graben; da es aber den Kerlen damit zu lange währte, nahmen sie uns verdrießlich die Spaten aus den Händen, schaufelten und schalten uns »Ketzer«. Wir hingegen gaben alle mögliche gute Worte; und sobald auch nur das Grab so tief geöffnet war, daß der obere Sargdeckel unter Erde kommen konnte, senkten wir die Leiche mit Weinen und Wehklagen hinein, füllten die Erde drüber her, nahmen unter tausend heißen Tränen Abschied, und wanderten bekümmert wieder auf unseren roten Löwen zu; – doch nur, um nach einer ängstlich durchseufzten Nacht gleich am nächsten Morgen wieder das Grab des lieben Oheims aufzusuchen und auf demselben zu jammern.

Fürwahr, wer eine menschliche Seele hat, wird unser Elend mit uns fühlen! Da saßen wir drei Jungen, von achtzehn bis zu vierzehn Jahren herab, in der größten Leibes- und Seelennot – in einem ganz fremden Lande, auf dem freien Felde und über dem frischen Grabhügel unseres geliebten Vaters und Führers! – saßen, als eine arge Ketzerbrut von jedermann gemieden und ausgestoßen, ohne einen Pfennig im Vermögen, nichts *in* und wenig *auf* dem Leibe, in dieser rauhen Jahreszeit, ohne Trost oder Hilfe von Menschen! *Betteln* konnten und wollten wir nicht: lieber hätten wir hier auf dieser Grabeserde des geliebten Hingeschiedenen gleichfalls verscheiden und verschmachten mögen! Er allein war in diesen trostlosen Augenblicken unser Gedanke und unsere Zuflucht. »O Vatersbruder, erbarmt Euch!« riefen wir unaufhörlich, bis wir uns müde geschrieen hatten und das Törichte unseres Beginnens einsahen.

Jetzt erst konnten wir uns untereinander beraten, was wir in dieser unserer gänzlichen Verlassenheit anzufangen hätten? Der Schluß fiel dahin aus, daß wir des nächsten Morgens zu unserem Schiff und unseren anderen Kameraden zurückkehren wollten. Wo *diese* blieben, wollten auch *wir* bleiben und ihr Schicksal mit ihnen teilen. Unser einziger und letzter Notanker aber war des verstorbenen Oheims Taschenuhr, die wir an uns genommen hatten und, wenn uns zuletzt das Wasser an die Kehle ginge, loszuschlagen gedachten. Ob dies schon im roten Löwen würde geschehen müssen, wohin wir nun zunächst zurückkehrten, sollten wir alsbald erfahren. Gesättigt und durch einigen Schlaf erquickt, kam denn auch am Morgen darauf unsere bisherige Zeche zur Sprache. Doch der gute Wirt, den unser trauriges Schicksal erbarmt hatte, war mit unserem Danke und einem herzlichen Gott lohn's! zufrieden; wir aber wanderten ebenfalls in Gottes Namen wieder den Strand entlang, um unsere zurückgelassenen Unglücksgefährten aufzusuchen.

Noch waren wir indes keine Meile gegangen, als unser Schiffskoch, namens Roloff, uns aufstieß und uns berichtete: die österreichischen Strandwächter hätten unsere preußische Flagge von dem zertrümmerten Schiffe am Ufer aufgefischt; die Mannschaft sei hierauf nochmals in ein scharfes Verhör genommen worden und habe sich endlich zu ihrer wahren Landsmannschaft bekennen müssen. Von Stund an habe man sie als Kriegsgefangene und mit Härte behandelt, habe sie genötigt, die Trümmer des Schiffes und der Ladung mit angestrengter Arbeit ans Land bergen zu helfen, zugleich aber auch sie in so genauer Obacht gehalten, daß nicht einer, ohne militärische Begleitung, sich nur bis zwischen die nächsten Sanddünen habe entfernen dürfen. Dennoch sei es ihm selbst in dieser letzten Nacht geglückt, seinen Aufsehern zu entwischen, und er gedenke nunmehr nach Dünkirchen zu gehen, wo er in Sicherheit zu sein hoffe; – uns aber rate er wohlmeinend, auf der Stelle wieder mit ihm umzukehren.

In der Tat war dieser Vorschlag der beste und ward unbedenklich von uns angenommen. Indem ich aber in unserer neuen Not alles reiflich bei mir überdachte, kam mir wieder der Kaufmann in Dünkirchen in Sinn, an welchen Schiffer Damitz vor vier Jahren, als er mit mir von Liverpool kam, seine Ladung Tabak abgeliefert hatte. Sein Haus war mir noch erinnerlich: doch sein Name nicht. Indes beschloß ich, geradesweges zu ihm zu gehen, ihm unsere Not zu klagen und ihn um Rat und Beistand zu bitten. Daneben fiel mir bei, daß unser Schiff in Amsterdam für Seeschaden und Türken-Gefahr versichert gewesen und daß der Kommissionär, der dies Assekuranz-Geschäft besorgt hatte, den Namen Emanuel de Kinder führte. Ich konnte demnach den Dünkircher Kaufmann bitten, daß er an diesen Agenten unsers Reeders nach Amsterdam schriebe und in unserem Namen um einen Vorschuß von einhundert Gulden für Rechnung Herrn Beckers oder meines Vaters in Kolberg bäte. Damit ließ sich dann schon hoffen, unsere Heimat wieder zu erreichen.

Alles dieses ging auch nach Wunsch in Erfüllung. Der Kaufmann war willig und bereit, uns in der vorgeschlagenen Weise zu dienen. Binnen acht Tagen ging auch eine Antwort von Emanuel de Kinder an ihn ein, mit der Anweisung: daß, wenn wir des Nettelbecks Kinder wären, er uns die hundert Gulden, oder falls wir es verlangten, auch das Zweifache auf sein Konto vorschießen möge. Allerdings war das brav von dem Amsterdamer: aber noch heute diesen Tag freut es mich, daß ich diese Wohltat im Jahre 1783 – also 27 Jahre nachher – an seinem Sohne, Florens de Kinder, habe vergelten können, indem ich mich, mit einer reichen Ladung von Lissabon kommend, an diesen adressieren ließ; und gewiß hat er hierbei, als Korrespondent, über 2000 Gulden gewonnen.

Ich war ein so guter Wirt, daß ich mich mit der Hälfte des angebotenen Darlehns begnügte; und das um so lieber, da uns der Dünkircher belehrte: Es sei auf diesem Platze der Brauch, daß Seefahrer, die an der dortigen Küste ihr Schiff verloren, einen Sou (etwa vier Pfennige unseres Geldes) für eine jede Meile bis nach ihrer Heimat, als Reisegeld, empfingen. Zugleich erbot er sich, jemand von seinen Leuten mit uns nach dem Stadthause zu schicken, um uns diesen Zehrpfennig auswirken zu helfen. Dort war jedoch den Herren, denen wir Kolberg als unsere Vaterstadt nannten, dieser Ort ein ganz unbekanntes Ding, denn damals hatten ihm die wiederholten Belagerungen noch keinen Ruf in der politischen Welt gegeben. Ich bat mir demnach eine Seekarte aus und wies in derselben die Lage dieses Handelshafens nach; ward aber zugleich auch aufgefordert, dessen Entfernung von Dünkirchen abzumessen. Dies trug über See gegen 190 Meilen aus; und ebensoviel Sous wurden auch jedem von uns dreien auf der Stelle ausgezahlt.

So waren wir denn mit unserem Reisebedürfnis notdürftig ausgerüstet: doch nun galt es die Frage, welchen Weg wir einschlagen sollten, um wieder zu den unsrigen zu gelangen? Es war Winter und die See so gut wie gesperrt. Zu Lande aber hätten wir uns durch die österreichischen Niederlande wagen müssen, wo wir, als Preußen, Gefahr liefen, gleich an der Grenze in Nieuport, Ostende, oder wo es sonst sei, angehalten zu werden. Indes ereignete sich, über unser Erwarten, bald genug eine Gelegenheit, die wir zu unserem Weiterkommen nicht glaubten versäumen zu dürfen. Die Dünkircher Kaper hatten nämlich einen englischen Kutter als Prise aufgebracht und denselben an einen Schiffer von Bremen namens Heindrick Harmanns verkauft. Dieser belud denselben sofort mit losen Tabaksstengeln und war willens, damit nach Hamburg zu gehen. Die gesamte Schiffsmannschaft bestand, außer ihm selbst, nur aus zwei Matrosen; und wir drei waren ihm als Passagiere um so lieber, da wir uns erboten, gegen die Kost, die er uns reichen sollte, die Wache mit zu halten.

ier Tage vor Weihnachten gingen wir in See. Es begann hart zu frieren, und das ganze Fahrzeug nahm zuletzt die Gestalt eines großen Eisklumpens an. Da wir so wenig auf dem Leibe hatten, wurden uns unsere Wachen herzlich sauer. Uns fror jämmerlich; daher begruben wir uns, so oft die Wachzeit zu Ende lief, im Raume tief in die Tabaksstengel; kamen aber gewöhnlich ebenso er-

froren wieder heraus, als wir hineingekrochen waren. Unsere Schiffs-
leute verfuhren auch so unbarmherzig mit uns, daß sie uns nicht in
ihre Schlafkojen aufnehmen wollten, wiewohl dies, während sie selbst
sich auf der Wache befanden, füglich hätte geschehen können. Ebensowenig ließen sie uns, zu unserer Erwärmung, das geringste von
ihren Kleidungsstücken zukommen; und selbst die kärglichen Mundbissen, die wir erhielten, wurden uns nur mit Widerwillen und
Brummen hingestoßen.

So kamen wir vor die Mündung der Elbe. Da wir hier aber alles
mit Eis besetzt fanden und überdem auch sich ein Ostwind erhob,
wurde der Beschluß gefaßt, wieder umzukehren und an der holländischen Küste einen Nothafen zu suchen. Vor der Insel Schelling fand
sich auch ein Lotse zu uns an Bord, der uns, schon bei später Abendzeit, zwischen die Bänke im Vorwasser brachte. Weil uns indes der
Wind entgegenstand und wir nicht weiter hineinkommen konnten,
warfen wir Anker, und der Lotse ging wieder an Land, mit dem Versprechen, sobald der Wind sich umsetzte, zu uns zurückzukehren.
Aus den Äußerungen unseres Schiffers ging hervor, wie erwünscht es
ihm sei, gerade an diesem Punkte an Land gekommen zu sein, denn
sein Vater fahre als Beurtschiffer von Bremen nach Haarlingen, und
eben jetzt müsse die Reihe an ihm sein, so daß er hoffen dürfe, ihn an
letzterem Orte vorzufinden, von wo wir hier nur zwei oder drei Meilen entfernt seien.

Es war gerade der erste Januar des Jahres 1757. Abends um zehn
Uhr setzte sich der Wind in Nordwesten; und indem er zu einem fliegenden Sturme anwuchs, wurde das Schiff vom Anker getrieben; saß
auch, ehe wir uns dessen versahen, auf einer Bank fest, wo die Sturz-
wogen unaufhörlich über das Fahrzeug hinwegrollten und bis hoch
an die Masten emporschäumten. Das Schiff war scharf im Kiel gebaut;
so oft daher eine Welle sich verlief, fiel es so tief auf die Seite, daß die
Masten beinahe das Wasser berührten. Gleichwohl erhielt uns Gottes
Barmherzigkeit, daß wir nicht vom Borde hinweggespült wurden.
Diese ängstliche Lage dauerte wohl vier bis fünf Minuten, bis endlich
eine besonders hohe und mächtige Welle uns hob und mit sich über
die Bank hinüberschleuderte.

So gelangten wir zwar für den Augenblick wieder in fahrbares
Wasser: doch ehe wir noch Zeit hatten, uns unserer Rettung zu freuen,
jagte der Sturm unser Fahrzeug vollends auf den Strand, und die
brandenden Wellen zogen aufs neue im schäumenden Gebrause über

das Verdeck und unsere Köpfe hinweg. Der Schiffer mit seinen beiden Leuten befand sich zufällig auf dem niedriger liegenden Hinterteile des Schiffes, während wir drei Passagiere uns vorn in der Höhe befanden und den Fockmast umklammert hielten, um nicht von den spülenden Wogen mit fortgerissen zu werden. Die Angst, mit etwas Hoffnung vermischt, machte uns mäuschenstille: jene aber schrien und wimmerten, daß die Luft davon erklang, ohne daß wir ihnen helfen, oder sie zu uns emporklimmen konnten.

Die Nacht war ziemlich dunkel; auf dem Lande lag Schnee, und rings um uns her schäumte die Brandung; folglich war alles weiß, und es ließ sich nicht unterscheiden, wie nahe oder wie fern wir dem trockenen Ufer sein möchten. Je länger ich indes meine Aufmerksamkeit hierauf spannte, desto gewisser auch deuchte mir's, daß beim Rücklauf der Wellen nur ein kleiner Zwischenraum zwischen uns und dem Lande sein könne. Ich nahm einen Zeitpunkt wahr, wo das Verdeck nach vorne frei von Wasser war, und kroch an dem langen Bugspriet hinan, das nach dem Strande hin gerichtet stand; da sah ich nun deutlich, daß jedesmal, wenn die See zurücktrat, das Ufer kaum eine Schiffslänge von uns entfernt blieb.

Jetzt schien mir unsere Rettung länger nicht unmöglich. Ich nahm behutsam den Rückweg zu meinen Gefährten, teilte ihnen meine glückliche Entdeckung mit und sprach ihnen Mut ein, mir nach auf das Bugspriet zu klettern. Sobald die nächste Welle sich weit genug zurückzöge, wollte ich's zuerst versuchen, mich schnell an einem Tau (deren dort überall eine Menge zerrissen hing) hinabzulassen; und wenn ich festen Boden unter mir fühlte, sollten sie, auf mein gegebenes Zeichen, beim nächsten Ablauf einer Woge, meinem Beispiele getrost nachfolgen. Auch den übrigen schrie ich zu, sich auf diesem Wege zu retten; allein das Sturm- und Wellengebrause war zu mächtig, als daß ich hätte können verstanden werden.

Unser Wagestück gelang nach Wunsch; wir kamen glücklich an Land und fielen alle drei voll Entzücken auf unsere Kniee, um dem göttlichen Erretter unseren Dank darzubringen. Durchnäßt bis auf die Haut und erstarrt vor Frost, war indes hier nicht der Ort und die Zeit, lange hinter uns zu sehen. Vielmehr wanderten wir unverzüglich auf eine Feuerbake zu, die hier auf dem Schelling zum Besten der Seefahrenden unterhalten wird, und deren Licht wir etwa 2000 Schritte von uns flimmern sahen. Wohl hundertmal fielen wir in der dicken Finsternis und auf den unebenen Sanddünen über unsere eigenen Füße;

aber innig froh, dem tosenden Meere entronnen zu sein, hätten wir auch wohl größeres Leid nicht geachtet, und gelangten endlich auch wohlbehalten zu dem Feuerturme. Die Türe desselben ward im Dunkeln ausgetastet; vor uns öffnete sich eine Wendeltreppe, die wir hinanstiegen; und droben im Wachtstübchen fanden wir einen Mann auf der Pritsche ausgestreckt, dem, bei unserem unerwarteten Eintritte, im Todesschrecken das Pfeifchen aus dem Munde entsank, bis wir uns beiderseits besannen und näher miteinander verständigten.

Auf den Bericht von unserer unglücklichen Strandung erklärte er uns, daß er verpflichtet sei, dies Ereignis sofort im nächsten Dorfe, welches kaum einige Tausend Schritte entfernt liege, anzuzeigen. Er lud uns ein, ihn dorthin zu begleiten; kam uns erstarrten armen Burschen aber gar bald aus dem Gesichte und überließ es uns, ihm, so gut wir konnten, nachzuhumpeln. Unzähligemal purzelten wir auf diesem kurzen Wege; kamen selbst in Gefahr uns zu verirren, und fanden uns nur dann erst zu dem Dorfe hin, als wir eine Glocke gezogen hörten, welche das Zeichen gab, daß alles Mannsvolk auf und empor sollte, um unser gestrandetes Schiff aufzusuchen und zu bergen.

Wir wurden indes in ein Haus geführt, wo des Fragens nach unserem erlittenen Unglücke kein Ende war, wo aber die guten Leute zugleich auch trockene Kleider, Speisen, Warmbier und sogar Glühwein, und was sie sonst irgend im Vermögen hatten, herbeibrachten, um uns zu erquicken. Sie weinten in die Wette mit uns – *wir* vor Freude, *sie* vor Mitleid; und nicht eher verließen sie uns, als bis sie uns in einem warmen Bette zur Ruhe gebracht hatten.

m Morgen, da wir uns wieder ermuntert hatten, erfuhren wir, daß die Dorfsmannschaft von ihrem nächtlichen Zuge wieder heimgekehrt sei. Sie hatte das gestrandete Schiff in der Dunkelheit nicht finden können, war aber, bei anbrechendem Tage, auf die einzelnen, längs dem Ufer umhertreibenden Trümmer gestoßen, ohne jedoch weder einen lebendigen Menschen, noch eine ausgeworfene Leiche anzutreffen. Wir blieben also leider die einzigen Geborgenen! Es ward uns indes angeraten, uns zu Mynheer de Drost, der die polizeiliche Aufsicht auf der Insel führte, zu begeben und demselben unser Unglück vorstellig zu machen, da zudem eine Kasse vorhanden sei, woraus armen Schiffbrüchigen Leuten, wie wir, eine Unterstützung gereicht zu werden pflege. Auch möchten wir deren wohl um so mehr bedürftig sein, da jetzt zwischen dem Schelling und dem festen Lande alles mit Eis gestopft und so bald an kein Hinüberkommen zu denken sei.

Dieser Vorschlag kam uns gar gelegen. Ohne uns also zu äußern, daß wir noch mit Geld und mit einer Taschenuhr (beides hatte ich sorgfältig in meinen Beinkleidern verwahrt) versehen wären, machten wir uns zu dem Landdrosten auf den Weg, ihm unsere Lage zu schildern. Der brave Mann hörte uns mit dem äußersten Mitleid an, ließ auch sofort einen Schneider kommen, der uns eine tüchtige Jacke und Hosen anmessen mußte, und versah uns mit doppelten Hemden, Halstüchern, Strümpfen, einer Filzmütze und anderen Notwendigkeiten mehr. Hiermit auch nicht zufrieden, ließ er einen Mann kommen, dem er uns in die Kost befahl; und so blieben wir in dieser menschenfreundlichen Pflege bis in die Mitte des Januar, wo endlich das Eis zwischen dem Schelling und Haarlingen aufging und wir ein Schiff von dorther nach dem Schelling durchbrechen sahen.

Sobald dies Fahrzeug an Land gekommen war, beeilten wir uns, den Schiffer, welcher schnell löschen und dann den Rückweg antreten wollte, dahin zu vermögen, daß er uns einen Platz an seinem Borde gestattete. Auf seine ausweichende Antwort, die uns wenig Hoffnung übrig ließ, hielten wir's für das Geratenste, auf der Stelle unseren großmütigen Gönner, den Drosten, anzutreten und ihm unser neues Anliegen vorzutragen. Sogleich auch war er zur Vermittelung bereit, ließ den Schiffer rufen, verdingte uns ihm als Passagiere bis Haarlingen und an seinen eigenen Tisch, wie lang oder kurz die Überfahrt auch währen möchte, und berichtigte die Kosten mit fünfzehn Gulden vor unsern Augen. Es versteht sich, daß wir ihm aus Herzensgrunde und mit weinenden Augen dankten, indem wir zugleich Abschied von ihm nahmen, um mit unserem Schiffer zu gehen. Diesem halfen wir vergnügt löschen und eine neue Ladung einnehmen; und so konnten wir schon nach 48 Stunden mit ihm vom Schelling absegeln.

Wir brauchten einen Tag und beinahe die ganze folgende Nacht, um uns durch das Eis zu arbeiten, bis wir mit dem Morgen vor Haarlingen anlegten. Hier nahmen wir sofort unser kleines Bündel auf den Arm, und waren im Begriff, längs dem Kai zum nächsten Tore hinauszuziehen, als wir zufällig an einem Fahrzeuge vorüberschlenderten, welches, wie mehrere andere, im Eise eingefroren war. Auf demselben stand ein kleiner alter Mann, der uns anrief und dessen Neugier wir über unsere Umstände, erst im allgemeinen und dann im besonderen, befriedigen mußten. Wir taten es, als ehrliche Pommern, in aller Unbefangenheit, und nannten letztlich auch den Namen »Heindrick Harmanns«, als des Schiffers, mit dem wir unseren neuerlichen Unfall erlitten und der dabei ein Raub der empörten Wogen geworden.

Kaum ging der unglückliche Name über meine Lippen, so schlug der alte Mann die Hände über dem Kopfe zusammen und schrie, daß es in die Lüfte klang: »Barmherziger Gott! Mein Sohn, mein Sohn!« Zugleich sank er auf seine Knie nieder und mit dem Angesichte auf das Verdeck, und jammerte unablässig: »Mein Sohn! o mein Sohn!« – Uns schnitt der klägliche Anblick durchs Herz; wir weinten mit ihm und konnten nicht von der Stelle. Als wir uns beiderseits ein wenig erholt hatten, drang er in uns, ihm in seine Kajüte zu folgen. Hier mußten wir ihm den ganzen Verlauf umständlich erzählen; auch wollte er uns (als ob ihm dies einigen Trost gäbe) den ganzen Tag nicht von seiner Seite lassen; aber während er uns Kaffee, Wein und alles, was er nur bei der Seele hatte, vorsetzte, überwältigte ihn immer von neuem der Gram um sein verlorenes Kind und preßte auch uns Tränen der Rührung und des Mitleids aus.

Gegen den Abend, wo es uns endlich die höchste Zeit deuchte, unseren Stab weiter zu setzen, hub er an: »Liebe Jungen, heute könnt und sollt ihr nicht mehr von dannen. Ich will euch in ein gutes Haus bringen, wo ihr euch die Nacht über erholen könnt. Aber morgen früh hol' ich euch ab und gehe eine Strecke Weges mit euch. Ihr seid jung und unerfahren und braucht Anweisung und guten Rat, wie ihr eure Reise weiter anzustellen habt. Kommt denn, in Gottes Namen!«

Unser Führer schien in der Herberge, zu welcher er uns geleitete und wo es von Biergästen wimmelte, gar wohl bekannt. Er erzählte seines Sohnes und unser Unglück; auch wir mußten erzählen, und so verstrich der Abend, bis der Wirt, in Ermangelung seiner abwesenden Ehegenossin, uns in ein recht artiges Zimmer hinaufleuchtete, uns dreien ein großes, mit Betten hoch ausgestopftes Nachtlager anwies und uns sodann eine freundliche Ruhe wünschte. Wirklich tat sie uns not und wir krochen wohlgemut und behaglich unter die Decke zusammen.

Leider aber hatten wir diesmal unsere Rechnung zwar nicht ohne den Wirt, aber doch ohne die Wirtin gemacht; denn kaum war uns so ein süßes halbes Stündchen zwischen Schlaf und Wachen verlaufen, so kam es unter Zank und Gepolter die Treppe heraufgestürmt; unsere Zimmertür ward ungestüm aufgerissen und eine gellende Stimme gebot uns, sofort das warme Nest zu räumen und ihr sauberes Bettzeug nicht zu verunreinigen. Da half kein Widerreden; wir sprangen auf, ließen die Ohren hängen und duckten uns in einen Winkel zusammen, bis die Betten, die der Dame so fest ans Herz gewachsen waren, mit einem Strohsack, einer Matratze und einer Art von Pferdedecke vertauscht worden. Das war ein böser Wechsel, und den unfreundlich genug ausgestoßenen Wunsch einer guten Nacht, womit uns die gestrenge Hausfrau verließ, hinderte nicht, daß wir eine sehr böse Nacht unter Frost, Verdruß und Schlaflosigkeit zubrachten.

Unser ehrlicher Vater Harmanns, der in seiner Kajüte geschlafen hatte und dem wir am Morgen unser nächtliches Abenteuer mitteilten, nahm sich den Affront, welcher seinen Schützlingen widerfahren war, mehr zu Herzen, als wir erwarteten. Trotz unserer Vorstellungen las er der Wirtin einen derben Text, sagte ihr und ihrem Hause, wo er so viele Jahre verkehrt hatte, alle Gemeinschaft auf und wollte jede Christenseele warnen, keinen Fuß über diese unwirtliche Schwelle zu setzen. Wir hatten genug zu tun, den lieben alten Mann zu beschwichtigen, der sich's nicht nehmen ließ, uns noch zu guter Letzt durch ein vollständiges Frühstück satt zu machen, ja auch alle unsere Taschen mit Brot, Käse, gekochtem Fleisch und was er sonst wußte und hatte, vollzustopfen.

Das getan, ergriff er seinen Stab und wanderte mit uns zum Tore hinaus, wie sehr wir ihn auch bitten mochten, umzukehren und seine Kräfte zu schonen. Vielmehr hörte er nicht auf, uns eifrig wegen unseres besseren Fortkommens zu beraten, und während dieser Besprechungen verlief ein Stündchen nach dem anderen, es ward Mittag, und wir befanden uns in Franecker. Hier zog er mit uns in ein Wirtshaus, ließ auftragen, als ob wir uns für drei Tage sattessen sollten, und konnte sich endlich nur schwer entschließen, uns das Valet zu geben. Noch drückte er uns beim Abschiede zwei holländische Dukaten in die Hände; wir aber schieden mit Tränen der Dankbarkeit von diesem Ehrenmanne und gelangten abends wohlbehalten nach Leuwaarden, wo wir übernachteten.

Die nächste Tagereise brachte uns spät in der Dunkelheit nach Dockum, aber es wollte uns nicht gelingen, hier eine Herberge zu finden. Überall, wo wir anklopften, beleuchtete man uns sorgfältig von allen Seiten und zog dann die Tür uns vor der Nase ins Schloß mit einem frostigen: »Geht weiter mit Gott!« – Es war eine kalte, stürmische Nacht; wir irrten umher und jammerten, bis wir endlich bei einem Hinterhause an einen Stall gerieten, wo ein Knecht noch den Dünger auskehrte. Vergebens klagten wir auch diesem unser Leid und baten ihn, uns die Nacht in seinen warmen Stall aufzunehmen; er fürchtete, sich dadurch Scheltworte bei seinem Herrn zu verdienen, und uns blieb zuletzt nichts übrig, als uns hinter einer Scheune zunächst dem Tore, wo es etwas Überwind gab, zusammenzukauern und uns recht herzlich satt zu weinen. Hatten wir eine Weile gesessen, so sprangen wir wieder auf und rannten auf dem Platze hin und her, um nicht vor Frost zu erstarren. Es ward uns aber wahrlich je länger je übler zumute.

Das währte so fort, bis nach Mitternacht, wo wir Räder rasseln und ein Posthorn blasen hörten. Eine Kutsche hielt am Tore, und auch wir kamen hinter unserer Scheune hervor, um zu sehen, was es gäbe? Bis die Torflügel und Gatter sich öffneten, standen wir aus Langeweile um den Wagen her, an welchem der Schlag von innen aufgemacht wurde und von welchem ein lautes »Wer da?« an uns erging. Wir fanden keine Ursache, unserer Personen, Drangsale und gegenwärtigen Not ein Hehl zu haben, und unser unwillkürliches Zähneklappern legte genugsames Zeugnis ein, daß wir die Wahrheit redeten.

Es fand sich nun, daß ein einzelner Mann im Wagen saß und daß ihm unser trübseliger Zustand zu Herzen ging. Nachdem er seinem

Unwillen durch einige Verwünschungen gegen die hartherzigen Dockumer Luft gemacht, uns um unsere Heimat befragt (freilich mochten wohl Pommern und Kolberg böhmische Dörfer für ihn sein) und endlich noch erfahren hatte, daß unser Weg zunächst auf Gröningen ginge, so überraschte er uns durch die willkommene Einladung, zu ihm in die Kutsche zu steigen und ihn bis zu dem genannten Orte zu begleiten. Es versteht sich wohl, daß wir arme, erfrorene Schlucker uns das nicht zweimal sagen ließen. Der Wagen rollte mit uns fort und wir mußten unserm Wohltäter die ganze Nacht hindurch alle unsere erlebten Schicksale erzählen. Mit Tagesanbruch sahen wir uns nach Gröningen versetzt und der Mann im Wagen fuhr seines Weges weiter, doch nicht, ohne uns zuvor mit drei holländischen Gulden beschenkt zu haben.

Wir sahen ihm mit herzlichem Danke nach, verfolgten aber gleichfalls unsere Straße zum anderen Tore hinaus, nachdem wir bloß unseren Brotbedarf erneuert hatten, und erlebten an diesem Tage kein ferneres Abenteuer, als daß wir an einem Gittertore von einem barschen Kerle angerufen und uns sechs Stüber Zollgeld abgefordert wurden. Unser Protestieren, daß wir arme schiffbrüchige Leute seien, die man ja wohl verschonen werde, half zu nichts; wir wurden in die Stube des Zollhauses gezerrt und sollten zahlen. Nun wäre die Summe wohl zu erschwingen gewesen und meine Kameraden winkten mir auch zu, nur in Gottes Namen den Beutel zu ziehen; allein dieser, samt unserem ganzen kleinen Reichtum, saß so tief und wohl verwahrt in meinen Beinkleidern, daß ich ein billiges Bedenken trug, ihn vor diesen Zeugen zum Vorschein zu bringen. Darüber saßen wir hier wohl eine gute halbe Stunde lang, gleichsam wie im Arrest, und es ward mit uns um die sechs Stüber kapituliert.

Ganz wie vom Himmel kam uns jedoch ein Erlöser in der Person eines Postboten, der zu uns eintrat, weil er hier Briefe abzugeben hatte. Er ließ sich den Handel von beiden Parteien umständlich vortragen und schlug sich, wie billig, auf unsere Seite, wobei es denn nicht ohne eine nachdrückliche Gewissensrüge an den unbarmherzigen Zöllner abging. Dieser aber blieb steif und unbeweglich auf seinem Zoll-Reglement und seinen sechs Stübern bestehen, bis endlich unser eifriger Sachwalter den eigenen Beutel zog, jenem das Weggeld hinwarf und nun uns triumphierend aufforderte, in Gottes Namen unseres Weges zu gehen. Das taten wir denn auch, ohne es an unserer Bedankung für seine Großmut mangeln zu lassen.

Nun aber gerieten wir in andere Nöte. Meine beiden Begleiter, der angestrengten Märsche ungewohnt, hatten die Füße voller Blasen und fanden sich auch anderweitig unbequem, so daß mir's immer schwerer fiel, sie des Weges vorwärts zu bringen. Ging ich meinen guten Schritt vorweg und sah dann hinter mich, so war der eine noch immer weiter als der andere zurückgeblieben. Bat ich sie, sich zu fördern: – sie wollten nicht, sie konnten nicht; sie weinten. Es gedieh endlich soweit damit, daß mein Bruder auf einem Düngerhaufen am Wege sitzen blieb und unter heißen Tränen beteuerte: jetzt vermöchte er nicht weiter, ich möchte nur meinen Weg vor mich hingehen; wollte ich ihm von unserem Gelde nichts zukommen lassen, so möchte es darum sein. Es sei ihm ohnehin so zu Sinne, als müsse er hier sitzen bleiben und Hungers sterben.

Meine Angst war unaussprechlich. Ich weinte mit ihm um die Wette; ich tröstete, ich versprach ihm goldene Berge, wenn er nur aufstehen und es versuchen wollte, mit mir fortzuhumpeln. Nur bis ans nächste Dorf noch sollte er sich fortschleppen, bevor es Abend würde. Morgen wollten wir ein Fuhrwerk nehmen und alles sollte besser werden. Unter solchem kräftigen Zureden nahm ich ihn endlich unter die Arme, hinkte mit ihm weiter und trug ihn mehr, als er ging, bis wir unser heutiges abgekürztes Reiseziel erreichten. Ich hielt ihm indes Wort und wir fuhren von Dorf zu Dorf, bis wir ins Oldenburgische kamen. Hier aber nahmen wir die halbe Post und erreichten Lübeck; doch griff dies schnellere und bequemere Fortkommen auch so gewaltig in unsere Reisekasse, daß uns, wie knapp wir's auch unserem Munde abdarbten und kaum mehr als das trockene Brot mit einem Wassertrunk genossen, endlich doch der letzte Groschen aus den Händen zerronnen war.

Was blieb zu tun? Ich wandte mich in Lübeck an einen Kaufmann, Herrn Sengbusch, der mir, von Kolberg her, dem Namen nach bekannt war, und ersuchte ihn, uns auf unsere teuergehaltene Taschenuhr zwanzig Taler vorzustrecken. Hierzu war der gute Mann auch willfährig; wir konnten nunmehr mit der Post nach Stettin weiterfahren und fanden hier eine Gelegenheit, die uns vollends nach Kolberg förderte, wo wir in der Mitte des März mit einem baren Kassenbestande von sieben Groschen sechs Pfennigen anlangten und von den Unserigen mit einer Freude, als wären wir vom Tode auferstanden, empfangen wurden.

Fünf Tage lang war ich im lieben Vaterhause gewesen und von der Not kaum wieder ein wenig zur Besinnung gekommen, als schon wieder ein neuer Unglücksstern über mir aufging. Denn da hieß es: die Unteroffiziere von unserem Bataillon, welches damals seine Winter-Quartiere in Torgau hatte, hätten sich bei uns eingefunden, um frische Rekruten in diesem ihrem Kanton auszuheben. Eine Schreckenszeitung für alle Eltern jener Zeit, sowie für alles junge Volk, das eine Flinte schleppen konnte und nicht mochte!

Diese entschiedene Abneigung des Bürgers gegen den Soldatenstand hatte aber auch ihre genugsame Rechtfertigung in der heillosen und unmenschlichen Art, womit die jungen Leute beim Exerzieren, zumal von den dazu angestellten Unteroffizieren, behandelt wurden. Unter den Fenstern ihrer Eltern selbst, auf öffentlichem Markte, wurden sie von diesen rohen Menschen bei solchen Einübungen mit Schieben, Stoßen und Prügeln aufs grausamste mißhandelt, – oft nur, um sie die Autorität fühlen zu lassen, oft aber auch wohl in der eigennützigen Absicht, von den Angehörigen Geschenke zu erpressen. Es war ein kläglicher Anblick, wenn die Mütter bei solchen Auftritten in Haufen danebenstanden, weinten, schrien, baten und von den Barbaren rauh abgeführt wurden. Klagen bei den Obern fanden nicht statt oder wurden verspottet, denn diese dachten wie ihre Untergebenen und sahen mit kalter Geringschätzung auf alles herab, was nicht den blauen Rock ihres Königs trug.

Wenn nun schon unsere Bürgersöhne sich damals so ungern unter die militärische Fuchtel beugten, so wird es um so begreiflicher, daß die jungen Seefahrer unter ihnen diesen Abscheu in noch verstärktem Maße empfanden, je früher sie bereits auswärts die goldene Freiheit gekostet hatten und je weniger ihre Hantierung mit dem gezwungenen Soldatendienste übereinstimmte. Wer es also irgend vermochte, entzog sich dieser Sklaverei lieber durch die Flucht ins Ausland und ging dadurch dem Staate gewöhnlich für immer verloren. Aber auch der Handelsstand hat es stets schmerzlich empfunden, der sich nun für die Schiffahrt oft mit den untauglichsten Leuten behelfen mußte.

Hätte ich selbst nicht auch jenen Widerwillen gegen ein so gebundenes Leben so lebhaft gefühlt, als irgendeiner unter meinen Seekameraden, so durfte ich mich doch schon um meiner kleinen Statur willen nicht tauglich zu einem regelrechten Soldaten halten und darum stand mir's auch nie zu Sinn, meinem großen Friedrich, so sehr ich ihn auch verehrte, in Reihe und Glied und mit dem Schießprügel auf der Schulter zu dienen. Denke man sich also meinen Schrecken, als ein gutmeinender Freund unter dem angekommenen Werberkorps (er hieß Lemcke) meinem Vater insgeheim vertraute: sämtliche junge Burschen in der Stadt, von vierzehn Jahren und darüber, wären bereits notiert, und um elf Uhr würden die Tore geschlossen, die brauchbarsten darunter aufgegriffen und gleich mit dem nächsten Morgen nach Sachsen auf den Transport gegeben werden.

Jetzt war es neun Uhr morgens. Hier galt es demnach kein Säumen; ich sollte vorerst nach der Münde flüchten und mich dort verbergen. Nur zu bald kam auch dorthin das Geschrei, daß alle Vorhersagungen meines Warners pünktlich eingetroffen und das Ordonnanzhaus bereits voll von neuen Rekruten stecke. Mein Vater ließ mir durch eine vertraute Frau sagen, daß auch bei ihm genaue Haussuchung nach mir geschehen sei. Ich möchte mich daher ungesäumt aufmachen und, zwei Meilen weiter am Strande entlang, im Dorfe Bornhagen bei einem mir namhaft gemachten Bauern, dem zu trauen sei, eine einstweilige Zuflucht suchen. Doch dieser gute Rat kam leider zu spät; mein Aufenthalt war schon verraten!

Gleich am Nachmittage zeigten sich jene Werber überall auf der Münde und umringten das Haus, worin ich steckte, von allen Seiten. Ich gewann nur Zeit, mich auf den stockfinstern Boden zu flüchten, wo ich in der Angst ein großes Fischernetz, das an den Sparren umherhing, über mir zusammenzog, so daß ich meist darunter verdeckt lag. Kaum war dies geschehen, so rührte sich auch etwas auf der Leiter, die unter das Dach hinaufführte. Es war der Unteroffizier Schnell, der nun sein Seitengewehr zog und mit der Spitze desselben in allen Winkeln blind umhertastete. So ging er rund um mich und mein aufgetürmtes Netz umher, ohne mich darunter zu vermuten, obwohl es mir nicht ganz den Kopf verdeckte und mir dadurch Gelegenheit gab, seine Bewegungen einigermaßen zu beobachten. Ich darf aber wohl sagen, daß mir dabei gar unheimlich zumute war. Indes fand er mich nicht, und auch unten im Hause ward ich standhaft verleugnet.

Nun war hier aber auch meines Bleibens nicht länger. Kaum graute der Abend, so machte ich mich in Gottes Namen zu meinem Bauern auf den Weg, nachdem man mir einen tüchtigen Schiffshauer zu meiner Sicherheit mitgegeben – weniger vor meinen Verfolgern, als um mich im Stadtholze, welches ich passieren mußte, der Wölfe zu erwehren, die damals an Menschen und Vieh viel Unglück anrichteten. Wirklich war es auch ein wahres Wolfswetter mit Sturm und Schneegestöber, und Gott weiß, wie blutsauer mir dieser Weg geworden; denn unzählige Male brach das Eis unter mir ein, oder ich versank im Schnee, daß ich vollauf zu tun hatte, um nur allemal wieder auf die Beine zu kommen. Endlich am Morgen erreichte ich meine Freistatt und hielt mich dort zehn oder zwölf Tage verborgen. Aber diese dünkten mir bald wie eine halbe Ewigkeit, ebensowohl wegen des ganz ungewohnten Festsitzens, als wegen der ermangelnden Nachrichten von Hause; bis mich's nicht länger ruhen ließ und ich mich eines Abends wieder aufmachte, um in meinem alten Quartier auf der Münde nachzufragen, ob ich mich wohl mit einiger Sicherheit wieder zeigen dürfte.

Hier lauteten indes die Nachrichten so wenig tröstlich, daß mir nur die sorgfältigste Verbergung übrig blieb. Doch wollte ich nicht gerne von der Münde weichen, weil nächstens die Schiffahrt wieder aufgehen konnte und ich dann hier bei der Hand war, um mit irgendeinem absegelnden Schiffe zu entkommen. Mit einem ähnlichen Plane trugen sich noch mehrere meiner jungen Kameraden; allein eben darum waren wir auch um so gewisser bereits nach einigen Tagen verraten und eine neue Nachjagd ward auf uns begonnen. Mitten in der Nacht erweckte mich ein leises Klopfen an den Fensterladen des Kämmerchens, wo ich schlief, und die bekannte Stimme einer getreuen Frauensperson rief mir zu: »Joachim, auf! auf aus den Federn! die Soldaten sind wieder auf der Münde! Den, und den, und den (die sie mir bei Namen nannte) haben sie schon beim Flügel gekriegt. Mach', daß du davonkommst!«

Man glaubt mir's wohl, daß ich flugs und mit gleichen Füßen aus dem Bette sprang. In der Bestürzung griff ich nach den ersten besten Kleidern, die auf den Stühlen umherlagen und die ich für die meinigen hielt. So stahl ich mich alsobald und im Hemde auf die Straße hinaus, schüttelte meinen Fund auseinander, um mir davon etwas über den Leib zu werfen, und bemerkte nun erst mit Schrecken, daß mir nichts als Frauenkleider in die Hände gefallen waren. Was blieb zu tun? Ich warf mir einen roten Friesrock über die Schultern und war im Begriff, mich mit dem Reste noch besser auszustaffieren, als ich in meinem Anputzen häßlich gestört wurde.

Es waren die Herren Soldaten, die kaum zehn Schritte von mir um eine Ecke bogen. Ich suchte mein Heil in der Flucht: aber eben dadurch verriet ich mich und hatte alsobald meinen alten Widersacher Schnell nebst noch ein paar andern auf der Ferse hinter mir. Mein Lauf ging geradeswegs nach einem im Hafen liegenden Schiffe zu, an dessen Bord sie mir nicht so hurtig nachfolgen konnten. Zu meinem Glücke lag an der anderen Seite des Schiffs ein Boot befestigt. Ich sprang hinein, fand sogar ein Ruder darin vor, löste das Tau, stieß ab und ließ jenen in eben dem Augenblicke das Nachsehen, als auch sie endlich das Verdeck erreicht hatten.

Jenseits, in der Maikühle, ging ich an Land und überlegte nun etwas ruhiger, was weiter zu tun sei. Ich befand mich so gut als nackend in einer bitterlich kalten Märznacht und mußte vor allen Dingen meine Blöße zu decken suchen. Also wanderte ich getrost zu der nächstgelegenen Holzwärterei Grünhausen, klopfte den Bewohner (er hieß Krössin) hervor, gab mich zu erkennen und bat um Aufnahme. Seine abschlägige Antwort durfte mich nicht befremden, da es derzeiten hart verboten war, Flüchtlinge meiner Art zu hegen, die vielmehr sofort angehalten und ausgeliefert werden sollten. Ich beschränkte demnach meine Bitten auf irgendeine Kopfbedeckung und ein Paar Strümpfe. Der ehrliche Kerl reichte mir seine Schlafmütze vom Kopfe und ein Paar hölzerne Pantoffeln von seinen Füßen und fügte den Rat hinzu, mich eiligst zu entfernen, weil es auch bei ihm nichts weniger als sicher sei, da er gleichfalls einen Sohn im Hause habe, dem, obwohl er krank und elend sei, von den Soldaten nachgetrachtet werde.

So aufs abenteuerlichste ausstaffiert, begab ich mich nach der Maikühle zurück, um eine anderweitige Zuflucht aufzusuchen. Es stand dort, wie ich wußte, ein alter Schiffsrumpf hoch auf dem Strande, der im Sommer als ein Bierschank benutzt zu werden pflegte. An diesem kletterte ich hinan, stieg oben durch das Rauchfangloch und duckte mich da vor der Kälte in einen Winkel zusammen. Darüber ging endlich die langweilige Nacht zu Ende. Mit dem ersten Dämmerungsstrahle glosterte ich von meiner Hochwarte herab überall umher; und da nach der Münde hinaus alles ruhig schien, so wagte ich mich hervor, suchte mein verlassenes Boot wieder auf und ruderte mich leise zu einem Schiffe heran, das nach Königsberg gehörte und von Schiffer Heinrich Geertz geführt wurde. Dieser gute Mann nahm mich willig auf und hielt mich länger als vierzehn Tage bei sich verborgen.

Dennoch konnte hier meines Bleibens nicht ewig sein. Es war mir daher eine erwünschte Zeitung, daß ein Kolberger Schiffer namens Martin Albrecht, der dicht neben uns vor Anker lag, am nächsten Morgen mit Ballast nach Danzig auszugehen gedenke. Zu diesem Schiffe führte mich um Mitternacht mein Freund Geertz in aller Stille. Meine ganze Reiseausrüstung bestand in einem Bündelchen mit Hemden und anderen kleinen Notwendigkeiten, welches meine Mutter mir unter der Hand zugeschickt hatte. Sobald ich an Bord hinübergestiegen war, dankte ich meinem freundlichen Beschützer zum Abschied mit einem warmen Händedruck, bat ihn, meinen besorgten Eltern meinen Gruß und Lebewohl zu bringen und ließ nunmehr meinen guten oder bösen Stern weiter walten.

Auf dem Schiffe war alles stille. Niemand hatte mich wahrgenommen. Ich öffnete die vordere Kabelgats-Luke, rutschte hinunter, machte die Luke hinter mir zu und suchte mir auf den Tauen und Segeln, die hier verwahrt lagen, ein Ruheplätzchen. Bald aber überlegte ich, daß dieses Versteck mit Tagesanbruch auch sofort von Menschen wimmeln würde, die zu der vorhabenden Abfahrt Segel und anderes Zubehör daraus hervorlangten, wo es denn garstig für mich ablaufen könnte. Ich versuchte es also, mich durch tausend Gegenstände, die sich mir hindernd in den Weg stellten, tiefer in den Raum hinabzuminieren. Es glückte mir endlich damit: aber zu gleicher Zeit hörte ich hinter dem Ballast etwas rascheln und flüstern, das mir unheimlich vorkam. Gleichwohl kroch ich noch weiter heran und unterschied bald menschliche Stimmen, die mir, je länger ich sie behorchte, um so bekannter vorkamen. Kurz es gab hier eine ganz unvermutete Erkennungsszene zwischen mir und elf andern jungen Seekameraden, welche gleiche Not und gleiche Hoffnung hierher zusammengebracht hatte.

Für den Augenblick hielten wir uns zwar geborgen: aber unter Furcht und Zagen hatten wir nun zu erwarten, ob das Schiff vor seiner Abfahrt nicht nach uns Flüchtlingen visitiert werden dürfte? Inzwischen brach der Tag an und am Borde ward es über unseren Köpfen lebendig. Wir unterschieden deutlich, wie man Anstalten machte, in See zu gehen; ja, ein wenig später spürten wir, mit steigender Freude, das Schiff in Bewegung, dann das Anschlagen der Brandung an die Seitenborde und endlich auch den Abgang des Lotsen, der uns zum Hafen hinausbegleitet hatte. Da auch der Wind gut sein mußte, so glaubten wir, nach Verlauf von noch einer Stunde, weit genug von Kolberg, das uns ein Schreckensort geworden, entfernt zu sein, um uns wieder ans Tageslicht hervorwagen zu dürfen. Wir setzten also die Leiter an, schoben die große Luke auf und traten wohlgemut auf das Verdeck hervor.

Das Erstaunen des Schiffers über unseren unerwarteten Anblick kannte keine Grenzen; aber auch von seinem Volke mußten selbst die, welche vielleicht um das Geheimnis wußten, sich billig verwundern, daß wir uns, ihnen unter den Händen, in unserer Anzahl verdoppelt hatten. Eines besonders freundlichen Empfangs hatten wir uns indes nicht zu rühmen. Der Kapitän, der nur seine schwere Verantwortlichkeit erwog, tobte wie besessen. »Könnt' ich nur gegen den Wind ankommen!« rief er, »ich brächt' euch alle auf der Stelle nach Kolberg zurück und machte rein Schiff. Aber ich weiß darum wohl, wohin ich euch abzuliefern habe.« – Zugleich verbot er seinen Leuten aufs strengste, sich um uns zu kümmern und uns weder Essen noch Trinken zu reichen.

Zwar ward es mit diesem Befehle nicht so gar genau genommen und unsere Freunde steckten uns immerfort etwas von ihren Mundportionen zu; allein da wir volle acht Tage in See blieben, so litten wir gleichwohl grausamen Hunger und Durst und waren darum von Herzen froh, als endlich die Anker im Danziger Fahrwasser fielen. Hier deutete der Schiffer seiner Mannschaft in unserer Gegenwart (und also auch wohl nicht ohne geheime Absicht) an: »Er gehe in diesem nämlichen Augenblicke an Land und nach Danzig zum preußischen Residenten, um ihm uns Deserteure anzumelden und uns in seine Hände zu überliefern. Bis dahin sollten sie uns an Bord festhalten und mit Leib und Leben für uns einstehen.« Vergeblich wandten sie ihm ein: »Die Partei sei gar zu ungleich, da ihrer nur fünf Mann, wir aber zwölf Köpfe stark wären.« – »Was kümmert's mich?« war seine Antwort, »und wenn es auch Mord und Totschlag gibt, so laßt sie nicht laufen!«

Das hieß nun wohl deutlich genug: Immerhin, laßt sie laufen! – Kaum hatte er auch nur den Rücken gewandt, so machten wir uns zum Abzuge fertig. Zum Schein gab es zwischen uns und dem Schiffsvolk ein unbedeutendes und unblutiges Handgemenge, worauf wir unseres Wegs gingen, uns sofort über die Weichsel setzen ließen und längs dem Seestrande die Richtung nach Königsberg einschlugen. So mochten wir ein paar Stunden wacker zugeschritten sein, als wir den Weg zu beschwerlich fanden und darum gern auf den Vorschlag einiger Gefährten hörten, die ihn früher schon mehrmals gemacht hatten und das Fortkommen an der anderen Seite der Nehrung, längs dem frischen Haff, als angenehmer und gemächlicher priesen. Sogleich schlugen wir uns nach dieser Seite hinüber und entgingen dadurch, ohne es zu ahnen, einer Gefahr, die das bisherige Spiegelfechten leicht in bitteren Ernst verwandelt haben würde.

Denn seinerseits hatte der Kapitän in Danzig nicht umhin gekonnt, seine Pflicht zu tun. Wir waren gesucht, vermißt und auf fernere Anzeige bei der Ortsobrigkeit sofort verfolgt worden. Ein Kommando von einigen Danziger Stadtdragonern setzte uns längs dem Seestrande nach und würde uns gar bald eingeholt haben, wenn wir uns nicht bereits landeinwärts gelenkt hätten. So verfehlten sie uns und kehrten unverrichteter Dinge nach Danzig zurück, während wir ohne weitere Anfechtung Königsberg erreichten und, vor weiterer Entdeckung sicher, uns im Gewühl dieses lebendigen Handelsplatzes verloren.

s traf sich sehr gelegen, daß es hier, bei eben wieder eröffneter Schiffahrt, Mangel an unterrichteten Seeleuten gab, die als Steuerleute gebraucht werden konnten. Daher währte es kaum zwei oder drei Tage, bis wir uns samt und sonders, und meist in jener Eigenschaft, mit Vorteil angebracht hatten. Ich selbst fand einen Platz als Steuermann auf einer kleinen Jacht von fünfzig Lasten und fünf Mann Equipage. Mein Schiffer hieß Berend Jantzen und war mit einer Ladung Hanf nach Irwin in West-Schottland bestimmt; sollte aber, um die französischen Kaper zu vermeiden, oben herum durch die Nordsee und die Orkaden steuern.

Wir gingen unter Segel; aber schon im Sunde erlebten wir das Unglück, daß das eiserne Band eines Wasserfasses beim Zerspringen dem Schiffer von hinten gegen die Wade schlug und dadurch das Bein so heftig gegen eine scharfe Holzecke schleuderte, daß wir ihn in die Kajüte tragen mußten und er an dem Schaden mehrere Monate lang das Bett zu hüten hatte. Da nun er so wenig als einer unserer Matrosen, an welchem sich bald ein venerisches Übel offenbarte, auf dem Deck ausdauern konnte, unser Schiffsjunge aber (eigentlich ein verdorbener Tischlergeselle) bei dem geringsten Sturmwetter mit Seekrankheit zu tun hatte; so beruhte nunmehr die Führung des Schiffes einzig auf mir und einem Matrosen; und ich darf wohl gestehen, daß mir bei der Sache nicht gar zu wohl zumute wurde.

In der Tat gehört auch die Schiffahrt in diesen Gewässern, zwischen Schottland und der Insel Lewis und den übrigen zahlreichen Hebriden hin, zu den gefährlichsten, die es geben kann; nicht nur des engen Fahrwassers zwischen den Inseln und der vielen Klippen wegen, sondern hauptsächlich weil hier so starke Strömungen gehen, daß es oft überall brandend aufschäumt und nicht anders aussieht, als ob alles rings umher dicht mit blinden Klippen besät wäre. Noch unglücklicher aber ist es, daß die holländischen Seekarten, deren wir uns damals allein bedienen konnten, hier durchaus unzuverlässig sind und jeden Augenblick irreführen. Das begegnete denn auch mir, und so darf man sich denn nicht wundern, daß ich hier endlich gar nicht mehr aus oder ein wußte.

In dieser Bedrängnis kam uns ein englisches Schiff zu Gesicht, welches zwischen zwei hohen Landspitzen hervorsegelte und von welchem ich richtigeren Bescheid zu erlangen hoffte. In dieser Absicht richtete ich die Segel nach jener Seite hin, indem ich zugleich die preußische Flagge aufsteckte, welche bekanntlich weiß ist und in der Mitte den schwarzen Adler führt. Aber auch die französische Flagge ist von weißer Farbe; und da sich bei dem mäßigen Winde die meinige zu wenig entfaltete, um den Adler anstatt der Lilien erblicken zu lassen, so ward ich von dem Engländer für einen französischen Kaper angesehen, und er setzte bei dem stillen Wetter so viel Segel auf, als sein Schiff nur tragen konnte, um mir zu entgehen. Ich tat desgleichen, um Jagd auf ihn zu machen; und so machten wir uns beiderseits Not und Mühe, bis zuletzt nachmittags der Wind völlig erstarb, als ich nur noch eine kleine Viertelmeile von dem Flüchtling entfernt war.

Meinen Zweck verfolgend setzte ich nunmehr mit Hilfe meines Matrosen und des Jungen die Jolle aus und ließ mich von ihnen an den jenseitigen Bord hinüberrudern. Als Vorwand meines Besuches sollte mir ein mitgenommenes leeres Wasserfaß und die kleine Notlüge dienen, daß uns unser Trinkwasser ausgegangen. Wir kamen dem Schiffe auch glücklich zur Seite, wo wir mit Verwunderung alles zum Gefechte in Bereitschaft fanden, während sie selbst, beim nähern Anblick von uns drei Köpfen, über ihre ausgestandene Furcht lachen mußten.

Meine Bitte um frisches Wasser schien unverdächtig und fand willigen Eingang. Unter der Zeit aber, daß es gezapft und in mein Faß übergefüllt wurde, nahm ich die Gelegenheit wahr, ganz unbefangen nach dem Namen dieses und jenes Landes, das uns eben im Gesichte lag, zu fragen. So erfuhr ich, daß dort hinaus Kap Cantrie, hierwärts aber die Insel Lamlach gelegen sei. Ich war nun zu meiner großen Beruhigung wieder orientiert, ohne mir die arge Blöße gegeben zu haben, meine Unwissenheit einzugestehen.

Irwin, unser Bestimmungsort, liegt im Grunde einer tiefen runden Bucht, in welche, als wir ihre Höhe erreichten, ein Sturm aus Nordwest gerade hineinblies. Da sie mir durchaus unbekannt war, bekanntlich aber schlechten Ankergrund hat, so wäre es verwegen gewesen, mich bei diesem Winde und Wetter in sie hineinzuwagen. Ich steuerte also gegen die Insel Arron, um dort vielleicht eines Lotsen habhaft zu werden; allein vergebens kreuzte ich zwei Tage umher. Meine weiße Flagge spielte mir abermals den Streich, daß alles auf der See vor mir floh und vom Lande niemand sich zu mir heranwagte, weil ich für einen Franzosen gehalten wurde. Zuletzt näherte ich mich dem Strome von Port-Glasgow, und hier gelang es mir dann, einen Lotsen zu finden, der mich nach Irwin brachte.

Ich berührte nur kurz, daß wir, nachdem auch unser Schiffer wieder auf die Beine gekommen, von hier mit Ballast und unter neutraler Flagge nach der Insel Noirmoutiers an der westlichen Küste von Frankreich gingen, wo wir eine Ladung Seesalz einnahmen und uns dann nach Königsberg auf den Heimweg machten. Leider konnten wir's im Kanal in der Nähe von Dover nicht vermeiden, nach und nach mit sieben englischen Kapern zusammenzugeraten. Alle diese Schnapphähne – Kerle mit wahren Galgenphysiognomien – stiegen zu uns an Bord und wußten in allem, was ihnen anstand (und ihnen stand fast alles an!) reinen Tisch zu machen: Kessel und Pfannen, Tauwerk und losgebundene Segel, Seekarten und Kompaß mußten mit ihnen wandern. Was der eine uns ließ, daß nahm der andere. Ja, endlich zogen sie uns sogar die Kleider vom Leibe.

Wir hatten eben Dover gegenüber beilegen müssen, als mir, bei dem letzten unerwünschten Zspruche solcher Art, einer von diesen Taugenichtsen, zudringlicher als die übrigen alle, die langen Schifferhosen von den Beinen streifte. Das hätte ich verschmerzen mögen; aber bei der Gelegenheit fiel ihm auch ein Notpfennig von etwa 13 Rubeln in die Augen, die ich ins Hemd eingenäht hatte und hier für sicher genug hielt. Kaum aber erreichte der süße Ton des Silbergeklappers sein Ohr, so griff er gierig zu, hieb mit seinem Hauer mir den Hemdzipfel vom Leibe, zählte seine Beute über und trieb die britische Großmut so weit, mir davon einen Rubel zurückzugeben. Dabei verbot er mir, diesen dem Schiffer zurückzustellen, welchem, seiner Meinung nach, der ganze Fund wohl eigentlich gehören möchte.

Ich war aber über diese Behandlung dermaßen erbittert, daß ich augenblicklich das Ruder aufholte, die Segel abbraßte und, da der Wind südlich war, nach dem Lande zuhielt. »Was soll das bedeuten? Wo hinaus?« fragten die Kerle, die mir auf dem Verdeck am nächsten standen. – »Wo hinaus?« antwortete ich, von der inneren Wut übermeistert, »geradeswegs nach Dover, wo ihr Schelmgezüchte noch heute am lichten Galgen baumeln sollt!« – Flugs kam auf diese Drohung das ganze Pack aus Kajüte, Roof, Kabelgat und Raum, wohin sie sich zum Rauben verteilt hatten, im dichten Kreise um mich her zusammen. So viel Hände, so viel Pistolen wurden mir auch an den Kopf oder Hauer auf die Brust gesetzt; doch schoß oder stach niemand. Dagegen rissen sie mich bei den Haaren aufs Deck nieder, einige hielten mich an Kopf und Füßen fest, andere schlugen mit den flachen Klingen auf mich drein, daß mir schier Hören und Sehen verging. Endlich wollten doch die Barmherzigsten meine weitere Mißhandlung nicht gestatten; doch ging es nicht ohne einige Fußtritte ab, und einer, der mir nun noch die Stiefeln von den Füßen zog, schlug mir sie zum Beschlusse um die Ohren, zog sie selbst auf der Stelle an und machte sich darauf mit seinen feinen Gesellen, zusammen dreizehn an der Zahl, an Bord ihres Kaperschiffes zurück.

Mein Zustand war so jämmerlich, daß unser Schiffsvolk mich für halb tot in meine Koje trug. Nicht genug aber, daß ich, der ich mich kaum regen konnte, der Regierung des Schiffes abging, sondern nun entstand auch in der nächsten Nacht ein Sturm, gegen den die übrigen sich zu schwach fühlten, die Segel einzunehmen. Dies hatte die Folge, daß bald auch der große Mast brach und mit seiner ganzen Takelage über Bord ging. Nun trieben wir, als ein Wrack, in der See, und hätten wahrscheinlich unseren Untergang gefunden, wenn nicht tags darauf eine holländische Fischer-Schuyt in unsere Nähe gekommen und bereitwillig gewesen wäre, unser Schiff nach dem Texel und von dort nach Medemblyk zu schleppen, wo sich die bequemste Gelegenheit fand, es wieder zu vermasten und in segelfertigen Stand zu setzen.

Als es zugerüstet war, fühlte ich mich noch zu krank und elend, um wieder mit an Bord zu gehen. Ich mußte also in Medemblyk zurückbleiben und begab mich dort zu einem Kompaßmacher, dem ich seine Kunst gründlich ablernte, und diese ist mir in der Folge von großem Nutzen gewesen. Zugleich schrieb ich in meine Heimat und erhielt auch bald eine Aufforderung von meinem Vater, ungesäumt nach Kolberg zurückzukommen. Die Gefahr, zum Soldaten ausgehoben zu werden, sei jetzt nicht zu fürchten, da er als Bürgeradjutant sich den Festungskommandanten v. Heyden besonders geneigt wisse und daß es mehr als eine Weise gebe, dem Vaterlande rechtschaffen zu dienen. Überdem sei es sehr wahrscheinlich, daß der Festung binnen kurzem eine Belagerung von den Russen bevorstände. Es sei also das beste, daß ich nach Hause käme, um mit meinen Eltern zu leben und zu sterben. Schlüge ich jedoch diese Ermahnung in den Wind, so möchte ich auch fernerhin nimmer wagen, mich seinen Sohn zu nennen. Kurz, neben dem glühenden Patriotismus, der sein Herz beseelte, schimmerte immerdar noch die Besorgnis hindurch, daß ich meiner alten Begierde nach Abenteuern hier in Holland abermals den Zügel schießen lassen

Zügel schießen lassen und mit leichtem Sinn in die weite Welt gehen möchte.

Was blieb mir unter diesen Umständen anders zu tun, als mich unverzüglich auf das Schiff eines Landsmannes zu setzen, der zu Amsterdam lag und unter Danziger Flagge fuhr, und es so einzurichten, daß ich auf der Kolberger Reede, im Vorüberfahren, von ihm an Land geschickt wurde. Drei oder vier Wochen darauf begann die erste, von dem russischen General Palmbach geleitete Belagerung meiner Vaterstadt. Nun ist es bekannt, daß schon von alten Zeiten her die Einwohner von Kolberg durch ihren Bürgereid verpflichtet sind, zur Verteidigung der Festung Leib und Leben, Gut und Blut daranzusetzen. Sie blieben also auch bei dieser Gelegenheit, als brave Preußen, nicht hinter ihrer Schuldigkeit zurück. Meines Vaters Posten insonderheit forderte, daß er in dieser Zeit stets um die Person des Kommandanten sein mußte; und wo er war, da war auch ich, um ihm, als ein flinker und rühriger junger Mensch, zur Hand zu gehen. Der alte wackere Heyden sah meinen guten Willen; und das gewann mir sein Wohlgefallen in dem Maße, daß ich beständig in seiner Nähe sein und bleiben mußte. Ich konnte solchergestalt für seinen zweiten Bürger-Adjutanten gelten und wurde oftermalen auf den Wällen von ihm gebraucht, seine Befehle nach entfernten Posten zu überbringen. In der Tat war dies eine gute Vorschule für mich, um zu lernen, was unter solchen Umständen zum Festungsdienste gehört; und die Lektion ist mir noch im späten Alter trefflich zugute gekommen!

Man weiß, daß diese Belagerung, obgleich ernstlich genug gemeint und mit überlegener Kraft begonnen, dennoch durch die Entschlossenheit unseres Anführers und seine geschickten Gegenanstalten fruchtlos blieb und daß die Russen, nachdem sie eine Menge Pulver unnütz verschossen hatten, nach einigen Wochen wieder abziehen mußten. Sobald aber auch nur der Platz wieder frei geworden, war dort meines Bleibens nicht länger. Ich machte eine Fahrt nach Amsterdam, von der ich hier nichts Besonderes anzuführen habe, und traf hier wieder mit meinem alten wertgehaltenen Kapitän Joachim Blank zusammen, den ich vor drei Jahren ungern verlassen hatte. Er hatte gerade eine neue Reise nach Surinam vor, wo es denn keines langen Zuredens bei mir bedurfte, um auf seinem Schiffe meine alte Stelle als Steuermann anzunehmen.

s war gegen Ende Dezember 1758, als wir, mit einer großen Flotte von Kauffahrern und unter Bedeckung von drei holländischen Kriegsschiffen aus dem Texel mit einem tüchtigen Sturm aus Nordosten in See gingen. Allein es gibt so mancherlei Verzug und Beschwerde, sich – zumal bei den langen Winternächten – im Gedränge einer solchen zahlreichen Konvoi zu befinden, daß wir uns die erste beste finstere Nacht zunutze machten, uns heimlich von unserer lästigen Begleitung abzudrücken und unser Heil in uns selbst zu suchen. Der anhaltende günstige Wind ließ uns auch bald einen weiten Vorsprung gewinnen; so daß wir binnen kurzem die östlichen Passatwinde erreichten und die gesamte Fahrt vom Texel bis in den Fluß von Surinam, – eine Strecke von zweitausend Meilen – in der ungewöhnlich kurzen Zeit von zwanzig Tagen zurücklegten.

Meine Beschäftigungen an diesem unserem Bestimmungsorte waren die nämlichen, die ich schon früher angeführt habe. Ich befuhr beide Ströme in der Kolonie, versah die Plantagen mit den bedürftigen Artikeln unserer Ladung, und brachte von dort eine neue Rückfahrt an Zucker und Kaffee zusammen. Dies setzte mich nun mit einer Menge Plantagendirekteurs in Verbindung, die großenteils meine näheren oder entfernteren Landsleute waren und mir sämtlich viele Liebe und Güte erwiesen. Ihrer unbegrenzten Gastfreundlichkeit danke ich die vergnügtesten Tage meines Lebens, die unstreitig in diesen achtmonatigen Aufenthalt in dieser Kolonie fielen.

Auf unserer Heimfahrt nach Amsterdam hatten wir einen der vermögendsten Plantagenbesitzer an Bord, den die Sehnsucht nach dem vaterländischen Himmel zurück nach Europa trieb. Er hieß Polack, war ein geborener Wiener und in seiner Jugend als gemeiner Soldat nach Surinam geraten. Glück und Tätigkeit hoben ihn hier allmählich zu einer glänzenden Lage empor. Eine der größten Kaffeeplantagen, genannt »der Maas-Strom« und am Kommendewyne gelegen, war sein Eigentum, das er unlängst seinem aus Europa zu sich berufenen Schwestersohne zum Geschenk übergeben hatte. Nie sah ich einen rührenderen Anblick, als wie ich ihn von dort in unserer Schaluppe an Bord abholte. Alle Sklaven der Pflanzung, vierhundert Männer, Weiber und Kinder an der Zahl, hatten sich versammelt, um ihrem alten gütigen Herrn das Lebewohl zu sagen. Sie fielen rings um ihn nieder, weinten, umfaßten seine Füße und Hände und umklammerten seinen Leib, als wollten und könnten sie ihn nimmer von sich lassen.

Sobald wir unter Segel gegangen waren, ersuchte uns Herr Polack, dem Schiffsvolke bekannt zu machen, daß er demjenigen, der ihm zuerst ansagen könne: er sehe europäische Erde – ein Geschenk von fünfzig Dukaten zugedacht habe. Diese Nachricht verbreitete unter allen eine gespannte Aufmerksamkeit; und der Wetteifer, eine so leicht zu verdienende Belohnung vor den übrigen davonzutragen, wuchs mit jedem Tage, der uns unserm heimatlichen Erdteile näher brachte. Selbst als wir, in der achten Woche unserer Fahrt, unserer Schiffsrechnung nach, dieses Ziel erreicht zu haben glauben durften, blieb dennoch eine Ungewißheit von einem Dutzend Meilen übrig, da, wie bekannt, in jenen Zeiten die genaue Bestimmung der zurückgelegten Längengrade mehr auf einer mutmaßlichen Schätzung, als auf astronomischen Berechnungen oder der Sicherheit der Seeuhren beruhte.

Jetzt wimmelte es schon seit einigen Tagen auf unsern Masten und Stangen von Menschen, die mit angestrengten Blicken nach Europa ausschauten. Eines Nachmittags, als ich meine Wache beendigt hatte und ehe ich mich in meine Koje verfügte, stieg ich nach oben, um mich nach allen Seiten umzusehen; wie dies denn nicht bloß damals, sondern zu allen Zeiten, meine unverbrüchliche Weise war. Mein erster Blick nach dem östlichen Horizont zeigte mir etwas, das beinahe wie eine entfernte Küste am Rande aufblickte. Dennoch stieg mir einiger Zweifel auf, ob nicht eine ähnlich gestaltete Wolke, oder eine Nebelbank, mich täuschte. Allein je länger und sorgfältiger ich mir die Erscheinung überlegte, desto zuversichtlicher ward meine Überzeugung, daß ich recht gesehen. Um mich her und hoch über mir saßen Matrosen, denen gleichwohl von meiner Entdeckung noch kein Schatten ahnte.

Auch ich schwieg still, begab mich aufs Verdeck hinunter und flüsterte unserem Ober-Steuermann ins Ohr: »Gelt Freund, ich sehe die englische Küste! Ich steige jetzt wieder nach oben; und wenn ich dann den Arm gerade nach dem Lande hin ausstrecke, so macht danach hier unten mit dem Kompaß die Peilung.« – Unbefangen nahm ich meinen alten Sitz im Mastkorbe wieder ein; überzeugte mich dann zuvor, ob unten mein Gehilfe mit seinem Instrumente fertig stand, und deutete nun bestimmt nach der erblickten Küste hin. Kaum nahmen meine Nachbarn umher diese Bewegung wahr, so schrien sie auch allesamt, wie aus einer Kehle: »Land! Land! Land!« – aber zu spät! Ich hatte ihnen bereits vorgefischt!

Als ich mich wieder unten zeigte, forderte mich unser Kapitän auf, zu Herrn Polack in die Kajüte zu gehen und ihm zum Anblick von Europa zu gratulieren. Mein Ehrgefühl aber wollte es nicht zulassen, mir irgend den Schein zu geben, als habe ich mich unter die Bewerber zu seiner ausgesetzten Prämie gedrängt. Nicht so aber dieser Ehrenmann, der mich selbst zu sich hinab nötigte, mir das bestimmte Päckchen Gold in die Hand drückte und mich bat, es zu irgendeinem Andenken an ihn und diese Reise zu verwenden. Am 1. Dezember 1759 erreichten wir Amsterdam; und unsere Fahrt hatte diesmal ein rundes Jahr, weniger einige Tage, gewährt. Von unserer Bemannung, die vierundvierzig Köpfe betrug, hatten wir neun Menschen durch den Tod verloren.

Untätigkeit und träge Muße waren mir unleidlich. Ich engagierte mich daher sofort wieder, als Unter-Steuermann, auf das Schiff unter Kapitän Siewert, welches schon im Texel lag, nach St. Eustaz bestimmt war und kurz vor Anfang des Jahres 1760 die Anker lichtete. Die späte Jahreszeit ließ uns eine schwere stürmische Fahrt in der Nordsee und im Kanal erwarten. Auch traf diese Befürchtung nur zu pünktlich ein, denn wir büßten nicht nur mehrere Segel, sondern auch Stangen und Raaen ein und fünf Matrosen, samt dem Schiffszimmermann, hatten das Unglück, ohne Rettung über Bord gespült zu werden. So kamen wir, in einem äußerst beschädigten Zustande, in St. Eustaz an; bewirkten jedoch binnen vier Wochen unsere Ausbesserung und Rückladung, und mochten kaum die Hälfte unseres Weges nach Holland zurückgelegt haben, als wir von einem englischen Kriegsschiffe genommen wurden. Die gesamte Mannschaft, bis auf vier Mann, mußte an dessen Bord hinüberwandern, und so wurden wir im Monat Mai nach Portsmouth aufgebracht. Unser Prozeß, ob recht oder unrecht, kam zu einer kurzen Entscheidung: denn da man für gut fand, in unserer Fracht französisches Eigentum zu wittern, so wurden Schiff und Ladung kondemniert, die Mannschaft aber mit der ausgezahlten Gage von einem Monat abgefunden. Noch verdrießlicher aber war uns das Erschwernis, welches wir fanden, England zu verlassen.

Unter diesen Umständen blieb mir nichts übrig, als Dienste auf einem englischen Schiffe, unter Kapitän Keppel, zu nehmen. So kam ich Anfang Juli nach Danzig, von wo ich sofort an meine Eltern nach Kolberg schrieb und ihnen meine Lage schilderte. Dies hatte die, für mich sehr überraschende Folge, daß meine gute Mutter persönlich mit der Post nach Danzig kam, sich hinter den preußischen Residenten steckte und durch diesen es mit leichter Mühe dahin brachte, daß ich, als preußischer, und also Untertan einer befreundeten Macht, von dem englischen Schiffe entlassen wurde. Unmittelbar darauf ging ich mit meiner gütigen Befreierin nach unserer Vaterstadt ab.

aum fünf oder sechs Wochen hatte ich im väterlichen Hause zu meiner Erholung zugebracht, so trat für Kolberg der Zeitpunkt jener zweiten denkwürdigen Belagerung ein; und da die Russen diesmal, beides zu Wasser und zu Lande, operierten, so war auch der Hafen gesperrt, und ich saß also wieder in der Kaltschale! Indes tat ich meinen Dienst, wie ich wußte und konnte, ebenso, wie vor zwei Jahren; nur ging es diesmal noch um vieles wärmer her. Glücklicherweise dauerte unser Notstand nur etwa drei Wochen, da dann die Festung durch den braven General Werner, wie durch ein Wunder, entsetzt wurde.

Während dieser Zeit des siebenjährigen Krieges blieb den preußischen Schiffen und Seeleuten, um ihrem Erwerbe nachzugehen, kaum etwas anderes übrig, als unter der neutralen Danziger Flagge zu fahren. In solcher Weise ging ich auch im Oktober von Danzig nach Königsberg, und von Königsberg mit einem Schiffe in See, das nach Amsterdam bestimmt war und von Karl Christian, einem in Pillau ansässigen Schiffer, geführt wurde. Ich hatte mich als Steuermann verdungen. Es war im November 1760; und so fehlte es in dieser vorgerückten Jahreszeit auch wiederum nicht an häufigem Sturm und Unwetter, womit wir besonders in der Nordsee viel zu schaffen hatten.

Wir bekamen einen Leck, mit dem es binnen kurzem sehr bedenklich wurde, weil die Ratzen die inwendige Fütterung des Schiffsbodens durchgefressen hatten; wo denn das Getreide, welches unsere Ladung ausmachte, in den unteren Kielraum geraten war und unsre Pumpen verstopft hatte. Der Sturm ward je länger je heftiger, und wir fühlten uns dem Sinken nahe. In dieser Not blieb uns nichts übrig, als das Schiff vor dem Winde hinlaufen zu lassen, die Luken zu öffnen und von unserer Ladung so viel wie möglich über Bord zu schaffen. Aber noch immer konnten wir keinen Hafen sehen oder erreichen, als wir mit Einbruch der Nacht in die Scheren an der südlichsten Spitze von Norwegen gerieten, wo wir zwar mit Mühe auf siebzig bis achtzig Klafter vor Anker kamen, aber doch nicht verhindern konnten, daß das Hinterteil des Schiffes auf eine Klippe stieß. Durch die Gewalt dieses Stoßes zerbrach das Ruder samt dem Hintersteeven, und das Wasser im Raume stieg mit jeder Viertelstunde höher. Wir brachten eine Nacht voll entsetzlicher Angst zu und sahen unsern gewissen Tod vor Augen.

Endlich aber dämmerte etwas Tageslicht auf und zeigte uns eine Öffnung zwischen den Scheren, die wir augenblicklich benutzten, indem wir unser Ankertau kappten, zugleich aber auch eines Lotsen mächtig wurden, der uns in den Hafen von Klewen, nahe bei Mandal, führte. Froh des geretteten Lebens besserten wir hier unser hart beschädigtes Schiff aus; konnten aber erst im März 1761, und mit stark verminderter Ladung, wieder in See gehen; worauf wir denn im April unsern Bestimmungsort erreichten, unser Getreide löschten und dann einige Wochen später mit Ballast nach der Insel Noirmoutiers, weiter segelten, um hier eine Ladung Seesalz als Rückfracht nach Königsberg einzunehmen.

ährend unserer Reise dahin und bei dem schönen Wetter, das wir im Kanal trafen, beschäftigten wir uns nebenher damit, die Kajüte neu auszumalen. Dem Schiffer ward bei dieser Arbeit übel, und er legte sich in seine Koje, während ich selbst einer Verrichtung auf dem Deck nachging. Kaum eine halbe Stunde nachher kam auch *er* wieder hervor; sah ganz wild und verstört aus und fragte mit Ungestüm: Was für Land dies sei, und wo ich mit dem Schiffe hin wolle? Mit Verwunderung nahm ich seinen ungewöhnlichen Zustand wahr, brachte ihn jedoch durch gütliches Zureden in die Kajüte und auf sein Lager zurück; hatte aber kaum den Rücken gewandt, als ich hinter mir ein erstaunliches Brüllen und gleich darauf ein Gepolter hörte, welches mich bewog, der Ursache nachzugehen.

Da fand ich denn den Kapitän, der aus seinem Bette herabgetaumelt war, auf dem Boden der Kajüte ausgestreckt lag, aus Mund und Nase stark blutete und ein Loch in den Kopf gefallen hatte. Sein Anblick war fürchterlich; und es schien sich kaum noch eine Spur von Leben in ihm zu regen. Ich machte flugs Lärm; unser Volk kam mir zu Hilfe; wir flößten ihm Wasser und Branntwein ein; rieben ihn, verbanden ihm seine Wunde und brachten ihn wieder zu sich. Auch sein gesundes Bewußtsein schien wiedergekehrt, so daß wir ihn mit guter Zuversicht vom Verdeck, wo wir ihn behandelt hatten, wieder in seine Koje zur Ruhe legen konnten. Zu noch besserer Vorsicht blieb ich bei ihm und streckte mich auf den Kleiderkasten, der vor seinem Bette angebracht war.

Nichtsdestoweniger überfiel es ihn gleich darauf von neuem; er taumelte über mich weg auf den Fußboden der Kajüte; war starr, besinnungslos und einem Sterbenden ähnlich, bis wir ihn abermals aufs Deck an die frische Luft brachten, wo er sich denn allmählich wieder erholte. Ich verfiel darauf und bin auch noch jetzt der Meinung, daß der Grund dieser sonderbaren Wirkung in den frischen Ölfarben zu suchen sei, womit wir eben hantiert hatten; zumal in dem sogenannten Königsgelb, das wir zum Anstrich einiger Leisten dicht an seiner

Koje gewählt und dessen schädliche Ausdünstungen er unmittelbar mit dem Atem in sich gezogen haben konnte. Wir behielten ihn darum auch auf dem Verdeck und dann in einem luftigen Raum, bis wir ihn vollkommen wieder genesen glaubten.

Einige Tage später befanden wir uns morgens unter Quessant, als ich eben mit meiner Wache fertig war; und da der Kapitän aufs Deck kam, um mich abzulösen, bedeutete ich ihm: »Dort haben wir Quessant. Wir dürfen nicht südlicher steuern, als Südsüdwest, wenn wir nicht hier in die Bucht zwischen den Klippen verfallen wollen.« – Ich war auch zu dieser wohlgemeinten Weisung um so befugter, weil ich ohnehin auf dem Schiffe meist alles allein zu leiten hatte, denn mit des Mannes Steuerkunst war es herzlich schlecht bestellt, indem er zwar einige Reisen nach Ostindien, aber nur als Zimmermann, gemacht hatte. Seine Anstellung als Schiffer hatte er lediglich der Gunst einiger Reeder in Königsberg, den Verwandten seiner Frau, zu danken. Auch wurden von seinen früheren Fahrten allerlei seltsame Dinge erzählt, die sein Ungeschick zu einem solchen Posten sattsam bewiesen. Als Seemann konnte er es übrigens mit dem Bravsten aufnehmen.

Während ich in meine Koje zur Ruhe ging, nahm jener sein Werkgerät und machte sich an der Zimmerung des Bootes etwas zu schaffen. Ehe mir aber noch die Augen recht zufielen, kam er aus demselben hervor, trat zu dem Matrosen am Steuer und fragte: »Was steuert Ihr?« – »Südsüdwest, Herr!« war die Antwort. – »Ei, warum nicht gar! Steuert Südsüdost!« befahl der Schiffer. Ich erschrak und geriet immer mehr in Nachdenken, was ihn zu dieser Widersinnigkeit veranlassen könne. Kaum zehn Minuten später kam er nochmals und gebot dem Manne am Ruder, vollends gegen Südost zu steuern. Sogleich sprang ich auf, überzeugte mich, daß dieser wirklich den anbefohlenen Kurs hielt, und rief nun augenblicklich dem Kapitän zu: »Um Gottes willen! Mit dem Südostkurs sind wir ja gleich im Unglück! Wir müssen wieder südwestlich steuern.«

Der harte Kopf tat, als hörte er mich nicht, und gab keine Antwort. Ich rannte zu dem Matrosen und donnerte auf ihn ein: »Steuert Südwest!« – Der Schiffer, dies hörend, warf seine Zimmeraxt über Seite, kam heran und gebot seinerseits: »Steuert Südost!« – Was blieb mir jetzt übrig, als dem Kerl die Ruderpinne aus der Hand zu reißen und so meinen Willen zu erzwingen? – bis jener sie mir wiederum mit Gewalt entriß und wütend erklärte, daß es bei Südost verbleiben solle.

So abgewiesen, ging ich in den Roof, wo ich mein Wachtvolk herausrief und nun auch meinerseits erklärte: »Der Schiffer wolle uns mit seinem Eigensinn ins Unglück bringen; wir führen mit diesem Kurs dem Verderben in den offenen Rachen. Gleich hin nach vorn und ausgeschaut nach Klippen und Brandung!« – In der Tat auch war kaum eine halbe Stunde verlaufen, so schrien die Leute: »Ho da! Klippenbrandung vor uns!« – Jetzt hielt ich mich auch nicht länger; griff, wie ein Sturm, ins Ruder, holte es hart an die Backbordseite, und sah mit Herzbeben rings umher ein Labyrinth von Klippen weiß aufschäumen.

Auch der Kapitän sah, was vorging, und schlich bleich und zitternd nach der Kajüte, während ich, mit Hilfe der übrigen, das Schiff wendete und, da mir der Wind günstig in die Segel stand, auch das kaum verhoffte Glück hatte, mich mit Kreuzen und Lavieren endlich wieder aus dem Untergang drohenden Gedränge wieder herauszufinden. Von unserm Schiffer war und blieb nichts zu sehen, bis zur Essenszeit, da er mich, wie gewöhnlich, zu Tische rufen ließ. Kaum trat ich in die Kajüte, so fiel er mir um den Hals, gestand, er sei ganz von Sinnen gewesen, und bat mich, alles Geschehene zu vergessen; mit heiliger Zusicherung, daß er mir künftig ganz meinen Willen lassen wolle. Ich schärfte ihm jedoch ein wenig das Gewissen durch Vorstellung, wie nahe es daran gewesen, daß wir alle durch seine Schuld Kinder des Todes geworden. Er erkannte das, gab gute Worte, und damit war die Sache abgetan.

Auf der Heimreise hatten wir den Kanal bereits wieder passiert und bei Nacht die Leuchtfeuer bei Dover deutlich erkannt, indem wir bei einem, zum Sturme werdenden West-Südwest-Winde herliefen. Weiterhin in der Nordsee, wo diese mehr Breite gewann, fanden wir gewaltig hohe Wogen, die unserm tief mit Salz geladenen Schiffe durch öfteres Überstürzen sehr beschwerlich fielen. Eben war meine letzte Nachtwache von zwölf bis vier Uhr zu Ende. Ich ging demnach zum Kapitän in die Kajüte, um ihm zu sagen, daß seine Wache beginne, daß es gewaltig stürme und daß, wofern der Wind nicht bald nachließe, es nötig werden möchte, die Segel einzunehmen und gegen den Wind zu legen. Anders sei mir bange, daß uns nicht Boot, Wasserfässer und selbst Menschen durch die Sturzwellen über Bord gerissen würden.

Müde suchte ich meine Lagerstätte, ohne jedoch einschlafen zu können. Ich hörte den Kapitän aufs Deck hervorkommen und wieder in die Kajüte zurückkehren, wobei er Morgen- und Bußlieder zu singen begann. Das deuchte mir an ihm um so verwunderlicher, da er während der ganzen Reise, außer der Zeit des gewöhnlichen Schiffsgebetes, nie ein geistliches Buch in die Hände genommen, noch eine Gesangnote angestimmt hatte. »Das mag wohl gar ein Zeichen vor seinem Ende sein,« sagte ich zu mir selbst. »Nun, so ist es doch immer das Schlimmste nicht, was er tun kann.«

Eine Stunde später trat er an mein Bett, um mich zu fragen, ob ich schliefe? – »Kann man es wohl bei Eurer seltsamen Musik?« war meine Antwort. Nun sagte er mir: es werde nicht anders sein, als daß wir die Segel einreffen und gegen den Wind würden drehen müssen. Zugleich bat er mich, daß ich mich etwas in die Kleider würfe und mit meinen Leuten auf dem Platze wäre, während er selbst mit seinem Wachvolke die Kliefhack (Besane) einnehmen wolle. – Flugs sprang ich mit gleichen Füßen aus den Federn, machte Lärm und brachte meine Mannschaft auf die Beine. Aber noch steckte ich selbst erst halb in einem Stiefel, so begann der Mann am Ruder ein helles Geschrei, ohne daß ich eine Veranlassung dazu begriff. Ich stürzte hervor – »Kerl, bist du toll? Was ficht dich an?« – »Mein Gott! mein Gott! Da vorn muß ein Unglück passiert sein. Sie lamentieren alle ganz kläglich durcheinander.«

In drei Sprüngen war ich vorn am Bug. »Was ist's? was fehlt euch? sprecht!« – »Ach, daß Gott erbarme! der Schiffer ist über Bord!« – »Nun denn, nicht lange besonnen! Frisch, daß wir ihm helfen!« – Sogleich griff ich nach allem Tauwerk, das mir zunächst zur Hand kam, und ließ die Enden über Bord laufen, damit sich der Unglückliche vielleicht daran halten möchte. Das gleiche tat ich hinten auf dem Kajütendeck, aber immer noch, ohne zu wissen, nach welcher Seite ich ihn eigentlich zu suchen hatte, da das Schiff eine fliegende Fahrt lief. Endlich nahm ich wahr, daß er hinten im Kielwasser in die Höhe tauchte, sich in einer Entfernung von zehn oder zwanzig Klaftern hinter dem Schiffe zum Schwimmen umwarf und nun mit Macht zu rudern begann. Daß er ein fertiger Schwimmer sei, der in Ostindien wohl Strecken von mehr als einer Viertelmeile zurückgelegt habe, hatte er selbst mir oftmals erzählt, und auch wohl hinzugesetzt: Er glaube gar nicht, daß er ersaufen könne.

Sobald ich seiner ansichtig wurde, holte ich das Ruder nach der Steuerbordseite, um das Schiff bei dem Wind zu legen und dadurch möglichst aufzuhalten. In dieser Stellung aber legte es sich (da es ohnehin der tiefen Ladung wegen nur wenig Bord hielt) so übermäßig auf die Seite, daß sogar die Kajütentür unter Wasser geriet und dasselbe wie zu einer Schleuse hineinstürzte. In dieser Lage standen wir, wenn sie noch einige Minuten anhielt, in der augenscheinlichsten Gefahr, auf der Stelle zu sinken. Ich mußte mich entschließen, das Ruder wieder nach der andern Seite zu holen, um das Schiff in die Höhe zu bringen, bevor es seinen Schwerpunkt verlöre.

Wohl brach mir mein Herz, wenn ich an den armen Kapitän gedachte, den wir noch von Zeit zu Zeit mit dem stürmenden Elemente kämpfend erblickten, sooft die Woge ihn emporhob. Es gab kein Mittel mehr, uns in seiner Nähe zu erhalten, da das Schiff, vom Winde gejagt, gleich einem Pfeile durch die Fluten dahinschoß. Der Unglückliche war nicht zu retten, selbst wenn wir unser eigenes Leben hätten preisgeben wollen! Sogar jetzt, wo ich mich frei von der unsäglichen Bestürzung fühle, die in jenen schrecklichen Augenblicken auf uns alle drückte, weiß ich nicht, was noch anderes und mehr zu seinem Beistande von uns hätte versucht werden können.

Mittlerweile hielt der Sturm noch immer an, ohne jedoch härter zu werden. Ich wagte es daher, das Schiff vor dem Winde hinlaufen zu lassen, bis sich mit dem nächsten Tage das Wetter allmählich wieder besserte. Nun aber lag mir eine andere schwere Sorge auf dem Herzen, wie ich bei übernommener Führung des Schiffes den mancherlei Verantwortlichkeiten entgehen wollte, die über den Nachlaß unseres unglücklichen Kapitäns entstehen konnten. Unser ganzer Vorrat an Brot, Grütze, Erbsen und übrigen Lebensmitteln war in der Kajüte aufbewahrt, und Koch und Kochsmaat hatten täglich und stündlich ihren Gang in dieselbe, um das Nötige hervorzuholen. Zugleich aber lagen hier auch des Schiffers Habseligkeiten umher, und ich wußte, daß es ihm nicht an Geld und Geldeswert gefehlt hatte. Noch mehr: er hatte mir zuzeiten einen bedeutenden Vorrat von Kostbarkeiten an Gold und Silber vorgewiesen, zu deren Einkauf in Amsterdam ihm von seinen Königsberger Freunden Auftrag gegeben worden. Auch diese mußten in der Kajüte und, wie ich vermutete, in seinem Kasten befindlich sein.

Um mich dieserwegen auf jede Weise zu sichern, ließ ich gleich am andern Tage das ganze Schiffsvolk, bis auf den Matrosen, der das Steuer versah, in die Kajüte zusammenkommen. In ihrer Gegenwart nahm ich ein schriftliches Verzeichnis von sämtlicher Habe unseres verstorbenen Schiffers auf; wir packten dies alles in die vorhandenen

Kisten, Kasten und Säcke, und schritten dann zu einer allgemeinen Versiegelung derselben, damit weiter keine Hand daran rühren dürfte. Das dazu gebrauchte Petschaft aber ward von mir vor ihrer aller Augen durch das Kajütenfenster in die See geworfen.

Da bei dieser Verhandlung alle und jede Behältnisse hatten geöffnet werden müssen, um nachzusehen, ob sie keine Schiffspapiere enthielten, die mir im Sunde oder sonst nötig werden konnten, so erstaunte ich nicht wenig, daß sich hierbei nirgends weder Gelder und Barschaften, noch seine Taschenuhr und silbernen Schuh- und Knieschnallen, noch endlich auch jene vorerwähnten goldenen und silbernen Galanteriewaren vorfinden ließen. Unsere Meinung fiel endlich dahin aus, daß der verunglückte Eigentümer diese Sachen wohl hier und da versteckt haben möchte, um sie vor den gierigen Blicken und langen Fingern der Kapermannschaften zu sichern, die je zuweilen ungelegene Besuche an userm Borde machten. Allein wie sorgfältig wir auch jeden Winkel der Kajüte durchsuchten, so ließ sich doch nicht die mindeste Spur des Verlorenen entdecken.

Des dritten Tages nachher war ich im Sunde, und zwei Tage später vor Pillau. Der Wind stürmte gerade auf das Land zu, es ging eine hohe See; und wie gern ich auch lieber geradeswegs auf Königsberg gegangen wäre, so blieb hier doch nichts anderes zu tun, als in den Pillauer Hafen einzusetzen. Allein auch dies blieb ein Wagestück, wozu Mut gehörte. Sobald jedoch die nötigen Vorbereitungen getroffen, die Kajütenfenster vermacht und die Leute auf ihrem Posten waren, ließ ich das Schiff vor dem Winde laufen. Glücklich trafen wir das Fahrwasser zwischen den Haken; zugleich aber überflutete uns in der Brandung eine Sturzwoge nach der andern von hinten her, das Schiff stieß auf den Grund, hob sich jedoch mit der nächsten nachfahrenden Welle wieder, und ich wäre mit dem bloßen Schrecken davongekommen, hätte nicht diese nämliche Welle uns das Steuerruder aus den Angeln gehoben und davongeführt. Noch aber verlor ich die Besinnung nicht, steuerte mit den Segeln, sogut ich vermochte, und kam endlich bei Pillau, ohnweit des Bollwerks, wohlbehalten vor Anker.

Mein kühnes Beginnen hatte eine Menge neugieriger Menschen am Bollwerke versammelt, und das nur um so mehr, als man bald auch unser Schiff erkannte. Ich meinerseits bemerkte unter diesen Zuschauern mit wehmütiger Empfindung unseres verunglückten Schiffers Frau, die ihre Kinderchen zur Seite hatte und eifrig nach uns aussah. Kaum trat ich ans Land und fiel ihr in die Augen, so rief sie

mit sichtbarer Beängstigung: »Gott im Himmel! wo ist mein Mann?« –
Alles, was zugegen war, umstand mich und fragte: »Wo ist Schiffer
Karl Christian?« – »Krank! krank!« war meine zwar vorbereitete, aber
durch Ton und Gebärde nur schlecht beglaubigte Antwort. Ich suchte
nur mich loszumachen und eilte zum reformierten Prediger, dem
Beichtvater der armen Frau, dem ich den ganzen traurigen Vorfall
erzählte mit der Bitte, ihr die Todespost auf eine gute Weise beizubringen und mit seinem Troste nahe zu sein.

Das geschah denn auch auf der Stelle. Ich selbst fand mich demnächst auch ein, um der leidige Bestätiger seiner Zeitung zu sein; und
ich darf wohl sagen, daß mir das ein schwerer und bitterer Gang geworden. Am nächsten Morgen, wo ich hoffen konnte, daß die unglückliche Witwe sich der Weheklage etwas begeben und zu mehr
Fassung gekommen sein würde, ging ich wiederum zu ihr und kün-
digte ihr an, daß, da ich mit dem Schiffe unverweilt nach Königsberg
hinaufgehen müßte, ich ihr heute noch ihres verstorbenen Mannes
Sachen und Gerätschaften vom Schiffe ins Haus schicken würde.
Zugleich aber mußte ich ihr leider auch ankündigen, daß sowohl seine
Barschaften als eine Menge anderer Sachen von Wert auf eine, uns
allen unbegreifliche Weise unter seinem Nachlasse vermißt würden,
wofern sich nicht etwa noch in seinen Papieren darüber eine nähere
Auskunft ergäbe.

ach diesem betrübenden Abschiede langte ich
mit dem Schiffe bei Königsberg an und meldete mich bei den Reedern
desselben. Hier war es sofort das erste, daß wir sämtliches Schiffsvolk
zu einer eidlichen Erklärung über alle einzelnen Umstände des dem
Schiffer widerfahrenen Unglücks aufgefordert wurden. Wir alle, und
ich insonderheit, mußten uns auf gleiche Weise von jedem Verdachte
einer Veruntreuung seines Eigentums reinigen und unsere Unkenntnis, wohin die verschwundenen Sachen gekommen, erhärten. Hätte
nur diese gerichtliche Prozedur zugleich auch meine Unschuld vor

den Augen der Welt und der giftigen Stimme der Lästerung zu rechtfertigen vermocht! Aber leider! fiel hier die Sache ganz anders! Ich mußte mir hinter meinem Rücken Dinge nachsagen lassen, an die meine Seele nie gedacht hatte. Ich galt wohl überall für den Dieb, der Witwen und Waisen verkürzt habe, und mußte es dulden, daß oftmals auch in meinem Beisein mit spitzigen Worten auf dergleichen gedeutet wurde. Wie oft, aber auch wie schmerzlich bitter habe ich's Gott geklagt und darüber im stillen meine Tränen geweint!

Die nächste Wirkung dieses unseligen Verdachtes war, daß, nachdem das Schiff ausgeladen worden, ich, anstatt die Führung desselben zu erhalten (wie sonst wohl geschehen wäre), es an den Schiffer Christian Kummerow übergeben mußte. Ja, meine ganze Lebenslage schien hierüber eine andre Richtung nehmen zu wollen. Als verlobter Bräutigam einer Tochter des Segelmachers Johann Meller in Königsberg und mit großen Aussichten und Plänen, war ich vormals ausgefahren: jetzt kam diese Heirat zwar wirklich zustande; aber ich ließ die Flügel mächtig hängen und beschränkte meinen in die weite Welt strebenden Sinn nunmehr auf den engen Verkehr eines kleinen Bording-Reeders, und meine weitesten Reisen begrenzten sich in dem spannenlangen Raume zwischen Königsberg, Pillau und Elbing. Es war der leidige Gang eines Langohrs in der Mühle!

Wäre aber mein freier, immer ins Weite gestellter Sinn eines solchen Austernlebens nicht schon an sich selbst frühzeitig müde geworden, so waren doch Zeit und Umstände ebensowenig dazu gemacht, mir diese Unlust durch anderweitige Vorteile zu vergüten. Mein Bordingskahn war ein altes Fahrzeug, das meinem Schwiegervater gehörte, und worauf ich ihm die Hälfte des taxierten Wertes von zweitausend preußischen Gulden bar ausgezahlt hatte. Es währte auch nicht lange, so ward ich, gleich vielen andern meinesgleichen, von den Russen, die damals in ganz Preußen den Meister spielten, gepreßt und zum Transport von Proviant und Militäreffekten von Pillau nach Elbing und Stuthof gebraucht. An Bezahlung war hierbei im geringsten nicht zu denken: desto reichlicher aber gab es hier üble Behandlung und allerlei Verdrießlichkeiten zu verdauen, die mir die Galle ins Blut jagten. Ich entschloß mich daher kurz und gut, der Pauke ein Loch zu machen.

Eben lag ich auf dem Frischen Haff bei Stuthoff vor Anker. Ich war ledig und sollte nach Pillau gehen. Ein russischer Soldat war mir an Bord zur Aufsicht gegeben, der keinen Augenblick von mir weichen sollte. Dennoch war leicht ein Vorwand gefunden, ihn ans Land zu locken und dort bei der Flasche so angelegentlich zu beschäftigen, daß ich mich auf mein Fahrzeug zurückschleichen, den Anker lichten und meines Weges davonsegeln konnte. Der arme Kerl, der mich indes nur zu bald vermißte, lief mir wohl eine halbe Meile am Strande nach, schrie und beschwor mich bei all seinen Heiligen, daß ich ihn wieder einnehmen möchte. Dazu hatte ich nun freilich keine Ohren; ich spannte vielmehr noch ein Segel mehr auf und kam ihm so bald aus dem Gesichte, bis ich auf dem Pregel bei Fischhof anlegte. Hier wimmelte es eben von Schiffen, welche Bordings brauchten, um ihnen einen Teil ihrer Fracht nachzuführen, und wo ich auf eine bessere Ernte zu rechnen hatte.

Wirklich auch akkordierte ich hier sogleich eine gute Fracht nach Pillau; doch machte ich, zu meiner Sicherheit, dem Schiffer die Bedingung, daß ich jenem Orte nicht näher als über den Grund in der Rinne (dem Fahrwasser) kommen dürfte, und daß er mich, sobald ich ihm die Güter wieder an Bord gegeben, durch seine Leute sogleich aufs Haff zurückbugsieren helfen sollte. So dachte ich denn dies Spiel noch öfter zu wiederholen, ohne den Russen in die Scheren zu geraten und sie obenein ins Fäustchen auszulachen. Diesmal zwar gelang es, aber dennoch war der Handel, als ich Fischhof wieder erreichte, schon verraten, und ein paar bekannte Lotsen, die von Pillau kamen, warnten mich, dort dem Frieden nicht zu trauen, indem mir von meinen Widersachern bereits aufgepaßt werde.

Das Schiff, dessen Güter ich diesmal eingenommen hatte, war indes schon vor mir nach Pillau abgesegelt, und es blieb nichts übrig, als ihm nachzufolgen; aber zu gleicher Zeit verließ mich mein Schiffsvolk heimlich, dem es wohl bange werden mochte, mit mir bei den Russen in die Patsche zu kommen. Ich sah mich also auf meinem Bording allein, ohne mir Rat zu wissen, bis am andern Tage ein betrunkener Mensch (er war Nachtwächter in Pillau) seines Weges von Königsberg, längs des Dammes einhergetaumelt kam, dem ich die freie Fahrt nach Hause anbot, wenn er an Bord kommen und mir etwas helfen wollte. Das ward gerne angenommen; und obwohl er sich einigermaßen wunderte, daß er mich so mutterseelenallein hantieren sah, so beruhigte ihn doch meine Versicherung, daß sich mein Volk wohl finden werde; er half mir mein Fahrzeug losmachen und die Segel aufziehen, sogut er's in seinem Zustande vermochte, und suchte dann bald einen Winkel, sein Räuschchen vollends auszuschlafen.

Der Wind war günstig und ich steuerte, sogut es gehen wollte, auf Pillau zu. Gegen den Abend sah ich das Schiff, welches ich suchte, bereits in der Rinne vor Anker liegen. Allein in eben dem Augenblicke, wo ich mich ihm an Bord legte, erblickte ich auch ein Boot mit russischen Soldaten angefüllt, die sich mir näherten und es unfehlbar auf mich gemünzt zu haben schienen. Nun galt es denn im Ernste! Auf mein Bitten versprach mir indes der Schiffer, nicht nur mich in seiner Jolle und durch seine Leute alsogleich bei dem Schwalkenberge an Land bringen zu lassen, sondern auch meinen Bording, sobald er ledig geworden, hinter den Haken in Sicherheit zu schaffen.

Schnell warf ich mich nun in das Boot und schlüpfte in der eingebrochenen Dunkelheit an meinen Verfolgern glücklich vorüber. Der Wind ging heftig aus Westen, und es gab eine hohe See. Obenein kamen wir, noch in weiter Entfernung vom Lande, auf den Grund zu sitzen, so daß das Boot hoch voll Wasser spülte. Während die Kerle fluchten und schöpften, bedachte ich mich nicht lange, über Bord zu springen. Ich kam auf der Bank bis an den halben Leib ins Wasser, sowie ich aber dem Ufer näher watete, geriet ich immer tiefer – jetzt bis unter die Arme, dann bis an den Hals – hinein, und endlich mußte ich mich zum Schwimmen bequemen. So erreichte ich triefend das Land und ging nach Lockstädt, wo ich nicht nur Gelegenheit fand, mich am warmen Ofen zu trocknen, sondern mir auch ein Pferd bestellte, auf welchem ich früh vor Tage mich davonmachte und zu Mittag Königsberg mit dem Vorsatze erreichte, mich im Hause meines Schwiegervaters zu verbergen.

Doch etliche Stunden später fand sich auch bereits ein russischer Offizier mit vier Mann Wache und in Begleitung des Bordings-Faktors Mager ein, um mich hier aufzusuchen und festzunehmen. Sie trafen sogleich auf der Hausflur mit mir zusammen, und der Faktor, welcher sich stellte, mich nicht zu kennen, fragte mich, wo der Schiffer Nettelbeck zu finden sei? Ich stutzte einen Augenblick, ermutigte mich aber doch alsbald zu dem Bescheide: Den würden sie wohl in Pillau suchen müssen. »Nein! nein!« unterbrach mich der Offizier, welcher deutsch sprach, »wir wissen, daß er hier schon wieder zu haben ist. Wir wollen ihn wohl herausklopfen.« – Klopft nur, dachte ich, und schritt ganz lässig zur hinteren Hoftüre hinaus. Kaum aber hatte ich diese auch nur im Rücken, so hätte man sehen sollen, was für lange Beine ich machte, um in den Garten und über alle Zäune, Planken und Hecken hinweg an den neuen Graben zu kommen, wo ich bei einem guten Freunde, Heinrich Topen, eine neue Zuflucht zu finden wußte.

Hier blieb ich unentdeckt, während im Hause meines Schwiegervaters jeder Winkel aufs sorgfältigste nach mir durchstöbert wurde. Dagegen ward in Pillau mein Bordingskahn nicht so bald ledig, als ihn die Russen in Beschlag nahmen, neu bemannten und bis spät in den Herbst hinein zu ihrem Gebrauch verwandten, wo sie ihn endlich, rein ausgeplündert und der Segel und des Tauwerkes beraubt, als ein Wrack liegen ließen. Vergebens bat ich schriftlich einige Freunde in Pillau, nach meinem Eigentum zu sehen, denn niemand wollte sich damit befassen, um sich nicht vielleicht mit den Russen böse Händel zu machen.

Endlich verblutete sich die Geschichte, so daß ich es allmählich wagte, aus meinem Verstecke hervorzukommen; und im Frühling 1762 durfte ich mich selbst wieder in Pillau blicken lassen. Mein Fahrzeug stand hier am Damm auf dem Grunde, von welchem ich es vor allen Dingen abbrachte. Dann setzte ich es nach Möglichkeit wieder instand und führte es nach Königsberg, um seiner nur zu jedem Preise loszuwerden und nun die Arme ein wenig freier zu rühren. Zu diesem Ende erstand ich wieder ein zwar nicht großes, aber tüchtiges Seeschiff, »der Postreiter« genannt, von fünfundvierzig bis fünfzig Lasten, und fand auch sogleich eine erwünschte Ladung von Malz, nach Wolgast bestimmt, die für zweiundzwanzig holländische Gulden die Last bedungen wurde. Nun säumte ich nicht, unter russischen Pässen meine erste Reise dahin anzutreten.

Als ich in Wolgast vor Anker gekommen, vertraute mir Herr Cantzler, der Empfänger der Ladung, daß dieselbe für die Preußen in Stettin bestimmt sei, und bat mich, so lange zu verweilen, bis er eines Fahrzeuges habhaft geworden, das sie heimlich, bei Nacht und Nebel, dorthin schaffen solle.

Ich ließ mir das gefallen. Als aber die Ankunft des Schmugglers sich von einem Tage zum anderen verzog, ward mir Zeit und Weile lang; und zugleich auch erwachte in mir der Patriotismus, meinen pommerschen Landsleuten in Stettin etwas zuliebe zu tun. So machte ich mich denn auf zu Herrn Cantzler und stellte ihm vor: mein Fahrzeug ginge nicht zu tief und wäre wohl geeignet, übers Haff und dessen Untiefen zu passieren. Wäre es ihm recht, so unternähme ich es wohl selbst, die Ladung nach Stettin zu bringen, da ich dieser Gegend hinreichend kundig wäre.

»Mir schon recht!« erwiderte der Handelsherr erfreut. – »Will *Er* sein Schiff dran wagen, Herr: die *Ladung* muß gewagt werden! – Wie hoch die Fracht?« – Wir wurden um fünfhundert Taler einig. – »Aber sehe sich der Herr wohl vor!« setzte jener warnend hinzu. – »Auf dem Haff liegt eine ganze Flotte von unseren schwedischen armierten Schiffen. Das wird Künste kosten!« – Was war zu machen? Der Schritt war einmal getan; und wäre mir der Handel nun auch leid geworden, so erlaubte mein Ehrgefühl doch nicht, jetzt noch zurückzutreten.

Vorerst ging ich mit meinem Schiffe die Peene hinauf, bis unfern an den sogenannten Bock am Eingange des Haffs. Hier sah ich die schwedische Armierung in einem weiten Halbzirkel vor mir liegen und in der Mitte derselben eine Fregatte, so daß das Ding nicht wenig bedenklich aussah und ich meinem Mute wacker zusprechen mußte. Indes peilte ich noch bei Tage mit dem Kompaß, wo hinaus die größte Öffnung zwischen den Fahrzeugen war. Die Nacht fiel rabendunkel ein, der Wind war frisch, mit Regen und Donnerwetter vergesellschaftet, und alles schien mein Unternehmen begünstigen zu wollen.

Um elf Uhr endlich hob ich den Anker und segelte glücklich und ohne Hindernis durch die Flotte, deren eigne aufgesteckte Feuer mir sogar die Richtung noch deutlicher angaben. Schon hatte ich sie eine Viertelmeile im Rücken und glaubte mich geborgen, als unerwartet ein Schuß nach mir hinfiel, der, wie ich jetzt erst bemerkte, von einer auf Vorposten ausgestellten Galley kam. Himmel! wie sputete ich mich, jedes Segel aufzusetzen, das mein Schiffchen nur tragen konnte, welches überdem, zu meinem Troste und seinen Namen rechtfertigend, ein trefflicher Segler war. Nicht lange aber, so blitzte noch ein zweiter Schuß von der Seite nach mir auf, und dieser kam von einem anderen Vorpostenschiffe, dem ich ebensowenig Rede zu stehen gesonnen war.

Nunmehr machten beide Galleyen die ganze Nacht hindurch Jagd auf mich und kamen mir in der Tat nahe genug, daß unter den unzähligen Kugeln, womit sie mich begrüßten, vier durch meine Segel gingen. Mit Tagesanbruch war ich New-Warp gegenüber. Hier aber kamen mir bereits drei von unseren preußischen armierten Fahrzeugen entgegen, die gewöhnlich bei Ziegenort lagen und durch das nächtliche Schießen alarmiert worden waren. Unter ihrem Schutze hinderte mich denn nichts, meinen Bestimmungsort zu erreichen und meine Fracht abzuliefern.

ährend ich hier lag, kam der Friede mit Rußland zustande. Die Konjunkturen benutzend, machte ich schnell hintereinander eine Reihe glücklicher Fahrten: von Stettin nach Kolberg mit Salz, woran es dort nach der dritten Belagerung und bei den zerstörten Salzkoten dringend fehlte; von hier mit einer Ladung Wein nach Königsberg und wiederum dahin zurück mit Roggen. Auf dieser letzteren Reise kreuzte ich bei widrigem Winde unter der Halbinsel Hela vor Danzig, und hier sah ich ein großes russisches Schiff auf dem Strande stehen, an dessen Bord es einen gewaltigen Lärm gab. Da das Wetter gut war, kam mich die Lust an, mein Boot auszusetzen und näher heranzufahren. Man ließ mich aber sogar das Verdeck betreten, ohne meine Anwesenheit gewahr zu werden oder zu beachten. Alles lief darauf verwirrt durcheinander und das nur um so mehr, je ärger der russische Landoffizier, der hier das Kommando zu führen schien, drauf losschlug und wetterte. Seeleute und Soldaten waren gleichfalls Nationalrussen, und was und wie sie es angriffen, um das Schiff wieder abzubringen, war durchaus verkehrte und törichte Arbeit.

Wenig erbaut durch dieses Schauspiel, warf ich noch einige Blicke durch die offene Luke in den Raum und sah, daß das Schiff mit metallenen Kanonen, Bomben, Kugeln und dergl. geladen war. Es stand mit dem Vorderteil hoch auf dem abschüssigen Strande, während das Hinterteil noch tief im Wasser lag. Ich stieg nun in mein Boot zurück, um die Tiefe dicht am Schiffe noch genauer auszumessen, und ging dann abermals an Bord, indem ich dem Gedanken nachhing: ob es nicht tunlich sein sollte, die schwere, aber wenig Raum füllende Ladung ganz in den hintersten Raum zu bringen, das Schiff solchergestalt vorn zu erleichtern, zugleich einen Anker nach hinten in die See hinauszubringen und durch vereinte Arbeit an der Ankerwinde dem Fahrzeuge einen Schuß nach hinten in die Tiefe zu verschaffen, wo es dann leicht wieder flott werden dürfte.

Diesen Vorschlag setzte ich nunmehr einem russischen Sergeanten auseinander, der etwas Deutsch konnte und sich an mich gewandt hatte, nunmehr aber den Offizier in seiner Prügelei, womit derselbe noch immer wie rasend fortfuhr, unterbrach und ihm meine Meinung mitteilte. Je mehr der Mensch vorher den Kopf verloren hatte, um so gewisser erschien ich ihm jetzt als ein Engel vom Himmel. Er war von meinem Vorschlage ganz wie elektrisiert, fiel mir um den Hals und drang mir sogar seinen Stock auf, mit der Bitte, alles zu kommandieren und anzuordnen, wie ich es für das beste erachten würde. Mit so voller Gewalt bekleidet, griff ich auch sofort mein Werk mit Feuer an. Der Anker ward ausgebracht, während alles, was eine Hand rühren konnte, die Bomben, Kugeln usw. möglichst nach hinten transportieren mußte. Dadurch senkte sich das Schiff hier wirklich auch so tief, daß das Wasser fast bis an die Kajütenfenster stieg, ohne daß gleichwohl der Kiel hier den Grund erreichte. Jetzt ließ ich mit Gewalt den Anker aufwinden, und – siehe da! nach zwei oder drei Stunden Arbeit lief das Schiff gleichsam wie vom Stapel und war glücklich wieder flott geworden.

Nie habe ich einen erfreuteren Menschen gesehen, als diesen Offizier, sobald mein Stück Arbeit gelungen war. Er herzte und küßte mich, ich mußte ihm meinen Namen sagen, den er sich in seine Schreibtafel zeichnete, und zugleich schrieb er ein russisches Billet an den General Romanzow, der damals in Kolberg befehligte, und das er mir zur treuen Abgabe bei meiner Ankunft anempfahl. Als ich mich endlich wieder entfernen wollte, ließ er mir das Boot von seinem Vorrate an Hirse, Mehl und Grütze dergestalt voll laden, daß ich im Ernste zu sinken fürchtete, und da kein Weigern und Verbitten etwas fruchten wollte, zuletzt nur über Hals und Kopf auf meine Abfahrt denken mußte. So erreichte ich denn wieder mein Schiff, welches inzwischen in einiger Entfernung Anker geworfen hatte.

Ein paar Tage später langte ich in Kolberg an, wo ich nicht säumte, mich dem General Romanzow vorzustellen und mein Billet zu überreichen. Es war kein Uriasbrief gewesen: denn der edle Mann hatte es kaum gelesen, als er mir unter herzlichem Händedrucke dankte, daß ich seinem Monarchen Schiff und Ladung erhalten hätte. Er wollte wissen, wie er mir wieder dienen könne, und nahm auf das erste leise Wort nicht nur meinem Vater die damals über alle Maßen drückende Einquartierung ab, sondern erteilte mir auch die nicht minder bedeutende Vergünstigung, bei der Maikühle und Bleiche anlegen und dort meine Ladung löschen zu dürfen. Da in jenem Zeitpunkte der Hafen von Schiffen vollgepfropft lag, so daß von der Seemündung an bis hinauf zu dem Einflusse des Holzgrabens in die Persante Bord an Bord sich drängte und die in der Mitte des Stromes nicht ans Bollwerk kommen konnten, um ihre Fracht zu löschen, so mußten manche wohl etliche Wochen warten, ehe sie dazu gelangten. Ich hingegen ward, vermöge jener besonderen Erlaubnis, binnen zwei Tagen ledig.

ußer der erforderlichen Portion Ballast, die ich hier einnahm, bestand meine Rückfracht nach Königsberg in etwa sechzig Passagieren – den Frauen, Jungen, Mädchen und kleinen Kindern eines preußischen Bataillons, das nach der Einnahme von Kolberg nach Preußen abgeführt worden war, und wohin nun diese sich begaben, um ihre Gatten und Väter wieder aufzusuchen – eine bunte, aber nicht eben angenehme Ladung!

Als ich mich in segelfertigem Stande befand, gab es einen Sturm aus West-Süd-West, der mich auf meinem Wege trefflich gefördert und den ich darum auf hoher See gar nicht gescheut haben würde, nur galt es die Kunst, mit demselben zum Hafen hinauszukommen. Der Lotse, den ich aufforderte, mich in See zu bringen, erklärte dies für geradezu unmöglich, falls ich nicht mein Schiff stark beschädigen oder rechts am Hafendamme gar sitzen bleiben und in Trümmer gehen wolle. Der Mann hatte recht; ich aber verließ mich auf mein gutes und festes Schiff, das wie ein Fisch wohl auch unter der höchsten und wildesten Brandung durchschlüpfen würde. Diese Versicherungen, mein erklärter Vorsatz, das Abenteuer allenfalls auch ohne ihn auf meine eigene Gefahr zu wagen, und vornehmlich wohl fünf Silberrubel, die ich ihm entgegenspielen ließ, ermutigten ihn endlich, sich meinem Verlangen zu fügen.

Kaum hatte ich ihn vom westlichen Hafendamme an Bord genommen und er das Steuer ergriffen, während ich die Segel aufzog, so warf uns auch in der nächsten Minute, trotz unserer vereinten Bemühungen, die erste hohe Woge, die uns traf, mit wildem Ungestüm auf die entgegengesetzte Seite an das östliche Bollwerk. Zwar hob die nächste Welle das Schiff von neuem, aber danach faßten die hervorragenden Pfahlköpfe unter die gleichfalls am Steuerbord vorstehenden Barkhölzer, daß die Trümmer davon hoch in die Luft flogen; und da zugleich auch der Sturm uns jagte, so schoß mein Fahrzeug längs dem Damme hin, schnitt sich an dessen äußersten Spitze haarscharf gegen die Brandung ab und kroch solchergestalt mit fliegender Fahrt unter zwei oder drei hochgetürmten Sturzwellen durch, daß die Verdecke schwammen und mir selbst die Haare zu Berge standen.

Nun war ich denn freilich in See; allein noch hatte ich in dem Getümmel nicht Zeit und Gedanken finden können, meinen erlittenen Schaden zu beurteilen. Die Verwüstung war indes jämmerlich genug. Mehr als fünfzehn Fuß lang fand ich die Barkhölzer am Steuerbord rein abgestoßen, so daß die Innenhölzer bloßlagen und ich kopfschüttelnd zu mir sagen mußte: »Ei, ei, Nettelbeck! Das war wohl ebenso ein dummer Streich, als letzthin, wo du dich durch die schwedische Flottille schlichest!« – Ich will's aber auch nicht leugnen, daß ich dergleichen unüberlegte Stückchen vor und nach dieser Zeit wohl mehrere auf dem Kerbholze habe. Gelingen sie, so heißt man gleichwohl ein gescheiter Kerl, ob man gleich einen ganz anderen Titel verdient hätte.

Hier war nun aber noch immer guter Rat bei mir teuer, denn jenem Schaden mußte sogleich auf irgendeine Weise abgeholfen werden. Nach kurzem Besinnen ergriff ich jedoch eine Bressening (geteertes Segeltuch zum Dichten der Luken), und nachdem ich sie in lange, schmale Streifen zerschnitten und mich mit einem guten Vorrat von kleinen Pumpnägeln versehen hatte, hängte ich mich in einige Taue über Bord hinaus und befestigte jene doppelt gelegten Lappen längs dem erlittenen Schaden so dicht, daß Nagel an Nagel traf. Inzwischen ging der Lotse mit seinem Boote nicht ohne sichtbare Lebensgefahr an Land.

Jetzt erst, da ich wieder zu etwas Ruhe und Besinnung gekommen war, und indem ich mit vollen Segeln wieder ostwärts steuerte, traf ein verwirrtes Getöse, das wie Heulen und Schreien klang und unten aus dem Schiffsraume zu kommen schien, in meine Ohren. Ich ließ die Luken aufreißen, um zu sehen, was es da gäbe – und da fand sich denn, daß dieses entsetzliche Konzert von all den Weibern und Kindern herrührte, die da drunten zusammengeschichtet lagen. Und wohl hatten sie genugsamen Grund zum Lamentieren! Denn bevor ich meinen Schaden hatte ausbessern können, war eine Menge Was-

sers in den Raum gelaufen; und da das Schiff bei der hohen See unaufhörlich auf- und niederstieg, so spielte der mit dem Wasser vermischte Ballastsand längs dem Raume und von einer Seite zur anderen, so daß die Menschen knietief, ja bis über den halben Leib darin
versanken. Taumelnd und wehklagend, die Hände emporhaltend und
durcheinander sich überschreiend, gab es eine Gruppe, welche ein
lebendiges Bild von der allgemeinen Auferstehung darstellte, aber bei
allem verdienten Mitleid zugleich auch den Lachreiz unwiderstehlich
weckte, wenn der Blick daneben auf die Spinnräder, Haspel, Bettgestelle und übrigen Siebensachen dieser armen Leute traf, welche in
bunter Verwirrung zwischen ihnen umhergekollert oder in dem aufgelösten Sande begraben waren.

Hier mußte freilich schnelle Hilfe geschehen! Ausgepumpt konnte das Wasser nicht werden, da die Wassergänge nach den Pumpen
durch den Ballast verstopft worden. Es blieb also nur übrig, das Wasser mit Fässern auszuschöpfen, wodurch dann Ordnung und Friede
wiederhergestellt wurde. Unsere Fahrt ging indes so pfeilschnell vorwärts, daß ich nicht nur am anderen Tage nachmittags um zwei Uhr,
und also binnen achtundzwanzig Stunden, Pillau erreichte, sondern
auch noch den nämlichen Abend um neun oder zehn Uhr in Königsberg am holländischen Baume anlegen konnte.

obald ich hier mein Schiff repariert hatte, säumte
ich nicht, mich nach neuer Fracht umzusehen. Es war die Zeit, wo die
russischen Truppen, welche das Land seit mehreren Jahren besetzt
gehalten, ernstliche Anstalten trafen, Preußen wieder zu räumen, und
wo eine ungeheure Menge von Kriegseffekten nach Rußland heimgeschafft werden sollten. Für den Seeweg fand dieser Transport ein gro
ßes Hindernis in dem Mangel an Schiffen, da die Fahrzeuge fremder
Nationen dazu nicht gezwungen werden konnten, und die preußischen Schiffer dem Frieden nicht trauten.

Weniger bedenklich als andere, war ich unter diesen Umständen der erste, der sich dazu entschloß, eine Fracht nach Riga anzunehmen; denn mir wurden – was nie zuvor erhört! – zweiundvierzig Silberrubel für die Last geboten, nebst völliger Befreiung von Lizent und allen Unkosten, nicht nur in Königsberg und Pillau, sondern auch in Riga bis wieder in offene See; und selbst freier Ballast sollte mir, wenn ich's verlangte, im letzteren Hafen geliefert werden. Die Chartepartie darüber ward geschlossen und sowohl von einem russischen General als von mir unterzeichnet.

Noch am nämlichen Abend kam ich unweit des Lizents in das Weinhaus der Witwe Otten, wo damals gewöhnlich der größte Zusammenfluß von Schiffern aller Nationen war, und ließ im Gespräche dies und jenes von meiner soeben übernommenen Fracht verlauten. Niemand konnte oder wollte meinen Worten glauben, bis ich meine Chartepartie vorzeigte. Dann aber erhob sich ein spöttisches Gelächter auf meine Unkosten. Ich wurde gefragt, wie ich doch wohl nur glauben könnte, daß man mir meinen Akkord in Riga erfüllen werde? Man prophezeite mir einstimmig, man werde mir dort gerade nur soviel, als man Lust habe, oder auch wohl gar nichts geben; und sollte inzwischen (wie es ganz danach aussähe) der Krieg zwischen Rußland und Preußen wieder ausbrechen, so könnte mich's obendrein noch mein Schiff kosten.

Diese Warnungen, denen ich ihren guten Grund nicht absprechen konnte, gingen mir gewaltig im Kopfe herum. Allein ich war schon zu weit gegangen, um mich jetzt noch zurückzuziehen; und gegen die rohe Gewalt, die ich zu fürchten hatte und deren Opfer ich schon früher gewesen war, ließ sich einzig nur durch eine hier wohl erlaubte List aufkommen. Mit diesem Entschlusse begab ich mich gleich am frühen Morgen zu dem gedachten russischen General und machte ihm glaublich, daß ich auf mein Schiff schuldig sei und meine Kreditoren mich nicht von der Stelle fahren lassen wollten, bis ich ihre Forderungen befriedigt hätte. So bliebe mir denn nichts übrig, als um bare Vorausbezahlung meiner Fracht zu bitten oder die Fracht nach Riga, wiewohl ungern, aufzugeben.

Der Mann hörte mich geduldig an, und wie sehr ihn auch mein Ansinnen zu befremden schien, und seine Einwendungen, daß dergleichen gar nicht zu bewilligen stände und ich mir an den schon bedungenen Vorteilen genügen lassen könne, das Recht auf ihrer Seite hatten, so legte ich mich doch nur um so geflissentlicher aufs Bitten, bis ich endlich mit dem Kernschusse hervorrückte, von dem ich mir das beste versprach. – »Nun denn,« rief ich, »meine Chartepartie ist zwar auf zweiundvierzig Rubel pro Last gezeichnet; aber lassen Sie mir bar Geld zahlen, und ich bin mit vierzig zufrieden, während ich für den vollen Empfang quittiere.«

Es wirkte, wie ich gehofft hatte. Er stutzte, stand lange in Gedanken und bestellte mich zum nächsten Morgen wieder zu sich, damit er sehen könne, was sich tun ließe. Ich verfehlte nicht, mich auf die Minute einzustellen. Da standen aber bereits meine Frachtgelder mit zweitausend Rubeln aufgestapelt auf einem Tische vor mir, und ich hatte keine weitere Mühe, als den Empfang von zweitausendeinhundert Rubeln zu bescheinigen und mein klingendes Silber einzustreichen. – Hat man je dergleichen gehört? Es ist aber gewisse Wahrheit!

Noch an dem nämlichen Tage ging das Einladen vor sich. Und worin bestand meine Fracht? In lauter Kommisstiefeln, paarweise zusammengenäht. Wohl ein ganzes Regiment Soldaten kam damit hochbepackt aus einem benachbarten Speicher anmarschiert und jeder einzelne warf seine Ladung durch die Schiffsluke in den Raum wie Kraut und Rüben durcheinander, bis endlich diese Stiefeln sich zu einem hohen Berge auftürmten. Als ich nun dem Offiziere, welcher dabei die Aufsicht führte, Vorstellung tat, daß hinten und vorn alles ledig bleibe und die Last durch den ganzen Raum gleichmäßig verteilt werden müsse, so schickte er endlich einige Mannschaft hinunter, die sich die Stiefeln wacker um die Ohren warf, bis es hieß: »Das Schiff ist voll und es kann keine Maus mehr hinein!«

Da sah ich, daß ich trotz dieser wunderlichen Ladung immer noch nicht ballasttief mit meinem Schiffe lag, so hielt ich bei dem General an, daß er mir noch eine Anzahl Bomben oder Kugeln in den hinteren oder vorderen Raum geben möchte, weil ich sonst die See nicht würde halten können. Allein seine Antwort lautete: damit könne mir jetzt nicht geholfen werden; auch bekäme ich noch einen Offizier, zwei Sergeanten und zwanzig Gemeine aufs Schiff, für deren Personen und Sachen gleichfalls noch Raum übrig bleiben müsse. Der Bescheid war nicht sehr erbaulich, ich mußte mich jedoch damit behelfen, und so lag ich nun am Lizent zum Auslaufen fertig.

es nächsten Tages suchte mich ein russischer Offizier – ein Livländer namens Resch, der gut Deutsch sprach – in meinem Hause auf, um mir anzuzeigen, daß er zum Kommandeur auf meinem Schiffe bestellt sei, die Fahrt nach Riga mit mir machen und sich mit seinem Kommando gegen Abend an Bord einstellen werde. Der Mann war dabei so ungemein höflich, daß ich sofort merkte, er müsse etwas auf dem Herzen haben. Und so war es denn auch wirklich, denn er habe auch eine Frau, hieß es, von der er sich unmöglich trennen könne. – Nun, was konnte ich, wenn ich in der Höflichkeit gegen ihn nicht gar zu arg abstechen wollte, weniger tun, als von Vergnügen, Ehre und Schuldigkeit sprechen und meine guten Dienste gegen einen halben deutschen Landsmann erbieten? Dagegen verstand sich's, daß kein scharmanterer Herzensmann unter der Sonne lebe, als Kapitän Nettelbeck.

»Aber noch eins!« unterbrach sich der Livländer in seinen Versicherungen, »meine Frau ist in diesem Augenblicke verreist, um von einer guten Freundin auf dem Lande Abschied zu nehmen und wird vor Nacht schwerlich wieder eintreffen. Da Sie nun morgen mit dem frühsten die Anker zu lichten gedenken, wäre es ja wohl das bequemste, wenn sie gleich am Bord übernachtete?«

»Ei, warum nicht! Und wollen Sie mich jetzt gleich dahin begleiten, so kann ich sogleich die vorläufigen Anstalten zu ihrer Aufnahme treffen und Ihnen die kleinen Bequemlichkeiten zeigen, auf welche die Frau Gemahlin zu rechnen haben wird;« war meine Gegenrede. Wirklich war er mit der Einrichtung der Kajüte und der ihr einzuräumenden Schlafstätte ungemein zufrieden; während ich den Steuermann anwies, die Dame, sobald sie sich zeigen würde, gebührend zu empfangen und ihr mit Kaffee, oder was sie sonst fordern möchte, fein höflich an die Hand zu gehen. So schieden wir, und ich ging meines Weges ruhig nach Hause.

leich nach Mitternacht aber erlitt diese Ruhe einen gewaltigen Stoß, da sich plötzlich auf der Gasse ein Lärm, wie von einer Menge zusammengelaufener Menschen erhob, die an meine Haustür und Fensterladen pochten und laut und wiederholt meinen Namen riefen. Schnell fuhr ich aus dem Bette empor; aber nicht gesonnen, in einer so bedenklichen Zeit, als wir damals erlebten, mein Haus dem ersten besten zu öffnen, wollte ich zuvor, daß die Polterer sich namenkündig geben sollten. So meldete sich denn der Lizent-Buchhalter, den ich an der Stimme kannte, mit der rätselhaften Nachricht, daß es auf meinem Schiffe unklar sei und ich hurtig zum Rechten sehen möchte.

Ich erschrak von Herzen. »Mein Gott!« dachte ich, »ist mein Schiff gesunken oder steht es in Brand?« – Ich weiß nicht wie ich in die Kleider und auf die Gasse kam. Hier endlich eröffnete mir der Buchhalter das Verständnis. »Sie haben die Madame W. am Borde,« sagte er, »und nach *der* sind wir aus, um sie wiederzuhaben. Was Sie da sehen, sind ihre beiden Kinder und ein heller Haufe von Knechten und Mägden aus ihrem Hause.«

Nun fielen mir auf einmal die Schuppen von den Augen! Die angebliche Offiziersdame hatte sich in eine liederliche, ihrem Manne entlaufene Madame verwandelt! War mir's jedoch wenig recht, daß ich mit dem schmutzigen Handel bemengt werden sollte, so mußte ich gleichwohl überlegen, daß ich's in meinem jetzigen Verhältnisse, auch mit dem Livländer nicht geradezu verderben durfte, und daß ich am besten täte, den Knoten durch einen anderen lösen oder durchhauen zu lassen. So fuhr ich unwillig auf den allzudienstfertigen Buchhalter ein: »Herr, scheren Sie sich zum Geier! Was stören Sie zu dieser Zeit ehrliche Leute in Schlaf und Ruhe!« – und zugleich warf ich die Haustür wieder hinter mir zu und ließ sie ferner schreien und klopfen, soviel ihnen selbst beliebte. Gleichwohl jammerten mich die beiden Kinderchen – ein Mädchen von neun und ein Knabe von sieben Jahren – in der innersten Seele. Sie riefen unaufhörlich: »Ach Gott!

ach Gott! meine Mutter!« bis sie es endlich müde wurden und meine Tür verließen, oder vielmehr der Vater sie heimholen ließ.

Noch vor Tagesanbruch, am 1. September, sah ich nach Wind und Wetter aus, und da beide günstig waren, so eilte ich bereits um sechs Uhr, an Bord zu kommen. Schon stand es aber auf dem Lizentplatz und neben dem Schiffe gedrängt voll Menschen, die mir entgegenriefen: »Sie sollen uns die Madame W. herausgeben!« Dagegen fand ich am Borde neben der Treppe zwei Schildwachen, und neben der Kajütentüre zwei dergleichen aufgepflanzt, und kaum war ich durch die letztere eingetreten, so kam mir durch die Vorhänge meiner Schlafstelle ein Gesicht zum Vorschein, das ich um so weniger verkennen konnte, da ich zum öfteren in Schiffsangelegenheiten auf Herrn W.s Kontor zu tun gehabt hatte.

Dies Gesicht nun rief mir ganz frei und unbefangen einen »Guten Morgen!« entgegen, den ich mit einer derben und gesalzenen Epistel erwiderte, worin ich ihre lose Aufführung zu Gemüte führte und sie ermahnte, zu ihrem braven Manne stehenden Fußes zurückzukehren, bevor Schimpf und Schande für sie noch größer würde. Sie dagegen hub eine lange Schutzrede an, worin der Mann übel genug wegkam, und ward endlich nur von dem Offizier, den ich gar noch nicht in der Kajüte bemerkt hatte, unterbrochen. Dieser sprang ungeduldig auf und rief: »Unnützes Geplauder und kein Ende! Jetzt hurtig auf und davon! Das Kommandieren ist von nun an an *mir*.«

Da dem nicht zu widersprechen war, so mußte ich ihm überlassen zu handeln, wie er's verantworten konnte, ging hinaus, ließ die Segel aufziehen und schickte zwei Matrosen ans Land, um die Taue hinten und vornen abzulösen, womit das Schiff am Bollwerk befestigt lag. Aber das zusammengelaufene Volk war nicht willens, den Handel so kurz Knie abzubrechen. Meine Leute wurden umringt und an der Ausrichtung ihres Geschäftes gehindert; so daß ich, um nicht noch ärgeren Lärm zu veranlassen, sie an Bord zurückrief. Dagegen nahm ich einem russischen Soldaten den Säbel von der Seite und kappte die Taue an beiden Enden, und jetzt kam das Schiff zu Gange, obwohl alles, was am Lande war und Arme hatte, es festzuhalten bemüht war. Der Lärm und das Getümmel hierbei sind nicht zu beschreiben.

Noch aber gab sich der Haufe nicht zufrieden, sondern da das Schiff notwendig weiter unten am holländischen Baume anlegen mußte, damit der Baumschreiber meinen Paß visierte, so stürzte groß und klein im vollen Lauf dahin und war schon lange vor mir zur Stelle. Während ich aber hier meines Geschäftes wahrnahm, ging auch der Livländer ans Land und nach dem hier postierten russischen Wachthause. Die Verständigung mit dem kommandierenden Offizier war die Sache eines Augenblickes, und sowie die Wache das Gewehr aufnahm und einige Kolbenstöße links und rechts austeilte, war der Haufe auseinandergesprengt. Eine halbe Stunde später lag uns Königsberg bereits in weiter Ferne im Rücken.

Nun fing aber auch Madame W. an, auf ihre Weise zu wirtschaften. Es war zum Erstaunen, was sie in der kurzen Zeit an Bord zu schaffen gewußt hatte und wie sie davon kochen und braten ließ, als ob auf dem Schiffe Hochzeit wäre. Wir langten in aller Lust und Herrlichkeit noch desselben Tages bei Pillau an; worauf wir am nächsten Morgen früh, bei stillem Wetter in See gingen. Ehe wir noch aus dem Fahrwasser kamen, segelte dicht hinter uns eine russische Fregatte zugleich mit uns aus, und das Wetter war so still, daß man die Schiffe fast nicht auseinanderhalten konnte, ohne daß es gleichwohl Gefahr dabei gehabt hätte.

Mein Livländer wurde durch all diesen schönen Anschein zum Übermut verleitet. Er wollte Preußen zu Ehren noch einige Valet- und Freudenschüsse tun und knallte auch wirklich mit seiner Flinte drei- bis viermal in die Luft, ohne daß ich, mit der Leitung des Schiffes beschäftigt, mich sonderlich um sein Beginnen kümmerte. Inzwischen bemerkte ich doch bald nachher auf der Fregatte eine lebhaftere Bewegung; eine Schaluppe von dorther legte bei mir an Bord und aus derselben sprang ein Offizier wütend auf mein Verdeck und verlangte den Schiffer zu sprechen. Als ich herantrat, zeigte er mir in einem Papier mehrere Körner Hasenschrot, die auf der Fregatte aufgesammelt worden, nachdem sie ein großes Loch ins Segel gerissen. Ich sollte nun Rede und Antwort geben, wer der Täter gewesen?

Der Täter aber, der geahnt haben mochte, was passieren würde, war binnen der Zeit in die Kajüte gegangen, in der Geschwindigkeit in seine Uniform gefahren und trat soeben wieder hervor, um über den Ankömmling mit gezogenem Degen herzufallen. Es entstand zwischen beiden ein Handgemenge, welches endlich zugunsten des Fregattenoffiziers dadurch entschieden wurde, daß die Matrosen aus der Schaluppe herzusprangen, meinen Leutnant von hinten packten, banden und über Hals und Kopf in das Boot warfen, ohne daß zu meiner großen Verwunderung nur irgendeiner von unserer Schiffsbesatzung Miene machte, sich in den Streit zu mischen, oder seinem Anführer Beistand zu leisten.

Da mir nun der Livländer einmal als Kommandant zugeteilt worden war, so glaubte ich nicht ohne ihn davonfahren zu dürfen. Allein damit ich auch nicht ohne Not aufgehalten würde und desto bälder ihn oder einen andern wieder an Bord bekäme, schien es mir am geratensten, ihn auch nach der Fregatte zu begleiten. Dies Verlangen ward mir ohne Anstand bewilligt. Doch bald ergab sich's, daß es nicht dahin ging, woher die Schaluppe gekommen war, sondern nach dem russischen Admiralschiffe, welches nebst noch fünf Kriegsschiffen, draußen auf der Reede ankerte. Hier kam es auch sogleich zu einem Verhöre und protokollarischer Aufnahme; der Unfugstifter ward bedeutet, daß ihn seine Strafe in Riga erwarten werde und daß er für diesen Augenblick seine Reise fortsetzen möge, damit der kaiserliche Dienst nicht leide. Mit diesem Bescheide kehrten wir nunmehr wieder an unsern Bord zurück.

Hier wollte nun der Narr hauen und stechen und haderte mit seinen Leuten, daß sie ihn so feigherzig im Stiche gelassen. Wiewohl er sich endlich beruhigte, so nahm doch am nächsten Morgen an seinem Beispiele auch Madame den Mut, mit dem Soldaten, der ihr zur Aufwartung gegeben war, unsäuberlich zu verfahren. Bald hatte er das Bett nicht gut gemacht, bald die Teller nicht gehörig gescheuert, bald etwas noch Schlimmeres versehen, und endlich lief ihr die Galle dermaßen über, daß sie dem armen ungeschickten Kerl mit eigener hoher Hand eine gewichtige Maulschelle zuteilte. Allein diese Keckheit bekam ihr übler, als sie wohl gedacht hatte. Der ganze Trupp fühlte sich durch diese Mißhandlung eines Kameraden von unberufenen Fäusten an seiner militärischen Ehre gekränkt; alles spie Feuer und Flamme, drang auf den Leutnant ein und bestand auf der bündigsten Genugtuung. Um den furchtbaren Lärm zu stillen und noch derbere Ausbrüche einer rohen Gewalt zu verhüten, blieb dem edlen Ritter zuletzt nichts übrig, als die Schöne unter seine eigene Fuchtel zu nehmen; und das tat er denn, seiner Zärtlichkeit unbeschadet, auch so herzhaft und nachdrücklich, daß endlich die lautesten Schreier selbst sich für befriedigt erklärten. Nur Madame W. schien von dieser fühlbaren Liebesprobe schlecht erbaut zu sein.

Ein paar Tage darauf kamen wir ins Gesicht von Dünamünde, und da der Wind nach Osten umging, legten wir uns auf der Reede vor Anker. Das stand indes meinem Schiffskommandanten nicht an, der augenblicklich in den Hafen gebracht sein wollte und, da ich ihm die Unmöglichkeit vorstellte, aller früheren Höflichkeit vergaß und mich für einen Pfuscher in meinem Handwerke erklärte. Eine schnöde Antwort blieb nicht aus, und die endliche Folge war der Versuch zu einer tätlichen Mißhandlung, der ich für den Augenblick ein ruhiges Schweigen entgegensetzte. Aber zu gleicher Zeit steckte ich auch eine Notflagge auf, deren Bedeutung mein Widersacher nicht ahnte. Nicht lange, so kam der Lotsenkommandeur mit seinen Leuten mir auf die Seite. Anstatt jedoch seine verwunderten Fragen zu beantworten, sprang ich zu ihm ins Boot und verlangte, zu dem Militärkommandanten in Buller-Aa geführt zu werden, wo ich dann meine Klage gegen den Livländer anbrachte und bat, entweder diesen vom Schiffe zu entfernen oder einen andern Schiffer an Bord zu setzen, der es nach Riga führe. Ersteres ward auch ohne Anstand bewilligt und der unruhige Gast auf der Stelle durch einen andern Offizier ersetzt und ans Land geführt.

Niemand war mit diesem Wechsel unzufrieden, als Madame W., die jetzt ein zungenfertiges Geschnatter anhub und mir eine Reihe von Ehrentiteln gab, welche ich hier nachzuschreiben nicht Lust habe. Ich bat sie, sich zu menagieren, wenn sie nicht etwa wolle, daß ich sie durch meine Leute beim Kopfe kriegen, ins Boot werfen, am nächsten Strande aussetzen und in die dickste Wildnis laufen ließe. Diese unbehagliche Aussicht, an deren augenblicklicher Erfüllung mein Ernst nicht zweifeln ließ, brach ihren kindischen Trotz. Sie griff nunmehr nach einem Gesangbuche, das sie schwerlich mit Absicht eingepackt hatte, begann Bußlieder zu singen und badete ihr Antlitz in Tränen. Da ihr das nun nicht schaden konnte, so ließ ich sie gewähren.

Des anderen Tages um Mittag kam ich die Düna hinauf nach Riga, meldete mich beim Kommandanten und bat um baldigsten Befehl zur Ablieferung der geladenen Effekten; mit abermaliger Vorwendung der, unter meinen Umständen wohl verzeihlichen Notlüge, daß mein Schiff leck und ich in Gefahr sei, hier noch am Bollwerke zu sinken. Man hatte keinen Grund, meine Aussage zu bezweifeln, mochte sogar wohl für die Ladung fürchten, und so erschien denn bereits in nächster Stunde ein unzählbarer Schwarm abgeschickter Soldaten, die, nach der schon beschriebenen russischen Manier, auch wieder bei mir aufräumten. Ihr Gedränge um die Schiffsluken her gestattete ihnen kaum Zeit und Raum, sich ihre zehn Paar Stiefel und darüber über die Schultern zu schlagen, und damit fort wie die Ameisen! Abends um sieben Uhr war mein Schiff ledig, wie mit Besen gefegt.

Da mir, kaum fünfzehn oder zwanzig Schritte entfernt, am Bollwerke ein Berg Ballast vor der Nase lag, so legte ich nun augenblicklich mein Schiff hart daran, dung acht russische Soldaten zu einem halben Rubel, mir diesen Sand über Bord hineinzuschaufeln, und nachdem ich an den Vor- und Hintersteven mit Kreide bezeichnet hatte, wie tief geladen werden sollte, ließ ich sie, unter Aufsicht meiner Leute, tapfer fortarbeiten, während ich selbst mich ruhig aufs Ohr legte. Am Morgen war alles getan, und ich hätte in dem nämlichen Augenblicke wieder absegeln können, wenn nur meine Papiere schon wieder in Ordnung gewesen wären. Zu dieser Besorgung hatte ich mir noch keine Zeit gelassen. Jetzt aber ging ich zu den Herren Zietze und Colbert, an welche ich mich, für alle möglichen Fälle, von Königsberg aus hatte adressieren lassen, besorgte vormittags meine Ein- und nachmittags meine Ausklarierung und konnte nunmehr gehen wohin ich wollte.

Indem ich nun die Anstalten zur Abreise eifrigst besorgte, weil ich immer noch den russischen Behörden nicht recht traute und darum gerne je eher je lieber außer ihrem Bereiche gewesen wäre, – trat ich auch von ungefähr in die Kajüte. Siehe da! Die Königsberger Schöne saß da und rang die Hände und wollte vergehen in Angst und Wehmut, denn ihr Vielgetreuer war noch nicht wieder zum Vorschein gekommen! Ich tat ihr den wohlmeinenden Vorschlag, sie sollte mit mir in ihre Heimat zurückkehren und es auf ihres schwer beleidigten Mannes Edelmut ankommen lassen, ob er ihr verzeihen und sie wieder auf- und annehmen wolle, wo denn leicht ein Schleier über ihre leichtsinnige Tat zu werfen sein werde. Doch dies war keine Musik in ihrem Ohre. Lieber, versicherte sie, wolle sie es auf das äußerste ankommen lassen und hinter irgendeinem Zaune sterben und begraben werden. Schwerlich dachte das unglückliche Geschöpf, daß in diesem Augenblicke ein prophetischer Geist aus ihr spräche, wie die Folgezeit erwiesen hat.

So blieb ihr denn nur übrig, ihr Bündel zu schnüren. Meine Leute griffen zu und halfen die Bagage aus dem Schiffe ans Bollwerk bringen, wo sie sich trostlos und verlassen oben drauf setzte. Die Segel wurden angezogen, die Taue gelöst und so ging es von dannen! Während ich ihr noch meinen Abschied nachrief, begann sich bereits ein Kreis von Menschen um sie her zu versammeln.

tatt ihrer hatte ich einen herrenlosen Schiffer aus Pillau, der aber in diesen Gewässern wohl bekannt war, als Passagier an Bord genommen, und da mir noch immer der Boden unter den Füßen brannte, so ließ ich mir seinen Vorschlag gefallen, ohne irgendeinen weiteren Aufenthalt die offene See zu suchen, wobei er selbst mir als Lotse dienen wollte. Das geschah und geriet glücklicher, als meine Keckheit es verdiente. Denn niemand hielt mich an, und des dritten Tages nachher warf ich bereits wieder in Pillau den Anker. Weil jedoch mein Schiff in der Bordingszunft zu Königsberg eingeschrieben war, so blieb ich hier noch liegen, um eine Bordingsfracht den Pregel hinauf zu erwarten.

Zwei Tage darauf erschien Schiffer Kummerow mit jenem nämlichen Schiffe, worauf im vorigen Jahre der gute Christian verunglückte, auf der Reede und steuerte, trotz einem fliegenden Sturme, mutig in den Hafen. Sobald er vor Anker gekommen, war ich mit meinen braven Landsleuten, den Schiffern Paul Todt und Johann Henke zu dem Neuangekommenen, der gleichfalls ein ehrlicher Kolberger war, an Bord gefahren. Beim Eintritte in seine Kajüte sahen wir, daß ihm die Brandung beim Einlaufen hinten die Fenster und Porten in Stücke geschlagen hatte, und daß drinnen alles voll Wasser stand. Er hatte nun zum Schaden auch noch den Spott, indem wir ihn redlich auslachten. Ich erinnerte mich dabei, daß ich mit diesem nämlichen Schiffe und in einem ähnlichen Sturmwetter hier in den Hafen gesegelt, aber die Besonnenheit gehabt, die Hinterporten zuvor fallen zu lassen.

Bei der fortgesetzten Neckerei hub endlich unser Wirt im halben Unwillen an: »Basta, ihr Herren! Ihr sollt am längsten gespottet haben. – Heda, Junge! Den Koch herbei! – Koch, auf dem Platze ans Land gefahren, und holt mir den Tischler, soundso genannt. Er soll sich mit Handwerkszeug versehen, um hier die Einschiebrahmen loszumachen, damit sie zum Glaser in die Kur gebracht werden können.« – Während nun sein Wille ausgerichtet wurde, der Tischler aber, ohne daß wir uns weiter daran kehrten, seine Arbeit begann, saßen wir daneben bei einem Glase Wein, wobei wir vergnügt und wohlgemut alte und neue Geschichten nach Seemannsweise auf die Bahn brachten.

Ganz von ungefähr fielen hierbei meine Blicke auf den emsig beschäftigten Tischler und nahmen mit Verwunderung wahr, wie dieser hinter der Verkleidung, wo die Fensterrahmen eingeschoben gewesen waren, allerlei Sachen hervorlangte und mit dem krummen Stiele seines Schnitzers immer noch nach mehreren angelte. Das Blut schoß mir aufs Herz und ins Gesicht, denn ich erkannte augenblicklich, Stück für Stück, das verschwundene Eigentum des verstorbenen Schiffers Karl Christian. Da war seine Uhr, seine Garnitur silberner Schnallen, ein Beutel mit einigen hundert Talern dänisch Kurant, ein Schächtelchen mit Pretiosen an goldenen Ringen und Ohrgehängen, desgleichen silberne Schlösser zu großen Bügeltaschen nach damaliger Mode, und was sonst noch mehr, das der gute Mann vormals in Amsterdam eingehandelt und unterwegs, aus Furcht vor Kaperei, hier in Sicherheit gebracht hatte. – Hier hatte es kein Mensch gesucht und *wir* es eher in jedem andern Versteckwinkel geahnt!

Guter Gott! Und ich hatte mich müssen darum gleichwohl einen Dieb heißen lassen! Aber der Himmel ist gerecht und barmherzig. Er fügte es, daß die Wahrheit noch nach Jahr und Tag wunderlich ans Licht kam, daß es sogar in meiner Gegenwart und vor vieler Zeugen Augen geschehen mußte! Wären wir nicht alle zugegen gewesen – wer weiß, wie weit die Ehrlichkeit des Finders Stich gehalten, ob je ein Hahn danach gekräht und ich nicht Zeit meines Lebens Dieb geheißen hätte. – Ja, allemal wenn ich an diese Geschichte denke, schlage ich meine Hände in die Höhe und danke Gott. Der Name des Herrn sei gelobt!

Nun raffte ich in der Bestürzung alles zusammen und damit ans Land zu der Witwe meines ehemaligen Schiffers. »Hier, meine liebe Frau!« rief ich außer Atem – »hier bringe ich Ihnen den Schatz von Ihrem seligen Herrn, wofür ich so lange habe Dieb heißen müssen. Soundso ist das durch Gottes Leitung wieder aufgefunden worden; und nun danken auch Sie Gott und seien fröhlich.«

So gab es also Freude von allen Seiten. Bald auch wurde die Geschichte in Königsberg und in der ganzen Umgegend ruchbar. Jeder hielt es für ein halbes Wunder; jeder wollte von mir selbst noch näheren Bericht erfahren; und war ich vorher hier und da wohl zweideutig über die Achsel angesehen worden, so wurde ich seitdem von Bekannten und Unbekannten mit unverdienter Güte und Liebe behandelt.

ein gutes Glück, das ich in diesem Jahre mit meinem kleinen Schiffe gehabt hatte, machte mich, wenn auch nicht übermütig, doch zuversichtlich. Ich war ein junger Mensch und wollte mich noch besser in der Welt versuchen, um es desto gewisser in der Welt zu etwas zu bringen. Meiner Ansicht nach mußte ich ein neues und größeres Schiff haben, womit ich mich in die Nordsee und über den Kanal hinauswagen dürfte, anstatt bloß in der Ostsee, wie in einer Entenpfütze, umherzuleiern. Nebenher verließ ich mich auch wohl auf mein Geschick, womit ich mir das Glück, auch wenn es mir den Rücken kehren wollte, wohl zu erzwingen gedachte. Leider hatte oder achtete ich damals die Erfahrung noch nicht, daß zum Laufen kein Schnellsein hilft, und sollte es erst noch zu meinem Schaden lernen.

Überhaupt habe ich es erst später begriffen, daß lediglich alles vom Glücke abhängt und dieses durch Fleiß und Geschick allein sich nicht erzwingen lassen will. Wohl aber hätte ich es an meinen eignen dummen Streichen (woran ich es leider nie habe fehlen lassen) abnehmen können, daß diese den Dummbart oft dem Glücke weiter in den Schoß führen, als ein andrer mit den weisesten Überlegungen auszurichten vermag. Doch will ich damit nicht gesagt haben, daß man den letzteren mit Vorbedacht aus dem Wege gehen solle. Muß man in der Ausführung ja doch immer noch dem lieben Gott die größere Halbschied überlassen. –

Kurz, ich verkaufte meinen kleinen und glücklichen Postreiter, setzte mir's in den Kopf, ein funkelnagelneues Schiff von etwa achtzig Lasten auf den Königsberger Stapel zu setzen, und war den größten Teil des Jahres 1763 mit dem Ausbau desselben beschäftigt, ohne den Ort zu verlassen. In das nämliche Jahr traf auch der unglückliche große Brand in Königsberg, wobei der Löbenicht, Sackheim und ein Teil vom Roßgarten im Feuer aufgingen. Als der erstgenannte Stadtteil so plötzlich und an allen Orten zugleich in Flammen stand, befand ich mich mit wohl noch tausend andern Menschen auf der Holzwiese, dicht am Pregel, dem Löbenich gegenüber. Hier bemerkten wir auf der Ladebrücke, hinter dem Hospital, arme gebrechliche Bewohner desselben, welche darauf ihre letzte kümmerliche Zuflucht gesucht hatten. Denn hinter ihnen standen ihre Zellen, samt der Hospitalkirche, in lichtem Brande; zur einen Seite nicht minder der Mönchhof, und zur andern, neben der Brücke, ein großer Stapel Brennholz; so daß den Unglücklichen nur übrig blieb, sich in den Pregel zu stürzen oder ihr Schicksal auf jener Ladebrücke abzuwarten.

Schon aber schien die Flamme sie auch in diesem letzten Bergewinkel ereilen zu wollen! Wir sahen deutlich von jener Seite, wie bereits einigen Lahmen und Krüppeln die Kleider auf dem Leibe angeglommen waren, während andere, die noch etwas rühriger waren, Wasser schöpften und damit ihre Unglücksgefährten wiederholt übergossen, um sie vor dem Verbrennen zu retten. Sie konnten dies auch um so füglicher, da zugleich ein starker Orkan aus Norden wütete (der eben den Brand so unaufhaltsam verbreitet hatte) und wodurch auch das Stromwasser so aufgestaut wurde, daß es fast die Höhe der Brücke erreichte.

Hier sollte und mußte nun in so dringender Gefahr den armen Leuten unverzüglich geholfen werden! Fahrzeuge waren in der ganzen Gegend nirgends abzusehen. Ich lief indes über die Kuttelbrücke nach dem Hunde-Gat, sprang in ein Boot, das zu einem dort liegenden Schiffe gehörte; und da zum Glück ein Ruder drinnen lag, so war ich mit Hilfe des starken Windes binnen fünf bis zehn Minuten wieder an der Ladebrücke. Man denkt sich's leicht, wie ich hier von den armen Menschen bestürmt wurde. Immer wollte einer vor dem andern aufgenommen sein, und mir blieb endlich nichts übrig, als eilig mit dem Boote und den zuerst Eingesprungenen abzustoßen, wenn nicht alles auf der Stelle mit und unter mir versinken sollte. Ich brachte indes meine Ladung nach der Holzwiese in Sicherheit, und so gelang es mir in dreimaligem Hin- und Herfahren, sie alle glücklich aus der Klemme zu schaffen.

Als ich jedoch mich der Brücke nochmals näherte und den Platz wohlbedächtig mit meinen Blicken musterte, während bereits die Laufbretter hier und da die Flammen durchzüngeln ließen, nahm ich, fünfzehn oder zwanzig Schritte von mir entfernt, etwas wahr, das sich brennend auf dem Boden bewegte und anfangs von mir für ein glimmendes Bett gehalten wurde, das der Sturmwind vor sich herwälzte. Als ich aber die Brücke bestiegen hatte und es in der Nähe untersuchte, fand ich, daß es eine alte Frau war, die, wie ich späterhin erfuhr, an einer Seite des Leibes völlig vom Schlage gerührt worden. Ich hob sie auf, um sie nach meinem Fahrzeuge zu tragen: allein der Qualm und Gestank der schwelenden Kleider stieg mir so unerträglich zu Kopf und Brust, daß ich von meinem Vornehmen abstehen mußte. Doch ergriff ich die Unglückliche an Hand und Fuß, zerrte sie so – wenngleich ein wenig unsanft – nach dem Boote und brachte sie hinüber, wo sie mir von den vielen umstehenden Menschen abgenommen wurde.

Gleich darauf stieß ich wieder ab, um womöglich irgendeinem Bedrängten in dieser Not retten zu helfen, und kam an das Löbenichtsche Schlachthaus, das gleichfalls in hellem Feuer stand und wo noch, wie ich durch die niedergebrannten Planken wahrnehmen konnte, eine Menge ausgeschlachteten Viehes umherhing. »Mein Gott!« dachte ich – »wie vielen hundert Menschen könnte das noch zur Erquickung dienen, denen das Unglück heute nichts als das liebe Leben gelassen hat!« Ein großer fetter Ochse, der der Treppe nach dem Wasser am nächsten hing, fiel mir besonders in die Augen. Ich schnitt ihn ab, wälzte ihn hinunter und schleppte ihn hinter meinem Fahrzeuge her ans jenseitige Ufer, wo ihn mir ein Reiter abnahm und vollends aufs Trockene brachte. Wo er weiter geblieben und wem er zugute gekommen ist, weiß ich nicht.

Indem ich mich nun aufs neue nach der Löbenichtschen Seite hinübermachte, stieß ich dort auf eine korpulente Frau, die ihre Hände nach mir aufhob und rief: »O Schifferchen, erbarme Er sich, helf' Er! rett' Er! – Das ist mein Haus, was mit den andern im Brande steht, und mein Mann ist ausgereist auf den Viehhandel. Alle meine Leute haben mich verlassen, und was Er hier um mich liegen sieht, hab' ich mit meinen eigenen Händen aus dem Feuer gerissen.« – Dabei wies sie auf einen Berg von Betten, Kleidungsstücken und dergleichen.

Ich ließ mich nicht zweimal bitten; wir warfen beide Hals über Kopf von den Sachen bunt durcheinander in das Boot, soviel es nur fassen konnte, und nun schlug ich ihr vor, diese Ladung ans jenseitige Ufer hinüberzuschaffen, dann aber wiederzukommen und sie selbst mit dem Rest in Sicherheit zu bringen. Das war aber keine gute Disposition, wie ich sogleich inne ward, als ich die Holzwiese erreichte;

denn hier gab es zwar hundert geschäftige Hände, die mir die geretteten Sachen abnahmen, als ich mich aber danach umsah, ob sie auch in gute Verwahrung kämen, lief der eine hierhin, der andere dorthin; dieser zog mit einem Bette ab, jener mit einem Laken oder einem Armvoll Kleider, und als ich das letzte Stück aus den Händen gab, hatte sich bereits die ganze Ladung verkrümelt.

»Frauchen!« sagte ich bei meiner Wiederkehr – »das sieht betrübt mit Ihrem Eigentum aus! – Ich fürchte, Sie kriegt in Ihrem Leben keine Faser wieder davon zu sehen. Soundso ist mir's damit gegangen.« – Die Unglückliche weinte und seufzte. Indes schleppten wir noch einen schweren Kleiderkasten an und ins Boot und was sie noch von Gerätschaften geborgen hatte. Sie selbst trug ich, trotz ihrer Wohlbeleibtheit, indem ich bis an den halben Leib durchs Wasser watete, gut oder übel ebenfalls hinein und fuhr ab. Unterwegs gewann sie wieder etwas Mut und Redseligkeit. Sie nannte mir ihres Mannes Namen (den ich aber wieder vergessen habe) und daß er ein Branntweinbrenner gewesen, samt ihren andern häuslichen Umständen. Die ganze Brandgeschichte, vom ersten Feuerlärm an, und ihren Schreck, und was sie und ihre Nachbarn gedacht und gesagt und vermutet – das alles bekam ich anzuhören und wahrscheinlich noch sehr vieles mehr, wenn wir nicht schon früher bei der Holzwiese angelangt gewesen wären.

Hier ward das unordentliche Getümmel der räuberischen Dienstfertigkeit um die arme Frau fast noch ärger als bei meiner ersten Landung. Endlich drängte man mich ganz von ihr ab, und ich sah sie nur noch aus der Ferne auf ihrem Kasten sitzen, um wenigstens *diesen* zu behaupten. Wieviel ihr von dem übrigen geblieben oder wiedergebracht worden, weiß Gott; denn meine Augen haben sie nachher in dem weitläufigen Orte niemals wiedergesehen.

Für diesmal wollte ich nun sehen, was in einer andern Gegend, auf der Sackheimerschen Seite, passierte. Nicht lange, so traf ich abermals mit einer alten Frau zusammen, die am Wasser stand und mir entgegenschrie: »Ach Herzens-Schifferchen, goldenes! Hierher, zu *mir* hin! Ich will Ihm auch gerne einen Sechser geben.« – Ich mußte lachen, so wenig mir's bei der allgemeinen grausamen Not auch lächerlich ums Herz war. – »Nun, und wo soll ich hier denn angreifen?« – »Ach du mein Gottchen! Diesen Kasten hier, wenn Er mir den doch nach der Holzwiese schaffen wollte. Mein ganzes armes Hab und Gut steckt zusammen drinnen! Ich bin eine geschlagene Frau, wenn ich den missen soll!«

Nun freilich, da mußte schon Hand zum Herzen getan werden! Sie übergab mir eine lange schmale Kiste, die mir nun zwar bei dem flüchtigen Blicke, den ich mir darauf zu werfen abmüßigte, keine sonderlichen Schätze zu bergen schien, aber doch, unter gemeinschaftlicher Daranstreckung unserer Kräfte, glücklich ins Boot geschoben und, weil sie darin der Länge nach keinen Platz fand, mit Mühe querüber ins Gleichgewicht gerückt wurde, wiewohl das Fahrzeug, da sie hochstand, heftig damit schwankte. Auch ging es mit der Fahrt noch immer gut genug, bis wir auf Stromesmitte auch in den Bereich des Sturmwindes gerieten, welcher uns dergestalt packte, daß sich das Boot ganz auf die Seite legte und Wasser schöpfte. Was ich immer tun mochte, dem Übel abzuhelfen, blieb vergeblich, und unsre Gefahr zu sinken ward mit jedem Augenblicke dringender. »Aber, liebe Frau, was *hat* Sie denn in dem unbeholfenen verwetterten Kasten?« fragte ich endlich mit einiger Ungeduld. – »Ach, mein Ein und Alles! Meine Hühner und Enten, womit ich handle und die mir Eier legen.« – »Ei, so hole denn der Henker lieber den ganzen Kram!« schrie ich giftig, – »als daß wir hier unsere Haut darum zu Markte tragen!« – und damit schob ich den Kasten fein säuberlich über Bord und ließ ihn treiben, wohin er wollte. Nun aber erhob sich über mich ein Sturmwetter von ganz anderer Art, und ich kriegte Ehrentitel zu hören, wie ich sie mir nimmer vermutete. Aber wie sollte ich es anders machen? Das Boot stand am Umkippen und war schon hoch voll Wasser gelaufen.

Wir waren darüber beinahe bis an den Sackheimschen Baum getrieben. Ich machte mich also eilig von meiner lästigen Begleiterin los, stieg ans Land, befestigte das Fahrzeug und half anderweitig bei dem Feuer bergen und retten, wo und wie ich immer vermochte. Darüber blieb ich nun von meiner eigenen Schwelle entfernt vom Sonntag abends, da das Feuer anging, bis Dienstag nachmittags, wo endlich seine zerstörende Wut sich legte. Während dieser entsetzlichen Frist kam ich verschiedentlich mit Bekannten aus unserem Stadtende, am Lizent und der Gegend umher, zusammen. Da ward denn immer die erste angelegentliche Frage, wie es in der Nachbarschaft stehe, freudig beantwortet: »Gottlob! Wir haben bis jetzt keine Not vom Feuer, wohl aber vom Sturm hohes Wasser in Straßen und Häusern, daß man überall darin mit Kähnen umherfahren kann.« –

Ein ähnlicher Orkan stieg einige Zeit nach jenem unvergeßlichen Unglück so gewaltig auf, daß alle Schiffe, mit denen der Pregel, vom Grünen Baume an, bedeckt war, sich teils einzeln von ihren Befestigungen am Bollwerk losrissen, teils untereinander abdrängten, und selbst die mitten im Strome geworfenen Anker dagegen nicht aushielten. Die Verwirrung und das Gedränge ward mit jedem Augenblicke größer. Endlich packte sich alles an der Grünen Brücke in eine dichte wüste Masse zusammen; die Masten stürzten über Bord und die Bugspriete knickten wie Rohrstengel. Der Schaden war unermeßlich, und als man endlich wieder zur Besinnung kam, hatte man sich billig zu verwundern, daß nicht alles und jedes zugrunde gegangen.

Gleichwohl betraf dieses Schicksal unter andern auch einen ledigen Bording von fünfzig Lasten, der zwischen den andern Schiffen so eingeklemmt ward, daß er endlich, als die geringere Masse, von ihnen niedergedrückt und dergestalt völlig in den Grund versenkt werden mußte, daß keine Spur von ihm zu erblicken war. Dies Gefäß gehörte einer Witwe Roloff, meiner guten Freundin und Gevatterin, zu, die in ihrer Not und mit weinenden Augen auch zu mir kam, ob ich ihr in ihrem Unglück nicht helfen könne. Ich versprach mein Möglichstes, und sobald nur der Sturm sich abgestillt hatte und die Schiffe sich wieder auseinandergewirrt, traf ich Anstalten, den Bording mit Winden und Tauen aus dem Grunde wieder emporzuheben, was mir denn auch mit vieler Mühe und Arbeit gelang, so daß das Fahrzeug auf eine sichere Stelle gebracht und der erlittene Schaden ausgebessert werden konnte.

E inige Zeit nachher, während ich noch an meinem Schiffe baute, kam eines Tages das Geschrei zu mir auf die Baustelle: auf dem Pregel am Grünen Krahn stehe ein holländisches Schiff, mit hundertundzwanzig Lasten Hanf geladen, in lichtem Brande. Sofort machte ich mich, samt allen meinen Schiffszimmerleuten, deren jeder mit seiner Axt versehen war, auf den Platz und sah, wie das Feuer klafterlang, gleich einem Pferdeschweif, hinten durch die Kajüt-Porten emporflackerte. Alle Menschen, soviel sich deren bereits herbeigemacht hatten, waren damit beschäftigt, Löcher in das Verdeck zu hauen und von oben hinab Wasser in den brennenden Raum zu gießen. Offenbar aber gewann dadurch der Brand unterm Deck nur um so größeren Zug und war auf diese Weise mit nichten zu dämpfen.

Ein so widersinniges Verfahren konnte ich nicht lange gelassen mit anblicken. So packte ich denn flugs den Schiffer am Arm und schrie ihm zu:»Ihr arbeitet Euch ja damit zum Unglück, daß Ihr dem Feuer noch mehr Luft macht. *Versenken* müßt Ihr das Schiff! Hört Ihr? Versenken! Was da lange Besinnens?«

Es lief aber alles verwirrt durcheinander und kein Mensch konnte oder wollte auf mich hören. Da griff ich einen von meinen Schiffszimmerleuten auf, sprang mit ihm in das Boot, welches zum brennenden Schiffe gehörte und zeigte ihm eine Planke, dicht über dem Wasser, wo er in Gottes Namen ein Loch ins Schiff hauen sollte. »Das lass' ich wohl bleiben!« war seine Antwort – »ich könnte schlimmen Lohn dafür haben!«

Dieser Widerstand erhitzte mich noch mehr. Ich riß ihm die Axt aus den Händen und bedachte mich keinen Augenblick, ein ganz hübsches Loch hart überm Wasserspiegel durchzukappen. Als ich den guten Erfolg sah, legte ich mich auf den Bauch und hieb immer tiefer einwärts, bis endlich das Wasser stromweise da durch und in den Schiffsraum drang. Das eben hatte ich gewollt, und nun eilte ich spornstreichs aus dem Boote auf das Verdeck, wo sich hundert und mehr Menschen drängten, und schrie: »Herunter vom Schiff, was nicht versaufen will! In der Minute wird's sinken!«

Anfangs hörte man mich nicht; da ich es aber immer und immer wiederholte und zugleich auch das Schiff begann, sich stark auf jene Seite zu neigen, so kam auf einmal der Schrecken unter die Leute; alles lief nach dem Lande, in banger Erwartung, was weiter geschehen würde. In der Tat legte sich das Schiff so gewaltig seitwärts, als ob es umfallen wollte; aber im Sinken richtete es sich plötzlich wieder empor und fuhr so, geraden Standes, plötzlich bis an die Gaffel-Klaue in die Tiefe, die hier zur Stelle wohl sechsunddreißig bis vierzig Fuß betragen mochte.

Das Feuer war gedämpft. Eine stille dumme Verwunderung folgte. Aber plötzlich auch ward jedes Gaffers Mund wieder laut: »Wer hat das getan? Wer hat das Schiff in den Grund gehauen?« Jeder hatte aber auch gleich die durcheinandergeschriene Antwort bei der Hand: »Nettelbeck! Ei, das ist ein Stückchen von Nettelbeck!« – Nettelbeck aber kehrte sich an nichts, ging ruhig nach Hause und war in seinem Herzen überzeugt, daß er recht getan habe.

Gleich des andern Tages, vormittags neun Uhr, trat in voller Angst mein Schwiegervater zu mir ins Haus und fuhr auf mich ein: »Nun haben wir's! Ein schönes Unglück habt Ihr angerichtet mit dem in Grund gehauenen Schiffe! Da sind eben drei Kaufleute und der holländische Schiffer, samt einem Advokaten, auf der Admiralität und klagen wider Euch auf vollen Ersatz alles Schadens. Nun sitzt Ihr in der Brühe!« – Und noch hatte er seine Hiobspost kaum geendet, so war auch schon der Admiralitätsdiener zur Stelle, der mich auf den Lizent, gleich in dieser nämlichen Stunde, vor das Admiralitäts-Kollegium beschied. »*Die* sind rasch dahinter her,« dachte ich bei mir selbst, und mir ward doch nicht ganz wohl dabei zumute.

Als ich ankam, fand ich's ganz so, wie's mein Schwiegervater verkündigt hatte. Mir ward ein schon fertiges Protokoll vorgelesen, des Inhalts, daß ich es sei, der unberufenerweise das Schiff zum Sinken gebracht und dadurch einen Schaden von so vielen Tausenden angerichtet habe. Ich sollte jetzt die Wahrheit dieser Angaben anerkennen, von der Ursache Rede und Antwort geben und allenfalls anführen, was ich zu meiner Verteidigung vorzubringen wüßte.

»Tausend Augen« – sagte ich – »haben es mit angesehen, wie das Schiff hinten hinaus in hellem Feuer stand; und je mehr Luftlöcher die Leute ins Verdeck hieben, desto mehr Nahrung gaben sie dem inwendigen Brande. Hätte das nur noch eine halbe Viertelstunde so fortgedauert, so nahm die Flamme dergestalt überhand, daß es kein Mensch mehr auf dem Schiffe aushalten konnte und dieses mitsamt der Ladung preisgegeben werden mußte. Allein wenn und während es nun in voller Glut stand – wie sollte es da fehlen, daß nicht auch die Taue mitverbrannten, an denen es am Bollwerk befestigt lag; daß die flammende Masse stromabwärts und unter die vielen andern dort liegenden Schiffe trieb und diese mit ins Verderben zog? – Ja, was leistete uns Bürgschaft, daß dieser Schiffsbrand nicht ebensowohl auch die dicht am Bollwerk befindlichen Speicher und die unzähligen Hanfwagen davor ergriff? und daß darüber nicht ganz Königsberg in Rauch und Asche aufging? – Jetzt ist großes und gewisses Unglück mit um so geringerem Schaden abgewandt, als Schiff und Ladung wohl noch wieder zu bergen sein werden. Ich bin daher auch des guten Glaubens, daß ich in keiner Weise strafbar gehandelt, sondern nur meine Bürgerpflicht geleistet habe.«

Der Direktor, Herr Schnell, diktierte diese meine Verantwortung selbst zu Protokoll, und der Advokat ermangelte nicht, dagegen allerlei Einrede zu tun. Darnach ward ich abermals befragt, ob ich weiter noch etwas zu meinen Gunsten vorzubringen habe? – »Nicht ein Wort!« erwiderte ich. – »Meine Sache muß für sich selber sprechen.« Die Verhandlung ward zu Papier gebracht, und dies mußten alle Parten unterzeichnen. Dann wurden wir bedeutet, einstweilen abzutreten, weil unser Handel klar genug sei, um noch in dieser nämlichen Sitzung zum Spruche zu kommen.

»Desto besser!« dachte ich. – »Wenn nur die gestrengen Herren drinnen auch Vernunft annehmen wollen!« und über diesem »Wenn« kam es denn doch bei mir zu einem Herzpochen, das mir diese halbe Stunde Verweilens sehr bänglich machte. Wer weiß, ob es meinen Gegenparten viel besser erging? – Endlich hieß es, daß wir wieder vortreten möchten; und nun gab man uns sogleich auch die gefällte Sentenz zu vernehmen, deren Inhalt der Hauptsache nach etwa dahin lautete:

»Die Admiralität erkenne, daß der Schiffer Nettelbeck vollkommen recht und löblich gehandelt, indem er durch schnelle Versenkung des in Rede stehenden brennenden Schiffes größeres Unglück von dem Handelsstande und der Stadt abgewandt. Nächstdem aber behalte sich das Kollegium vor, ihm dessen Zufriedenheit und Dankbarkeit durch feierlichen Handschlag zu bezeugen. Falls auch der Gegenpart mit diesem Erkenntnisse zufrieden sei, solle derselbe mit dargebotener Hand sich bei beregtem Nettelbeck bedanken, daß er Schiff und Ladung vor noch größerem Schaden bewahrt habe.«

Nach geschehener Vorlesung stand der Direktor, Herr Schnell, von seinem Sitze auf, schüttelte mir treuherzig die Hand und sagte: »Ich tue das als Erkenntlichkeitsbezeugung im Namen aller Schiffer, die auf dem Pregel liegen, und im Namen der Stadt, die durch Ihren Mut und Besonnenheit einem großen Unglücke entgangen ist. Sie sind ein wackerer Mann!«

Kaufleute, Schiffer und Advokat sahen einander an und gaben etwas verlegene Zuschauer bei dieser Szene ab. Endlich traten sie einer nach dem anderen zu mir und gaben mir ihre dankbare Hand.

Die Vernünftigeren unter ihnen gaben zu gleicher Zeit zu verstehen, sie wären nur darum zur Klage gegen mich geschritten, um sich bei ihren Assüradeurs, Reedern und Korrespondenten hinlänglich zu decken.

Schon waren wir im Begriffe, aus der Gerichtsstube wieder abzutreten, als der Direktor mich zurückrief und anhub: »Schiffer Nettelbeck! Wie ist's? Haben Sie nicht im vorigen Jahre der Witwe Roloff ihren im Pregel versunkenen Bording glücklich wieder in die Höhe gebracht? – Ich dächte, Sie wären ebensowohl der Mann dazu, Ihr Kunststück auch an diesem Schiffe hier zu wiederholen? – Meine Herren!« sich zu den Kaufleuten wendend – »Sie sollten sich diesen Vorschlag überlegen! Was meinen Sie?«

Alsobald legten mir die Gefragten die Sache eindringlich vor. »Je nun,« erwiderte ich, »vieles in der Welt läßt sich machen, wenn es mit Vernunft und Geschick angegriffen wird. Wir beide, der Schiffsherr und ich, wollen hingehen, untersuchen und das Ding an Ort und Stelle reiflicher überlegen. Läßt sich was beginnen, so wollen wir in Gottes Namen Hand ans Werk legen.« – Sogleich auch machten wir uns auf den Platz, aber alsbald auch ward mir's klar, daß der Schiffer eine Schlafmütze war, von dem ich keinen erklecklichen Beistand erwarten durfte. Lieber also ließ ich ihn ganz aus dem Spiele, ging zu meinem guten, ehrlichen Freunde, dem Schiffszimmermeister Backer, und bat ihn, daß er mir bei meinem Vornehmen helfen möchte. Der war auch zu allem bereit und willig, und so schritt ich denn getrost an die Ausführung.

Nach dem Plane, den wir entworfen hatten, erbat ich mir von ein paar guten Freunden zwei Fahrzeuge zu meiner Verfügung, wobei denn natürlich alle Gefahr und der Ersatz des etwa zugefügten Schadens auf meine Rechnung ging, für den Gebrauch derselben aber eine billige Vergütung bedungen wurde. Indem ich nun diese Bordinge zu beiden Seiten des versenkten Schiffes postierte und meine Winden und Hebezeuge darauf anbrachte und in Bewegung setzte, ging die Arbeit rasch und glücklich vonstatten. Wir hoben die ungeheure Last unter dem Wasser aus dem tiefen Grunde so weit in die Höhe, daß man bereits auf das Verdeck etwas mehr als knietief treten konnte, und ich binnen kurzem den Augenblick erwartete, wo dieses vollends emportauchen würde.

Jetzt aber plötzlich stockten alle meine Maschinen. Ich hatte die beiden Bordinge durch die Winden dergestalt anstrengen lassen, daß sie vorn mit dem Bordrande dicht auf dem Wasser lagen, während die Hinterteile sich bis zum Kiel in die Höhe kehrten. Brach jetzt irgend etwas an den Tauen, die unter dem Schiffe durchgezogen waren, so waren Unglück und Schaden gar nicht zu berechnen. In dieser peinlichen Lage mußten demnach vor allen Dingen noch ein paar Ankertaue unter den Schiffskiel gebracht werden, in denen das Schiff nunmehr mit vollerer Sicherheit hing, und nun galt es ein Mittel, es noch um so viel zu erleichtern, damit nur die großen Luken auf dem Verdecke nicht mehr vom Strome überflossen würden und die anzubringenden Pumpen dann freies Spiel gewännen.

Da sich jedoch der Schiffskörper um keine Linie mehr rücken lassen wollte, so verfiel ich darauf, ich müßte jene Luken um so viel erhöhen, daß sie über dem Wasserspiegel emporragten. Das war zu bewerkstelligen, wenn ich ebensoviel Kasten oder Verschläge von wenigstens zwei Fuß Höhe und gleichem Umfange mit den Luken dergestalt wasserdicht auf denselben und dem Verdecke befestigte, daß sie gleichsam einen Brunnenrand vorstellten. Was nun aus diesen Kasten geschöpft wurde, war dann ebensogut, als sei es aus dem Raume geschöpft, in welchem auf diese Weise das Wasser endlich doch abnehmen mußte. Dann aber hob sich das Schiff von selbst, ohne daß es ferner meiner Maschinen bedurfte.

Kaum war dieser Gedanke zur Welt geboren, so ließ ich mir einen Zollstock geben, um unter dem Wasser das genaue Maß der Luken in Länge und Breite zu nehmen, rief meine Leute zu mir nach der Baustelle und gab ihnen an, was zu tun sei. In Zeit einer Stunde (während welcher alles in Erwartung dessen stand, was werden sollte) kam ich mit den fertigen Kasten und meinen Arbeitsleuten zurück und hatte die Freude, zu sehen, daß jene vollkommen wohl anschlossen.

Hunderte von müßigem Pöbel standen als Zuschauer am Bollwerke. Ich wandte mich zu ihnen und rief: »Heran mit Eimer und Gerät, wer Lust hat, mit Wasserschöpfen jede Stunde einen halben Gulden zu verdienen!« – Ho, das war, als hätte ich sie zur Hochzeit gebeten! Es stürzten gleich so viel Arbeiter herbei auf das nasse Verdeck, daß sie um die Kastenränder nicht alle Raum zum Hantieren hatten. Ich ließ sie ihr Wesen treiben und stieg derweilen ins Boot, um mit dem Bootshaken das Loch unter Wasser aufzusuchen, welches meine Hände hineingehauen hatten. Dann aber sah ich mich nach einem Sacke um (oder war es ein Stück altes Segeltuch, ich weiß es nicht), um jenes Loch zu stopfen und dadurch neuen Zufluß zu hindern.

Bei jedem Schöpfen, das so viele Eimer zugleich taten, wurden vielleicht fünfzig und mehr Kubikfuß Wasser – erst aus den Kästen, dann tiefer aus dem Schiffsraume hervorgefördert. In eben dem Maße nun, als durch diese Erleichterung das Schiff wieder an eigener Hebekraft gewann, erlangten auch die beiden Fahrzeuge, zwischen denen es in der Schwebe hing, ihre verlorene Wirksamkeit wieder. Sie hoben sich vorn wieder; und so mit einem Rucke brachten sie nun das Schiff glücklich in die Höhe, daß es durch sich selber flott wurde und das Verdeck über Wasser zu stehen kam.

Jetzt konnten auch die Hanfgebinde an den Lastbändern aus dem Raume hervorgelangt werden. Mit der erleichterten Ladung aber trat auch immer mehr und mehr Bord hervor, bis endlich auch mein gehauenes Loch über dem Wasser zum Vorschein gelangte und sonach mein Werk für abgetan gelten konnte. Ich schlug also ein Kreuz darüber und ging, weil ich mich trefflich abgemattet fühlte, in des Herrn Namen nach Hause, während mein Freund Backer und der Schiffer das übrige besorgen mochten.

Einige Tage darauf ward ich abermals vor die Admiralität gefordert. Ich fand dort die Herren Kaufleute, die mir vorerst ihren Dank für mein glücklich gelöstes Versprechen bezeugten, dann aber auch sich für meine angewandte Bemühung mit mir abzufinden wünschten. Auf meiner Rechnung, die ich ihnen des Endes einreichte, standen bloß die beiden Bordinge, die ich gebraucht hatte, jeder mit zwanzig Talern angesetzt, samt einer Kleinigkeit für Abnutz an Tauen, Winden und anderen Gerätschaften, die denn auch sogleich und ohne allen Anstand bewilligt wurden. Da ich indes, was mich selbst betraf, keine Forderung machen wollte, so boten sie mir ein Douceur von hundert preußischen Gulden, samt zehn Pfund Kaffee und zwanzig Pfund Zucker. Ich nahm, was mir gegeben wurde, und schenkte davon fünfundzwanzig Gulden für die Armen, um ihnen auch einmal einen guten Tag zu machen.

u Ostern 1764 war ich endlich auch nach vieler Mühe und Sorge mit meinem Schiffbaue im reinen. Das Gebäude und alles, was dazu gehörte, war nun wohl ganz nach meinem Sinne geraten; aber Freude konnte ich dennoch nur wenig daran haben, denn wie so ganz anders waren die Zeiten geworden, seit ich in vorigem Jahre den Kiel dazu legte! Mit den guten Zeiten für die Reederei hatte es ein plötzliches und betrübtes Ende genommen. Ich will nicht sagen, daß ich auf lauter solche Frachten, wie jene nach Riga, zu vierzig Rubel die Last, gerechnet hätte, allein noch im Jahre zuvor standen die Frachten auf Amsterdam zu fünfundvierzig holländischen Gulden und jetzt, wo beim Frieden in allen Verkehr eine Totenstille eintrat, galt es Mühe, eine Fracht dahin um elf Gulden zu finden. Erst im Oktober gelang es mir, auf den genannten Platz für sechzehn Gulden abzuschließen.

Während nun mein Schiff in der Ladung begriffen war, kam ich eines Tages von der Börse, um am Borde mit eigenen Augen nachzusehen. Das Schiff hatte sich etwas vom Bollwerke abgezogen; dennoch dachte ich den Sprung wohl hinüber zu tun, traf es aber so unglücklich, daß ich über ein Ankertau stolperte und mir den rechten Fuß aus dem Gelenke fiel. Da lag ich nun und mußte nach Hause getragen werden. Das Bein schwoll an und während daran gezogen, gesalbt und gepflastert wurde, hatte ich die grausamsten Schmerzen auszustehen. An ein Mitgehen mit meinem Schiffe, wie ich es willens gewesen, war nun gar nicht zu denken. Aber *wen* nunmehr in meine Stelle setzen?

Zum Steuermanne unter mir hatte ich einen gewissen Martin Steinkraus angenommen, der zwar bereits selbst ein Schiff geführt, aber dabei eben keine Ehre eingelegt hatte. Er war gleich mir ein geborner Kolberger und mir von meinen übrigen Landsleuten, halb wider meinen Willen, angebettelt worden. Jetzt, da ich im Bette lag, ward ich abermals mit Fürbitten von allen Seiten dermaßen bestürmt, daß ich mich endlich in einer unglücklichen Stunde betören ließ, diesem Menschen mein Fahrzeug anzuvertrauen. An guten Ermahnungen und Instruktionen ließ ich es auf keine Weise ermangeln. Auch gab ich ihm sofort zweihundert Gulden bar in die Hände, um sich damit in Pillau frei in See zu bringen.

Desto verwunderlicher deuchte mir's, daß, als er kaum von Königsberg abgegangen und drei Tage vor Pillau gelegen, das Kontor von Seif und Kompagnie daselbst mir eine Anweisung von zweihundert Gulden präsentieren ließ, welche mein Schiffer auf meine Rechnung bezogen hatte. Gleich darauf war er Mitte November in See gegangen. Späterhin kamen noch verschiedene ähnliche Assignationen, zusammen im Belaufe von etwa dreihundert Gulden zum Vorschein, die er zum Teil bar aufgenommen, zum Teil auf allerlei Schiffsbedürfnisse verwandt hatte, als ob er mit lediger Tasche von mir gegangen wäre.

Alles dieses gestattete mir kaum noch einigen Zweifel, daß dieser Mensch es auf Betrug abgesehen habe und mußten mir vollends die Augen aufgehen, als ich, nachdem er anfangs Dezember den Sund passiert war, durch das Haus von Dorß eine neue Assignation, lautend auf fünfundachtzig Taler, empfing, die doch nur für Sundzoll und aufgelaufene Kosten verausgabt worden sein konnten, ungeachtet ich aus Erfahrung wußte, daß ein Schiff von der Tracht wie das meinige, dort nur zwölf bis fünfzehn Taler zu zahlen haben könne.

Im Januar 1765 liefen Briefe aus Gotenburg an mich ein mit der Hiobspost: Schiffer Steinkraus sei dort eingelaufen, habe die Einleitung zu einer Havarie gemacht und zu dem Ende gleich anfänglich zweitausend Gulden aufgenommen. Im Februar wiederum Briefe aus Gotenburg: Schiffer Steinkraus habe sich genötigt gesehen, die zur Ausbesserung nötigen Gelder bis auf sechstausend Gulden zu vermehren und sich auszahlen zu lassen!

Jetzt ward mir der unsaubere Handel denn doch zu bunt! Wollte ich nicht mit dem Stabe in der Hand mein Eigentum mit dem Rücken ansehen, so mußte ich eilen, dem unverschämten Räuber durch meine persönliche Gegenwart einen Zügel anzulegen. In dieser Absicht ging ich im März mit Schiffer Martin Blank als Passagier nach Amsterdam ab, wo ich meinen Urian entweder schon zu treffen, oder doch zu erwarten gedachte. Er hatte aber gar nicht die Eile gehabt, die ich bei ihm voraussetzte, sondern erst in den letzten Tagen des April, nachdem ich schon mehrere Wochen nach ihm ausgesehen, ließ mir Schiffer Johann Henke von Königsberg, der eben auch im Hafen lag, sagen:

Steinkraus sei soeben angekommen und habe mit dem Schiffe vor der Lage geankert. Jetzt verlor ich keinen Augenblick, mich nach der Wasserseite zu begeben. Je üblere Dinge ich ahnte, um so sorgfältiger hatte ich auch bereits im voraus meine Maßregeln überlegt und mit meinen dortigen Korrespondenten, den Herren Kock und van Goens, die erforderlichen Abreden genommen.

In der Ferne sah ich mein Schiff liegen, das mir durch die arglistige Bosheit eines Taugenichts so teuer zu stehen kommen sollte. Ich ließ mich durch einen Schuitenfahrer an den Bord desselben übersetzen, fand aber beim Hinaufsteigen auf dem Verdecke keine lebendige Seele. Voll Sinnens ging ich auf demselben einige Minuten lang umher, und indem ich mir Masten, Taue, Segel, Anker – alles die alten wohlbekannten Gegenstände – genauer darauf ansah, konnte ich mit steigender Verwunderung immer weniger begreifen, was denn mit den aufgenommenen ungeheuren Summen daran verändert oder gebessert worden.

Endlich kam der Schiffsjunge aus dem Kabelgat zum Vorschein und machte trefflich große Augen, als er seinen Herrn und Meister so unverhofft erblickte. Ich säumte nicht, den Burschen in ein näheres Verhör zu nehmen; und nun erzählte er mir denn, halb aus Treuherzigkeit, halb aus Furcht, mehr als mir lieb war und ich zu wissen verlangte. Sein Schiffer samt den übrigen Leuten hatte sich sogleich nach der Ankunft im hellen Haufen ans Land begeben. Der neue Steuermann (denn der von Königsberg mitgegangene war – ein Unglück mehr für mich! – in Gotenburg gestorben) befand sich nur noch allein an Bord und verzehrte in der Kajüte sein Mittagsmahl. Dort suchte ich ihn mir auf, gab mich als seinen Reeder zu erkennen und wechselte einige gleichgültige Worte mit ihm, bevor ich nach dem Lande zurückfuhr. Er war auf keine Weise der Mann dazu, mir die nähere Aufklärung, die ich brauchte, zu geben.

Da es nun aber einmal auf eine Überraschung abgesehen sein sollte, so postierte ich mich, dem Schiffe gegenüber, am Bollwerke und beschloß, hier geduldig zu warten, bis mein guter Freund, der dort notwendig passieren mußte, in eigener werter Person zum Vorschein kommen würde. Nach etwa zwei Stunden Harrens, die mir lang und sauer genug wurden, erschien auch ein Trupp ganz wilder und besoffener Matrosen, in denen ich unschwer mein Volk erkannte, und hinter ihnen her taumelte, in keinem besseren Zustande, der Schiffer Steinkraus an mir vorüber.

Ich folgte ihnen und wartete bis zu dem Augenblicke, wo sie sämtlich in die Schaluppe steigen wollten, um nach dem Schiffe überzusetzen. Hier klopfte ich dem Schiffer unversehens auf die Schulter und rief: »Willkommen in Amsterdam!« – Er blickte hinter sich, ward starr wie eine Bildsäule und auch so blaß, als er mich endlich erkannte. Ich änderte indes nichts in meiner höflichen Gelassenheit, wie bitter mir's auch ankam, meinen gerechten Groll zu verbeißen; denn ehe ich gegen ihn losfuhr, wie er's verdient hatte, mußte ich mir erst seine Gotenburger Havarierechnung haben vorlegen lassen, um zu wissen, ob und wie diese gegen meine Assekurateurs zu rechtfertigen wäre, die in Amsterdam zur Stelle waren und auf mein Schiff achttausend Gulden gezeichnet hatten. Jene Havarie aber betrug, soviel mir vorläufig bewußt war, noch etwas mehr sogar, als diese Summe.

Ich setzte mich nun, als ein schwerlich sehr willkommener Gast, mit in das Boot und begleitete ihn an Bord. Unmittelbar darauf holten wir das Schiff in die Lage zu den übrigen vor Anker, wo es, nach meinem Wunsche, neben dem vorbenannten Henke zu liegen kam. Dies gab mir die Bequemlichkeit, mich entweder an meinem eigenen Borde, oder bei diesem meinem Freunde in der Nähe zu verweilen und gute Aufsicht zu halten, während die Ladung gelöscht und das Schiff bis auf den untersten Grund leer wurde. Hier vermißte ich denn nun zunächst achtzig eichene Planken, die ich in Königsberg zum Garnieren des Schiffbodens mitgegeben hatte. Wo konnten *die* geblieben sein? Ich erhielt die Auskunft vom Schiffer, daß sie in Gotenburg, zugleich mit der übrigen gelöschten Ladung, ans Land gekommen und dort, ohne sein Wissen und Willen, vom Schiffsvolke von Zeit zu Zeit beiseite gebracht und heimlich verkauft worden. Das Volk hinwiederum wälzte alle Schuld von sich ab und behauptete, der Schiffer selbst habe die Planken verkauft.

Nicht besser stand es um einen Schiffsanker von achthundert Pfund, der mir auf meinem vorigen Schiffe und bei einer früheren Reise am Bollwerke zu Pillau in einem Sturme zerbrochen worden. Da die beiden Stücke in Königsberg nicht wieder zusammengeschmiedet werden konnten, so hatte ich sie dem Steinkraus mitgegeben, um dies in Amsterdam bewerkstelligen zu lassen. Aber auch dieser Anker war abhanden gekommen, und bei näherer Untersuchung ergab sich's, daß er das größere Stück und die Matrosen das kleinere an den Mann zu bringen gewußt und das Geld geteilt hatten.

Nunmehr kam die Reihe an die Gotenburger Papiere, die Havarie betreffend, und da standen mir denn wahrlich die Haare zu Berge! Alles befand sich in der greulichsten Unordnung, als ob es mit rechtem Vorbedachte verwirrt worden sei, um jede klare Einsicht unmöglich zu machen. Ich wußte nimmermehr, wie ich meinen Assekurateurs diese Rechnungen vorlegen sollte, ohne daß sie sie von Anfang bis zu Ende für nichtig erklärten. Selbst meinen Schuft beim Kopfe nehmen zu lassen, war nicht ratsam, wenn ich jene Versicherer nicht selber in Alarm setzen wollte, über gespielten Betrug bei der Havarie zu schreien und mich für meine eigene Person in das böse Spiel zu verwickeln.

Allein desto sorgfältiger mußte ich zu verhindern suchen, daß der Bube nicht heimlich das Weite suchte. Ich hatte ihn also bei Tag und Nacht wie meinen Augapfel zu hüten und durfte ihn gleichwohl mein Mißtrauen nicht merken lassen. Nichtsdestoweniger mußte sich's fügen, daß, als ich zwei Tage später mit ihm die Börse besuchte, wo es immer ein dichtes Gewimmel gibt, er mir unter den Händen entschlüpfte. Die Börsenzeit ging zu Ende, aber kein Steinkraus war zu sehen! Meine schwache Hoffnung, daß er sich an Bord begeben haben könnte, spornte mich ihm dahin nach, aber sie schlug fehl. Er war und blieb für mich verschwunden.

War meine Lage vorhin schon kritisch, so schien sie nunmehr vollends rettungslos. Ich hatte meinen Assekurateurs des Schiffers Havarie-Rechnung notwendig vorlegen müssen, bei welcher sie, auch wenn alles in bester Ordnung war, dennoch nur zu guten Grund hatten, den Kopf zu schütteln und sich zu besinnen, ob sie zur Zahlung einer so enormen Summe verpflichtet wären. Jetzt, da jener sich unsichtbar gemacht hatte, wiesen sie jede Anforderung auf das bestimmteste zurück und verlangten, daß ich ihnen vor allen Dingen den Schiffer, der die Havarie gemacht hätte, zur Stelle schaffte, damit er selbst Rede und Antwort gäbe, denn mit *ihm* und nicht mit *mir* hätten sie es zunächst zu tun. »Mein Gott!« entgegnete ich, »wenn er nun aber ins Wasser gefallen und ertrunken wäre?« Das könnte nur ein Kind glauben, war ihre höhnische Antwort, und es schiene nun nicht, daß sie nötig haben würden, um dieser achttausend Gulden willen den Beutel zu ziehen.

Dagegen war nun diese Summe auf das Schiff wirklich verbodmet, und die gesetzliche Zeit bereits verflossen. Der Bodmerei-Geber verlangt sein vorgeschossenes Geld, welches die Versicherer mit hinlänglichem Fug sich zu zahlen weigerten. Ich befand mich im entsetzlichsten Gedränge, denn was blieb mir übrig, als den Verkauf meines Schiffes geschehen zu lassen, damit die Bodmerei gedeckt werden könne? – Es schien unmöglich, daß noch irgend etwas mich armen geschlagenen Mann aus diesem Unglücke herausrisse!

So saß ich eines Tages im größten Herzenskummer in einem Wirtshause, wo vor mir auf dem Tische ein holländisches Zeitungsblatt lag. In trübem Sinnen nahm ich es unwillkürlich zur Hand, aber ich wußte selbst nicht was ich las, bis meine Augen auf eine Anzeige fielen, des Inhalts: Es sei zu Schlinger-Want (ungefähr eine Meile von Amsterdam, jenseits des Y) ein ertrunkener Mann gefunden worden, dessen Kleidung und übrige Kennzeichen zugleich näher angegeben wurden. Der Prediger des Ortes, von welchem er dort begraben worden, forderte hier die etwaigen Angehörigen dieses Verunglückten auf, der Kirche die wenigen verursachten Begräbniskosten zu entrichten.

»Himmel!« dachte ich bei mir selbst, »wenn dieser Ertrunkene vielleicht dein Steinkraus sei sollte!« – Tag und Zeit und manche von den angegebenen Merkmalen trafen mit dieser Vermutung gut genug zusammen. Zwar konnte ich an seinem bösen Willen, mir zu entlaufen, nicht zweifeln: allein wie wenn ihn nun sein erwachtes Gewissen zu einer raschen Tat der Verzweiflung getrieben oder wenn Gottes rächende Hand ihn schnell ereilt? Immer erschien mir sein Tod unter diesen Umständen ein Glücksfall, und wie gerne glaubt man, was man wünscht? – Es kostete mir also auch wenig Mühe, mich zu überzeugen, daß hier von niemand anders als von meinem entwichenen Schiffer die Rede sei; und dieses Glaubens bin ich auch noch bis zur heutigen Stunde, da ich nie wieder in meinem ganzen Leben auch nur die entfernteste Spur seines Daseins aufgefunden habe.

Ließ sich nun auf die Art erweisen, daß der Mann, mit welchem meine Assekurateurs einzig und allein ihren streitigen Handel ausmachen konnten und wollten, nicht mehr unter den Lebendigen war, so mußten sie seine Rechnungen annehmen, wie sie dalagen und standen, oder den klaren Beweis über die Betrüglichkeit derselben führen, was ihnen schwer fallen durfte. Ich als Reeder hingegen war nun befugt, mich buchstäblich an meine Police zu halten und auf alle Entschädigung zu dringen. In der *Form* war dann das Recht auf meiner Seite, nur ob auch dem *Wesen* nach – darüber hatte ich bei mir selbst einige Bedenklichkeiten, die ich nicht sofort loswerden konnte. Daß

Steinkraus bei der Havarie mit Lug und Trug umgegangen sein müsse, schien, wenn auch nicht klar erweislich, doch nur zu glaublich. Meine eigne Hand und Gewissen war gleichwohl rein und frei von jeder, auch der entferntesten Teilnahme an jeglichem Unrechte. Hatte ich seiner Ehrlichkeit nicht selbst mein Gut und Vermögen anvertraut? War ich nicht selbst von ihm schändlich betrogen worden? Konnte *ich* ausmitteln, wie groß oder klein der Betrug sein möchte, den er in Gotenburg gespielt? Und *wem* konnte und sollte es dennoch zukommen, den Schaden desselben zu tragen?

Es mag vielleicht Moralisten geben, die imstande sind, Haare zu spalten und Recht und Unrecht auf der Goldwage abzuwägen. Ich gestehe, daß ich dies in meiner Einfalt nicht vermag und auch damals nicht vermochte; – ja, *damals* vielleicht noch weniger, da Glück und Fortkommen in der Welt an meinem Entschlusse hingen und mein Gemüt ungestüm bewegt war. Doch wollte ich keinen Schritt in dieser Sache tun, ohne mich mit meinem wackeren und verständigen Freunde, dem Schiffer Johann Henke, beraten zu haben. Auch er schüttelte dabei anfangs den Kopf und äußerte mancherlei Bedenken, bis ich ihm meine Gründe und meinen Glauben näher auseinandersetzte, wo er mir dann endlich beistimmte und seinen treuen Beistand verhieß. Das Urteil eines so rechtlichen Mannes war bei mir von entscheidendem Gewichte.

Wir entschlossen uns demnach, sofort in meinem Boote nach Schlinger-Want hinüberzufahren und den Ortsprediger aufzusuchen. Indem ich diesem nun das Zeitungsblatt vorzeigte, machte ich ihm meine Anzeige, daß jener ertrunkene Mann, nach den angegebenen und von mir noch näher bestimmten Kennzeichen, mein Schiffer gewesen, und wie ich in der Absicht käme, ihm die aufgewandten Begräbniskosten dankbarlich zu vergüten. Diese letzteren nun, welche einundzwanzig Gulden betrugen, wurden sofort entrichtet und freundlich angenommen, wogegen ich eine Quittung in Form eines Totenscheines erhielt und nunmehr getrost meines Weges ging.

Gleich am anderen Tage nun wandte ich mich auf der Börse an meinen Schiffs-Makler, Herrn Schwartwant, durch dessen Vermittelung mein Geschäft mit den Assekurateurs war betrieben worden. »Nun sehen Sie, wie richtig meine Vermutung eingetroffen ist,« sagte ich, indem ich ihm meinen Schein vorzeigte. – »Der Steinkraus hat wirklich seinen Tod im Wasser gefunden. Seien Sie nun so gütig den Herren davon Mitteilung zu machen und anzufragen, was sie nunmehr in der Sache tun oder lassen wollen?« – Das ganze Gesicht des Mannes nahm sofort eine fröhliche Miene an. »Ich gratuliere Ihnen, lieber Kapitän Nettelbeck,« rief er mit einem Händedruck. – »So mißlich Ihr Spiel bisher stand, so halte ich es doch von jetzt an gewonnen.«

Nun ging er stehenden Fußes, um die beiden Herren Versicherer im Börsengewühle auszusuchen, während ich ihm von ferne folgte. Bald auch stieß er auf einen von ihnen, dem er mein Dokument mitteilte, indem er es mit einem angelegentlichen Vortrage begleitete. An der ganzen Physiognomie und Gebärdung des anderen nahm ich wahr, wie ihn diese Nachricht überraschte, aber auch, daß er wohl geneigt sein möchte, gelindere Saiten aufzuziehen. Dies bestätigte mir der Makler, indem er mir den Vorschlag brachte, morgen auf der Stadt-Herberge einer Konferenz beizuwohnen, wozu ich mir dann einen Assistenten mitbringen möchte.

Zu diesem Beistande konnte ich wohl keinen erfahreneren und geachteteren Mann erkiesen, als meinen alten Patron, den Kapitän Joachim Blank, mit welchem ich vormals wiederholte Reisen nach Surinam gemacht und der sich hier jetzt zur Ruhe gesetzt hatte. Er fügte sich auch freundlich meiner Bitte; und so erschienen wir zur bestimmten Zeit am gemeldeten Orte, während auch meine Gegenparteien beiderseits samt einem anderen Schiffskapitän und einem Advokaten zugegen waren. Nach einigem Hin- und Widerreden und Streiten kam es denn auch endlich zu einem Vergleiche, dessen Billigkeit wir samt und sonders erkannten. Ich ließ nämlich die Hälfte meiner Forderung nach und zeichnete viertausend Gulden Bodmeierei auf mein Schiff, wogegen meine Herren Assekurateurs die andere Hälfte mit gleicher Summe an die Bodmerei-Geber in Gotenburg abzuzahlen auf sich nahmen.

So kam ich bei diesem schlimmen Handel noch mit einem blauen Auge davon, behielt mein Schiff als freies Eigentum und konnte damit fahren nach Lust und Belieben, um meine Scharte wieder auszuwetzen. Ich beschloß mit Ballast nach Noirmoutiers abzugehen, dort eine Ladung Salz für eigene Rechnung einzunehmen und in Königsberg loszuschlagen. Zum Ankaufe jener Ware wollten mir meine Amsterdamer Korrespondenten, die schon genannten Herren Kock und van Goens, gegen Bodmerei auf Schiff und Ladung die Gelder in Frankreich formieren.

Ehe ich jedoch zum Werke schreiten konnte, hatte ich zuvor noch reine Rechnung mit meinem Schiffsvolke zu machen, welches, außer dem neu hinzugekommenen Steuermanne und einem Jungen, aus sechs Matrosen bestand. Dies verwilderte Gezücht hatte nicht minder gottlos gelebt und hausgehalten, als der nichtsnutzige Schiffer selbst; und weil auch *er* in keinen reinen Schuhen steckte, hatte er's ihnen nicht abschlagen dürfen, während der Reise Vorschuß über Vorschuß zu zahlen. Dabei waren auch hierin seine Papiere so konfus, daß ich darnach den eigentlichen Betrag ihrer aufgenommenen Gelder auf keine Weise ausmitteln konnte. Auf jeden Fall aber waren sie so beträchtlich, daß sie sie in Jahren und Tagen nicht wieder abverdienen konnten.

Hier blieb mir nun nichts übrig, als bald den einen bald den anderen besonders vorzunehmen, sie durch gute Worte treuherzig und kordat zu machen, und dann wieder auch durch unversehene Zwischenfragen in die Klemme zu nehmen, so daß stets ein Spitzbube den andern verriet. Allein ebensowenig als sie gegen *mich* reinen Mund gehalten, konnte es unter ihnen selbst auf die Länge ein Geheimnis bleiben, wie ich es darauf anlegte, ihnen hinter die Schliche zu kommen. Sie hielten es demnach nach einer gemeinschaftlichen Beredung für das Geratenste, mir allesamt auf einmal zu entlaufen, und diesen Vorsatz führten sie auch des anderen Tages richtig aus; doch nicht, ohne daß ich es sogleich erfahren und auch den Ort am Lande entdeckt hätte, wo sie sich aufhielten.

Dahin verfügte ich mich augenblicklich mit Gerichtsdienern und traf auch glücklich das ganze Nest beisammen, wo sie dann mit Gewalt aufgehoben und an Bord meines Schiffes begleitet wurden. Am besten hätte ich freilich getan, sie laufen zu lassen; allein so wenig sie auch übrigens taugten, so waren sie doch erfahren und tüchtige Kerle zur Arbeit, die hier in der Geschwindigkeit nicht wohl durch andere zu ersetzen waren. Zudem hoffte ich, daß wenn ich mich ihrer nur bis zur wirklichen Abfahrt versichern könnte, ich sie wohl wieder zu Zucht und Ordnung herumbringen wollte.

Mit diesem Plane beschäftigt, nahm ich also einige Matrosen von den neben mir liegenden Schiffen für Tagelohn zu Hilfe, um sofort die Anker zu lichten und von Amsterdam nach der Bucht bei Dirkerdam abzusegeln, die etwa eine Meile von dort entfernt liegt. Hier warf ich aufs neue Anker, entließ meine gemieteten Matrosen und hoffte, daß ich's nunmehr den meinigen schwer genug machen wollte, von Bord zu kommen, um ihretwegen auch in meiner Abwesenheit wohl sicher zu sein. Denn ich konnte es nicht vermeiden, für meine Person des nächsten Tages noch einmal nach dem verlassenen Hafen zurückzukehren, um neben meiner Ausklarierung noch eine Menge anderweitiger Geschäfte zu besorgen und einen Lotsen mitzubringen.

Vor der Abfahrt übergab ich dem Steuermann mein verdächtiges Volk in besondere sorgfältige Aufsicht. Das Boot ließ ich aufs Deck setzen und anschließen, damit sich dessen niemand bedienen könne, und mein Stellvertreter sollte nicht vom Deck weichen und die Nacht kein Auge schließen, um überall gleich bei der Hand zu sein, bis ich mit dem frühen Morgen mich wieder an Bord zeigen würde. Dann versammelte ich die Ausreißer und stellte ihnen Himmel und Hölle vor, und wie schändlich sie handeln würden, Vater und Mutter und Freunde auf Nimmerwiedersehen im Stiche und sich zu Hause nie wieder dürfen blicken zu lassen. Zugleich versicherte ich ihnen, daß meinerseits alles Vorgegangene vergeben und vergessen sein und selbst ihre, vom vorigen Schiffer empfangene Vorschüsse in den Schornstein geschrieben sein sollten. Das alles schienen sie auch zu Herzen zu nehmen und versprachen mir eine gebührliche Aufführung.

Nunmehr rief ich eine vorbeifahrende Schuite an, die nach Amsterdam ging, und ließ mich von derselben an Bord nehmen. Es war nachmittags um drei Uhr, und des nächsten Morgens um acht Uhr befand ich mich, nach beendigten Verrichtungen, bereits wieder auf dem Rückwege und im Angesichte meines Schiffes. Es nahm mich sofort wunder, daß ich kein Boot darauf erblickte. Ebensowenig sah ich eine menschliche Seele auf dem Verdecke. Ich sprang endlich selbst hinauf, und mit steigender Bestürzung fand ich die Tür der Kajüte von außen mit einem Brecheisen gesperrt. Auf mein Rufen keine Antwort. Nun riß ich die Tür mit Gewalt auf, da lag mein Steuermann, mehr tot als lebendig, auf dem Boden längs ausgestreckt.

Stöhnend erzählte er mir, was während meiner Abwesenheit vorgegangen. Gleich nach meinem Abgange hatte er an dem Zusammenstecken der Köpfe und dem heimlichen Flüstern unter den Leuten deutlich wahrgenommen, daß sie etwas im Schilde führten. Endlich waren sie zu ihm herangetreten, um ihm zu erklären, daß sie mit dem Boote ans Land zu gehen verlangten; wollte er sich's beikommen lassen, bei den Vorüberfahrenden um Hilfe zu rufen, so gedächten sie ihn über Bord zu werfen und wie einen Hund zu ersäufen. Gleichwohl hatte er, mit Abmahnen, Drohen und endlich mit lautem Rufen über zugefügte Gewalt, getan, was seine Pflicht von ihm forderte; war aber auch augenblicklich von den Bösewichten ergriffen, geknebelt, gestoßen, geschlagen und mit verstopftem Munde trotz allem Sträuben in die Kajüte gesperrt worden, worauf sie sich des Bootes bemächtigt und davongemacht hatten.

In dieser ganzen Zeit nun hatte der arme zerschlagene Mann vor Schmerz und Ermattung sich kaum zu regen vermocht. Wie mir dabei zumute war, mag man sich leichtlich vorstellen. Das Schiff hier auf offener Reede vor Anker, kein Volk an Bord, der Steuermann krank und keines Gliedes mächtig, mein Boot geraubt.

Was war zu tun? Ich mußte mich entschließen, das Schiff unter der unzulänglichen Aufsicht des kranken Mannes zu lassen, um sowohl ihm selbst ärztliche Hilfe, als mir eine neue Mannschaft zu verschaffen. Also ging mein Weg nochmals nach Amsterdam, wo ich andere sechs Matrosen und einen Jungen, wie sie mir zuerst in den Wurf kamen, heuerte, dann einen Lotsen nahm und einen Wundarzt aufsuchte, der mir den Steuermann verbinden und bepflastern und sagen sollte, ob dieser die Reise ohne Lebensgefahr werde mitmachen können. Nachdem ihm der Doktor die Glieder etwas zurechtgesetzt und ihn mit Medikamenten reichlich versehen hatte, war jener der

Meinung, es solle weiter keine Gefahr haben, wenn er sich nur schonen wolle, und nahm seinen Abschied.

Ich machte mich darauf mit meinem neuen Schiffsvolke an die Ankerwinde, um unter Segel zu gehen. Da sah ich denn nun klar, was für schlechten Kauf ich gemacht hatte. Nur zwei waren befahrene Matrosen, während die übrigen kaum wußten, was auf dem Schiffe hinten oder vorn war. Wahrlich, mir graute innerlich, die Reise anzutreten. Mein bestes Vertrauen mußte ich in mich selbst und in die günstige Jahreszeit setzen, denn es war jetzt zu Anfang Mai, da ich aus dem Texel lief. In der Mitte des Monats kam ich vor Noirmoutiers glücklich vor Anker.

ier fand ich drei Schiffe vor, deren Kapitäne zu meinen guten Freunden gehörten, nämlich Neste, mit einem Dreimaster aus Danzig, und Fries und Jantzen, beide Königsberger. Alsbald kamen sie sämtlich zu mir an Bord, allein so willkommen sie mir selbst waren, so unerwünscht war mir die Zeitung, daß schon sie drei Frühergekommenen hier ihre Ladung an Salz nicht völlig aufzubringen vermöchten, und gleichwohl das Muid mit fünfundachtzig Livres aufwiegen sollten. Nach längerer Beratschlagung fanden wir es für das dienlichste, uns nach den nächstgelegenen Salzhäfen Croisic, Bernif und Olonne zu verteilen, um anderswo, wenn möglich, besseren Markt zu finden, wobei das Los entscheiden sollte, wer hier zu bleiben und wohin ein jeder in seinem Boote zu gehen und vorläufig seinen Handel für alle abzuschließen hätte; letzteres jedoch nur mündlich, damit jeder Gelegenheit behielte, an dem wohlfeilsten Preise teilzunehmen.

Als nun die Lose gezogen wurden, traf mich die Fahrt nach Croisic, welche nicht nur die weiteste (da die Entfernung von Noirmoutiers zehn bis zwölf Meilen beträgt), sondern auch die gefährlichste war; denn sie geht durch den offenen Ozean, ohne durch Vorgebirge oder Inseln geschützt zu sein. Mein im Texel neu angeschafftes Boot stand auf Deck und ward nun sofort über Bord gesetzt, allein sowie es das Wasser berührte, drang dieses auch zu allen, durch die lang ausgestandene Hitze ausgetrockneten Nähten hinein. Es schien unmöglich, mich in diesem Zustande hineinzuwagen! Aber schon sah ich meine Freunde Neste und Fries in ihren Fahrzeugen abstoßen, um sich auf ihre ihnen zugefallenen Posten zu begeben. Ich zitterte vor Ehrbegierde, ihnen in Pünktlichkeit nicht nachzustehen!

Nun hatte ich außer jenem Boote noch eine kleine fichtene, sogenannte Berger Jölle. Flugs sah ich sie mir darauf an, ob sie mich in diesem Falle der Not nicht ebensowohl nach Croisic sollte tragen können? – Wozu längeres Bedenken? Es mußte gewagt sein! – Ich ließ Mast und Segel auf ihr einrichten und bestieg sie mit zwei Mann. Um mir jedoch nicht offenbar ein Tollmannsstückchen zuschulden kommen zu lassen, wollte ich es zuvor auf eine kleine Probe anlegen, segelte vom Schiffe abwärts, legte bei, machte diese und jene Wendungen und bestärkte mich solchergestalt in meiner Zuversicht, daß ich nichts Unmögliches wagte.

Eiligst versah ich mich nun noch an Bord mit einem durchgeschnittenen halben Oxhoft, welches ich zum sicheren Reisebehälter für einen Kompaß, Brot, Fleisch, einige Flaschen Wein und Branntwein und andere kleine Bedürfnisse bestimmte. Noch nahm ich einen Bootsanker, ein Tau und drei Regenröcke für uns ein, und so versehen trieb ich meine beiden Gefährten zum Einsteigen, rief ein herzhaftes: »Nun, mit Gott!« und stieß ab. Zwar ward mir's, ehe wir noch fünfzig Klafter gesegelt waren, hell und klar, daß ich meine Jolle mit all den Siebensachen zur Ungebühr überladen und daß ich den dümmsten Streich in meinem ganzen Leben begangen hatte, drei Menschenleben in die augenscheinlichste Gefahr zu setzen; aber sollte ich mir die Schande antun, noch einmal umzukehren? – Lieber wäre ich dem Tode in den offenen Rachen gesegelt!

Bis ich um die kleine Insel Piquonnier herumkam, ging auch alles gut. Hier aber rollte mir die spanische See von der Seite her in langen und hohen Wogen mächtig entgegen; der steife Wind stand von dorther gerade aufs Land und es sah ganz danach aus, daß wir hier mit Gemächlichkeit ersaufen könnten. Gleichwohl hätte man alles von mir fordern können, nur nicht, daß ich hier noch umsatteln sollte. »Du willst der Gefahr standhalten!« sagte ich zu mir selbst und faßte mein Steuer nur noch fester in die Faust.

Nach vier oder fünf Stunden begann indes der Einbruch der Nacht, und mit der Dunkelheit schien auch der Wind mehr Stärke zu gewinnen. Keiner von uns sprach ein Wort, aber meine Matrosen drängten sich immer näher an mich, der ich am Ruder saß und die Schote des Segels zugleich in der Hand gefaßt hielt. Allmählich fingen die beiden rohen Kerle, ergriffen vom Gefühl ihrer Lage, bitterlich an zu weinen. Ihre Todesangst ließ mich nicht ohne Mitgefühl, denn wie konnte ich die Schuld von mir abwälzen, ihnen samt mir durch meinen unzeitigen Ehrgeiz dieses nasse Grab gegraben zu haben? – Ich sagte ihnen zu ihrer Beruhigung, ich wolle vom Winde abhalten und, da wir an der Mündung der Loire schon vorüber wären, in die ich uns sonst geflüchtet haben würde, geradezu auf das Land steuern. Dort würde es freilich eine hohe Brandung geben, daher sie, sobald wir in diese hineingerieten, sogleich zu beiden Seiten der Jölle ins Wasser springen, sich an ihren Bord hängen und, sobald sie Grund unter den Füßen fühlten, das Fahrzeug mit der Spitze scharf gegen den Strand halten müßten, damit es nicht in die Quere unter die See käme. Wenn dann die letzten Sturzwellen vom Ufer zurückrollten und den Boden trocken lassen wollten, hätten sie sich mit aller Macht entgegenzustemmen, damit nicht auch das leichte Boot mit zurückgespült würde. Alles das und noch mehreres band ich ihnen fest auf die Seele und sie gelobten auch, es treu zu beobachten. Es kam aber anders.

Um ihnen nun Wort zu halten, steuerte ich gerade auf die Küste. Die Jölle schoß wie ein Pfeil durch die Wogen und nach einer guten halben Stunde drang uns auch schon das schreckliche Gebrüll der Brandung in die Ohren. Nun sahen wir angestrengt vor uns hin nach dem weißen Schaume; allein die Nacht ward so finster und unser Fahrzeug flog so schnell, daß wir uns plötzlich mitten darin befanden. Ehe wir uns auch nur besinnen konnten, erblickten wir kurz hinter uns den beschäumten Kamm einer Woge, die sich bis zur Höhe unseres Mastes aufbäumte, dann brausend über uns niederschoß und uns zu unterst zu oberst in ihren Abgrund mit sich fortriß.

Nun trat die See für ein paar Augenblicke zurück; ich bekam den Kopf in die Höhe und die Füße spürten Grund. Ehe die nächste brandende Welle wiederkehrte, hatte ich meine Sinne glücklich gesammelt; ich hielt stand, und da sie mir diesmal nur bis unter die Arme reichte, so eilte ich guter Dinge dem Strande zu, wo ich mich in weniger als einer Minute in voller Sicherheit befand. Meine beiden Gefährten hatten ebenso gutes Glück. Wir fanden uns bald wieder zusammen, nur unsere Jölle war wieder mit in die See gerissen worden, bis sie endlich mit dem Kiel nach oben plötzlich an Land trieb. Aber alles, was darinnen gewesen war, ging uns verloren, ohne daß wir in der Dunkelheit etwas davon aufzufischen vermochten. Wir mußten uns also begnügen, unser Fahrzeug am Strande so hoch hinaufzuziehen, daß es gesichert war, von den Wellen nicht mehr erreicht zu werden.

Hierauf gingen wir landeinwärts, um zu Menschen zu kommen, sahen auch aus der Ferne ein Licht schimmern, auf welches wir freudig zutrabten und wo wir dann bei einem Bauern übernachteten und uns trockneten. Morgens begaben wir uns samt unserem Wirte nochmals zum Strande zurück, um nach unserer Jölle und dem verlorenen Gepäcke zu sehen. Jene fanden wir noch auf ihrer alten Stelle; aber auf dieses mußten wir, zu unserm Verdrusse, völlig verzichten. Zwar auch mit unserem Fahrzeuge gerieten wir in Verlegenheit, da die See noch nicht wieder fahrbar geworden, bis unser Bauer, dem ich mich durch einen meiner Matrosen verständlich machen konnte, uns aus der Verlegenheit half. Wir hatten bereits erfahren, daß wir uns hier anderthalb Meilen von Pollien (ebenfalls ein Salzhafen, wie das noch zwei Meilen weiter entfernte Croisic) befänden, und dahin erbot er sich, gegen gute Bezahlung, unser Puppenfahrzeug über Land zu transportieren, indem er es zwischen zwei seiner Esel hinge.

Wirklich hielten er und seine Esel redlich Wort! In dem lustigsten und niegesehenen Aufzuge zogen wir zu Pollien ein, und die ganze Stadt lief über dem seltsamen Schauspiele zusammen. Meine erste Erkundigung war sofort nach dem angesehensten Salzhändler des Ortes. Man nannte mir einen Kaufmann, namens Charault, und während ich zu ihm hineinging, ward die Jölle vor seiner Türe niedergelassen. Meine Aufnahme war freundlich; auch brachte ich sogleich eine Unterhandlung wegen des gesuchten Salzes in Gang, wobei es zu dem Ausschlage kam, daß ich volle Ladung für alle vier Schiffe, das Muid zu vierundfünfzig Livres, akkordierte und zwar dortigen Gemäßes, welches noch um fünf Prozent größer ist, als auf Noirmoutiers. Ich durfte mir also schmeicheln, einen vorteilhaften Handel abgeschlossen zu haben.

Nun ging meine nächste Sorge dahin, mein Boot wieder zuzutakeln und meine Rückfahrt damit anzutreten. »Wie? In *der* Nußschale?« fragte Herr Charault, indem er es von allen Seiten verwundert ansah. »Lassen Sie das Dingelchen hier in Gottes Namen stehen, bis Sie mit Ihrem Schiffe kommen, es abzuholen. Ich gebe Ihnen meine Barke, die Sie mir dann ja wieder mitbringen können.« – Der Vorschlag war aller Ehren wert; allein dann wäre ich dem Manne fester verbunden gewesen, als ich wünschte, falls meine Freunde anderwärts vielleicht noch besser gemarktet haben sollten. Also schlug ich diese Güte dankbar aus und setzte mich, zwei Tage später, mit meinen Leuten guten Mutes wieder in die *Nußschale*, wie er's genannt hatte. Dadurch gab ich nun zwar den Müßiggängern im Orte ein neues Schauspiel, indem sie sich zu Hunderten auf den Sunddünen sammelten, um uns abfahren zu sehen; allein das Wetter war schön, der Wind günstig, und Noirmoutiers nach einer ruhigen Fahrt von zwölf bis vierzehn Stunden glücklich wieder erreicht.

Hier waren die beiden andern Abgeschickten schon vor mir angelangt und alles hatte uns so gut wie verloren gegeben. Daher mischten sich in ihren herzlichen Willkomm zugleich auch heftige Vorwürfe über meine Tollkühnheit, die sie sehr richtig dem wahren Grunde zuschrieben und worauf ich freilich nur wenig zu erwidern hatte, da ich vollkommen fühlte, wie sehr sie verdient waren. Bei alledem hatte ich doch, wie sich's nunmehr ergab, das vorteilhafteste Geschäft gemacht; nur waren die beiden Königsberger, da sie mich nicht mehr rechneten, kurz zuvor in Noirmoutiers eine neue Verbindlichkeit eingegangen, wodurch sie dort zurückgehalten wurden, wiewohl sie das Muid mit achtzig Livres zu bezahlen genötigt waren. Und doch schlug diese Trennung wiederum zum Glücke für mich aus, denn als ich nun mit Kapitän Neste in Pollien anlangte, konnte Herr Charault kaum uns beide befriedigen. Ich zwar, als der erste, ward schnell genug befrachtet, dagegen aber mußte jener noch die nächste Springflut und das darauf folgende Salzerzeugnis abwarten, um seine volle Ladung zu bekommen.

nterm 12. Juni schrieb ich nunmehr an meine Korrespondenten, die Herren Kock und van Goens in Amsterdam, daß ich heute mit der Ladung meines Schiffes begänne und ihnen auftrüge, die Assekuranz auf dasselbe zu achttausend holländischen Gulden, für die Salzladung aber mit zweitausend Gulden, von hier auf Königsberg zu besorgen. Sechs Tage später wiederholte ich diese nämliche Order, mit dem Beifügen, daß ich bereits segelfertig läge und nur auf einen günstigen Wind wartete. Zum Überflusse aber ließ ich auch noch am 22. Juni ein drittes Avis abgehen, worin ich mich auf meine früheren Schreiben bezog und die geschehene Versicherung von Schiff und Ware als besorgt voraussetzte, oder auch neuerdings dringend aufgab, indem ich in diesem Augenblicke bereits in See sei und bloß zu größerer Sicherheit noch an mein Verlangen erinnern wolle.

Indes überfiel mich bereits am 24. Juni ein so harter Sturm, daß ich nur vor einem kleinen Sturmsegel unterm Winde liegen konnte. Eine besonders schwere Sturzwelle zertrümmerte mein Steuerruder acht Fuß über dem unteren Ende, so daß von diesem Augenblicke an alles Steuern damit ein Ende hatte und auch in offener See an kein Ausbessern zu denken war. Um gleichwohl das Schiff nach Möglichkeit bei einem regelmäßigen Gange zu erhalten, suchte ich es mit den Vorder- und Hintersegeln zu zwingen. Indem aber der Wind geradezu aufs Land stand, ward meine Lage dadurch noch wesentlich verschlimmert; denn nun war ich genötigt, Segel über Segel aufzusetzen, um nur das Schiff hart an den Wind zu halten und vom Strande ferne zu bleiben. Demungeachtet liefen wir, des Schiffes nur unvollkommen mächtig, bald in den Wind, bald wieder fielen wir vor den Wind, und da wir eine solche Menge Segel machen mußten, so bekamen auch Stangen und Masten schier über ihre Kräfte zu tragen.

Wirklich geschah auch gar bald, was ich gefürchtet hatte, denn mit einer schweren Buy (Stoßwind), die sich plötzlich erhob, brach der große Mast, acht oder zwölf Fuß überm Deck, entzwei und stürzte

115

samt der ganzen Takelage über Bord, und nicht nur das allein, sondern dies ganze Gewirre von Rundhölzern – Mast, Stangen und Raaen – stieß nun auch unaufhörlich und mit solcher Macht gegen die Seiten des Schiffes, daß wir uns auf dem Verdecke kaum stehend erhalten konnten und jeden Augenblick erwarten mußten, Planken und Fütterung zertrümmert zu sehen. Nichts blieb übrig, als schnell alles Tauwerk, das mit dem gestürzten Maste noch zusammenhing, zu kappen, um loszukommen.

Eigentlich aber hob unsere wahre Not jetzt erst an, da unser schwerbeladenes Schiff gleich einem Klotze auf dem Wasser trieb – ein Spiel der Wellen, die sich unaufhörlich drüber hin brachen und uns überspülten. Selbst die Kajüte schwamm beständig voll Wasser; unsere Lebensmittel wurden naß und unsere Ladung hatte kaum ein besseres Schicksal zu erwarten, da wir das eindringende Wasser mit beiden Pumpen kaum zu bewältigen vermochten. Über dies alles trieben wir augenscheinlich immer näher dem Lande zu, indem wir nachts um elf Uhr bereits in einer Tiefe von vierzig Faden Grund fanden. Ungesäumt ward jedoch der Anker ausgeworfen und ich ließ das Ankertau hundert Faden nachschießen. Nun lag das Schiff bequem gegen die hohe See, wie eine Ente, die auf ihrem Teiche schwimmt, und der Sturm ward glücklich ausgehalten.

Des andern Tages, sobald das Wetter sich abgestillt hatte, hoben wir unser Bugspriet aus, befestigten es, sogut es gehen wollte, an dem Stumpf des abgebrochenen Mastes, takelten diesen Notmast nach Möglichkeit zu und zogen daran ein paar Segel auf, die wir noch in Vorrat besaßen. Der Wind hatte sich gedreht und blies aus Ostsüdost, längs dem Lande hin, so daß wir hoffen durften, uns von diesem zu entfernen. Um aber auch das mangelnde Steuerruder durch irgend etwas zu ersetzen, ließ ich ein Ankertau, vom Hinterteil hinaus, etwa zwanzig Klafter lang an einem großen Klotze treiben, und indem von vorne gleichfalls an jeder Seite ein Tau mit diesem Klotze zusammenhing, ließ sich das Schiff daran zur Notdurft links oder rechts umholen, obwohl freilich nicht daran zu denken war, mittels eines so unzulänglichen Behelfs einen ordentlichen Kurs zu halten. Vielmehr trieben wir bei anhaltendem Ostwinde, auf Gottes Gnade, immer weiter in die spanische See und auf das atlantische Meer hinaus, und erkannten es für unser größtes Glück, daß wir noch ein dichtes Schiff behalten hatten.

In der Tat kann man sich unsere Lage nicht mißlich genug denken. Leben und Seele war gleichsam aus unserm Schiffe gewichen. Jeder Veränderung des Windes preisgegeben, trieben wir hierhin und dorthin auf dem unermeßlichen Ozean. An eine Berechnung von Kurs und Distanzen war gar nicht mehr zu denken. Zwar gaben mir meine Beobachtungen an Sonne und Sternen zuzeiten die Breitengrade an, unter welchen wir uns befanden; allein über unsere Länge war auch nicht einmal eine ungefähre Schätzung anzustellen, noch weniger richtige Rechnung zu führen. Es war aber sicher genug, daß wir uns in weiter Entfernung von allen europäischen Küsten befinden mußten, da die Winde meist östlich und südlich waren. Auch erblickten wir während dieses ratlosen Umhertreibens nur zweimal ein fremdes Segel; zuerst ein englisches und demnächst ein schwedisches Schiff, welche zwar beide uns beizukommen suchten, aber durch das schlechte Wetter daran verhindert wurden. Sie gereichten uns also zu keiner Hilfe, sondern mußten sich begnügen, uns durch das Sprachrohr zu beklagen und besseres Glück zu wünschen. Doch gewährte uns dieses Zusammentreffen den Trost, daß sie uns ihre beobachtete Länge mitteilten, so daß wir uns doch einigermaßen belehrten, auf welchem Punkte des Erdballes wir uns befänden.

Schon hatten wir auf diese Weise sechs Wochen lang nutz- und hilflos auf dem Weltmeere umhergekreuzt, als uns, unter der am 2. August beobachteten nördlichen Breite von achtundfünfzig Grad dreiunddreißig Minuten (so hoch hinauf nach Norden waren wir verschlagen) ein gewaltiger Sturm aus Südwesten ereilte. Am 6. August sprang der Wind nach Westen um und das Wetter ward so furchtbar, als ich es je erlebt habe. Alle unsere andere Not und Gefahr aber ward noch durch die Besorgnis vermehrt, daß wir bei Nacht gegen die Lewisinseln und die dort zahlreich umherliegenden Klippen geworfen werden könnten. Diese Furcht schwand erst dann, als wir uns am 9. August mitten zwischen den orkadischen Inseln und im Angesichte von Fairhill erblickten. Da auch zugleich der Wind nach Nordwesten ging und kräftig zu blasen fortfuhr, so wuchs uns der Mut, daß wir unser Schiff nach Ostsüdost zu treiben zwangen, um die norwegische Küste zu erreichen und dort Hilfe zu finden.

Am 13. trat uns diese gewünschte Küste auch wirklich zu Gesicht und am folgenden Tage abends kamen wir ihr so nahe, daß wir deutlich die zahllosen, teils emporragenden, teils blinden Klippen vor uns erkannten, an welchen die tobende See hoch in die Lüfte zerschäumte. Dieser Anblick schlug unsere Freudigkeit um ein großes nieder, ja diese verwandelte sich gar bald in eine peinliche Todesangst, da wir die Unmöglichkeit fühlten, unser unlenksames Schiff davon abzusteuern.

Doch nicht Untergang, sondern Rettung hatte der gütige Himmel diesmal über uns beschlossen! Mitten zwischen den grausigen steilen Klippenwänden trieb unser Schiff, wie von unsichtbaren Händen gelenkt, hindurch in eine Bucht, wo ich Ankergrund und stilles Wasser fand. Es war abends um neun Uhr, als ich hier den Anker fallen ließ und nun erst mit voller Besinnung an die schreckliche Vergangenheit zu denken vermochte, der wir, in einem Fahrzeuge ohne Mast und Ruder, auf einem unermeßlichen Irrwege, unter Hunger, Durst, allem nur erdenklichen Drangsal und stetem Todeskampfe, nach sieben ewig langen Wochen endlich glücklich entronnen waren.

Unser Nothafen hieß Bommel-Sund, wie wir noch in der nämlichen Nacht von einigen Leuten erfuhren, die vom Lande zu uns an Bord kamen und mir behilflich waren, das Schiff noch tiefer in die Scheren hinein in Sicherheit zu bringen. Am Morgen fuhr ich selbst ans Land, um mir Hilfe zu suchen, denn es fehlte mir geradezu an allem, um weiter aus der Stelle zu kommen. Allein Mast, Ruder und Takelwerk, wie ich's brauchte, war in dieser ganzen Gegend nicht zu erlangen, und so mußte es mir genügen, daß ich hier Fahrzeuge und Leute annahm, die mich zwischen den Klippen entlang täglich eine kleine Strecke weiterbugsierten. So gelangte ich kümmerlich am 19. August in den Hafen von Fahresund.

ier wandte ich mich unverzüglich an das Handelshaus Lund und Kompagnie, welches auch nicht ermangelte, mir schnellen und tätigen Beistand zu leisten, damit ich mein Schiff wieder in gehörigen Stand setzte. Um nichts zu versäumen, ließ ich vor allen Dingen mein Schiffsvolk eine gerichtliche Erklärung über unsere Unglücksfälle ablegen, versah mich mit allen übrigen erforderlichen

Zeugnissen und übersandte dies alles an meine Korrespondenten nach Amsterdam, mit dem Auftrage, mir auf Grund der von ihnen bewirkten Versicherung meines Schiffes einen Kreditbrief zur Ausbesserung meines Schiffes zu übermachen.

Demnächst ging ich nun mit Eifer an dieses Werk selbst, wo es denn allerdings mehr zu schaffen gab, als ich vermutet hatte. Beim Ausladen des Schiffes fand sich's, daß zehn bis zwölf Lasten Salz verschmolzen waren. Ich ließ nun den Boden kielholen, ein neues Steuerruder einhängen, einen neuen Mast aufrichten, besorgte alle fehlenden Rundhölzer, Segel und Takelwerk, ersetzte, was gebrochen, verfault oder sonst verdorben war, und setzte mich so allmählich wieder instand, die offene See zu halten. Freilich war dies alles nicht möglich ohne den bedeutenden Aufwand von 4400 Talern dänisch Kurant, und ich konnte mich, um mich von meinem Schaden zu erholen, nur an die auf mein Schiff gezeichnete Assekuranz halten.

So weit war ich, als ich von den Herren Kock und van Goens ein Schreiben empfing, worin sie mir empfahlen, mich in meinen Ausgaben möglichst zu menagieren, indem es ihnen nicht möglich gewesen wäre, für mein Schiff und Ladung eine Versicherung zu bewirken. – Als hätte der Donner vor meinen Füßen eingeschlagen, so überraschte und erschütterte mich dieser trockene Bericht! Zugleich aber gingen mir auch plötzlich die Augen auf über das Schelmenstück, das man mir gespielt hatte. Wie? Auf drei, nacheinander folgende Avisos, in der sichersten Jahreszeit und auf einem Platze, wie Amsterdam, sollte für keine Prämie, hoch oder niedrig, eine mäßige Assekuranz zu beschaffen gewesen sein? Oder wenn in Holland kein Mensch sein Geld an eine so geringe Gefahr hätte setzen wollen, stand dann meinen Beauftragten nicht Hamburg, Kopenhagen oder London, oder jeder andere Handelsort frei und offen? – Allein es war klar (und in diesem Urteile hatte ich alle Sachverständigen auf meiner Seite), daß die feinen Herren es für zuträglicher gehalten hatten, die Assekuranz gar nicht auszubieten, sondern es immerhin im Vertrauen auf meine Tüchtigkeit und die anderweitigen günstigen Umstände zu wagen. Lief die Fahrt glücklich ab, wie zu hoffen war, so würden sie nicht vergessen haben, mir die Assekuranz-Prämie gehörig anzurechnen; nun aber, da ich Havarie hatte, entschuldigten sie sich als Schurken, wie es auch die Folge sattsam erwiesen hatte.

Was war nun zu tun? – Ich saß in der Klemme, und mußte abermals auf Schiff und Ladung Bodmerei zeichnen. Indes erhielt es mich noch einigermaßen bei gutem Mute, daß ich der gewissen Hoffnung lebte, das saubere Paar seiner Schelmerei zu überweisen und so wieder zu dem Meinigen zu gelangen. Ich ging also wieder in See und langte bald darauf glücklich in Königsberg an. Kaum aber hatte ich meine Ladung Salz dort gelöscht, so trat auch der Bodmereigeber auf und forderte sein auf das Schiff vorgestrecktes Geld zurück, welches sich, mit allen Nebenausgaben auf die Summe von 7000 Talern belief. Da ich nun auch noch in einigen andern Schulden steckte, so kam ich von Tag zu Tag immer mehr ins Gedränge, denn an ein Ende des Prozesses, den ich nun zunächst gegen Kock und van Goens in Amsterdam angestrengt hatte, war noch nicht zu denken.

Vielmehr ward hier nun ein Federfechten begonnen, das Jahr und Tag dauerte und immer bunter und verwickelter wurde. Endlich ward mir der Handel und die Rabulisterei für meinen armen schlichten Menschenverstand zu arg. Ich packte meine dicken Prozeßakten zusammen und legte sie, in tiefster Devotion, Sr. Majestät dem Könige vor, mit inständigster Bitte, Sich Ihres allergetreuesten Untertanen anzunehmen und diesen Prozeß gegen Kock und van Goens durch den Preußischen beglaubigten Minister im Haag ausmachen zu lassen.

Während aber nun meine Sache diesen gemächlichen Gang ging, mußte ich, um meine Gläubiger zu befriedigen, zuvörderst meine Ladung, dann aber auch mein schönes liebes Schiff, samt allem, was ich um und an mir hatte, soweit es langte, losschlagen. Das unschuldige Opfer eines schändlichen Betruges, stand ich da, und konnte kaum das Hemd mein nennen, das ich auf dem Leibe trug! Meine letzte Hoffnung beruhte auf dem Ausgange des Prozesses; und auch hier schwand mir mein anfänglicher Mut mehr und mehr, je tiefere Blicke ich in das Gewebe rechtlicher Schikane tat, das hier von meinen Gegnern angezettelt wurde, um womöglich Weiß in Schwarz zu verdrehen.

Dieser unselige Rechtshandel bedrohte aber nicht bloß mein geringes Vermögen, sondern griff zugleich tief in meinen ganzen Lebensgang ein und legte meinem aufstrebenden Geiste Hemmketten an, die ihm je länger je unerträglicher fielen. Nach der Einbuße meines eigenen Schiffes hätte ich wenigstens als Schiffer für fremde Rechnung fahren und meinen mäßigen Erwerb suchen können: allein allaugenblicklich gab es, des Prozesses wegen, in Königsberg gerichtliche Termine, wo ich zur Stelle sein und Rede und Antwort geben sollte. Gleichwohl wollten Frau und Kinder (denn auch der Ehesegen hatte sich nach und nach bei mir eingestellt) auf eine ehrliche Weise ernährt sein. Was blieb mir demnach übrig, als daß ich mich noch einmal unter das alte verhaßte Joch bequemte, und, als Setzschiffer, auf einem Leichter-Fahrzeuge, zwischen Königsberg, Pillau und Elbing hin und her tagelöhnerte, um nur mein kümmerliches Brot zu verdienen.

Drei mühselige Jahre blieb mein Schicksal in dieser Schwebe; und Gott weiß, wie sauer, ja bitter sie mir geworden sind! Endlich ging vom Preußischen Gesandten im Haag ein großes Schreiben an mich ein, mit der Verkündigung, mein Prozeß sei in letzter Instanz glücklich gewonnen. – Gottlob! hätte ich gerne aus tiefer erleichterter Brust gerufen, wäre nur nicht unmittelbar die Hiobspost damit verbunden gewesen: Kock, der eine meiner Widersacher, sei gestorben, nun sei der Bankerott des Hauses ausgebrochen, von den übrigen Gläubigern auf alle Effekten Beschlag gelegt worden und zur Befriedigung meiner Anforderung leider nichts übrig geblieben. – So war ich denn ein ruinierter Mann; hatte mir die schönsten Jahre meines Lebens gleichsam stehlen lassen, mir den Leib unaufhörlich voll geärgert, und mochte nun in Gottes Namen anfangen, zu meinem künftigen Glücke, wo ich wüßte und könnte, wieder den allerersten Grundstein zu legen!

Da ereignete sich's im Jahre 1769, daß der Geheime Finanzrat Delatre, welchen König Friedrich II. an die Spitze der neuen Regie aus Frankreich berufen hatte, und der damals alles bei ihm galt, nach Königsberg kam. Sein neuestes und weitaussehendes Projekt, womit er dem Monarchen große Summen fremden Geldes ins Land zu ziehen verhieß, ging da hinaus, daß von dem Überflusse an dem schönsten Schiffsbauholz in den königlichen Forsten in Stettin für königliche Rechnung eine Anzahl großer Fregatten erbaut, armiert und ausgerüstet, und dann zu gutem Preise an auswärtige Mächte abgelassen werden sollten. Friedrich war auch auf diesen Vorschlag eingegangen; und so lag denn bereits ein Schiff von vierzig Kanonen bei Stettin auf dem Stapel.

Ich weiß nicht, auf welche Weise ich dem Franzosen bekannt und als der Mann empfohlen worden sein mochte, dem die Ausrüstung, Einrichtung und Führung dieses Schiffes vor andern anzuvertrauen wäre. Kurz, er ließ mich zu sich rufen, erklärte mir seine Meinung, und bot mir endlich diese Kapitänsstelle unter solchen Bedingungen an, daß ich, bei hinlänglicher Überzeugung, dem von mir geforderten Dienste gewachsen zu sein, auch kein Bedenken fand, mich für dies Unternehmen zu verpflichten. Der Kontrakt wurde von beiden Seiten in bester Form abgeschlossen; und ich ging unverzüglich nach Stettin ab, um meine Funktion anzutreten.

Während nun hier der Königliche Schiffsbaumeister, Herr Catin, die Fregatte in ihrem Bau nach Kräften förderte, war ich meinerseits nicht minder geschäftig, Masten, Segel, Tauwerk und jedes andere Zubehör in fertigen Stand zu setzen. Sobald sie demnach im Mai 1770 glücklich vom Stapel gelaufen war, tat ich mein bestes, daß sie schon in den nächsten vier Wochen, zu Anfang des Juni, für völlig ausgerüstet gelten konnte. Dem damaligen Gouverneur, Herzog von Bevern zu Ehren, erhielt sie den Namen Duc de Bevre und war wirklich ein schönes und tüchtiges Gebäude.

Erfreut über den hurtigen Fortgang, hatte mir mein Gönner Delatre bei Sr. Majestät das in seiner Art erste Patent als Königlich Preußischer Schiffskapitän samt der Berechtigung zur Tragung der königlichen Uniform und eines Säbels mit dem Portepee ausgewirkt, die mir vom Herzoge mit eigenen Händen überreicht wurden.

Doch war ich nicht der einzige, der sich in diesem neuen Zweige des königlichen Militärdienstes angestellt sah; sondern die preußische Flagge sollte nun auch einen eigenen Admiral aufzuweisen haben. Dazu schlug Herr Delatre seinen eigenen Bruder vor, – einen jungen, im Seewesen ganz unerfahrenen Menschen, der indes früher als Unterleutnant auf einer französischen Fregatte gedient hatte, mit derselben im letzten Kriege den Engländern in die Hände gefallen und eben erst, durch des zu Glück und Ehren gelangten Bruders Vermittlung, aus dem Schuldgefängnisse hervorgekrochen war. Er kam nach Stettin, und ich war gerade nicht sonderlich erbaut, meinen neuen Herrn Admiral kennen zu lernen, und zugleich zu erfahren, daß ihm das

Kommando der nächsten zu erbauenden Fregatte zugeteilt werden sollte. Bis dahin hatte er nun freilich wenig oder gar nichts zu tun; und so verführte der Müßiggang den luftigen Patron zu einer Menge alberner Streiche, die ihm wenig zur Ehre gereichten. Unaufhörlich gab es Neckereien und blutige Händel mit den Offizieren von der Garnison, so daß er am Ende sich kaum mehr durfte blicken lassen, um nicht der schimpflichen Ahndung eines gerechten Unwillens anheim zu fallen.

Gegen Ende des Juni ging ich mit meinem Schiffe die Oder hinab, und war angewiesen, auf der Reede von Swinemünde eine Ladung Balken einzunehmen, die ich nach Cadix bringen und dort, wo möglich, mitsamt dem Schiffe losschlagen sollte. Es kostete jedoch nicht wenig Not und Mühe, bevor ich das große und tiefgehende Gebäude über die Bank am Ausflusse des Stromes zu schaffen und mich außen auf der Reede vor Anker zu legen vermochte. Ich hatte dabei einen sehr untätigen Zuschauer an meinem Admiral, der mir die unverlangte Ehre erzeigte, mich bis hierher zu begleiten.

Sobald ich meinen gelegenen Ankerplatz gefunden, befahl ich, die Stangen und Raaen niederzulassen, wie es Seemannsbrauch ist, wenn ein noch unbeladenes Schiff auf der Reede liegt, um das übermäßige Schwanken desselben zu vermeiden. Dieser notwendigen Anordnung widersetzte sich aber der Patron, zur Befriedigung seiner kindischen Eitelkeit, die das Schiff noch länger in Parade sehen wollte. Vergeblich bedeutete ich ihm, daß es hier mehr auf Sicherheit, als auf stattliches Ansehen ankomme, und daß ich wissen müßte, was ich zu tun hätte. Das Fäntchen erboste sich, trotzte und pochte, und wollte durchaus seinen Willen haben. Freilich kam es da bei mir eben an den Unrechten. Ich wich ihm keinen Daumen breit.

Nun war vollends Feuer bei ihm im Dache! Er parlierte mir, rot um den Kamm wie ein Puter, allerlei dummen Schnack vor, und trat endlich drohend auf mich ein, indem er die Hand an das Gefäß seines Degens schlug. »Oho Bürschken,« sagte ich, und besah ihn mir schmunzelnd von unten bis oben – »das wollen wir dir wohl anstreichen!« – Ich ging in die Kajüte, schnallte mir meinen Säbel um, und kam wieder aufs Verdeck, um ihm das Weiße im Auge zu sehen. Weil sich seine Galle aber immer noch nicht legen wollte, seine geläufige Zunge wie ein Rohrsperling schimpfte, und bei jedem dritten Worte die Faust immer wieder nach dem Degen fuhr, riß mir endlich auch die Geduld. Ich legte ebenfalls die Hand, und eben nicht sanft, an meinen Säbel und forderte ihn auf, zur Stelle mit mir ans Land zu kommen, damit ich sähe, was Vater und Mutter aus ihm gefuttert hätten, – wie wir Pommern zu sagen pflegen.

Ich sprang voran in die Schaluppe und bot sechs Matrosen auf, die Riemen zur Hand zu nehmen. Mein Urian kam auf mein wiederholtes Winken mir nachgestiegen. Ich stellte mich ans Ruder und steuerte nach dem Packwerk; war mit einem Satze am Lande und warf, meines Gegners gewärtig, mir Hut und Rock vom Leibe, der denn auch bald hinter mir dreinfackelte. Wir zogen beide blank und standen verbittert einander gegenüber. Monsieur machte mir mit seinem Degen allerlei Figuren und Firlefanz vor der Nase, bis ich mit einem abgepaßten Hiebe von unten herauf ihm unterhalb des Gefäßes eins quer in den Arm zog; und mit der nämlichen Wendung gab ich ihm einen Denkzettel hinters linke Ohr, so daß er, wenn er nicht an dem einen, doch an beiden genug haben konnte.

Nun, er *verlangte* eben auch nicht mehr; warf flugs den Degen an die Erde und schüttelte die verwundete Hand mit einem etwas verstörten Gesichte. Auch ich schleuderte meinen Sarras über Seite, um aus seinem Rocke, der im Sande lag, ein Schnupftuch hervorzusuchen, welches ich, nachdem ich ihm das Blut vom Ohre gewischt, fein säuberlich um die lahme Hand wickelte. Dann machte ich dem Herrn ein Kompliment, sogut ich's ohne Tanzmeister gelernt hatte, und ließ ihn stehen, indem ich wieder in die Schaluppe stieg und nach dem Schiffe zurückfuhr.

Zwei Tage nach diesem Abenteuer erhielt ich einen schriftlichen Befehl des Herrn Geh. Finanzrat Delatre, angesichts dieses in Stettin zu erscheinen. Ich erwiderte darauf: »Das Schiff, welches ich kommandierte, läge in See, und ich wäre für dessen Sicherheit verantwortlich. Ich würde mich einstellen, sobald man mir einen Stellvertreter schickte, der der Mann dazu wäre, es in versicherte Aufsicht zu nehmen.« Dies Notabene hatte denn auch die Wirkung, daß bald nachher ein gewisser Schiffer Stöphase, einer unserer besten preußischen Seemänner, zu mir an Bord kam und sich durch schriftliche Orders als meinen Nachfolger auswies. Zugleich wurde aber auch der Befehl zu meiner unverzögerten Gestellung in Stettin erneuert und geschärft; und ich tat, was man haben wollte.

Mein ungnädiger Gönner, mit dem ich es hier zu tun hatte, ließ mich gar hart an, daß ich so gröblich gegen die Subordination im Dienste gehandelt. Ich war aber auch kurz angebunden, schenkte ihm über seinen Herrn Bruder, den Admiral, klaren Wein ein, und bewies dessen Ungeschick in einem gepfefferten Texte so kräftig, daß eben nicht sonderlich viel darauf zu antworten blieb. Aber es war einmal sein *Bruder*, dem er nicht ganz abstehen konnte, und so ergriff er um so lieber ein leicht von mir hingeworfenes Wort, um mir, wenn ich nicht anders wollte, meine Dienstentlassung anzukündigen. – »Herzlich gern!« war meine Antwort. – »Vorbehalt jedoch, daß meine Tätigkeit zum königlichen Dienste nicht in Abrede gestellt werde.«

»Wer zweifelt daran, Herr? Wenn Sie sich nur fügen wollten ...«

»Gehorsamer Diener!« erwiderte ich: »Da mag es wohl liegen! Aber wenn auch mein Kopf etwas hart ist, so erinnert er sich doch an eine Klausel in meinem Kontrakte, daß mir, falls ich einst meines Seedienstes entbunden würde und gegen meine Taugsamkeit nichts einzuwenden wäre, ebensowohl eine Gratifikation von zweihundert Talern als meine rückständige Monatsgage zugute kommen solle. – Wohl denn, ich habe bisher meine Schuldigkeit getan: jetzt erwarte ich ein Gleiches von der Regierung.« – Die Zahlung geschah auf der Stelle; und so kriegte denn mein Königliches Seekommando ein baldiges und betrübtes Ende.

Mein Vornehmen war jetzt, nach Königsberg zu meiner Familie zurückzugehen und eine Gelegenheit zu suchen, wo mir's möglich würde, die Arme ein wenig freier zu rühren. Auf dem Wege dahin sprach ich indes bei meinen Eltern in Kolberg ein; und sei es nun, daß es hauptsächlich ihr dringendes Zureden vermochte, oder daß die alte Vorliebe für meine Vaterstadt wieder lebendig in mir erwachte, während ich gegen Königsberg, wo mir so vieles den Krebsgang genommen hatte, einen heimlichen Widerwillen spürte: – genug, ich glaubte wohl daran zu tun, wenn ich meinen dortigen Wohnsitz aufgäbe, um mich fortan hier unter den Meinigen häuslich niederzulassen. Anstatt also meine Reise fortzusetzen, ließ ich vielmehr Weib und Kind zu mir herüberkommen und begann mich hier häuslich einzurichten.

Aber Kolberg war doch der Ort nicht, wo meinesgleichen auf die Länge seine Rechnung finden konnte. Der Seehandel hatte damals hier eben auch nicht viel zu bedeuten, und die Kolberger Schiffer waren gar zahme Leute, die sich eben nicht weit in die Welt hinaus vertaten. Es gab daher auch wenig Anschein, daß ich hier so bald ein braves Schiff unter die Füße würde bekommen können; und wurden mir gleich binnen Jahr und Tag zu wiederholten Malen kleine Jachten zur Führung angeboten, um damit die Ostseehäfen zu besuchen, so war dies doch ein zu enger Spielraum für mich, als daß ich mich darauf hätte einlassen mögen. Lieber errichtete ich eine kleine Navigationsschule, worin ich junge Seefahrer für ihr Fach tüchtig auszubilden suchte; und noch jetzt, in meinem hohen Alter, habe ich das Vergnügen, einige brave Schiffer am Leben zu wissen, die ich als meine Schüler betrachten darf.

Man wird sich jedoch leicht denken, daß all dies Tun und Treiben nur ein Notwerk blieb, dessen ich gern entbunden gewesen wäre, und daß ich mich in meiner Lage mit jedem Tage mißmutiger und unzufriedener fühlte. Auf die Länge konnte das nicht so bleiben. Was aber dem Fasse vollends den Boden ausschlug, war ein Schimpf, der mir von einem Manne widerfuhr, um den ich wohl ein besseres verdient gehabt hätte. Dieser Kaufmann K. nämlich, für den ich vormals, als eigener Schiffsreeder Güter und Frachten mit Ehren über See gefahren hatte, glaubte ein Werk der Barmherzigkeit an mir zu tun, wenn er mir das Glück widerfahren ließe, unter seinem unwissenden Bauer-Schiffer als Steuermann zu dienen. Meine ganze Seele fühlte sich über diesen erniedrigenden Vorschlag entrüstet. Es war, als ob jeder Bube in Kolberg mit Fingern auf mich wiese; und so ließ mir's auch länger keine Ruhe, als bis ich mich im Jahre 1771 als Passagier nach Holland auf den Weg machte; in voller und gewisser Zuversicht, daß dies Land mir für mein besseres Fortkommen in allen Fällen die gewünschte Genüge leisten werde.

Mein eigentlicher Plan bei diesem rasch gefaßten und ausgeführten Entschlusse war auf die Küste von Guinea gerichtet, wo die Art des Handelsverkehrs mir bei meiner ersten Ausflucht bereits bekannt geworden war; und da ich mich der damals erlernten Landessprache noch immer mächtig fühlte, im Navigationswesen es mit manchem aufnahm und mir auch sonst zutrauen durfte, Herz und Verstand am rechten Flecke zu haben, so war ich darauf aus, mich auf irgendeinem dorthin bestimmten Schiffe als Ober-Steuermann anzubringen. In Amsterdam zwar gab es hierzu, für diesen Augenblick, keine Gelegenheit; als ich mich aber durch Freunde und Bekannte in gleicher Angelegenheit an das Haus Rochus und Copstadt in Rotterdam empfehlen ließ, erhielt ich auch sofort einen Ruf dahin und ward mit den Reedern einig, auf einem ganz neuen Schiffe, namens Christina, unter Kapitän Jan Harmel, als Ober-Steuermann die Fahrt auf die Küste von Guinea anzutreten.

m November des nämlichen Jahres gingen wir von Goree unter Segel. Unsere Ladung bestand in solchen Artikeln, wie die Afrikaner sie gegen Sklaven, Goldstaub und Elefantenzähne am liebsten einzutauschen pflegen. Die Schiffsmannschaft betrug hundertsechs Köpfe, und das Schiff führte vierundzwanzig Sechspfünder, weil Holland damals mit dem Kaiser von Marokko in Mißhelligkeiten geraten war; weswegen allen Schiffen, die des Weges fuhren, aufgegeben worden, sich gegen jeden etwaigen Anfall der Korsaren gehörig auszurüsten. Aus dem nämlichen Grunde versäumten wir auch nicht, sobald wir in den Ozean gekommen waren, unser Schiffsvolk täglich in der Bedienung des Geschützes und in anderen kriegerischen Handgriffen zu üben, damit wir's mit den Marokkanern um so besser aufzunehmen vermöchten und, falls es zum Schlagen käme, jeder am Borde wüßte, wohin er gehöre und wie er es anzugreifen habe. Und daß es hiermit nicht etwa von unserem Kapitän nur für die Langeweile gemeint war, kann ich sofort durch ein Beispiel belegen.

Um mich aber hierüber noch mit einigen Worten auszulassen, sei zuförderst bemerkt, daß ein Kapitän auf dieser Art von Schiffen sich seinen Dienst insofern bequem genug macht, als er sich (dringende Notfälle ausgenommen) die Nacht hindurch an nichts kehrt, sondern abends um acht Uhr ruhig zu Bette geht und vor sechs Uhr morgens nicht wieder zum Vorschein kommt. Er verläßt sich lediglich auf seine vier Steuerleute, deren je zwei zusammen in ihren vierstündigen Wachen abwechseln, und begnügt sich, morgens beim Aufstehen den Rapport über alles, was nächtlich vorgefallen ist, anzunehmen und mittags um zwölf Uhr bei der Beobachtung der Sonnenhöhe zugegen zu sein, um den Stand des Schiffs nach Länge und Breite in das Schiffstagebuch einzutragen.

Solchergestalt kam ich (nachdem Kapitän Harmel mir schon früher aufgegeben hatte, von unserem Konstabler ein Faß halbgefüllter Kartuschen anfertigen zu lassen) einst in dieser Zeit des Morgens zu ihm in die Kajüte, um meinen nächtlichen Rapport abzustatten, und verwunderte mich nicht wenig, als ich ihn am Tische, den Kopf auf beiden Händen liegend, wie im tiefen Traume sitzen sah – übrigens nackt und bloß, bis auf ein paar leinene Hosen und das Hemd, das an beiden Armen bis hoch an die Achseln hinauf aufgestreift und mit roten Tüchern festgebunden war. Das gelockte Haar hing ihm rings um den Kopf auf den Tisch hinab, und vor ihm lag ein blanker Schiffshauer.

Wie wild und furchtbar er mir in diesem Aufzuge auch erschien, so fing ich doch an zu lachen; und eben wollte ich fragen, was diese Maskerade zu bedeuten habe, als er mich martialisch anblickte, den Säbel ergriff, aufsprang, an mir vorbeieilte und, indem er aufs Verdeck stürzte, aus vollem Halse schrie: »Ho, da der Feind! Ho, da der Feind! – Feuer! Vom Steuerbord Feuer!« – In der ersten Überraschung meinte ich wirklich, er sei toll geworden; sobald ich jedoch seine wahre Meinung ahnte, den Mut und die Geistesgegenwart seiner Schiffsmannschaft auf die Probe zu setzen, so schrie ich tapfer mit: »Feuer! Steuerbord Feuer!« und es gab einen Lärm am Borde, der hinten und vorn und aus allen Winkeln gräßlich zusammendröhnte.

Da nun auch schon seit einiger Zeit unsere Kanonen, mit Kugeln geladen, bereitstanden, so währte es auch keine drei Minuten, daß die ganze volle Lage gegen den eingebildeten Korsaren abgefeuert wurde. Sofort hieß es: »Schiff gewendet!« und als dies im Nu geschehen war: »Feuer! Vom Backbord Feuer! Am Steuerbord geladen! – Wieder wenden! Vom Steuerbord Feuer! Am Backbord geladen!« – und so lustig fort, bis der Konstabler zu mir herantrat, um zu melden, daß das Oxhoft voll Kartuschen glücklich in die Luft geplatzt sei. Ich brachte die Meldung an den Kapitän, und »Gut!« – sagte dieser – »Nun laß die Marokkaner nur kommen!«

»Aber« – unterbrach er sich plötzlich – »Entern – *entern* wollen die Hunde! Die sollen sich bei uns die Nasen verbrennen! Hallo! Allmann auf seinen Posten!« – Flugs traten, angewiesenermaßen, vierzig Mann auf dem halben Deck zusammen; jeder ergriff sein geladenes Gewehr aus der dort in Bereitschaft stehenden Kiste. Hier war das Kommandieren an *mir*: »Feuer über Steuerbord!« während andere, die in Reserve standen, ihnen die frisch geladenen Büchsen zureichten und die abgeschossenen empfingen. So folgte Lage auf Lage; und die Kerle hielten sich so wacker dazu, daß wir unsere Lust und Freude daran hatten.

Dabei begab sich's nun, daß ein Matrose seinem Nebenmann das Gewehr zu nahe an sein langes struppiges Haar hielt, welches vom Zündpulver ergriffen ward und augenblicklich in lichten Flammen stand. Zur Strafe solcher Ungebühr ward der Schmied, der in solchen Fällen den Sergeanten vorstellt, hervorgerufen, um den Unvorsichtigen als Arrestanten abzuführen, während noch das Manöver mit dem Handgewehr so lange fortgesetzt wurde, bis der Tambour (der so lange aus Kräften fortgewirbelt hatte) Befehl erhielt, Appell zu schlagen und vom geschlagenen Feinde nichts mehr zu sehen war.

Nun sollte der Arrestant ins Verhör: aber der hatte seine Zeit so gut abgepaßt, daß derweile, da seine Wächter dem Spektakel zugafften, er sich glücklich über Seite machte; doch nur so lange, bis er in seinem Versteck erwischt worden und nun seinen nachlässigen Wächtern vorn in der Back Gesellschaft leistete, bis ihm seine Strafe diktiert worden. Er sollte auf dem halben Deck durch sechzig Mann vierundzwanzigmal Gassen laufen, doch kam der arme Schelm mit sechsmal ab und mochte sich, so wie seine mit derben Fuchteln bestraften Wächter, an der reichlichen Portion Branntwein trösten, die ihnen gegeben wurde, sich ihren wunden Buckel zu waschen.

Dies Pröbchen von strenger Subordination mag zugleich beweisen, mit welchem Ernst und Regelmäßigkeit der Dienst auf den holländischen Schiffen damals versehen wurde, daher ich auch stets auf denselben die beste Ordnung gefunden habe. Nicht so bei den Engländern, wo man dergleichen als Kleinigkeiten ansieht, die mit Fußtritten, Faustschlägen und Rippenstößen abgemacht werden; und von solcher barbarischen Willkür bin ich stets ein abgesagter Feind gewesen.

enige Tage später, etwa in der Mitte Oktobers, da wir uns unter dem einundvierzigsten Grade nördlicher Breite und ungefähr neunzig Meilen von der portugiesischen Küste entfernt befanden, erblickten wir in den Vormittagsstunden ein Schiff vor uns über dem Winde, das uns, da wir den Kopf immer voll von Seeräubern hatten, verdächtig vorkam. So wie schon früher, teils aus Vorsicht, teils um unsere Mannschaft zu üben, geschehen war, so oft ein Segel in unserer Nähe auftauchte, so ward auch jetzt im Augenblicke an unserem Borde alles zum Gefechte bereit gemacht. Allein indem unsere Blicke aufmerksam auf jenes Schiff gerichtet blieben, wurden wir mit Verwunderung gewahr, daß es gar keinen geraden Kurs hielt, sondern bald nördlich, bald östlich am Winde lag. Alle Segel waren fest gemacht, bis auf das Vorder-Marssegel, das frei im Winde flog, während dieser aus Südwesten her sich fast zum Sturm verstärkte, so daß wir selbst unsere Marssegel hart eingerefft führen mußten.

Indem es nun solchergestalt vor uns vorüber taumelte, so daß wir ihm bald über den Wind kamen, wußten wir immer weniger, was wir aus dieser Erscheinung machen sollten, und da es wenigstens noch anderthalb Meilen von uns entfernt lag, so konnten wir auch nicht entdecken, was es eigentlich im Schilde führte. Nichtsdestoweniger schien es uns wohlgetan, dies in der Nähe etwas genauer zu untersuchen, um unserer Schanze desto besser wahrzunehmen. Indem wir also unsere Flagge hinten, sowie vorne die Gisse und einen Wimpel an der Spitze des großen Mastes aufsetzten, um unsere Bravour zu zeigen und uns den Anschein eines Kriegsschiffes zu geben (wie denn auch unser Schiff aus der Ferne wirklich ein ganz stattliches Ansehen hatte), so richteten wir unseren Lauf gegen den wunderlichen Unbekannten; doch so, daß wir ihm oberhalb Windes blieben.

Als wir dem Fremden auf die Hälfte näher gekommen waren, taten wir einen blinden Schuß gegen ihn, als Aufforderung, unsere Flagge zu respektieren und uns die seinige zu zeigen. Diese kam gleichwohl nicht zum Vorschein; selbst dann nicht, da wir im Abstande von einer halben Meile jenes Signal wiederholten. Ja, sogar der dritte Gruß dieser Art, im steten Näherrücken, verfehlte die gehoffte Wirkung: denn keine Flagge ließ sich blicken. Unter der Zeit war das fremde Schiff in den Bereich unseres Geschützes gekommen; und wir bedachten uns nun nicht länger, ihm auf gut Glück eine scharfe Kugel zuzuschicken. Diese schlug auch hart vor ihm nieder: aber seine Flagge verzog noch immer, sich uns zu zeigen.

»Er *soll* und *muß* es!« rief unser Kapitän. – »Konstabler, schießt ihm eine Koppelkugel in den Rumpf, und seht wohl zu, daß Ihr trefft!« – Gesagt, getan! Wir waren ihm jetzt so nahe, daß sich unmöglich fehlen ließ; und die Kugel fuhr ihm in den Bug, daß wir die Holzsplitter umherfliegen sahen. Dennoch keine Flagge! – So etwas ging über all unseren Begriff. Allein nun wurden wir immer hitziger und beschlossen, ihm oberhalb Windes so dicht als immer möglich auf den Leib zu rücken.

Dies geschah auch, indem wir kaum im Abstande eines Flintenschusses an ihm vorüber liefen und zugleich ihn mit dem Sprachrohr anriefen. Auf unser drei- bis viermaliges Holla! keine Antwort. Ebensowenig erblickten wir eine Menschenseele am Borde. Nur ein großer schwarzer Hund richtete sich über die Borte empor, uns heiser anzubellen. Indes trieb uns der starke Wind nach wenig Augenblicken vorüber; doch vermochten wir im Vorbeisegeln zu erkennen, daß die Finkennetze und Schanzgitter längs der ganzen Seite mit Weißkohlköpfen vollgepackt waren, und daß auch einige Stücke frisches Fleisch unter der großen Mars in der Luft aufbewahrt hingen. Ja, einige von unseren Matrosen, die sich oben im Mastkorbe befanden, wollten zu gleicher Zeit bemerkt haben, daß auf dem Verdeck des fremden Schiffes menschliche Leichname ausgestreckt umhergelegen.

Diese vermeintliche Entdeckung war gleichwohl zu unstatthaft, um bei uns übrigen Glauben zu finden. Was sollte diesen Unglücklichen den Tod gebracht haben? Das Schiff schien unversehrt und gut; kein Feind hatte mit Feuer und Schwert darauf gehaust. An ansteckende Seuchen, an Verhungern und Verdürsten war ebensowenig zu denken: denn die frischen Lebensmittel, die wir wahrgenommen, bewiesen, daß das Schiff erst ganz vor kurzem einen europäischen Hafen verlassen haben müsse. Genug indes, daß uns hier ein Rätsel aufgegeben war, dessen Lösung uns ebenso eifrig wie fruchtlos beschäftigte.

Inzwischen legten wir um und hielten diesmal unseren Strich noch näher an das verödete Schiff, ohne es an unserem wiederholten und durchdringenden Holla! Holla! fehlen zu lassen. Immer noch sahen wir kein lebendiges Wesen und hörten keine Stimme, als das Bellen des Hundes, der nach uns herüberwinselte. Es schien nun wohl entschieden, daß das Schiff leer und verlassen von Menschen sein müsse: aber eben dies weckte in mir und anderen mehr die Lust, die Schaluppe auszusetzen und zu einer genaueren Untersuchung dieses wunderbaren Vorfalles hinüberzufahren: denn so, wie sich die Sache anließ, kam es hier vielleicht bloß darauf an, ein herrenloses Eigentum als gute Prise in Besitz zu nehmen.

Meine hierauf gerichteten Vorschläge fielen jedoch bei dem Kapitän in taube Ohren. Er meinte, der Wind bliese zu frisch und die See ginge zu hoch, als daß er Boot und Menschen einem solchen Wagnis preisgeben könnte; und auch im besten Falle werde es um den Rückweg, gegen den Sturmwind an, noch mißlicher stehen. Erpicht, wie ich auf den Handel war, stellte ich ihm vor, wie es füglich so einzurichten wäre, daß die Schaluppe mit Wind und Wellen geradezu auf das fremde Schiff lossteuerte, und das unserige, nach erfolgter Besichtigung, sich jenseits unter den Wind legte, um uns mittels dieses Manövers gemächlich wieder an Bord zu nehmen. »Nettelbeck!« rief er – »das wird der Teufel nicht mit Euch wagen!«

»Das käme noch drauf an!« meinte ich – »Laßt einmal hören! – Jungens,« rief ich, indem ich auf das halbe Deck vortrat, unseren Leuten zu – »wer von euch hat die Courage, mit mir in unserer Schaluppe nach jenem Schiffe hinüberzufahren? Wenn wir das vielleicht als gute Prise in Besitz nehmen könnten!«

»Ich – ich – ich!« schallte mir's von allen Seiten entgegen. – »Und was sagt Ihr *nun*, Kapitän?« wandte ich mich an unseren Befehlshaber.

»Fahrt meinetwegen, wenn Ihr Lust habt, zu ersaufen!« gab er mir verdrießlich zur Antwort; und ich hielt ihn sogleich, wenigstens wegen des ersteren, beim Worte. Die Schaluppe ward mit dem größten Feuer angegriffen, in die Takel gehängt und über Bord gesetzt. Noch hatte sie ihr nasses Element nicht erreicht, als ich mich bereits hineinstürzte. Alles stürzte mir nach und wollte mich begleiten, so daß ich genug zu steuern und abzuwehren hatte, um nicht mehr als die beschlossene Zahl von zwölf Mann hinüber zu lassen, die ich namentlich aufrief und als tüchtige zuverlässige Kerle kannte. Da auch, von dem neulichen Scheingefecht her, die offene Gewehrkiste noch auf dem Verdeck vorhanden war, so wurden uns Pistolen und Hauer in solchem Überflusse zugelegt, ja sogar in die Schaluppe geworfen, daß ich genug mit Händen und Füßen abzuwehren hatte.

So gingen wir nun mit unserem Fahrzeuge vor See und Wind gerade auf das Schiff zu, welches auch kaum in der Weite eines Pistolenschusses vor uns auf den Wellen trieb. Leichter und glücklicher, als ich selbst gehofft hatte, legten wir uns ihm an Bord; und gehörig bewaffnet stieg ich sofort mit elf Mann auf dasselbe hinüber, während der zwölfte im Boote zurückblieb und dieses mit einem Schlepptau hinten angehängt wurde. Auf dem Verdeck fanden wir, wie zu vermuten war, niemand als jenen Hund, der uns freundlich zuwedelte und die Hände leckte, und einen Behälter mit lebendigen Hühnern und Enten, die noch Gerste und frisches Wasser im Troge hatten. Überall lagen Kleidungsstücke zerstreut umher. Die Schaluppe stand, wie sich's gehört, im Boote; alles ordentlich befestigt; kein Takel hing über Bord, woraus man hätte schließen mögen, daß etwa ein Fahrzeug zur Flucht der Mannschaft ins Wasser gelassen worden, weil das Schiff vielleicht leck geworden und man das Sinken befürchtet hätte.

Dies zu ergründen, stellte ich sofort meine Leute an beide Pumpen; und mittlerweile daß sie diese in Bewegung setzten, ging ich auf dem Schiffe von hinten nach vorn und nach allen Seiten, besah mir's oben und unten und nahm endlich wahr, daß die Tür zur Kajüte niedergehauen war. Sogar das Beil, womit dies geschehen sein mochte, lag noch daneben. Ich erschrak nicht wenig über diesen unvermuteten Anblick: denn nun schoß mir's aufs Herz, daß hier gottlose Buben gehaust haben müßten, die den Kapitän oder sonstigen Befehlshaber ermordet haben müßten und sich in diesem Augenblicke vielleicht absichtlich im unteren Raume versteckt hielten. Voll von dieser Vorstellung, hielt ich es auch nicht für ratsam, mich dahinunter zu wagen.

Unterdes hatten meine Begleiter wacker an den Pumpen gearbeitet und erklärten nach etwa zwölf bis fünfzehn Minuten: das Schiff sei rein und die Pumpen zögen kein Wasser mehr. »So kommt denn alle!« rief ich – »nehmt eure Wehren zur Hand, spannt den Hahn und folgt mir dicht zusammengeschlossen nach.« – In solcher Ordnung nun stiegen wir zuvörderst in die Kajüte hinab, wo der zertrümmerte Eingang uns nichts als einen vollen Greuel der Verwüstung erwarten ließ. Dem war jedoch keineswegs also, sondern überall das Geräte in bester Ordnung, als ob gar nichts vorgefallen. Ich hob den Deckel von einer Seitenbank empor und fand den Sitz angefüllt mit Weinflaschen, die sorgsam in Stroh gepackt waren. Zu näherer Untersuchung zog ich eine daraus hervor, hielt sie gegen das Licht und fand sie mit rotem Clairet gefüllt. Eine Schieblade im Tische, die ich hervorzog, enthielt allerlei Tafelgerät, Messer, Gabeln usw. Ich nahm ein Messer, schlug jener Bouteille den Hals ab, und wir machten ein Schlückchen nach dem andern, bis uns der Boden entgegenleuchtete. Nun machten meine Gefährten nicht übel Miene, auch dem Reste auf gleiche Weise zuzusprechen: allein, bange vor den möglichen Folgen, rief ich mein »Halt! Keinen Tropfen mehr!« dazwischen und schritt sofort zu einer weiteren Untersuchung.

In einer anderen Schieblade, die ich öffnete, fiel mir ein starkes Pack Briefe in die Hände, deren Aufschriften sämtlich nach Port au Prince, Martinique, Guadeloupe und andern französischen Inseln lauteten. Ich griff einige auf gut Glück daraus hervor und steckte sie zu mir, um sie demnächst bei besserer Muße genauer zu untersuchen. Für den Augenblick aber ward meine volle Aufmerksamkeit von einer Luke angezogen, die sich in der Mitte des Fußbodens der Kajüte vorfand und angelweit offen stand. »Hier wird es doch der Mühe wert sein, hinunterzusteigen,« sagte ich zu meinen Leuten; – »wäre es auch nur, um zu erfahren, womit das Schiff geladen sein mag.« – Zu gleicher Zeit ließ ich mich an den Händen hinab, ohne jedoch mit den Füßen Grund zu erreichen. »Nun, es wird ja so tief nicht mehr sein!« dachte ich bei mir selbst, ließ oben fahren und purzelte auf einen Haufen, den ich alsbald für Steinkohlen erkannte.

Indem ich über dies unbequeme Lager hinüberkroch, geriet ich, bald hier bald dort im Dunkeln umhertappend, an Fässer, Ballen und Packen in Bastmatten gehüllt, die mich auf eine vermischte Ladung schließen ließen. Unwillkürlich aber stieg mir bei dieser irren Beschäftigung auch die Befürchtung zu Kopf, daß in diesem Chaos auch wohl Menschen stecken und mir auf den Dienst lauern könnten. Schon war mir's, als ob sie mir überall auf dem Nacken säßen, als würde bei jedem nächsten Tritte eine grimmige Faust mich anpacken. Vergeblich sträubte sich mein Mut und suchte diesen feigherzigen Gedanken abzuschütteln. Mich ergriff ein Zittern, das mich mit einer Gänsehaut überlief und wohl oder übel wieder nach dem Tageslichte hin zurückdrängte. Erst dann ward mir wieder wohl, als ich oben an der Luke ein paar von meinen Gefährten erblickte, die auf den Knien lagen und in den Raum hinabsahen. An ihren dargereichten Händen ward ich wieder emporgezogen.

Inzwischen war auch mein Kapitän bei seinem Manövrieren dem Schiffe wieder nahe genug gekommen, um mir durchs Sprachrohr zuzurufen, wie es an meinem Borde stände. Ich antwortete, das Schiff sei fest und dicht und alles darauf in guter Ordnung, aber nicht Mann noch Maus darauf zu spüren. Er befahl mir darauf, ihm die Schaluppe mit acht Mann hinüber zu schicken, weil er selbst willens wäre, den Fund in Augenschein zu nehmen. Das erstere geschah; als er jedoch auf dem Herwege noch etwa achtzig Klafter von meinem Borde entfernt war, erhob sich plötzlich ein so heftiger Wirbelwind, daß man sich auf unserem eigenen Schiffe genötigt sah, die Segel eiligst einzuziehen. Dieser Zufall benahm meinem Kapitän den Mut. »Kommt! kommt! Zu mir herüber!« rief er mir aus dem Fahrzeuge zu; und indem er an meine Seite legte, hörte er nicht auf mit: »Her zu mir, in die Schaluppe! Fort! fort!« – bis ich ihm den Willen tat, mit dem Rest meiner Leute zu ihm einstieg, und solchergestalt mit ihm nach unserem Schiffe zurückruderte. Als wir dort ankamen, ward die Schaluppe unter die Takel gebracht, emporgehoben und wieder an ihrem Platze befestigt.

Sobald wir nun wieder in Ordnung und zur Besinnung gekommen waren, galt es die Frage: Was mit dem herrenlosen Schiffe zu tun oder zu lassen sei. – Ich und mehrere mit mir stellten dem Kapitän auf das triftigste vor, daß es doch Sünde und Schande sein würde, wenn wir diesen Fund so um nichts und wieder nichts aufgeben wollten. Allein wie dringend wir ihm auch anlagen, so schien doch sein Widerwille gegen jedes weitere Vornehmen zu diesem Zwecke so gut als unbezwinglich, und, wohlerwogen, war es ihm eigentlich auch nicht zu verdenken, wenn er üble Lust bezeigte, sich mit einem Handel dieser Art zu schaffen zu machen. Die Sache hing aber so zusammen:

Auf seiner vorigen Fahrt nach der Küste von Guinea hatte Kapitän Harmel von einem englischen Sklavenschiffe Besitz genommen, das infolge einer unter den Schwarzen ausgebrochenen Meuterei von diesen überwältigt worden war. Sie hatten, beinahe hundert Köpfe stark, die ganze Schiffsmannschaft bis auf einen Steuermann und zwei Matrosen ermordet, welche unter dem Beding verschont worden waren, daß sie die Neger in deren Heimat zurückführen sollten. Auf diesem Zuge nun fielen sie meinem Kapitän in die Hände, und es munkelte nicht nur, daß er mit ihnen, wie mit der Schiffsladung, nicht zum besten gewirtschaftet, sondern daß auch das Schiff selbst von seinen daraufgesetzten Leuten verwahrlost und bei St. Georg de la Mina gestrandet sei. Hierüber hatten die Reeder desselben in England gegen Harmel ein gerichtliches Verfahren eingeleitet und wollten ihn für nichts besseres als einen Seeräuber erklärt wissen. Dieser Prozeß schwebte noch vor den holländischen Gerichten, und je zweifelhafter es war, wie das Endurteil ausfallen könnte, um so weniger mochte er allerdings Neigung in sich spüren, etwas Frisches auf sein Kerbholz zu bringen.

Wir jedoch, die wir die Sache mit ganz anderen Augen ansahen, drangen so ungestüm und unablässig in ihn, das Schiff zu besetzen, daß er endlich einwilligte, die große Schiffsglocke läuten zu lassen und einen allgemeinen Schiffsrat zu halten. Es ward beschlossen, daß zwölf von den Unseren das Schiff zur Notdurft bemannen und ich die Ehre haben sollte, es nach einem holländischen Hafen in Sicherheit zu bringen.

»Gut gemeint, aber schlecht beraten,« war meine Einrede, »und so muß ich mich der zugedachten Ehre höflichst bedanken. Wer möchte wohl eine solche Kommission so losen Fußes auf sich nehmen? Denn wie? wenn nun auf dem Wege nach Europa irgendein englisches, französisches oder anderweitiges Kriegsschiff auf mich stieße und nach meinen Schiffspapieren fragte? Möchte ich zehnmal versichern und schwören, daß es mit dem Funde ehrlich und christlich zugegangen, wer würde mir's glauben und mich nicht vielmehr für einen argen Freibeuter erklären und mir und all meinen Gefährten die hanfene Schleife zuerkennen? – Und steckt nicht noch dort die Kugel im Schiffsrumpfe in dem gesplitterten Barkholze, die wir vorhin abgeschossen haben und die Zeugnis von gebrauchter Gewalt gegen uns ablegen würde? Im besten Falle würden wir in ein finsteres Loch gesteckt und könnten schwitzen, bis wir schwarz würden, bevor die Mannschaft der Christina, die unterdes in den afrikanischen Gewässern umherschweifte, vernommen werden könnte und uns wieder aus der Patsche hülfe.«

Meinem Bedenken war nicht füglich zu widersprechen, doch fand und ergriff man endlich den Ausweg, daß, zu meiner besseren Beglaubigung, ein schriftliches Zeugnis über den ganzen Hergang, mit all seinen besonderen Umständen, ausgefertigt und von der gesamten Harmelschen Schiffsmannschaft eigenhändig unterzeichnet werden sollte. Da es nun in Holland herkömmliche Einrichtung ist, daß vor dem Auslaufen eines jeden Schiffes die gesamte Besatzung ihre Namenszüge bei der Admiralität in die Schiffsregister eintragen muß, um vorkommenden Falles dadurch bewahrheitet zu werden, so konnte die Echtheit dieser Urkunde in Rotterdam unfehlbar ausgemittelt werden und diesem Beweise unserer Ehrlichkeit nichts zur Gültigkeit abgehen. Auch ich erklärte mich nun mit einem solchen Passe zufrieden.

Inzwischen nahte der Abend bereits heran, und bei dem stürmischen Wetter schien es am ratsamsten, jene Ausfertigung bis zum nächsten Morgen zu verschieben; damit jedoch dem fremden Schiffe bis dahin, falls es länger sich selbst überlassen bliebe, kein Zufall zustieße, sollte der Untersteuermann Peters dasselbe mit zehn Matrosen vorläufig sogleich in Obhut nehmen. Seine Instruktion lautete dahin, sich mit dem Schiffe so nahe als möglich an dem unserigen zu halten, und es wurden die Signale verabredet, woran beide sich während der Nacht erkennen wollten. Zwar kannten wir ihn als einen nicht sonderlich gewiegten Seemann, doch schien der Dienst, wozu er beordert worden, um so weniger bedenklich, da ich ihn binnen zwölf oder fünfzehn Stunden abzulösen gedachte, um sodann das Schiff nach Holland heimzuführen.

So fuhr denn Peters mit seiner Mannschaft in unserer Schaluppe hinüber; die Segel wurden dort den unserigen gleichgestellt, und das Schiff gewann wieder einen festen und regelmäßigen Gang, bei welchem es, etwa in der Entfernung eines Kanonenschusses, uns zur Seite blieb. Mit Einbruch der Nacht steckten wir unsere Laterne aus, und dort geschah ein Gleiches. Ich versah die erste Wache von acht bis zwölf Uhr und nahm mit meinen Leuten wahr, daß sich das jenseitige Licht je mehr und mehr entfernte und endlich zwischen zehn und elf Uhr gar erlosch. Augenblicklich ward dies dem Kapitän gemeldet und hierauf beschlossen, einen Stückschuß abzufeuern, um unserem Gefährten unsere Richtung anzugeben.

Der Erfolg war keineswegs befriedigend. Wir wiederholten nun diese Signalschüsse von Zeit zu Zeit die ganze Nacht hindurch, ja steckten endlich selbst scharfe Patronen auf, um den Knall zu verstärken und in desto weitere Ferne gehört zu werden. Unter steigender Unruhe graute endlich der Morgen heran, alles eilte an den Masten hinauf, um sich rings umher umzusehen. Umsonst! Freund Peters samt unserer Prise war und blieb verschwunden!

Unsere Bestürzung war nicht gering. Wie war dies zugegangen? Was *war* geschehen? Was *konnte* geschehen sein? Ein unermeßliches Feld eröffnete sich unseren Mutmaßungen und Zweifeln. Manche waren der Meinung, unsere Leute wären samt dem Schiffe gesunken;

so wie es auch zuvor schon von seiner eigentlichen Besatzung um irgend eines nicht mehr zu stopfenden Lecks willen verlassen worden sein möchte. Dem mußte ich aber mit Fug entgegnen, daß ich samt allen, die mit mir an Bord gewesen, das Schiff dicht und gut befunden, daß wir das wenige Wasser, das sich am Kiele gesammelt, mit leichter Mühe ausgepumpt, und daß ich ja auch selbst in den Raum hinabgestiegen gewesen, ohne etwas von eingedrungenem Wasser zu spüren. Billig also ward diese Voraussetzung verworfen.

Möglicher aber schien es uns und stieg bald zur ängstlichen Besorgnis, daß allerdings doch Leute im Schiffe versteckt gewesen, die bei Nacht unversehens hervorgebrochen, die unsrigen überwältigt und ermordet und sich, unter Begünstigung der Finsternis, davongemacht hätten. Gewalttätigkeit und Meuterei schien, wie die zersplitterte Kajütentüre bewies, allerdings vor der Begegnung mit uns auf dem Schiffe stattgefunden zu haben. Wußten sich nun die Empörer schuldig, so war es wohl natürlich, daß sie, als sie uns unter Flagge und Wimpel auf sich zukommen und sie mit Kanonenschüssen begrüßen sahen, in der Unmöglichkeit, uns zu entkommen, sich lieber in die geheimsten Winkel verkrochen hatten und es auf den Zufall ankommen lassen, ob wir sie entdecken oder ob sie vielleicht den Mantel der Nacht gewinnen würden, um mit dem Schiffe wieder durchzugehen. Wir hatten also wohl nur zu viel Ursache, das Schicksal unserer armen zwölf Gefährten zu bedauern.

Allein selbst wenn wir ihnen auch das bessere Los wünschen wollten, daß sie – sei es durch Zufall, Ungeschicklichkeit, oder gar durch vorsätzlichen bösen Willen, – in der Nacht von uns abgekommen, so waren sie darum noch wenig besser beraten; und nicht nur sahen sie sich all den Gefahren ausgesetzt, die ich gescheut und zu vermeiden gesucht hatte, sondern es stand auch überhaupt gar sehr dahin, ob sie jemals Holland oder irgendeine andre Küste wohlbehalten erreichen möchten. Der Steuermann war, wie schon gesagt, ein Dummbart, welcher der Führung eines Schiffes auf einen so weiten Weg keineswegs gewachsen war. Doch hätte es auch besser um sein Wissen gestanden, so fehlte es ihm auch zu einem solchen, nimmer von ihm zu erwartenden Wagestück ganz an einem festen Punkte, welchen er bei seiner Schiffsrechnung hätte zum Grunde legen können, denn in der Eile, womit seine Absendung betrieben wurde, war entweder nicht daran gedacht, oder überhaupt für die kurze Zeit seines Dienstes nicht für nötig gehalten worden, ihm unsere zuletzt beobachtete Länge und Breite mitzugeben. Ebensowenig fand er dort

Instrumente nach holländischer Art (wie er sie allein gewohnt war), um die Sonnenhöhe zu nehmen; und fielen ihm auch die dort geführten Schiffsjournale und Seekarten in die Hände, so blieben sie ihm doch ebenso unnütz zum Gebrauche, da sie in französischer Sprache verzeichnet waren. Immer also gaben wir, nicht ohne Kummer, ihn und die Seinen verloren.

Erst einige Tage nachher klärte sich wenigstens einiges, was uns an diesem Schiffe rätselhaft war, um etwas auf, aber den völligen Zusammenhang der Dinge, sowie das weitere Schicksal desselben, sollte uns erst in späterer Zeit und auf verschiedenen Wegen zur Kenntnis kommen. Jene ersten Entdeckungen ergaben sich uns, als ich zufällig den Schanzloper wieder auf den Leib zog, welchen ich zu jenem Male, da ich auf dem fremden Schiffe gewesen, getragen. Indem ich nämlich zufällig in die Tasche griff, kamen mir die Briefe wieder in die Hände, welche ich damals zu mir gesteckt hatte, ohne mich ihrer bis jetzt wieder zu erinnern. Ich eilte mit meinem Funde zu dem Kapitän in die Kajüte, und es gab kein Bedenken, die Briefe zu öffnen, damit wir einst im entstehenden Falle um so leichter von unserm bestandenen Abenteuer Rede und Antwort zu geben vermöchten.

Zwar waren diese Papiere, wie wir nunmehr ersahen, französisch abgefaßt und also uns beiden unverständlich; allein wir hatten einen französischen Matrosen namens Josephe an Bord, welcher sofort gerufen wurde, um uns als Dolmetscher zu dienen. So bestätigte sich denn unsere frühere Vermutung, daß das verlassene Schiff ein französisches gewesen. Es war von Havre de Grace ausgegangen, und zwar nur vier Tage früher, als wir von Goree in See gelaufen. Martinique hatte sein Bestimmungsort sein sollen. Name des Schiffes sowie des Kapitäns sind mir wieder entfallen, auf die Sache selbst aber werde ich noch weiterhin wieder zurückkommen.

Inzwischen beförderten wir unsere Reise nach Möglichkeit, kamen ins Gesicht von Madeira und Teneriffa, passierten die Kapverdischen Inseln und erblickten am 24. Dezember die Küste von Guinea unter vier Grad zehn Minuten nördlicher Breite, liefen anfangs nach der Sierra Leona hinauf und warfen endlich am 4. Januar 1772 vor Kap Mesurado den Anker.

Zweiter Teil

Bevor ich in meinem Lebensberichte fortfahre und mich zu den kleinen Abenteuern hinwende, die mir an der afrikanischen Küste begegnet sind, wolle mir der geneigte Leser über die nunmehr ergriffene Lebensart einige Entschuldigung zugute kommen lassen. »Wie?« wird er vielleicht bei sich selbst gesagt haben, »Nettelbeck ein Sklavenhändler? Wie kommt ein so verrufenes Handwerk mit seinem ehrlichen pommerschen Herzen zusammen?« – Allein das ist es ja eben, daß dies Handwerk zu damaliger Zeit bei weitem nicht in einem solchen Verrufe stand, als seitdem man, besonders in England, wider den Sklavenhandel (und auch wohl nicht mit Unrecht) als einen Schandfleck der Menschheit geschrieben und im Parlamente gesprochen hat, und wenn er durch dies nachdrückliche Geschrei entweder ganz abgekommen ist oder doch mit heilsamer Einschränkung betrieben wird, so ist gewiß auch der alte Nettelbeck nicht der letzte, der seine herzliche Freude darüber hat. Aber vor fünfzig Jahren galt dieser böse Menschenhandel als ein Gewerbe, wie andere, ohne daß man viel über seine Recht- oder Unrechtmäßigkeit grübelte. Wer

sich dazu brauchen ließ, hatte Aussicht auf einen harten und beschwerlichen Dienst, aber auch auf leidlichen Gewinn. Barbarische Grausamkeit gegen die eingekaufte Menschenladung war nicht notwendigerweise damit verbunden und fand auch wohl nur in einzelnen Fällen statt; auch habe ich meinesteils nie dazu geraten oder geholfen. Freilich stieß ich oft genug auf Roheit und Härte; aber *die* waren mir leider überall, wohin der Beruf des Seemanns mich führte, ein nur zu gewohnter Anblick und konnten mir daher eine Lebensweise nicht verleiden, mit der ich schon bei meinem ersten Ausfluge in die Welt vertraut geworden war, und zu der ich also jetzt um so unbedenklicher zurückkehrte.

Zu besserem Verständnisse des Folgenden wird es erforderlich sein, einige Worte über die Art und Weise, wie dieser Negerhandel damals von den Holländern betrieben wurde, beizubringen.

a hier Menschen nun einmal als Ware angesehen wurden, um gegen die Erzeugnisse des europäischen Kunstfleißes ausgetauscht zu werden, so kam es hauptsächlich darauf an, solche Artikel zu wählen, welche Bedürfnis oder Luxus den Schwarzen am unentbehrlichsten gemacht hatte. Schießgewehre aller Art und Schießpulver in kleinen Fässern von acht bis zweiunddreißig Pfund nahmen hierunter die erste Stelle ein. Fast ebenso begehrt war Tabak, sowohl geschnitten als in Blättern, samt irdenen Pfeifen, und Branntwein. Kattune von allen Sorten und Farben lagen in Stücken von einundzwanzig bis vierundzwanzig Ellen, sowie auch dergleichen oder leinene und seidene Tücher, deren sechs bis zwölf zusammengewirkt waren. Ebensowenig durfte ein guter Vorrat von leinenen Lappen, drei Ellen lang und halb so breit, fehlen, die dort als Leibschurz getragen werden. Den Rest der Ladung füllten allerlei kurze Waren, als kleine Spiegel, Messer aller Art, bunte Korallen, Nähnadeln und Zwirn, Fayence, Feuersteine, Fischangeln und dergleichen.

Einmal gewöhnt, diese verschiedenen Artikel von den Europäern zu erhalten, können und wollen die Afrikaner sowohl an der Küste als tiefer im Lande sie nicht missen und sind darum unablässig darauf bedacht, sich *die* Ware zu verschaffen, wogegen sie sie eintauschen können. Also ist auch das ganze Land immerfort in kleine Parteien geteilt, die sich feindlich in den Haaren liegen und alle Gefangenen, welche sie machen, entweder an die schwarzen Sklavenhändler verkaufen oder sie unmittelbar zu den europäischen Sklavenschiffen abführen. Allein oft, wenn es ihnen an solcher Kriegsbeute fehlt und sie neue Warenvorräte bedürfen, greifen ihre Häuptlinge, die eine despotische Gewalt über ihre Untertanen ausüben, diejenigen auf, welche sie für die entbehrlichsten halten, oder es geschieht wohl auch, daß der Vater sein Kind, der Mann das Weib und der Bruder den Bruder auf den Sklavenmarkt zum Verkaufe schleppt. Man begreift leicht, daß es bei solchen Raubzügen an Grausamkeiten jeder Art nicht fehlen kann und daß sich alle diese Länder dabei in dem elendesten Zustande befinden. Aber ebensowenig kann auch abgeleugnet werden, daß die erste Veranlassung zu all diesem Elende von den Europäern herrührt, welche durch ihre eifrige Nachfrage den Menschenraub bisher begünstigt und unterhalten haben.

Ihre zu diesem Handel ausgerüsteten Schiffe pflegten längs der ganzen Küste von Guinea zu kreuzen und hielten sich unter wenigen Segeln stets etwa eine halbe Meile oder etwas mehr vom Ufer. Wurden sie dann am Lande von Negern erblickt, welche Sklaven oder Elefantenzähne zu verhandeln hatten, so machten diese am Lande ein Feuer an, um dem Schiffe durch den aufsteigenden Rauch ein Zeichen zu geben, daß es vor Anker ginge; warfen sich aber auch zu gleicher Zeit in ihre Kanots und kamen an Bord, um die zur Schau ausgelegten Warenartikel zu mustern. Vor ihrer Entfernung versprachen sie dann, mit einem reichen Vorrat von Sklaven und Zähnen sich wieder einzufinden, oft jedoch ohne darin Wort halten zu können oder zu wollen.

Gewöhnlich aber erschienen sie zu wirklichem Abschluß des Handels mit ihrer Ware am nächsten Morgen, als der bequemsten Tageszeit für diesen Verkehr. Denn da dort jede Nacht ein Landwind weht, so hat dies auch bis zum nächsten Mittag eine ruhige und stille See zur Folge. Dann steigt wieder ein Seewind auf, die Brandung wälzt sich ungestümer gegen den Strand, und die kleinen Kanots der Schwarzen können sich nicht hinaus wagen. Das Fahrzeug, welches die verkäuflichen Sklaven enthielt, war in der Regel noch von einem halben Dutzend anderer, jedes mit mehreren Menschen angefüllt, begleitet, welche alle einen Anteil an der unglücklichen Ware hatten. Allein nur acht oder höchstens zehn aus der Menge wurden mit an Bord gelassen, während die übrigen in ihren Kanots das Schiff umschwärmten und ein tolles Geschrei verführten.

Nun wurden auch die Gefangenen an Bord emporgehoben, um in näheren Augenschein genommen zu werden; die männlichen mit auf dem Rücken dergestalt hart zusammengeschnürten Ellbogen, daß oft Blut und Eiter an den Armen und Lenden hinunterlief. Erst auf dem Schiffe wurden sie losgebunden, damit der Schiffsarzt sie genau untersuchen konnte, ob sie unverkrüppelt und übrigens von fester Konstitution und bei voller Gesundheit wären; und hierauf eröffnete sich dann die eigentliche Unterhandlung, jedoch nicht, ohne daß zuvor sowohl den Verkäufern auf dem Verdeck, als ihren Kameraden in den Kanots, Tabak und Pfeifen vollauf gereicht worden wäre, damit sie lustig und guter Dinge würden – freilich aber auch sich um so leichter betrügen ließen.

Die europäischen Tauschwaren wurden den Schwarzen stets nach dem höchsten Einkaufspreise mit einem Zusatz von fünfundzwanzig Prozent angerechnet, und nach diesem Tarif galt damals ein vollkommen tüchtiger männlicher Sklave etwa hundert holländische Gulden, ein Bursche von zwölf Jahren und darüber ward mit sechzig bis siebzig Gulden, und ungefähr zu gleichem Preise auch eine weibliche Sklavin bezahlt. War sie jedoch noch nicht Mutter gewesen und ihr Busen noch von jugendlicher Fülle und Elastizität (und daran pflegt es die Natur bei den Negerinnen nicht fehlen zu lassen), so stieg sie auch verhältnismäßig im Werte bis auf hundertzwanzig oder hundertvierzig Gulden.

Die Verkäufer bezeichneten stückweise die Artikel, welche ihnen unter den ausgelegten Waren anstanden, wogegen der holländische Einkäufer seinen Preis-Kurant fleißig zu Rate zog, um nach dem angenommenen Tarif nicht über neunzig Gulden hinauszugehen und wobei auch der gespendete Branntwein samt Tabak und Pfeifen nicht unberücksichtigt blieben. Fing er dann an, sich noch weitern Zulegens zu weigern, und ließ sich höchstens noch ein Stück Kattun abdringen, so ward der Rückstand im geforderten Menschenpreise vollends mit geringeren Waren und Kleinigkeiten und zuletzt noch mit einem Geschenk von Messern, kleinen Spiegeln und Korallen ausgeglichen. Wie viel es übrigens bis zum gewünschten Abschluß des Streites, Fluchens und Lärmens bei diesem Handel gegeben habe, bedarf kaum einer besonderen Erwähnung; denn wenn der eigentlichen Wortführer bei den Negern auch nur zwei oder drei sein mochten, so gab es doch immer unaufhörliche Rücksprache und Verständigung mit ihren Gefährten in den Kanots, die bei dem Erfolge der Unterhandlung alle gleich sehr interessiert waren. Hatten sie dann endlich die eingetauschten Waren in Empfang genommen, so packten sie sich wieder in ihre Fahrzeuge und eilten lustig, wohlbenebelt und unter lautem Hallo! dem Strande zu.

Während dieser ganzen geräuschvollen Szene saß nun der arme Sklave, um welchen es gegolten hatte, auf dem Verdeck und sah sich mit steigender Angst in eine neue unbekannte Hand übergehen, ohne zu wissen, welchem Schicksale er aufbehalten sei. Man konnte den Unglücklichen sozusagen das Herz in der Brust schlagen sehen; denn ebensowenig als die meisten von ihnen je zuvor das Weltmeer, auf dem sie nun schwammen, erblickt, hatten sie auch früherhin die weißen und bärtigen Menschen gesehen, in deren Gewalt sie geraten waren. Nur zu gewiß waren sie des Glaubens, wir hätten sie nur gekauft, um uns an ihrem Fleische zu sättigen.

Die Verkäufer waren nicht so bald vom Schauplatz abgetreten, als der Schiffsarzt Sorge trug, den erhandelten Sklaven ein Brechmittel einzugeben, damit die seither ausgestandene Angst nicht nachteilig auf ihre Gesundheit zurückwirkte. Aber begreiflicherweise konnten die gewaltsamen Wirkungen dieser Prozedur jenen vorgefaßten schrecklichen Wahn ebensowenig beseitigen, als die Anlegung eiserner Fesseln an Hand und Fuß, wodurch man sich besonders der männlichen Sklaven noch enger zu versichern suchte. Gewöhnlich kuppelte man sie überdem noch paarweise zusammen, indem man durch einen in der Mitte jeder Kette befindlichen Ring noch einen fußlangen eisernen Bolzen steckte und fest vernietete.

Verschonte man auch die Weiber und Kinder mit ähnlichem Geschmeide, so wurden sie doch in ein festes Verhältnis vorne in der Schiffsback eingesperrt, während die erwachsenen Männer ihren Aufenthalt dicht daneben zwischen dem Fock- und großen Maste fanden. Beide Behälter waren durch ein zweizölliges eichenes Plankwerk voneinander gesondert, so daß sie sich nicht sehen konnten. Doch brachten sie in diesem engeren Verwahrsam nur die Nächte zu; bei Tage hingegen war ihnen gestattet, in freier Luft auf dem Verdecke zu verweilen. Auf ihre fernere Behandlung während der Überfahrt nach Amerika werde ich in der Folge wieder zurückkommen.

Der hiernächst bedeutendste Gegenstand des Handels an dieser Küste sind die Elefantenzähne, von welchen auch der ganze Strich zwischen Kap Palmas und tres Puntas den Namen der »Zahnküste« führt. Habe ich die Erzählungen der Eingeborenen richtig verstanden, so bemächtigen sie sich dieser stark gesuchten Ware, indem sie sich in Partien von dreißig und mehr Personen in die landeinwärts gelegenen Wälder auf die Elefantenjagd begeben. Ihre Waffen bestehen hauptsächlich in fußlangen zweischneidigen Säbelklingen, die sie von den Schiffen einhandeln und zu diesen Jagden an langen Stangen befestigen. Haben sie ein Tier aufgespürt, so suchen sie es entweder zu beschleichen oder treiben es mit offener Gewalt auf, und trachten einzig dahin, ihm den Rüssel, der seine vorzüglichste Schutzwehr ausmacht, an der Wurzel abzuhauen, oder sie zerschneiden ihm die Sehnen an den Füßen, um es so zum Fallen zu bringen. Ist der Feind solchergestalt überwältigt, so wird er vollends getötet; man haut ihm die Zähne aus, und der Rumpf bleibt als willkommene Beute für die Raubtiere und das Gevögel liegen.

Noch wird an einem andern Striche dieser Negerländer, die »Goldküste« genannt, einiger Verkehr mit Goldstaub oder vielmehr kleinen Körnern dieses Metalls getrieben, das entweder aus dem Flußsande gewaschen oder von der reichen Natur dieses heißen Bodens oft dicht unter dem Rasen dargeboten wird. Doch war dies Geschäft weder beträchtlich noch sonderlich gewinnreich und pflegte deshalb dem Obersteuermann bei seinen kleinen Nebenfahrten für eigene Rechnung anheimgestellt zu werden, sowie ihm zu dem Ende auch vergönnt war, den Betrag von sechshundert holländischen Gulden in Waren mit an Bord zu nehmen. Ich selbst hatte mich zu diesem Privathandel mit allerlei Quincaillerien, etwa fünfhundert Gulden an Wert, versehen.

enn außer dem Verkehre, der am Bord des Schiffes selbst stattfand, wurden in gleicher Absicht auch noch mehrere

Boote ausgerüstet und abgeschickt, welche sich oft auf mehrere Wochen lang entfernten und bis auf fünfzig und mehr Meilen an der Küste umherkreuzten. Dieser Bootsfahrten habe ich zwar bereits oben erwähnt, doch sei es mir erlaubt, hier noch etwas ausführlicher darauf zurückzukommen.

Sobald die Guineafahrer sich dem wärmeren Himmelsstriche näherten, begannen auch die Schiffszimmerleute die Schaluppen und Schiffsboote zu ihrer künftigen neuen Bestimmung instandzusetzen, indem sie ein Verdeck darauf anbrachten und alles so einrichteten, daß sie See zu halten vermochten. Holz und Planken hierzu ward schon von Holland aus mitgenommen und zwischendecks bereitgehalten. Die Besatzung eines solchen Fahrzeugs bestand aus zehn bis zwölf Mann unter Anführung des Obersteuermanns oder eines anderen Schiffsoffiziers. Auch war es mit einigen Drehbassen und kleinerem Handgewehr wohl versehen.

Die Bestimmung dieser Boote erforderte, stets in einiger Entfernung vor ihrem Schiffe vorauszugehen und die Punkte, wo ein vorteilhafter Handel zu treiben war, zu vervielfältigen, damit die gewünschte volle Ladung schneller zusammengebracht und der Aufenthalt an diesen ungesunden Küsten abgekürzt würde. Sooft nun ein solches Fahrzeug seine mitgenommenen Warenartikel oder seine Lebensvorräte erschöpft oder einen genügenden Eintausch gemacht hatte, kehrte es zurück, um sofort für eine neue Reise ausgerüstet zu werden. Es ergibt sich daraus, wie anstrengend und beschwerlich dieser Dienst sein mußte.

Allein auch außerdem war er mit mancher Fährlichkeit verbunden: denn nicht selten ging ein solches Boot durch Überrumpelung der Neger samt dem Leben der ganzen Besatzung verloren, und so war hier die höchste Vorsicht erforderlich. Nie wurden mehr als vier Verkäufer zugleich auf dem Boote zugelassen, und auch die übrigen in den Kanots durfte man nicht zu nahe herankommen lassen. Während also der Steuermann nebst einem Gehilfen hinten im Fahrzeuge den Handel betrieb, stand der Rest der Mannschaft vorn mit dem geladenen Gewehre in der Hand zu seinem Schutze bereit, und wehrte zugleich den umkreisenden Kanots, sich nicht ungebührlich zu nähern.

Noch gefährlicher wäre es gewesen, die Nacht über an dem nämlichen Orte liegen zu bleiben, wo man sich am Abend befunden hatte. Vielmehr mußte man die Ankerstelle sorgfältig verändern, um die verräterischen Schwarzen, die unaufhörlich auf Überfall sannen, zu täuschen. Ebenso gebot die Klugheit, keiner ihrer noch so freundlichen Einladungen zu trauen, und am wenigsten sich in die Mündung ihrer Flüsse zu wagen.

Die männlichen Sklaven, die man auf diesen Fahrten erhandelte, wurden sofort unter das Verdeck gebracht, weil sie sonst nur zu leicht Gelegenheit gefunden haben würden, über Bord zu springen. Im Raume aber legte man ihnen eiserne Bügel um die Füße, die mit Ringen versehen waren, und diese streifte man hinwiederum über eine lange, mit beiden Enden unten im Vorder- und Hinterteile des Bootes befestigte Kette, so daß sie wenigstens einige Schritte hin und wieder gehen konnten. Glimpflicher verfuhr man mit den Weibern, deren Zutrauen man sich auf eine leichtere Weise erwarb.

Noch hatte wenigstens eines dieser Fahrzeuge die Nebenbestimmung, den aus Europa mitgebrachten Briefsack schneller als sonst hätte geschehen können nach dem holländischen Hauptfort St. George de la Mina zu fördern. Denn da die ankommenden Schiffe ihr Handelsgeschäft gewöhnlich bei Sierra Leone anfingen, welches gegen zweihundert Meilen westlicher liegt, und längs der Küste nur gemachsam fortkreuzten, so würde es oft sechs bis acht Monate gewährt haben, bevor sie selbst jenen Platz erreichten.

iesen Auftrag erhielt auch ich, sobald wir in den ersten Tagen des Jahres 1772 auf der Küste von Guinea angelangt waren. Zu dem Ende ward die Barkasse mit zehn Mann unter meinen Befehlen ausgerüstet und mit Provisionen aller Art, besonders aber solchen beladen, welche in diesem heißen Klima einem schnellen Verderb ausgesetzt sein konnten. Das Brief-Felleisen ward nicht vergessen, und so steuerte ich, nachdem ich auch die Vorräte für meinen eigenen kleinen Handel eingenommen hatte, bereits am vierten Tage nach unserer Ankunft, dem Schiffe vorangehend, gegen Osten.

Bei dieser Küstenfahrt führte mich mein Weg zunächst nach dem holländischen Fort Axim, wo ich einen Pack Briefe, europäische Zeitungen und andere Kleinigkeiten abzugeben hatte. Ich fand den dortigen Befehlshaber, einen geborenen Hanoveraner, namens Feneckol, sehr begierig nach Neuigkeiten aus dem gemeinschaftlichen Vaterlande, sowie ihm hinwiederum die Nachricht, daß ich ein Preuße sei, Gelegenheit gab, mich aufmerksam darauf zu machen, daß Fort Axim früherhin eine Besitzung unseres großen Kurfürsten gewesen, die erst im Jahre 1718 durch Kauf an Holland übergegangen. Er zeigte mir auch die darüber verhandelten Akten sowie sechs alte brandenburgische Kanonen, die noch auf einer Batterie aufgepflanzt standen. – Habe ich anders seine Erzählung recht behalten, so hatte es hiermit folgende Bewandtnis.

Ursprünglich gehörte Axim den Spaniern zu. Als aber der Kurfürst Friedrich Wilhelm, welcher dieser Macht in ihren Kriegen gegen Frankreich Hilfstruppen in den Niederlanden gestellt, die bedungenen Subsidien trotz aller gütlichen Unterhandlung nicht erhalten können, habe er in Hamburg eine kleine Flotte ausrüsten lassen, fünfhundert Mann darauf eingeschifft, außer andern genommenen Repressalien auch Axim angreifen und in Besitz nehmen lassen und sich dort neun Jahre lang behauptet. Während dieser Zeit, wo der brandenburgische Gouverneur auch noch das zweieinhalb Meilen östlicher gelegene Fort Friedrichsburg gegründet, sei von Hamburg und Emden aus ein lebhafter Handel dorthin getrieben worden, bis diese Befestigungen die Unzufriedenheit der benachbarten Negerstämme aufgeregt und diese die Besatzungen beider Plätze, welche nicht genugsam auf ihrer Hut gewesen, überrumpelt und niedergemacht hätten.

In diesem Unglück, lautete die fernere Erzählung, sei es dem damaligen Gouverneur zwar geglückt, sich mit einigen wenigen Gefährten in das Pulvermagazin zu flüchten; dort habe er vorgezogen, sich freiwillig in die Luft zu sprengen, als unter den Händen der Neger einen martervollen Tod zu dulden. Diese hätten darauf beide Forts spoliiert und dem Erdboden gleich gemacht. Solchergestalt hätten nun diese Plätze gegen dreißig Jahre lang in Schutt und Verwüstung gelegen, bis König Friedrich Wilhelm I. seine Ansprüche auf diese Besitzungen an Holland gegen eine Summe von zweihunderttausend Gulden überlassen habe.

Zwei Tage nach meinem Abgange von Axim stieß ein Kanot mit vier Negern vom Lande ab und knüpfte einen kleinen Handel in Goldstaub mit mir an. Von ihnen erfuhr ich, daß an diesem nämlichen Morgen ein portugiesisches Schiff an dieser Küste gekreuzt und eine Rolle gepreßten brasilianischen Tabak gegen zwei Unzen Gold an sie vertauscht habe. Diese Art Tabak ist in Rindsleder genäht, enthält einige und siebzig Pfund und ist eine von den Schwarzen sehr begierig gesuchte Ware. Das Preisverhältnis aber wird sich ergeben, wenn ich bemerke, daß die Unze Goldstaub dort zu zweiundvierzig holländischen Gulden berechnet zu werden pflegte.

Nichts hätte mir erwünschter sein können, als von diesem Schiffe für meinen eigenen kleinen Handel einige Rollen dieses Tabaks gegen meine Kaufwaren umzusetzen. Ich erblickte auch seine Segel in einer Entfernung von etwa anderthalb Meilen vor mir und säumte also nicht, unter Aufziehung der holländischen Flagge darauf zuzusteuern. Je eifriger ich mich aber mühte, es zu erreichen, desto mehr Segel setzte es auch seinerseits auf, um sich von mir zu entfernen. Ich schoß zu mehreren Malen einen von meinen Böllern unter dem Winde ab, um ihm mein Verlangen nach einer näheren Gemeinschaft zu erkennen zu geben; der Portugiese hingegen manövrierte unaufhörlich, mir durch veränderten Kurs aus dem Gesichte zu kommen. Es schien nicht anders, als ob er sich vor mir fürchtete, ohne daß ich begriff, was ein Schiff von dieser Größe wohl von einem Fahrzeuge wie meinem zu besorgen haben könne.

Ich ließ indes nicht ab bis die Nacht einbrach und die Dunkelheit mir Einhalt gebot. Indem ich aber meinen Weg längs der Küste fortsetzte, hielt ich mich doch mehr seewärts und unter vollen Segeln, und meine Hoffnung, diesem verwunderlichen Gaste dicht auf der Ferse zu bleiben, betrog mich auch so wenig, daß gleich der erste Morgenstrahl mir ihn, kaum dreiviertel Meilen von mir, näher dem Lande zu und über dem Winde wieder zu Gesicht führte. Zugleich erblickte ich, eine Meile von mir entfernt, das englische Fort Descowy, wo auch zwei englische Schiffe auf der Reede vor Anker lagen.

Erpicht auf mein Vorhaben, mit dem Portugiesen zur Sprache zu kommen, steuerte ich von neuem auf ihn zu. Allein bevor ich ihn einholen konnte, war er schon in den Bereich der Engländer gekommen. Einer von ihnen tat einen Schuß auf den Flüchtling, der nun zwar seine Flagge aufzog, aber zugleich auch bei seinem vorigen Kurs beharrte. Zwei darauffolgende Schüsse blieben gleichfalls ohne Wirkung. Nun aber ließen beide Engländer ihre Ankertaue fahren, verlegten dem Portugiesen den Weg und nahmen ihn hart zwischen sich in die Mitte, worauf sie von neuem vor Anker gingen.

Von diesem ganzen Vorgange war ich in fast unmittelbarer Nähe Zeuge gewesen, begriff aber je länger je weniger. Da ich indes wußte, daß England und Holland in vollkommen friedlichem Vernehmen standen, so überwog bei mir die Neugier jede anderweitige Rücksicht. Ich legte mich zuversichtlich neben das eine englische Schiff und stieg sogar an Bord des Portugiesen hinüber, wo mir sofort eine Szene des höchsten Wirrwarrs in die Augen fiel. Die Engländer hatten das Verdeck des angehaltenen Schiffes erfüllt, die Luken geöffnet, und waren im Begriff, eine bedeutende Partie Tabaksrollen auf das Verdeck emporzuwerfen. Der portugiesische Kapitän knirschte mit den Zähnen und schoß wütende Blicke auf mich; seine englischen Herren Kollegen aber, obwohl sie mir etwas glimpflicher begegneten, waren doch mit dem guten Rate fertig, mich augenblicklich davonzupacken.

Je mehr ich sah und hörte, je wundersamer und verdächtiger erschien mir der ganze Handel. Ich hatte nur die Wahl, entweder zu glauben, daß es zwischen der englischen und portugiesischen Regierung zu einem plötzlichen Bruche gekommen, oder daß es die Absicht der Engländer sei, ihre Übermacht hier zu einer gewaltsamen Beraubung zu mißbrauchen. Beides aber ließ es noch immer unerklärt, warum der Portugiese auch mir Ohnmächtigem so geflissentlich ausgewichen sei. Erst späterhin, als ich zu St. George de la Mina angelangt war, sollte ich den Zusammenhang erfahren.

Diese Ankunft erfolgte zwei Tage später, wo ich denn sofort meinem Auftrage durch Überlieferung des Brief-Felleisens und der dazu gehörigen Schlüssel an den Gouverneur genügte. Es ward von diesem in meiner Gegenwart geöffnet und zugleich entspann sich zwischen uns eine vertrauliche Unterhaltung, worin ich mit dem Ehrenmanne um so weniger Umstände machte, als sein Aufzug in einem leinenen Schlafrocke und einer schmierigen Schlafmütze eben nicht geeignet war, einen großen Respekt einzuflößen, wie er mir denn überhaupt als eine gute grundehrliche Haut, und was man einen alten deutschen Degenknopf nennt, erschien. Auch er selbst schien das Zeremoniell wenig zu lieben und lud mich gutmütig ein, ihm die Briefe sortieren zu helfen, da deren verschiedene nach den anderen holländischen Forts auf der Küste abzuschicken waren.

Bei diesem Geschäfte gerieten wir noch tiefer ins Plaudern, und ich erzählte ihm, was sich mit dem portugiesischen Schiffe begeben und wovon ich an dessen Bord Augenzeuge gewesen. Plötzlich geriet mein Mann in Feuer und ward ganz ein anderer, als er kaum ein paar Minuten zuvor gewesen. »Das ist ein ernsthafter Kasus,« sagte er mit Gravität – »und dem müssen wir auf den Grund kommen!« – Zugleich nötigte er mich, in ein anstoßendes Zimmer zu treten und dort den ganzen Vorfall mit all seinen besonderen Umständen zu Papier zu bringen. Nachdem dies geschehen war, eröffnete er mir seinen Entschluß, gleich des nächsten Morgens den hohen Rat zu versammeln, und gab mir auf, zusamt meinem Schiffsvolke vor demselben zu erscheinen, damit wir unsere Aussage eidlich bekräftigten, er aber seine ferneren Maßregeln danach nähme.

Dieser Vorladung gemäß erschien ich am andern Tage mit den Meinigen und ward sofort auch in den Ratssaal eingeführt, über dessen hier kaum erwartete Pracht ich nicht wenig erstaunte. Alles glänzte von Gold, und Tisch und Stühle waren mit violettem Samt überzogen, mit goldenen Tressen besetzt und mit dergleichen Fransen reich umhangen. Mein guter Freund von gestern, der Gouverneur Peter Wortmann, strahlte mir vor allen andern in seiner Herrlichkeit entgegen. Er saß, als Präsident der Versammlung, an dem Sessionstische in einer gewaltigen holländischen Ratsherrenperücke (ein wunderlicher Staat in diesem Klima) und steckte überdem in einer holländischen, goldgestickten Gardeuniform, die dazu noch von Tressen starrte. Auf eine ähnliche Weise, nur etwas minder herausgeputzt, saßen der Fiskal, die Ratsherren und die Assistenten um ihn her und machten die Feierlichkeit vollkommen.

Dennoch war der mir und meinen Leuten hier abgenommene Eid und die wiederholte Aussage über den Vorgang mit dem portugiesischen Schiffe nur eine Zeremonie, und das, was geschehen sollte, schon während der Nacht völlig vorbereitet. Es standen nämlich bereits zwei Kanots fertig, in deren jedes fünfundzwanzig Soldaten und zwanzig Ruderer eingeschifft wurden und die unmittelbar darauf, hinten und vorn mit der holländischen Flagge geschmückt, unter Trommel- und Trompetenklang in See stachen, um das angefochtene portugiesische Schiff aufzusuchen und nach St. George de la Mina zu bringen. Nichts setzte mich hierbei mehr in Erstaunen, als diese Kanots, welche bei einer Länge, die über fünfzig Fuß hinausreichte, und bei einer Breite von sechs bis sechseinhalb Fuß, aus einem einzigen Baume, wiewohl von weichem und leichtem Holze, gehauen waren.

Man sagte mir, daß diese Riesenbäume mehrere Meilen landeinwärts angetroffen würden, wohin unsereiner freilich nicht zu kommen pflegt.

Mit dem ausgezogenen Staatsrocke war der Gouverneur auch wieder mein Freund und Gönner geworden und behielt mich unausgesetzt in seiner Nähe. Von ihm erhielt ich nun auch näheren Aufschluß über alle jene Dinge, die mir bisher so wunderseltsam vorgekommen waren. Er erzählte mir, daß das Fort St. George und die andern davon abhängigen Besitzungen ursprünglich unter portugiesischer Hoheit gestanden, von den Holländern aber, in ihrem ersten großen Freiheitskriege, den Spaniern, welche damals auch Portugal sich einverleibt hatten, abgewonnen worden. Im endlich erfolgten Frieden wären sie auch in den Händen der jungen Republik verblieben, und zwar noch mit der demütigenden Einschränkung, daß forthin kein spanisches oder portugiesisches Schiff an der Küste von Guinea Handel treiben solle, bevor es nicht vor St. George angelegt und zehn Prozent von seiner gesamten Ladung für die Erlaubnis eines freien Verkehrs entrichtet hätte. Bei der geringsten Hintansetzung dieser Verpflichtung sollte jedesmal Schiff und Ladung verfallen sein, und auf diesen Vertrag würde auch immerfort noch um so strenger gehalten, da England und Frankreich ihn späterhin bestätigt hätten.

So begriff ich denn nun, worin der portugiesische Kapitän, dem ich begegnet war, sich strafbar gemacht und warum er gegen mich ein so böses Gewissen verraten hatte, wie aber auch jene beiden Engländer garstig anlaufen dürften, falls er ihnen erweisen könnte, daß sie auf eine räuberische Weise zu ihm an Bord gekommen und ihn zum Handel gezwungen hätten. »Und diese Ausflucht zu benutzen,« setzte der Gouverneur hinzu, »wird er auch sicherlich nicht unterlassen, wie vollkommen ich auch überzeugt bin, daß er von Herzen gern mit den beiden englischen Schiffen ein Geschäft gemacht haben würde, wenn es unter der Hand hätte geschehen können und Ihr nicht, als ein ungelegener Dritter, darüber zugekommen wäret.«

Weiter belehrte er mich, was mir eigentlich bei dieser Gelegenheit zu tun obgelegen hätte, wenn ich mit den Gesetzen und Rechten dieser Weltgegend bekannter gewesen wäre. Ich mußte nämlich meine holländische Flagge an dem Schiffe des Portugiesen befestigen oder auch nur sie über die geöffnete Schiffsluke decken, um dadurch Schiff und Ladung unter ihren Schutz zu setzen. Hätten dann die Engländer gewagt, auch nur irgend etwas anzurühren, so wären sie als offenbare Seeräuber in die schwerste Verantwortung geraten; mir aber hätte dann nach unseren Gesetzen eine Belohnung von hundert Dukaten gebührt.

Zwei Tage nachher kam die ausgeschickte Expedition mit dem ertappten Portugiesen glücklich auf der Reede an. Zufall oder Neugierde führten mich dem Kapitän bei seiner Landung in den Weg, und die grimmigen Blicke, die er auf mich schoß, ließen mich nicht daran zweifeln, daß er mich für seinen Angeber erkannte, dessen Aussagen ihn ins Verderben stürzen würden. Indessen mußte ihn doch gleich sein erstes Verhör eines Besseren belehren und er gefunden haben, daß im Gegenteil meine abgegebene Erklärung zu seinem Vorteile lautete, denn er ließ mich am anderen Tage zu sich bitten, fiel mir dankbar um den Hals, wußte nicht, was er mir zuliebe tun sollte und nötigte mich, eine Rolle Tabak samt zwanzig Pfund Zucker zum Geschenk von ihm anzunehmen.

Obwohl nun mein Geschäft an diesem Platze beendigt war, so hielt mich doch Herr Peter Wortmann von einem Tage zum anderen bei sich auf; sei es, daß er irgendein absonderliches Wohlgefallen an mir gefunden, oder daß sonst Neugier und Langeweile ihn plagten, denn des Fragens, sowohl nach meinen persönlichen Umständen, als überhaupt nach Neuigkeiten aus Europa, wollte kein Ende werden. Das war freilich ebenso erklärbar als verzeihlich. Die Ansiedler in diesen afrikanischen Niederlassungen leben so abgeschieden von der ganzen übrigen Welt, daß sie nur in langen Zwischenräumen erfahren, was sich daheim und anderer Orten begeben hat. Oft bringt ihnen ein Schiff einen ganzen Jahrgang alter Zeitungen auf einmal, die zwar den vollen Reiz der Neuheit für sie haben, aber ihrer Wißbegier dennoch nicht in dem Maße genügen, daß ihnen nicht auch noch manche mündliche Erläuterung zu wünschen übrig bliebe. Hierzu kommt, daß ein großer Teil der hier Angestellten aus deutschen Landsleuten besteht, die insonderheit auch von ihrem lieben Vaterlande hören wollen und darin kaum zu ersättigen sind.

In diesem Falle war nun auch der Gouverneur, der sich aufs Ausfragen verstand, wie irgend einer, dagegen aber auch ebensowenig mit Mitteilungen aus seiner eignen Lebensgeschichte gegen mich zurückhielt. Er war aus Grüningen gebürtig, hatte daselbst das Metzgerhandwerk erlernt und ein Weib genommen, dessen Untreue aber ihn endlich zu dem raschen Entschlusse gebracht, sie zu verlassen und in alle Welt zu gehen. So war er nach Holland geraten, als gemeiner Soldat nach der Küste von Guinea gegangen, hier allmählich zu höheren Militärgraden emporgestiegen und endlich nicht nur Befehlshaber im Fort St. George de la Mina, sondern auch über alle holländischen Besitzungen in dieser Weltgegend geworden. Sein Titel lautete nämlich als General-Gouverneur über die Westküste von Afrika.

Endlich mußte ich mich doch von diesem wackeren Manne trennen, der noch einen bedeutenden Einfluß auf meine Lebenslage gewinnen sollte. Er gab mir ein besonderes Belobungsschreiben an meinen Kapitän mit, worin der Wunsch ausgedrückt war, daß dieser falls neue Kommunikationen mit dem Haupt-Fort und der Regierung notwendig würden, keinem anderen als mir den Auftrag dazu geben möchte. Ich hatte indes den nötigen Ballast eingenommen und machte mich auf den Rückweg nach Westen, um mein Schiff wieder aufzusuchen. Die Reise war ohne besonderen Zufall, doch kann ich nicht umhin, hierbei eines seltsamen Fundes zu erwähnen.

Wir befanden uns etwa vier Meilen vom Lande, und das Meer bot ringsumher eine glatte Fläche dar, in welcher sich die Sonne spiegelte. Zugleich sahen wir, in weiter Ferne seewärts, von Zeit zu Zeit etwas aus dem Wasser glänzend auftauchen, was mir anfangs etwa ein toter Fisch deuchte, dessen silberweißen Bauch die Sonne beschiene. Endlich ließ ich, von Neugier getrieben, darauf zurudern, und da fand sich's denn, daß eine viereckige Bouteille aus einem Flaschenfutter, den Hals nach oben gekehrt und mit einem Korkstöpsel versehen, im Meere schwamm. Ringsum hatte sich ein runder Haufen Seegras angesetzt. Ich ergriff die Flasche, mich weit über Bord lehnend, an der Mündung, war aber nicht imstande, sie von dem Kräutergeflechte zu trennen, es bedurfte erst meines Messers, womit ich alle diese fremdartigen Anhängsel kappte und solchergestalt mich meiner Beute bemächtigte.

Bei genauerer Besichtigung fand sich nun, daß diese Flasche etwa zu einem Drittel (und daher ihre aufrechte Stellung) mit in Branntwein eingemachten, aber freilich schon verdorbenen Kirschen angefüllt und vermutlich auch, als unbrauchbar, über Bord geworfen war. Allein was sie eigentlich in meinen Augen merkwürdig machte, war die Entdeckung, daß sich außen umher überall Schulpen und andere Muscheln fest angesetzt hatten, die hinwiederum den Seegewächsen zu einem Befestigungspunkte gedient, um Wurzeln darin zu schlagen und allmählich zu einem dichten Klumpen von ansehnlichem Umfange heranzuwachsen. Wie lange mußte indes dieses Glas nicht bereits in den Wogen umhergetrieben sein, bevor die Natur nach und nach all diese Erscheinungen an demselben hervorbringen konnte! Es hätte verdient, mit all diesen Anhängseln von Muscheln und Tang in einem Naturalien-Kabinette aufbewahrt zu werden.

Meinen Kapitän mit dem Schiffe fand ich noch bei Kap Mesurado, nachdem ich länger als vier Wochen abwesend gewesen. Bevor ich jedoch zu einer neuen Handelsfahrt abgehen konnte, ward es für nötig befunden, neue Vorräte von Wasser einzunehmen und dieses Geschäft mir zur Ausführung übertragen. Bei dem gegenseitigen Mißtrauen aber, welches zwischen den europäischen Schiffern und den Eingeborenen herrscht und tief in der Natur des hier betriebenen Handels liegt, ist ein solcher Auftrag mit Beschwerde und Gefahr verknüpft und erfordert genaueste Vorsicht, um nicht von den treulosen Afrikanern überwältigt, ausgeplündert und ermordet zu werden.

Das Wasser muß jedesmal von ihnen am Lande erhandelt werden. Man versieht sich hierzu an Bord mit allerlei kleinem Kram an Spiegeln, Korallen, Messern, Fischangeln, Nähnadeln, Zwirn und erwartet dicht am Seestrande, wohlbewaffnet das zufällige Zusammentreffen mit den Eingeborenen, um mit ihnen den Preis für jedes

Faß Wasser, welches man eben holt oder auch künftig zu holen ge-
denkt, zu verabreden. Das hierzu bestimmte Boot bleibt jedesmal bis
hundertzwanzig Klafter weit vom Lande vor Anker liegen. Die ledigen Wassertonnen werden über Bord geworfen und die Neger stürzen
sich in die Brandung, um sie schwimmend ans Land zu bringen und
nach ihren Brunnen und Wasserstellen hinaufzurollen. Sind sie hier
angefüllt und verstopft, so werden sie wieder an den Strand zurück-
gewälzt, von zwei schwimmenden Negern in die Mitte genommen
und an das Boot gebracht, wo ihnen dann die dafür bedungenen Waren ausgeliefert werden.

Als ich in solcher Expedition zum erstenmal das Ufer betrat,
standen bereits zwölf oder vierzehn Schwarze unseres Empfangs gewärtig, und während ich mit etwa zehn meiner Begleiter vollends ins
Trockene watete, kam uns auch ihr Anführer entgegen, bot mir die
Hand, schnitt eine Menge wunderlicher Kapriolen und gab sich mir
endlich mit den Worten »Amo King Sorgo« (ich bin der König
George) zu erkennen. Daß er aber auch für irgend etwas Besonderes
angesehen sein wollte, gab schon sein ganzer Aufzug zu erkennen. Er
war nämlich mit einer alten, zerrissenen, linnenen Pumphose und
einer weißen Kattunweste ohne Ärmel bekleidet, sein noch größerer
Schmuck aber bestand in einer roten und weißen Schminke, womit er
sich Gesicht und Hände scheußlich bemalt hatte. Mit diesem Narren
nun und seinen Untertanen wurden wir des Preises für das
Wasserfüllen einig und hielten uns auch des nächsten Tages wacker
zu unserer Arbeit.

Bei dieser Gelegenheit nahm ich am Strande eine Menge von
Feldsteinen wahr, deren wir als Ballast für Boot und Schaluppe viel-
fach benötigt waren. Ich schloß demnach mit den Negern einen neuen
Handel über eine Bootsladung solcher Steine ab, worin zugleich die
Größe derselben dahin bestimmt wurde, daß ein Mensch sie allenfalls
tragen und damit hantieren könnte. Sie suchten ihrerseits sich den
Transport zu erleichtern, indem sie ein Kanot dicht auf den Strand
zogen und es füllten, soviel es bequem tragen konnte. Dann traten je
vier von ihnen an jede Seite des Fahrzeuges, warteten eine niedrigere
Welle ab und schoben es dann schnell in die See, während einer behende hineinhüpfte, um es vollends an unser Boot zu geleiten und in
dasselbe auszuladen.

Da geschah es, daß einmal eine Woge, stürmischer als die übrigen, über das Kanot herstürzte und es augenblicklich versenkte. So-

fort sprangen die am Ufer zurückgebliebenen hinzu, schwammen nach der Stelle, wo sich der Unfall ereignet hatte, bläuten den ungeschickten Fährmann zu unserer großen Belustigung wacker durch, aber erregten auch ebensosehr unser Erstaunen, als sie hierauf, einer nach dem andern, in eine Tiefe von wenigstens zwölf bis vierzehn Fuß untertauchten und, nach kurzem Verzuge, jeder mit einem Steine von beinahe Zentnersschwere, auf der Schulter, wieder emporkamen. Noch mehr! Mit dieser nämlichen Last schwammen sie, wenngleich mit sichtbarer Anstrengung und blasendem Atem, noch vierzig bis fünfzig Klafter weiter an unser Boot, um ihren Fund an uns abzuliefern.

Noch oft bin ich Zeuge von der ungeheueren Körperkraft der Neger, sowie von ihrer ausgezeichneten Behendigkeit und Ausdauer im Schwimmen gewesen. Wenn sie mit ihren Kanots dicht an der einen Seite des Schiffes lagen und jemand sich einen Spaß mit ihnen machen wollte, so durfte er ihnen nur eine tönerne Tabakspfeife zeigen und sie über den entgegengesetzten Bord ins Meer werfen. Alsogleich auch stürzte sich dann eine Anzahl aus dem Kanot nach in die Flut, tauchte unter dem Schiffe weg in den Grund, und sicherlich kam irgendeiner mit der unbeschädigten Pfeife in der Hand wieder zum Vorschein, wenngleich das Meer auf einer solchen Stelle eine Tiefe von fünfundzwanzig bis fünfunddreißig Klaftern hatte.

Nicht minder habe ich gesehen, wie Kinder von etwa fünf Jahren keck und wohlgemut sich im Wasser tummelten und durcheinander schwammen; ja sogar wie einst ein Neger einen solchen vier- oder fünfjährigen Burschen bei beiden Beinen ergriff und ihn, soweit er mit aller Kraft vermochte, in die See schleuderte. Das Kind kam nach wenig Augenblicken wieder ans Land geschwommen, und seine frohe Miene bewies, wie gering der Eindruck gewesen, den ihm diese rohe Behandlung gemacht hatte.

Noch waren wir mit unseren Stein- und Wasser-Transporten beschäftigt, als ich eines Morgens bei guter Zeit mit dem Boote, unweit des Strandes, zu Anker kam. Hier war indes noch kein Neger sichtbar, um uns bei unseren Fässern Handreichung zu tun. Denn da in dieser Weltgegend die Nächte stets zwölf Stunden währen, so kühlt sich binnen dieser Zeit die Temperatur sehr merklich ab und es weht bis acht oder neun Uhr morgens eine ziemlich frische Luft, die den völlig nackt einhergehenden Negern so empfindlich fällt, daß sie sich nicht gerne früher aus ihren Hütten hervormachen. Ihr Kommen mußte also mit Geduld erwartet werden.

Gerade dieses Warten aber verursachte uns in unserem Boote eine Langeweile, die je länger, je drückender für uns wurde. Unter meinen Gefährten befand sich ein englischer Matrose, der sich bereit erklärte, ans Land zu schwimmen und die säumigen Neger herbeizuholen. Hätte ich auch nicht andere Gründe gehabt, ihm meine Zustimmung zu versagen, so würde mich doch schon die Furcht, daß ein Haifisch ihn packen könnte, dazu bewogen haben. Inzwischen stieg unser Mißmut, und der Engländer erbot sich zu wiederholten Malen, das, wie er vermeinte, ganz unbedenkliche Abenteuer zu bestehen. Mein Kopfschütteln dämpfte seine Begierde nicht, bis ich endlich, mehr ermüdet als billigend ihm erlaubte, zu tun, was er nicht lassen könnte.

Alsobald warf der Mensch sein Hemd von sich, sprang über Bord und steuerte schwimmend dem Lande zu. Allein kaum hatte er sich zwei Klafter weit vom Boote entfernt, so sahen wir ihn auch bereits von einem solchen gefürchteten Tiere umkreist, bis es sich, nach seiner Gewohnheit, auf den Rücken warf, seine unglückliche Beute ergriff und mit ihr davonzog. Bald ragte der Kopf, bald Hand oder Fuß des armen Schwimmers über die Wellen empor, endlich aber verschwand er ganz aus unserem Gesichte, die wir Zeugen dieses gräßlichen Schauspieles hatten sein müssen, ohne helfen und retten zu können. Daß es, als ich wieder an Bord kam, an einem tüchtigen, aber auch verdienten Verweise von meinem Kapitän nicht fehlte, kann man sich wohl vorstellen. Gott wird mir jedoch meine Sünde vergeben, da er am besten weiß, daß ich dies Unglück nicht aus Mutwillen, sondern gänzlich wider Wunsch und Willen verschuldet.

Merkwürdig ist gleichwohl die Versicherung der Neger, die auch durch den Augenschein bestätigt wird, daß keiner ihresgleichen von diesen Haien etwas zu fürchten habe.

Wird das Fleisch auch nicht gegessen, so macht man doch zuzeiten zum Vergnügen Jagd auf die Haifische, und dazu bedarf es nur eines tüchtigen Hakens von irgend einem Kistengehänge, den man an eine starke Leine befestigt, an der Spitze aber mit einem Stücke Speck und dergleichen ködert. Kaum hat er das Wasser erreicht, so hat auch bereits ein Haifisch wütend angebissen, der dann emporgezogen und auf dem Verdecke vollends getötet wird.

Noch lagen wir in dieser Küstengegend vor Anker, als sich ein holländisches Sklavenschiff bei uns einfand und gleichfalls dicht neben uns ankerte. Der Kapitän desselben rief uns zu, daß wir ihn doch mit unserer Schaluppe zu uns herüberholen möchten. Kaum war dies geschehen und er zu uns an Bord gekommen, als er uns die drückende Not klagte, in welcher er sich augenblicklich befände. Elf Mann von seiner Besatzung wären ihm unterwegs gestorben, und noch habe er vierzehn Kranke liegen, so daß er kaum noch fünf gesunde Leute an die Arbeit stellen könne. Auch habe er seither nicht mehr als achtzehn Sklaven eingehandelt, und wisse vor Sorge und Verlegenheit nicht, was er beginnen solle. Sein eigentlicher Wunsch aber war, daß wir ihm einige Köpfe von unserer Mannschaft überlassen möchten. Hieran war jedoch von unserer Seite um so weniger zu denken, als selbst kaum irgend jemand von den Unserigen sich zu einem solchen Tausche freiwillig verstanden haben würde. Der einzige Rat, den wir ihm geben konnten, war, daß er suchen möchte, St. George de la Mina je eher je lieber zu erreichen, wo das Gouvernement verpflichtet sein würde, sich seiner anzunehmen.

Während ich ihn wieder nach seinem Schiffe zurückbrachte, erzählte er mir, daß dieses zu Middelburg in Seeland ausgerüstet worden, er selbst aber heiße Harder, sei, gleich mir, ein Pommer und von Rügenwalde gebürtig. Nun tat es mir doppelt leid um den armen Landsmann, als ich an seinen Bord kam und überall ein Elend und eine Unbereitschaft wahrnahm, wie sie mir noch niemals vorgekommen war. Fast mit Tränen in den Augen trennten wir uns, und sowie ich mich von dem Schiffe entfernte, nahm ich auch wahr, daß es die Anker lichtete und unter Segel ging. Doch mochte es kaum eine Viertelmeile Weges gemacht haben, so legte es sich abermals uns im Gesichte vor Anker.

Mitten in der Nacht aber sahen wir von dorther Gewehrfeuer aufblitzen und hörten neben dem Schießen auch allerlei Lärm und Geräusch, ohne zu wissen, was wir daraus machen sollten. Endlich ward alles wieder still und ruhig; doch als der Tag anbrach, erblickten wir jenes Schiff auf den Strand gesetzt und von unzähligen Negern umschwärmt, deren gleichwohl keiner während der zwei Tage, die wir hier noch liegen blieben, sich vom Lande zu uns an Bord getraute, – zur hinreichenden Bestätigung unseres Argwohns, daß sie den wehrlosen Middelburger überrumpelt, die Besatzung niedergehauen und das Schiff hatten stranden lassen, um seine Ladung desto bequemer zu plündern.

Wenn eine solche blutige Gewalttat den Leser mit Recht empört, so muß dagegen notwendig in Anrechnung gebracht werden, daß dergleichen eigentlich doch nur als Notwehr oder Wiedervergeltung gegen nicht minder abscheuliche Überfälle angesehen werden müssen, welche sich auch die Europäer gegen diese Schwarzen gestatten. Besonders sind die Engländer dafür bekannt, daß sich von Zeit zu Zeit in ihren Häfen einige Rotten von Bösewichtern, fünfzehn bis zwanzig Mann stark, und aus verlaufenen Steuerleuten und Matrosen bestehend, die bereits mit dem Gange des Sklavenhandels bekannt sind, vereinigen, die ein kleines Fahrzeug ausrüsten, sich mit Schießbedarf und Proviant sowie mit einigen Waren-Artikeln, wie sie zu diesem Handel gebräuchlich sind, zum Scheine versehen und so nach der Küste von Guinea steuern. Kommen hier nun die Neger an Bord eines solchen Korsaren, um einen friedlichen Verkehr anzuknüpfen, so fallen diese Räuber über sie her, legen sie samt und sonders in Ketten und Banden; und haben sie der Unglücklichen solchergestalt dreißig bis vierzig oder wie viele sie bewachen können, zusammengerafft, so stechen sie damit nach Südamerika hinüber, um sie an die Spanier oder Portugiesen loszuschlagen. Dort verkaufen sie auch ihr Fahrzeug und gehen nun einzeln als Reisende mit ihrem ungerechten Gewinne nach England zurück, um vielleicht unmittelbar darauf ein neues Unternehmen dieser Art zu wagen.

Es kann nicht fehlen, daß solche Raubzüge dem regelmäßigen Handel an der afrikanischen Küste, sowie dem gegenseitigen Vertrauen, den empfindlichsten Nachteil bringen. Besonders verderblich aber waren sie zu jener Zeit für den Verkehr, welchen die Holländer vermittelst ihrer Boote betrieben, da die Neger diese von jenen englischen Raubfahrzeugen nicht hinreichend zu unterscheiden vermochten. Diese Erfahrung machte auch ich an meinem Teile, als ich, Mitte Februar, mit der Schaluppe unseres Schiffes und begleitet von dreizehn Mann und mit sechs kleinen Pöllern wohl ausgerüstet, eine neue Küstenfahrt antrat. Kurz zuvor nämlich hatte ein solcher englischer Korsar in dieser Gegend herumgekreuzt und mancherlei Unfug verübt. Wo ich mich also irgend blicken ließ, ward ich von den Schwarzen mit jenem verwechselt, nirgends wollte sich ein einziger von ihnen zu mir an Bord getrauen. Kam ja hier und da ein Kanot zum Vorschein, so hielt es sich, voll Argwohn, in einer Entfernung von hundert und mehr Klaftern; die armen furchtsamen Schlucker glotzten mich an, fragten, ob ich ein Engländer oder Holländer sei, und verlangten zum Wahrzeichen des letzteren eine holländische Pfeife zu sehen, als ob diese aus einem anderen Tone gebacken wäre. Oft auch sollte ich ihnen eine Flasche aus meinem Flaschenfutter zeigen, weil sie wußten, daß die englischen Handelsleute dergleichen nicht zu führen pflegten.

Mit solcherlei kleinen Künsten und guten Worten gelang es mir endlich doch, drei Neger, die in einem Kanot gekommen waren, zu bewegen, zu mir an Bord zu steigen. Sie hatten einen Elefantenzahn zu verhandeln, aber in ihren scheuen Blicken erriet ich die Angst und den Zweifel, ob sie bei mir auch sicher sein würden. Nun wollte es der Zufall, daß ich einen etwas närrischen Matrosen im Boote hatte, der sich den Spaß machte, einen von unseren Gästen um den Leib zu fassen und ihn auf die schwarzen Lenden zu klatschen. Allein dies Übermaß von guter Laune brachte einen so plötzlichen und heftigen Schreck über sie alle, daß sie sich kopfüber in ihr Kanot stürzten und eiligst davonmachten, ohne ihres Elefantenzahnes zu gedenken, den sie in unseren Händen zurückließen. In einiger Entfernung hielten sie indes an, huben die Hände in die Höhe und baten um Auslieferung ihres Eigentums.

All mein Winken und gütliches Zureden zur Umkehr war vergeblich. Je ernstlicher mein Unwille über das so mutwillig gestörte gute Vernehmen war, desto weniger bedachte ich mich, nach einem tüchtigen Endchen Tau zu greifen und den Friedensstörer im Angesichte jener nachdrücklich abzustrafen. Diese Gerechtigkeitspflege gab ihnen wenigstens den Mut, sich, obwohl mit Zittern und Zagen, soweit zu nähern, daß wir ihnen ihren Zahn ins Kanot werfen konnten. Da sie es aber immer noch weigerten, sich uns näher anzuvertrauen, so ließen wir sie endlich in Frieden ihres Weges nach dem Lande ziehen.

enige Tage später befand ich mich vor der Mündung eines kleinen Flusses, genannt Rio de St. Paul, aus welchem zwei Neger in einem Kanot zu mir herankamen, um mir den Kauf von zwei Sklaven und einer Kackebobe (junge Sklavin, die noch nicht Mutter geworden) anzubieten, die sie daheim bewahrten und wohlfeilen Preises loszuschlagen gedächten. Doch war die Bedingung, daß ich mit dem Boote zu ihnen in den Strom kommen mußte, weil sie mit ihren Nachbarn am anderen Ufer in offener Fehde begriffen wären, die sie sonst mit ihrer Ware nicht ungehindert passieren lassen möchten. Wie mißlich mir auch dieser Antrag deuchte, so überwog doch endlich die Betrachtung, daß ich bereits seit mehreren Tagen zu gar keinem Handel hatte kommen können und daß hier schon einmal etwas gewagt sein wolle. Nachdem ich also meine kleinen Pöller geladen, die Gewehre zur Hand genommen und mich in gehörige Verfassung gesetzt hatte, ruderte ich getrost auf den Ausfluß zu, während die beiden Schwarzen bei mir im Fahrzeuge verblieben.

Ein paar hundert Klafter mochte ich stromaufwärts gekommen sein, wo ich beide Ufer dicht mit Gebüsch verwachsen fand und der Fluß selbst eine Krümmung machte, als ich es unter solchen Umständen doch für ratsam hielt, hier vor Anker zu gehen, wie sehr meine neuen Begleiter auch in mich drangen, noch weiter hinauf bis an ihre Heimat zu fahren. Da ich dies aber beharrlich weigerte, gingen sie in ihrem Kanot ab und kamen mir aus dem Gesichte. Inzwischen verging wohl noch eine Stunde, die ich in immer gespannterer Erwartung zubrachte, als plötzlich ein Schuß fiel und gleich darauf ein gewaltiger Lärm sich erhob. Hierdurch mit Recht beunruhigt, ließ ich augenblicklich das Bootsanker aus dem Grunde reißen, das Fahrzeug seewärts umwenden, und begann das Weite zu suchen. Gleichzeitig stürzte auch einer von jenen beiden Negern vom Ufer herwärts in den Strom, schwamm zu uns ans Boot und verlangte aufgenommen zu werden, indem er immerfort schrie: »Sie sind da! Sie sind da! und meinen Bruder haben sie schon in ihrer Gewalt!«

Kaum hatte ich indes die Strommündung erreicht und die Brandung hinter mir, so füllte sich auch das Seeufer mit einer großen Anzahl von schwarzen Verfolgern, die mir eine Menge von Kugeln und Pfeilen nachschickten, jedoch ohne jemand von uns zu treffen, wogegen aber unsere Segel verschiedene Schüsse empfingen. So kam ich also noch leidlich gut aus einem Abenteuer davon, das mir und allen im Boote den elendesten Tod hätte bringen können, wenn ich nur noch eine einzige Minute gezögert hätte, an meinen Rückweg zu denken. Was aber nun mit unserem neuen Bootskameraden beginnen? – Wäre es auch nach den holländischen Gesetzen nicht bei Lebensstrafe verboten, öffentlichen oder heimlichen Menschenraub zu begehen, so hätte ich mich doch nimmermehr entschließen können, sein Zutrauen so schändlich zu mißbrauchen und mich für den verfehlten Handel an seine schwarze Haut zu halten. Nachdem ich also noch etwa eine halbe Meile längs dem Strande gesegelt war, gab ich ihm seinen Freipaß und ließ ihn wieder nach dem Lande schwimmen, wo der arme Teufel hoffentlich in Sicherheit gelangte.

Doch ehe ich noch ganz außerhalb des Bereiches unserer Widersacher kam, bemerkte ich mit Verwunderung, daß das Boot weder gehörig steuern, noch so rasch von der Stelle wollte, als es seiner Besegelung nach gesollt hätte. In der Meinung, daß sich Kraut oder Strauchwerk am Kiel verfangen und das Steuerruder behindert habe, lehnte ich mich, soweit wie möglich, über Bord, um die Seiten und den Boden des Fahrzeugs unterhalb des Wassers zu untersuchen. Da fand ich denn, daß sich Tausende von Neunaugen festgesogen hatten, die sich in dem süßen Stromwasser befunden und mit unseren Feinden gemeinschaftliche Sache gemacht zu haben schienen, um uns dort zurückzuhalten. Da alles losreißen mit den Händen nicht genügte, uns von diesem Ungeziefer zu befreien, so zogen wir endlich einige Taue unter dem Boote durch, womit wir die Tiere allmählich abstreiften.

Während ich nun meinen Verkehr bald mit mehr bald mit weniger Glück an der Küste fortsetzte und mich dabei immer weiter vom Schiffe entfernte, begann mir allmählich das frische Wasser zu mangeln, ohne daß ich dessen am Lande wieder hätte habhaft werden können. Es schien mir demnach geraten, mich wieder nach dem Schiffe hinzuwenden; gleichwohl aber fand ich in der Zwischenzeit von dreizehn Tagen, samt meinen Gefährten und den paar erhandelten Negern, Gelegenheit, die steigenden Schrecknisse eines unauslöschlichen Durstes unter diesem glühenden Himmel zu erproben. Wer es nicht selbst erfahren hat, ist durchaus unfähig, sich dieses Elend in

163

seiner ganzen Größe vorzustellen. Mit dem Mangel an frischem Wasser wurden uns auch unsere trockenen Lebensvorräte an Erbsen, Graupen usw. unbrauchbar, denn mit Seewasser gekocht, blieben sie hart und waren zugleich von so bitterem Geschmack, daß sie stets wie das heftigste Brechmittel wirkten. Ebensowenig konnten wir unser Pökelfleisch ungewässert kochen und verzehren, ohne unseren grausamen Durst noch zu steigern, und selbst unseren trockenen Zwieback vermochten wir unaufgeweicht nicht durch den ausgedörrten Hals zu würgen.

In diesem Drangsal erinnerte ich mich, gehört zu haben, daß der sparsame Genuß des Branntweins in solchen Fällen ein erprobtes Mittel zur Linderung des Durstes darbiete. Allein die kleine Probe, die wir damit anstellten, bekam uns gar übel, denn die Hitze dieses Getränkes trieb uns so viel Galle in den Magen, daß wir selbst den Mund beständig voll davon hatten und darüber zum Sterben erkrankten. Trotz meiner von jeher eisernen Natur befand ich mich am elendesten unter allen und lag fast regungslos auf dem Verdeck. Nur unsere Sklaven schienen im ganzen von dieser Not wenig angefochten zu werden.

In der Tat aber war es bei uns aufs Höchste gestiegen, als wir in der Ferne ein Segel erblickten und um so freudiger darauf lossteuerten, da wir es bald für ein holländisches erkannten. Wir klagten dem Kapitän unser Elend und baten um Abhilfe, erhielten aber den schlechten Trost, daß es ihm selbst an frischem Wasser fehle, doch wolle er unserem dringendsten Bedürfnisse abhelfen; und so schickte er uns wirklich ein Fäßchen, das vielleicht ein halb Anker halten mochte, herüber.

Mit einer Begierde, die keine Beschreibung zuläßt, setzte ich sofort das Gefäß an den Mund, und so wohl ward mir dabei, daß ich fortgetrunken haben würde, bis ich auf der Stelle den Tod davon gehabt, wenn meine Leute ebenso ungeduldig es mir nicht weggerissen hätten. Als nun aber auch einer nach dem anderen sich gütlich getan, war das Wasser schier alle geworden. Die Leute, welche es uns in ihrer Schaluppe gebracht hatten und Zeugen von diesem Auftritte waren, konnten des Erstaunens über unsere ausgedörrten Kehlen und unser Elend kein Ende finden. Um so williger erfüllten sie meine Bitte, ihren Kapitän um noch einigen Vorrat anzugehen. Ihre Verwendung war auch nicht ohne Erfolg: es ward uns ein zweites halbes Ankerfäßchen zugestanden.

Solchergestalt versehen, gönnten wir uns eine neue Erquickung, indem wir uns sofort nicht nur einen Kaffee bereiteten, sondern auch einen Kessel mit Graupengrütze zum Feuer brachten, um endlich wieder einmal eine ordentliche warme Speise zu genießen. Das gleiche wiederholten wir am nächstfolgenden Tage, aber mit dem dritten war nun auch wieder unsere Labequelle versiegt, und das vorige Fasten wäre wieder an die Tagesordnung getreten, wenn wir nicht noch des nämlichen Tages ein Kanot mit zwei Negern angetroffen hätten, mit denen ich mich über einen kleinen Wassertransport vom Lande verständigte. Allein die Burschen merkten, daß wir uns in Verlegenheit befanden, und forderten für die Lieferung von zwei Fäßchen, die ich ihnen zeigte, und deren jedes etwa dreißig Quart enthalten mochte, einen so ungeheuern Preis an Waren, daß wir dafür in Europa den köstlichsten Wein hätten kaufen können.

Drei Tage später erreichten wir unser längst ersehntes Schiff, das bei Kap la How kreuzte; aber unsere diesmalige Fahrt, die gleichwohl bis in die fünfte Woche gewährt hatte, war in jedem Betracht ungünstig ausgefallen, denn wir brachten nur drei Sklaven und fünf Elefantenzähne mit. Glücklicher war unter der Zeit das Schiff selbst in seinem Handel gewesen.

Während der acht Tage, die ich am Borde verweilte, um mich, mit Hoffnung besseren Erfolgs, auf eine neue Bootsreise anzuschicken, kam ein Schiff unter französischer Flagge und als Fregatte gebaut in unseren Gesichtskreis, welches von Norden nach Süden längs der Küste steuerte. Sogleich auch gab mir mein Kapitän den Auftrag, mit der Schaluppe hinüberzusegeln und nach neuen Zeitungen über Krieg und Frieden in Europa nachzufragen, damit wir, falls unsere Nation seit unserer Abfahrt irgend in Krieg verwickelt worden wäre, unsere Maßregeln desto sicherer danach nehmen könnten. Den schon genannten französischen Matrosen Josef nahm ich mit als Dolmetscher.

Dort angelangt, fand ich eine Menge von Schiffsoffizieren (oder mochten es Passagiere in Uniform sein) vor, die meine Begrüßung mit Höflichkeit erwiderten und ebenso auch meine Fragen über ihren Kurs und wie lange sie bereits in See gewesen, beantworteten. Indem ich auf diese Weise vernahm, daß sie vor etwa vier Wochen von Havre de Grace in See gegangen, fiel mir augenblicklich jenes von seiner Mannschaft verlassene Schiff ein, welches wir im vorigen Oktober in der spanischen See angetroffen und besetzt hatten und welches gleichfalls von jenem Hafen nach den Antillen bestimmt gewesen. Ich trug demnach meinem Dolmetscher auf, die Herren zu fragen, ob und was ihnen von diesem Schiffe bewußt sein möchte?

Schon an ihren verwunderten Gesichtern konnte ich es spüren, daß sie mit diesem Ereignisse bereits bekannt sein müßten, und nun erfuhr ich von ihnen folgende Umstände, die mich dem völligen Aufschlusse jener rätselhaften Begebenheit um manches näher führten. Das Schiff war, nachdem es uns so plötzlich von der Seite verschwunden, wider all unser Hoffen glücklich in Rotterdam angekommen, wo man aus den vorgefundenen Papieren sofort ersehen hatte, daß es von Havre de Grace ausgefahren gewesen. Diesem zufolge hatten die holländischen Behörden sowohl an den Handelsstand in jenem französischen Hafen ein Zirkulär erlassen, als durch die Zeitungen öffentlich bekannt gemacht: Kapitän Johann Harmel mit dem Schiffe Christina von Rotterdam habe in den spanischen Gewässern ein französisches Schiff menschenleer umhertreibend angetroffen, mit Mannschaft besetzt und nach Holland führen lassen. Bei näherer Untersuchung sei befunden worden, daß hinten unterhalb Wassers zwei Löcher durch das Schiff gebohrt gewesen, indem der dazu gebrauchte Bohrer noch daneben gelegen. Die stumpfe Schneide desselben habe jedoch verursacht, daß die Späne von der äußeren Plankenhaut nicht scharf abgeschnitten worden, sich in die Öffnung zurückgelegt, voll Wasser gesogen und dadurch verhindert hätten, daß dieses habe eindringen und das Schiff zum Sinken bringen können. Nicht minder wunderbar habe eingedrungene Nässe das Fortglimmen einer schon brennenden, zehn Fuß langen Lunte gewehrt, deren entgegengesetztes Ende zu einem Pulverfasse geleitet worden. Aus beiden frevelhaften Versuchen aber gehe deutlich hervor, daß das Schiff mutwillig und ohne Not verlassen worden und entweder habe sinken oder in die Luft fliegen sollen.

Während nun durch diese Kundmachungen die Reeder des Schiffes aufgefordert worden, sich zu ihrem Eigentume zu melden, hatte auch der französische Kapitän desselben von Lissabon aus an sie nach Havre de Grace geschrieben: sein Schiff sei im Meerbusen von Biscaya so leck geworden, daß er befürchtet, jeden Augenblick sinken zu müssen, als zum Glück ein schwedischer Ostindienfahrer in seine Nähe gekommen, der sich auf sein dringendes Bitten habe bewegen lassen, ihn und die übrige Mannschaft zu ihrer aller Lebensrettung an seinen Bord abzuholen. Dieser sei darauf zu Lissabon angekehrt und habe sie sämtlich dort ans Land gesetzt. Er habe nicht unterlassen, hier mit seinen Leuten alsogleich eine gerichtliche eidliche Erklärung abzulegen, die er zugleich mit einsende.

Beide Nachrichten, welche zu der nämlichen Zeit in Umlauf kamen, ließen es in ihrer Zusammenstellung keinen Augenblick zweifelhaft, daß der französische Kapitän ein abgefeimter Betrüger gewesen, und auch die darauf angestellte gerichtliche Untersuchung ergab, daß er mit zwei Mit-Reedern des Schiffs unter einer Decke gesteckt, indem sie dasselbe zu gleicher Zeit in London, Amsterdam und Hamburg für große Summen versichern ließen. Diese sahen nun ihrer gerechten Strafe entgegen; ihr Mitschuldiger aber (wahrscheinlich unter der Hand von ihnen selbst gewarnt) hatte es fürs Klügste gefunden, sich in Lissabon unsichtbar zu machen, ohne wieder nach seiner Heimat zu verlangen.

Für unser Schiffsvolk ward ich, als ich mit diesen Nachrichten von der glücklichen Bergung unserer schon verloren gegebenen Prise wieder an Bord kehrte, ein wahrer Freudenbote: denn nun durfte jeder auf seinen Anteil an der Prämie hoffen. Es begann sofort ein Handel über den anderen wegen dieser zu erwartenden Prisen-Gelder. Einige verkauften ihr Anrecht für wenige Flaschen Branntwein, andere für etliche Pfund Tabak, ohne sich um die wahrscheinliche Übervorteilung zu kümmern.

ach Verlauf einiger Tage rüstete ich mein Boot zu einer neuen dritten Handelsfahrt zu; und diesmal durfte ich auch für meinen Privatverkehr, im Einkauf von Staubgold, gewisseren Vorteil hoffen, da wir uns nunmehr im Angesichte der sogenannten »Goldküste« befanden.

So verschwenderisch hat die Natur hier ihr edelstes Metall verbreitet, daß selbst der Seesand dessen in hinreichender Menge mit sich führt, um die Mühe des Einsammelns zu vergüten. Wenn daher vormittags die Sonne hoch genug gestiegen ist, um den nackten Negern die Lufttemperatur behaglich zu machen, finden sie sich zu Hunderten am Strande ein. Dann setzen sie sich dicht neben dem Ablauf der Wellen ins Wasser, und jeder hält eine tiefe hölzerne Schüssel (deren die Schiffe ihnen als Handelsware zuführen) vor sich zwischen den Knien, nachdem er sie zuvor voll goldhaltigen Sandes geschöpft. Sie wissen diese Gefäße so geschickt zu drehen, daß jede anlaufende Welle darüber hinspült und etwas von dem leichteren Sande über den Rand mit sich fortschwemmt, während das Metall sich vermöge seiner natürlichen Schwere tiefer zu Boden senkt. Dies wird so lange wiederholt, bis der Sand beinahe gänzlich verschwunden ist und das reine Staubgold, kaum noch mit einigen fremden Körnern untermischt, sichtbar geworden. Die Neger wissen es sodann gar geschickt und behende in ihre kleinen Dosen aufzufassen, die wir ihnen gleichfalls zum Verkaufe bringen. Auf diese Weise habe ich wohl selbst zum öftern gesehen, daß manche binnen acht bis zehn Stunden den Wert von sechs bis zwölf und mehr holländischen Stübern zuwege brachten.

Noch weiß ich aus den deshalb angestellten Erkundigungen, daß sie auch weiter landeinwärts mit dem dort befindlichen goldhaltigen Kiessande auf eine ähnliche Art verfahren, indem sie diese Erdklumpen in die Nähe eines Gewässers tragen und Erde, Sand und Kies so lange durcheinander rühren und ausspülen, bis sie zu dem nämlichen Erfolg gelangen. Hier aber finden sich auch nicht selten bedeutendere

Stückchen Goldes, selbst von der Größe wie unser grober Seegries. Die Neger nennen es »heiliges Gold«, durchbohren es, reihen es auf Fäden und schmücken mit diesen kostbaren Schnüren Hals, Arme und Beine. In solchem stattlichen Putze zeigen sie sich gern auf den Schiffen, und so trägt oft ein einziger einen Wert von mehr als tausend Talern am Leibe.

Stellen sie ihr gewonnenes Gold auf den europäischen Fahrzeugen zum Kaufe, so werden ihnen zuvor die Tauschwaren vorgelegt und über deren Wert eine Übereinkunft getroffen. Dieser Wert wird in »Bontjes« bestimmt, oder Stückchen Goldes, etwa eine Erbse schwer und zu sechs Stüber Geldwert zu berechnen. Acht Bontjes betragen ein Entis oder einen Taler holländisch, und zehn Entis ein Lot, dessen Wert zu vierundzwanzig holländischen Gulden oder nach Unzen zu zweiundvierzig Gulden angeschlagen wird. Die Neger ihrerseits bedienen sich ähnlicher Gewichte, welche aber gegen die holländischen jedesmal zu kurz kommen.

Hier geht nun das Streiten und Zanken an. Immer noch fehlt etwas – noch etwas, und so weiter, bis man denn zuletzt unter Zanken und Streiten doch einig wird. Betrogen aber werden die Neger endlich doch immer, wie schlau sie es auch anfangen mögen! Mancher Weiße läßt sich sogar absichtlich die Nägel an den Fingern lang wachsen, rührt damit in dem Staubgolde unter dem Vorwande, als werde er noch gelben Sand unter den Metallkörnchen gewahr, umher, und kraut sich dann unmittelbar darauf mit den Nägeln in den Haaren, um die aufgefischte Beute dort abzusetzen. Haben sich endlich die Verkäufer entfernt, so kämmt er sein struppiges Haar mit einem engen Kamme wohl durch und bringt dadurch zuweilen zwei und noch mehr Bontjes Goldstaub vom Kopfe. Niemand rechnet sich diese Hinterlist zum Vorwurf. Es heißt dann immer: »Nun, was ist's mehr? Ist's doch nur ein Neger, der angeführt wird!«

Nachdem ich endlich eines Morgens meine Fahrt wirklich angetreten hatte und etwa drei Meilen vom Schiffe entfernt war, kam mir noch an dem nämlichen Nachmittage ein kleines englisches Schiff zu Gesichte, das ungewöhnlich nahe am Strande vor Anker lag, während ein Teil der Segel und des Takelwerks sich in größter Unordnung befand und wild um die Masten peitschte. Indem ich meine Begleiter auf diese in solcher Lage unbegreifliche Nachlässigkeit aufmerksam machte, beschloß ich, mich diesem Fahrzeuge zu nähern, ob ihm vielleicht Hilfe vonnöten sein möchte. Bald kam ich im Heransegeln so dicht an seine Seite, daß ich ihm zurufen konnte: »Warum er sich in diese gefährliche Nähe an einem unsichern Strande gelegt habe?«

War ich bereits verwundert, so ward ich es noch vielmehr, als sich kein einziger Weißer am Borde blicken ließ, dagegen aber wohl zwanzig bis dreißig Neger auf dem Verdeck herumstanden und -gingen. Vor allem zeichnete sich ein Kerl auf dem Hinterteile, mit einem blauen Überrocke bekleidet, durch seine Keckheit aus, indem er ein kurzes weitmündiges Schießgewehr (wir nennen es eine Donnerbüchse) in der Hand führte und auf uns anlegte. Ein anderer stand vorn mit einer weißen Weste ohne Ärmel und lag mit seinem Gewehre ebenfalls im Anschlage auf uns. Auch die übrigen alle längs dem Borde winkten mit den Händen abwärts und schrien aus vollem Halse: Go way! Go way (Packt euch!)

Was war natürlicher zu glauben, als daß dies Schiff soeben in die Gewalt der Schwarzen geraten, welche die englische Mannschaft ermordet hätten und im Begriff ständen, ihre Beute auszuplündern. Hier war es also allerdings nicht ratsam, lange zu verweilen. Ich steuerte demnach ab gegen den Wind: doch indem ich mich außer der Schußweite sah, fing ich an zu überlegen, daß es nicht gar ehrenvoll für uns aussehen würde, die schwarzen Räuber ihr Wesen so ganz ungestört treiben zu lassen. Ich beriet mich mit meinen Leuten, ob nicht ein entschlossener Angriff auf die Brut zu wagen sein möchte? Denn wenn wir gleich mit einem tüchtigen Feuer auf sie anrückten, so war ich der Meinung, daß die Kerle, da sie so dicht am Lande lagen, bald über Bord springen und uns das Schiff als gute Prise überlassen würden.

Dieser Vorschlag mit so glänzender Aussicht auf Gewinn verbunden gewann sich alsobald ihren ungeteilten Beifall. Um mir aber jede künftige Verantwortung und üble Nachrede zu ersparen, fuhr ich fort: »Ihr habt aber auch gesehen, daß wenigstens zwei von ihnen Schießgewehre führen und es sicherlich auch gebrauchen werden, bevor sie uns das Feld räumen. Sollte nun einer oder der andere von uns dabei zu Schaden kommen, so sage niemand, ich hätte ihn zu dem Unternehmen gezwungen. Hier bedarf es durchaus eines freiwilligen Entschlusses. Also: ja oder nein?« Ihr kaltblütiges »Ja« weckte das glimmende Feuer in mir zur vollen lichten Flamme. – »Wir gehen drauf los und jagen die schwarzen Bestien durch ein Knopfloch?« fragte ich noch lauter und heftiger. – »Ja, das wollen wir!« scholl mir zur Antwort entgegen. – »Nun denn! Immer drauf, in Gottes Namen!«

Sofort sprang ich nun hinten in die Luke, ergriff ein kleines Pulverfaß, das sechzehn Pfund enthielt, trat ihm hastig mit einem Fußstoße den Boden ein, füllte meinen Hut mit Pulver, eilte damit aufs Deck, lud meine sechs Böller allein, setzte auf jede Ladung zwei Kugeln und ließ ein paar angezündete Lunten in Bereitschaft halten. Den besten und zuverlässigsten Mann setzte ich ans Ruder mit dem Befehl, daß er von vorn auf das Schiff zusteuern und dann längs dem Borde hinwegstreifen sollte. Das Abfeuern meines Geschützes behielt ich mir selbst vor, um meines Zieles desto sicherer nicht zu fehlen, wogegen meine übrigen Leute im rechten Augenblicke mit dem Handgewehre ihr Bestes tun sollten.

Wie gesagt, so geschehen! Wir steuerten so dicht auf die erhoffte Prise los, daß wir ihren Bord im Vorüberfahren mit einem Bootshaken hätten entern können. Währenddem gab ich zugleich aus all meinen vier Böllern Feuer, hatte aber den Schreck, zu sehen, wie sie samt und sonders zersprangen, weil ich sie in meinem Eifer stark überladen hatte. Was mich jedoch auf der Stelle tröstete, indem wir nun hinter das Schiff kamen, war die gelungene Frucht meines Knallens – der Anblick einer guten Anzahl schwarzer Köpfe im Wasser, die bereits eifrig dem Lande zuschwammen.

Jetzt rief ich meinen Leuten zu: »Das Boot umgelegt! Nun dran! Nun geentert! Handgewehr aufs Deck!« – Ich selbst sprang wiederum hinten in die Luke hinab, um die Gewehre, die uns früher hinderlich gewesen wären, schnell hervorzulangen: aber da sprudelte mir von unten ein mächtiger Wasserstrahl aus dem Boden des Fahrzeuges entgegen. Es war nicht anders zu erklären, als daß, während der Pulverdampf alles erfüllte, im Vorüberfahren jener Kerl mit der Donnerbüchse vom höheren Hinterteile herab gerade in die offene Luke gehalten und den Boden so unglücklich durchschossen haben mußte.

Ich trat augenblicklich mit dem Fuße auf das Loch und schrie nach irgendeinem Kleidungsstücke, um davon einen Pfropfen zu drehen und diesen in oder auf die Öffnung zu stopfen. Meine Leute aber standen alle wie bedonnert, ohne meine Meinung zu fassen. Endlich riß ich mir selbst das Hemd vom Leibe, wickelte es so fest zusammen als mir möglich war und suchte dem Unheil vorläufig damit abzuhelfen. Doch wie ich nun auf das Deck kam, nahm ich wahr, daß das Boot fast bis zum Sinken tief lag und das eingedrungene Wasser es binnen der kurzen Zeit schier bis oben erfüllt hatte. Noch empfindlicher aber ward mir dies Unglück in der Betrachtung, daß ich soeben erst mein Schiff verlassen hatte und nun mein noch vollständiger Vorrat von Handelswaren durchnäßt und nur zu gewiß verdorben worden. An die Fortsetzung des Gefechts war unter diesen Umständen nicht mehr zu denken, und alle unsere schon erlangten Vorteile mußten aufgegeben werden.

Ich entfernte mich also mit großem Schaden von dem Kampfplatze. Dreiviertel Meilen weiter von hier, unter dem Winde, nahm ich ein Schiff vor Anker wahr, auf welches ich zusegelte, bis ich neben ihm gleichfalls den Anker fallen ließ, um mein eingedrungenes Wasser auszupumpen. Der Kapitän jenes Schiffes kam in seiner Schaluppe zu mir, weil er wahrgenommen, daß ich bei jenem Fahrzeuge geschossen und zu wissen wünschte, was dies zu bedeuten gehabt. – Mein Bericht setzte ihn ebenso sehr in Erstaunen, als er mir sein Beileid bezeigte, denn ich hatte soeben die unerfreuliche Entdeckung gemacht, daß meine Waren nicht nur sämtlich unter Wasser gelegen, sondern daß auch die Pulverfässer durch das Schlingern des Bootes ihren Inhalt dem Wasser mitgeteilt und all meine Zeugwaren völlig schwarz gefärbt hatten.

Der Kapitän bemerkte, daß er das englische Fahrzeug bereits seit drei Tagen dort habe liegen sehen. Gegen den Wind habe er nicht heransteuern können; und da auch sein Boot gerade auf einer Handelsreise abwesend sei, so habe er bisher einen untätigen Zuschauer abgeben müssen. Er wolle mir aber mein Boot in möglichst kurzer Zeit wieder dicht machen helfen, sich persönlich mit mir vereinigen, noch etwa zehn oder zwanzig Köpfe von seinen Leuten mit zu Hilfe nehmen, und das englische Schiff mit mir gemeinschaftlich angreifen und nehmen. Allein ich hatte in dem Augenblicke den Kopf zu voll von meinem Unglücke. Ich schlug ihm daher meine Teilnahme an der Fortsetzung dieses Abenteuers ab; und wahrscheinlich wäre es auch ebenso fruchtlos abgelaufen, denn schon am nächstfolgenden Morgen sahen wir das englische Schiff völlig am Strande liegen, wohin es die Schwarzen hatten treiben lassen.

Für mich blieb nun kein anderer Rat, als mich wieder nach unserer Christina zu wenden und eine neue Ausrüstung zu verlangen. Indes mag sich der Leser selbst eine Vorstellung davon machen, mit welch garstigem Willkommen ich dort, nach Abstattung meines Berichtes, von meinem Kapitän empfangen wurde, der das Unglück hatte, fast beständig betrunken zu sein. Er wollte mich totstechen, totschießen, oder mir sonst auf eine neue, noch unerhörte Manier den

Garaus machen. Da ich nun meinerseits des Glaubens war, daß ich vollkommen recht und pflichtmäßig gehandelt, und ich den unglücklichen Zufall, der hier den Ausschlag gegeben, nicht verantworten könnte, so mochte ich auch nicht demütig zu Kreuze kriechen; und so gab es nun noch drei Wochen lang zwischen uns nichts als täglichen Verdruß (denn im Ärger sprach mein Gegner nur um so fleißiger der Flasche zu und ward dann wie ein tolles Tier), bis wir endlich vor St. George de la Mina anlangten, um dort unsern letzten Handel abzuschließen.

Hier fand ich den Gouverneur Peter Wortmann noch von den nämlichen wohlwollenden Gesinnungen gegen mich erfüllt, wie ich ihn vormals verlassen hatte. Ich klagte ihm bei Gelegenheit mein ganzes Unglück und meine Mißhelligkeit mit dem Kapitän, der mir alle Ruhe des Lebens verbitterte. Er dagegen hieß mich guten Mutes sein, indem er ehestens den hohen Rat versammeln wolle, wo ich volle Freiheit finden würde, mein Verfahren zu verteidigen. Dies geschah auch wirklich bald nachher in einer Sitzung, wozu außer den ordentlichen Räten noch fünf holländische Schiffskapitäne, die dort eben mit ihren Schiffen auf der Reede lagen, mit hinzugezogen wurden. Ich erklärte vor dieser Versammlung, unter dem Vorsitze des Gouverneurs und im Beisein Kapitän Harmels, den ganzen Verlauf der Sache mit dem Angriffe auf das englische Fahrzeug; daß ich, was ich getan, zugunsten unseres Schiffes und unserer Leute unternommen, welche, wenn die Besitznahme geglückt wäre, nach den Seerechten zwei Drittel der Ladung als Bergelohn zu fordern berechtigt gewesen sein würden. Ob mein Angriff ungeschickt geleitet worden und ob ich ohne den empfangenen Schuß mein Vorhaben nicht unfehlbar erreicht haben würde, überließ ich dem Gerichte zur einsichtsvollen Beurteilung. – Die Folge dieser Verantwortung war, daß ich einstimmig und mit Ehren freigesprochen wurde.

Während unseres ferneren Verweilens vor diesem Platze kam eines Tages ein holländisches Schiff auf der Reede vor Anker, welches sofort auch die Notflagge wehen ließ und mehrere Notschüsse abfeuerte. Von allen anwesenden Schiffen konnte indes nichts zu etwaigem Beistande geschehen, da unsere sämtlichen Kapitäne eben mit den Schaluppen an Land gegangen waren und wir Steuerleute kein anderes Boot zu unserer Verfügung hatten. Doch sahen wir bald, daß vom Fort aus ein Kanot mit vier Negern abstieß, eiligst nach dem notleidenden Schiffe hinruderte und auch nach Verlauf einer Stunde von dort wieder zurückkehrte.

Zwei Stunden später kam dies nämliche Kanot, vom Lande aus, wieder zum Vorschein und geradeswegs zu mir. Es brachte mir den schriftlichen Befehl des Gouverneurs, mit diesen Negern zu ihm an Land zu fahren. Ich befolgte diese Weisung, ohne mir's einfallen zu lassen, daß meinem Kapitän hiervon nichts gesagt worden. Indem ich aber in den großen Saal trat, fand ich die nämliche Versammlung, vor welcher ich unlängst zu Gericht gestanden, und auch den Kapitän Harmel an der Tafel bei einem fröhlichen Mittagsmahle sitzen. Kaum aber faßte mich der letztere ins Auge, so sprang er auf und fragte mich in rauhem Tone: was ich am Lande zu schaffen hätte? – Statt der Antwort überreichte ich ihm das von Sr. Edelheiten dem Gouverneur erhaltene Billett und trat währenddessen hinter den Stuhl des letzteren, um zu fragen, was zu seinen Befehlen stände?

»Da ist,« hub dieser an, indem er aufstand und sich zu mir wandte, »soeben der Kapitän Santleven von Vliessingen auf der Reede angelangt und befindet sich im äußersten Drangsal. Er selbst liegt krank im Bette; seine Steuerleute sind tot; er hat daneben beinahe hundert Sklaven an Bord, und seine Not und Verlegenheit ist dermaßen groß, daß er hat eilen müssen, diese Station zu erreichen, um von den hier liegenden Schiffen einen Steuermann zu erlangen, der die Führung des Schiffes übernehmen möchte. Ich und die übrigen Herren Kapitäne hier wünschten ihm darin, wie billig, zu willfahren und haben Euch, mein lieber Nettelbeck, zu diesem Posten ersehen.«

Bevor noch der Gouverneur seinen Antrag geendigt hatte, begann schon mein Kapitän, ihn unterbrechend, dagegen aus allen Kräften zu protestieren, wie sehr auch die übrigen Anwesenden bemüht waren, ihn davon zurückzuhalten. Zuletzt wandte er sich ganz wütend gegen mich und gebot mir: »Nettelbeck, Ihr verfügt Euch stehenden Fußes auf mein Schiff zurück und verseht den Dienst am Bord. Ich will und befehl' es!« – Dem mußte allerdings gehorcht werden! Ich wandte mich ruhig um und ging zum Saale hinaus.

Kaum war ich aus der Türe, so hörte ich etwas hinter mir drein schreiten. Es war einer von den tafelnden Kapitänen, der aufgesprungen war, mich hastig an der Hand ergriff und mich fragte: »Ich bitte Euch um alles – Ihr heißt Nettelbeck?« – Ich bejahte; und nun fuhr jener noch angelegentlicher fort: »Und seid Ihr ein Kolberger? Wohnt nicht Euer Vater dort am Markte? und habt Ihr nicht eine Schwester, die an einem Fuße hinkt?« – Ich bejahte wiederum, aber mit zunehmender Verwunderung, teils über diese genaue Kenntnis meiner Familie, teils über die Absicht all dieser Fragen. »Nun denn,« setzte er mit gleichem Feuer hinzu, »so müßt Ihr ja auch einen Bruder in Königsberg haben, der ein Schiff für eigene Rechnung führt?« – »Der werde ich wohl selbst gewesen sein,« war meine Antwort. – »Wie? Nicht möglich! Ihr selbst? Nun denn, um so weniger ...« unterbrach er sich selbst, hielt mich noch fester und zog mich stürmisch wieder in das eben verlassene Zimmer zurück. Ich wußte am allerwenigsten, was dies alles zu bedeuten haben könnte.

Sein nächstes war nun, daß er sich an den Kapitän Harmel wandte, ihn freundlich umfing, und ihn schmeichelnd zuredete: »Nicht wahr, lieber alter Freund, Ihr gebt meinem und unser aller Drängen eine gute Statt, und überlaßt diesen wackeren Mann an Santleven? Denn ich will's Euch nur sagen: Für alles, was Nettelbeck heißt, laß ich Leib und Leben; und ich will Euch für ihn einen meiner eigenen Steuerleute und einen befahrenen Matrosen obenein, der es auch alle Tage werden könnte, an Bord schicken. Topp?« – Auch die andern insgesamt umringten den zornigen Menschen und redeten so lange auf ihn ein, bis er sich jede Ausflucht abgeschnitten sah, und endlich mir halb über die Achsel entgegenbrummte: »So geht denn meinetwegen zum Teufel!« – Das war und blieb mein Abschied!

Dagegen drang nun der Mann, der mir so das Wort geredet, in mich, jetzt auch sofort mit ihm zu Kapitän Santleven an Bord zu gehen, wohin er mich in seiner Schaluppe bringen wolle. Dies geschah auch, und indem wir nun vom Strande abstießen, konnte ich mich der Frage nicht enthalten, woher er eine so genaue Kenntnis meiner Familie habe, und wie er überhaupt dazu komme, einen so warmen und freundschaftlichen Anteil an mir zu nehmen.

»Nun,« erwiderte er lächelnd, »das wird Euch weiter nicht wunder nehmen, wenn Ihr hören werdet, was ich Euch zu erzählen habe. Im Jahre 1764 fuhr ich als Steuermann auf einem holländischen Schiffe und hatte zwischen Weihnachten und Neujahr das Mißgeschick, eine Meile von Kolberg zu stranden und kaum das nackte Leben zu bergen. Des nächsten Tages führte Euern Vater der Zufall in das Dorf und die armselige Bauernhütte, wohin ich und meine übrigen Unglücksgefährten uns kümmerlich geflüchtet hatten. Die hellen Tränen traten ihm bei unserm Anblicke ins Auge. Insonderheit richtete er seine Aufmerksamkeit auf mich, fragte mich über meine Umstände aus und erbot sich auf der Stelle edelmütig, mich, wenn ich wolle, mit nach Kolberg zu nehmen und für mein weiteres Unterkommen zu sorgen. Er habe auch zwei Söhne in der See, und Gott wisse, wo und wie auch *sie* die Hilfe mitleidiger Seelen bedürfen könnten. Vorderhand könne er zwar nur mich allein mitnehmen, allein auch für die Rückbleibenden solle baldigst Rat geschafft werden.

»So kam ich,« fuhr er fort, »nach Kolberg in Euer väterliches Haus, wo ich an Eures Vaters, Mutter und Schwester Seite gegessen und getrunken, alle meine Notdurft empfangen und tausendfache Liebe und Güte genossen habe. Eure Schwester versorgte mich mit Wäsche; meine kleinsten Wünsche wurden erfüllt, und so erhielt ich von so liebreichen Händen meine volle Verpflegung bis über Ostern hinaus, wo sich endlich eine Schiffsgelegenheit fand, wieder nach der Heimat zurückzukehren. Aber auch da noch steckte mir Euer Vater einen holländischen Dukaten zum Reisegelde in die Hand, und hinter seinem Rücken tat Euere Mutter mit zwei preußischen harten Talern das nämliche. Oft genug erzählten mir beide von ihrem wackeren Sohne in Königsberg; und ich hinwiederum vertraute ihnen, daß ich kein Holländer, sondern ein preußisches Landeskind und aus Neuwarp in Vorpommern gebürtig sei, Karl Friedrich Mick heiße und mich aus Furcht vor dem Soldatendienste außer Landes begeben habe. Seit jenen Zeiten habe ich nun stets darauf gesonnen, wie ich es möglich machen wollte, so viel Liebe und Güte nach Würden zu vergelten, und hätte wohl nicht gedacht, daß sich mir dazu hier an der Küste von Afrika eine so erwünschte Gelegenheit auftun sollte. Wiewohl ich noch immer nicht begreife, was für ein widriges Schicksal Euch hierher führt und Euere blühenden Umstände so ganz verändert hat?«

Die Antwort auf diese teilnehmende Frage mußte ich dem guten Manne für diesmal noch schuldig bleiben, da wir soeben am Bord des Kapitäns Sandleven anlangten. Diesen fanden wir, beim Eintritte in die Kajüte, bettlägerig und in elender Verfassung. Mein Begleiter stellte mich ihm, mit einer nachdrücklichen Empfehlung und Verbürgung, als denjenigen vor, der ihm in Führung seines Schiffes und seiner Geschäfte beirätig sein solle, und auf den er sich in allen Fällen verlassen könne. Der gute Mann streckte seine Arme nach mir aus, umfing mich inbrünstig und hieß mich von ganzem Herzen willkommen. Demnächst übergab er mir das völlige Kommando, ließ mich durch den Kapitän Mick dem Schiffsvolke vorstellen, gab mir die nötige Einsicht in seine Papiere und Geschäfte und war solchergestalt nach Möglichkeit behilflich, daß hier alles wieder mit einem neuen Geiste und Leben beseelt wurde. Mir selbst war nicht minder zumute, als sei ich aus der Hölle in den Himmel übergegangen.

Bevor nun mein neuer Freund mich verließ, bemerkte ich ihm, daß ich auf der Christina noch eine sechsmonatige Gage zu fordern hätte; und er versprach, daß sie mir unverkürzt ausgezahlt werden sollte. Wirklich geschah dies auch gleich am nächsten Tage mittels einer Anweisung des Kapitäns Harmel auf zweihundertsechzehn Gulden holländisch an seine Schiffsreeder, die Herren Rochus und Kopstädt in Rotterdam. Ebenso holte ich meine Habseligkeiten aus dem alten in das neue Schiff ab, und war von diesem Augenblicke an in dem letzteren vollkommen einheimisch.

ach gepflogener Beratschlagung mit meinem Kapitäne wandten wir das Schiff wiederum gegen die westlicher gelegenen Punkte, um unsere Ladung durch fortgesetzten Handel zu vervollständigen. Das beschäftigte uns bis in den September hinein, während welcher Zeit der gute Mann, zu meiner nicht geringen Freude, sich merklich erholte und endlich auch wieder auf dem Verdecke erscheinen konnte. Um so leichter ließ sich nun auch der Beschluß ausführen, daß ich mit dem Boote nach dem sechs Meilen von uns entfernten holländischen Forte Boutrou abgehen sollte, wohin wir mit dem Schiffe zu kommen, durch Wind und Strömung verhindert wurden, und wo sich gleichwohl vielleicht einiger Vorteil für unsern Verkehr beschaffen ließ.

Auf dem Wege dahin erblickte ich ein Boot, das uns entgegensteuerte; und aus dieser Richtung sowohl, als aus andern Umständen erkannte ich leicht, daß es mit seinem Briefsacke nach St. George de la Mina zu kommen gedenke und zu einem kürzlich erst auf der Küste angelangten Schiffe gehören müsse. Dies machte mir Lust, mich ihm zu nähern und ihm seine mitgebrachten Neuigkeiten abzufragen. Kaum aber war das Gespräch angeknüpft, so erkannte ich in dem jenseitigen Führer, mit absonderlicher Verwunderung, den nämlichen Steuermann Peters, der uns in vorigem Herbste mit der besetzten französischen Prise so unerwartet und bei Nacht und Nebel davongegangen. Auch mein Gesicht ward ihm sofort kenntlich; er rief meinen Namen, und wir verloren keinen Augenblick, unsere Fahrzeuge aneinander zu befestigen, damit wir die tausend Fragen und Antworten, die uns beiderseits auf der Zunge schwebten, gegeneinander austauschen könnten.

Daß er sich mit dem Schiffe glücklich nach Rotterdam hingefunden hatte, war mir, wie der geneigte Leser weiß, bereits im März durch die französische Fregatte zu Ohren gekommen. Allein wie er dies bei seinen eingeschränkten Kenntnissen vom Seewesen und ohne einen festen Punkt von Länge und Breite mit sich zu nehmen habe möglich machen können, wollte mir ebensowenig, als daß sein Verschwinden ein bloßes Werk des Zufalls gewesen sein sollte, einleuchten. Indes behauptete er doch, er habe, als es Tag geworden, uns und die Christina weder gesehen, noch wieder auffinden können, und sei also genötigt gewesen, seinen Kurs nach Gutdünken, gegen den englischen Kanal zu einzurichten. In dieser beibehaltenen Richtung sei er einige Tage später auf ein englisches Schiff gestoßen, bei welchem er sich wegen der Lage und Entfernung von Quessant befragt, aber von der Antwort wenig verstanden habe. Demnach sei er getrost bei seinem anfänglichen Kurs geblieben, bis ihm des nächstfolgenden Tages ein schwedisches Schiff die Auskunft erteilt, daß er Kap Landsend in Ostnordost 65 Meilen vor sich liegen habe; und dieser willkommenen Weisung nachsteuernd, habe er denn auch, bei günstigem Winde, diese Landspitze des dritten Tages zu Gesicht bekommen, von dort den Kanal hinaufgeleiert, ferner die flämischen Küsten möglichst in der Nähe behalten, und so des fünften Tages auch glücklich Goree und die Mündung der Maas erreicht.

Der Hafenmeister von Goree, als er zu ihm an Bord gekommen, habe ihn alsbald wieder erkannt, da er erst vor wenigen Wochen von hier in See gegangen. Er habe sich die übrigen seltsamen, dies Schiff betreffenden Umstände berichten lassen, sich vor Verwunderung bekreuzigt und gesegnet, aber auch um so weniger zulassen wollen, daß er seinen Weg stromaufwärts nach Rotterdam fortsetze, bevor nicht davon Bericht erstattet und eine nähere Untersuchung verfügt worden. Beides sei demnächst auf Veranstaltung des Handelshauses Rochus und Kopstädt durch eigene Kommissarien geschehen, der Befund nach dem Haag an die Staaten von Holland abgegangen und von dorther die Anweisung zu dem gerichtlichen Verfahren gekommen, wovon bereits oben ausführliche Meldung geschehen. Schiff und Ladung waren in der Folge gerichtlich zu Verkauf gestellt und aus beiden ein Wert von neunundneunzigtausend holländischen Gulden gelöst worden.

Von dieser bedeutenden Summe kamen nun, nach den holländischen Seerechten, zwei Drittel den französischen Eigentümern, ein Drittel aber dem Schiffsvolke der Christina zu. Umgekehrt wäre das Verhältnis gewesen, wenn sich jener Hund nicht mehr als Wächter auf dem Schiffe befunden hätte, um dieses als völlig herrenlos anzunehmen, woraus denn zu ersehen, was für eine sonderbare Gerechtigkeit die Seegesetze auf einem Schiffe selbst einem Hunde einräumen.

Denn dieser hier verdiente seinem Herrn durch sein Bellen, womit er uns empfing, reine zweiunddreißigtausend Gulden!

Das Drittel, welches unserm Schiffe zufiel, kam zur Hälfte wiederum den Reedern zugute; die andere hingegen dem Schiffsvolke, nach Maßgabe der Monatsgage, die jeder zu empfangen hatte. Ob jedoch hierbei ganz nach den richtigsten Grundsätzen verfahren wurde, mag man daraus entnehmen, daß, als ich in der Folge, als gewesener Obersteuermann der Christina, meine Forderung an diese Prisengelder in Holland geltend machte, mir zweiundvierzig Gulden ausgezahlt wurden. – Von Peters aber habe ich nur noch zu erzählen, daß er demnächst auf einem Schiffe des nämlichen Handelshauses Rochus und Kopstädt als Obersteuermann, unter Kapitän Schleuß, angestellt worden, das jetzt bei Kap Monte lag und mit dessen Briefsack er eben auf dem Wege nach St. George de la Mina begriffen war.

Einige Tage nachher traf ich zu Boutrou ein, ohne dort für unser Negoz etwas Tüchtiges schaffen zu können. Überall war für diesen Augenblick im Handel bereits aufgeräumt, und die größere Anzahl der Schiffe, als ich nach unserm Hauptfort zurückkehrte, von dort nach Amerika in See gegangen. Es blieb uns daher nur übrig, diesem Beispiele ungesäumt zu folgen, und zu dem Ende uns für diese Reise mit Trinkwasser und Brennholz zu versehen.

u Anfang Oktober endlich verließen wir die afrikanische Küste, um unserer Bestimmung zuvörderst den Markt von Surinam zu besuchen. Zur Beschleunigung der Fahrt wandten wir uns erst südlich und gingen unter der Linie durch, um jenseits derselben die gewöhnlichen südöstlichen Passatwinde zu gewinnen, vor welchen man dann westlich und nordwestlich hinläuft, bis man von neuem die Linie passiert, um die nordöstlichen Passatwinde zu benutzen und mit ihnen die Reise zu beenden. Die Krankheiten und die Sterblichkeit, welche unter den Sklaven bei jeder verlängerten Dauer der

Überfahrt einzureißen pflegen, machen es wünschenswert, diese auf jede Weise abzukürzen. Unsere Ladung bestand aus vierhundertfünfundzwanzig Köpfen, worunter sich zweihundertsechsunddreißig Männer und einhundertneunundachtzig Frauen, Mädchen und Jungen befanden.

Über die Art, die Unglücklichen paarweise zusammenzufesseln, und über das zweifache Behältnis vorn im Schiffe, wo sie, jedoch beide Geschlechter durch ein starkes Gitterwerk voneinander geschieden, den Tag über zubringen, ist schon oben das Nötige beigebracht worden. Vor jener Plankenwand stehen zwei Kanonen, deren Mündung gegen das Behältnis der Männer gerichtet ist, und die gleich anfangs in ihrem Beisein mit Kugeln und Kartätschen geladen wurden, nachdem man ihre mörderische Wirkung durch Abfeuern gegen einige nahe und entfernte Gegenstände begreiflich gemacht hat. Heimlich aber werden nachher die Kugeln und Kartätschen wieder herausgezogen und statt deren die Stücke mit Grütze geladen, damit es im schlimmsten Falle doch nicht gleich das Leben gelte. Denn – die Kerle haben ja Geld gekostet!

Die Weiber und die Unmündigen haben bei Tage ihren Aufenthalt hinter der Wand auf dem halben Deck und können ihre männlichen Unglücksgenossen zwar nicht sehen, aber doch hören. Allen ohne Ausnahme wird des Morgens, etwa um zehn Uhr, das Essen gereicht, indem je zehn einen hölzernen Eimer, der ebensoviel Quart fassen mag, voll Gerstgraupen empfangen. Die Stelle, wohin jede solche Tischgesellschaft sich setzen muß, ist durch einen eingeschlagenen eisernen Nagel mit breitem Kopfe genau bezeichnet, und alles sitzt ringsumher, wie es zukommen kann, um das Gefäß mit Grütze, welche mit Salz, Pfeffer und etwas Palmöl durchgerührt ist; doch keiner greift um einen Augenblick früher zu, als bis dazu durch den lauten Schlag auf ein Brett das Zeichen gegeben worden. Bei jedem Schlage wird gerufen: »Schuckla! Schuckla! Schuckla!« Den dritten Ruf erwidern sie alle durch ein gellendes »Hurra!« und nun holt der erste sich seine Handvoll aus dem Eimer, dem der zweite und die übrigen in gemessener Ordnung folgen.

Anfangs geht dabei alles still und friedlich zu. Neigt sich aber der Vorrat im Gefäße allmählich zu Ende und die letzten müssen besorgen, daß die Reihe nicht wieder an sie kommen dürfte, so entsteht auch Hader und Zwiespalt. Jeder sucht dem Nachbar die Kost aus den Händen und beinahe aus dem Munde zu reißen. Da nun diese

Szene jedesmal und bei jedem Gefäße schier in dem nämlichen Moment zutrifft, so kann man sich den Lärm und Spektakel denken, der dann auf dem Schiffe herrscht und wobei die Peitsche den letzten und wirksamsten Friedensstifter abgeben muß. Diese wiederhergestellte Ruhe wird dazu angewandt, ihnen den ledigen Eimer mit Seewasser zu füllen, damit sie sich Mund, Brust und Hände abwaschen. Zum Abtrocknen gibt man ihnen ein Ende aufgetrieseltes Tau (Schwabber genannt), worauf sie paarweise zu der Süßwassertonne ziehen, wo ein Matrose jedem ein Gefäß, etwa ein halb Quart enthaltend, reicht, um ihren Durst zu stillen.

Nach solchergestalt beendigter Mahlzeit und nachdem das Verdeck mit Seewasser angefeuchtet worden, läßt man das ganze Völkchen reihenweise und dicht nebeneinander sich niederkauern und jeder bekommt einen holländischen Ziegelstein (Mopstein) in die Hand, womit sie das Verdeck nach dem Takte und von vorn nach hinten zu scheuern angewiesen werden. Sie müssen sich dabei alle zugleich wenden, und indem sie bald vor-, bald rückwärts arbeiten, wird ihnen unaufhörlich neues Seewasser über die Köpfe und auf das Verdeck gegossen. Diese etwas anstrengende Übung währt gegen zwei Stunden und hat bloß den Zweck, sie zu beschäftigen, ihnen Bewegung zu verschaffen und sie desto gesunder zu erhalten.

Hiernächst müssen sie sich in dichte Haufen zusammenstellen, wo dann noch dichtere Wassergüsse auf sie herabströmen, um sie zu erfrischen und abzukühlen. Dies ist ihnen eine wahre Lust; sie jauchzen dabei vor Freude. Noch wohltätiger aber ist für sie die folgende Operation, indem einige Eimer, halb mit frischem Wasser angefüllt und mit etwas Zitronensaft, Branntwein und Palmöl durchgerührt, aufs Verdeck gesetzt werden, um sich damit den ganzen Leib zu waschen und einzureiben, weil sonst das scharfgesalzene Seewasser die Haut zu hart angreifen würde.

Für die männlichen Sklaven sind ein paar besonders lustige und pfiffige Matrosen ausgewählt, welche die Bestimmung haben, für ihren munteren Zeitvertreib zu sorgen und sie durch allerlei gebrachte Spiele zu unterhalten. Zu dem Ende werden auch Tabaksblätter unter sie ausgeteilt, welche, nachdem sie in lauter kleine Fetzen zerrissen worden, als Spielmarken dienen und ihre Gewinnsucht mächtig reizen. Zu gleichem Behufe erhalten dagegen die Weiber allerlei Arten Korallen, Nadeln, Zwirnfäden, Endchen Band und bunte Läppchen, und alles wird aufgeboten, um sie zu zerstreuen und keine schwermütigen Gedanken in ihnen aufkommen zu lassen.

Spiel, Possen und Gelärm währen fort bis um drei Uhr nachmittags, wo wiederum Anstalten zu einer zweiten Mahlzeit gemacht werden, nur daß jetzt statt der Gerstgraupen große Saubohnen gekocht, zu einem dicken Brei gedrückt und mit Salz, Pfeffer und Palmöl gewürzt sind. Die Art der Abspeisung, des Waschens, Trocknens, Trinkens und Abräumens bleibt dabei die nämliche, nur wird mit allem noch mehr geeilt, weil unmittelbar darauf die Trommel zum lustigen Tanze gerührt wird. Alles ist dann wie elektrisiert, das Entzücken spricht aus jedem Blicke, der ganze Körper gerät in Bewegung, und Verzuckungen, Sprünge und Posituren kommen zum Vorschein, daß man ein losgelassenes Tollhaus vor sich zu sehen glaubt. Die Weiber und Mädchen sind indes doch die Versessensten auf dieses Vergnügen, und um die Lust zu vermehren, springen selbst der Kapitän, die Steuerleute und die Matrosen mit den leidlichsten von ihnen zuzeiten herum; – sollte es auch nur der Eigennutz gebieten, damit die schwarze Ware desto frischer und munterer an ihrem Bestimmungsorte anlange.

Gegen fünf Uhr endlich geht der Ball aus, und wer sich dabei am meisten angestrengt hat, empfängt wohl noch einen Trunk Wasser zu seiner Labung. Wenn dann die Sonne sich zum Untergange neigt, heißt es: »Macht euch fertig zum Schlafen unter Deck!« Dann sondert sich alles nach Geschlecht und Alter in die ihnen unter dem Verdecke angewiesenen, aber gänzlich getrennten Räume. Voran gehen zwei Matrosen und hinterdrein ein Steuermann, um acht zu haben, daß die nötige Ordnung genau beobachtet werde, denn der Raum ist dermaßen enge zugemessen, daß sie schier wie die Heringe zusammengeschichtet liegen. Die Hitze darin würde auch bald bis zum Ersticken steigen, wenn nicht die Luken mit Gitterwerk versehen wären, um frische Luft zur Abkühlung zuzulassen.

Eine Leiter führt zu einer Öffnung in diesem Gitter, die gerade weit genug ist, um zwei Menschen durchzulassen, und vor welcher die ganze Nacht hindurch ein Matrose mit blankem Hauer die Wache hält, der immer nur paarweise aus und ein läßt, was durch irgendein Bedürfnis hervorgetrieben wird. Da indes die Rückkehrenden selten ihre Schlafstelle so geräumig wiederfinden, als sie sie verlassen haben, so nehmen Lärm und Gezänke die ganze Nacht kein Ende, und noch unruhiger geht es begreiflicherweise bei den Weibern und Kleinen zu. Gewöhnlich muß zuletzt die Peitsche den Frieden vermitteln.

Gewöhnlich werden sechs bis acht junge Negerinnen von hübscher Figur zur Aufwartung in der Kajüte ausgewählt, die auch ihre Schlafstelle in deren Nähe, sowie ihre Beköstigung von den übrigbleibenden Speisen an des Kapitäns Tische erhalten. Begünstigt vor ihren Schwestern, sammeln sie nicht nur allerlei kleine Geschenke an Kattunschürzchen, Bändern, Korallen und kleinem Kram ein, womit sie sich wie die Affen ausputzen, sondern der Matrosenwitz gibt ihnen auch den Ehrennamen von »Hofdamen«, sowie den einzelnen diese oder jene spaßhafte Benennung. Bei Tage aber mischen sie sich gern unter ihre Gefährtinnen auf dem Deck, wo jede sofort einen bewundernden Kreis um sich her versammelt, in dessen Mitte sie stolziert und sich den Hof machen läßt.

Bekanntlich kommen alle diese unglücklichen Geschöpfe beiderlei Geschlechts ganz splitternackt an Bord, und wenn sie gleich selbst wenig danach fragen, so hat doch der Anstand (wie sehr er auch sonst auf diesen Sklavenschiffen verletzt werden mag) ihre notdürftige Bedeckung geboten. Die Weiber und Mädchen empfangen daher einen baumwollenen Schurz um den Leib, der bis an die Knie reicht, und die Männer einen leinwandenen Gurt, der eine Elle in der Länge und acht Zoll in der Breite hält und den sie, nachdem er zwischen den Beinen durchgezogen worden, hinten und vorne an einer Schnur um den Leib befestigen.

Wenn sie nun gleich auf diese Weise im eigentlichsten Sinne *nichts* mit sich auf das Schiff bringen, so vergehen doch kaum einige Wochen oder Monate und sie haben allesamt, besonders die weiblichen Personen, ein Paket von nicht geringem Umfange als Eigentum erworben, welches sie überall unterm Arm mit sich umherschleppen. Wie man sich indes leicht denken kann, besteht dieser ganze Reichtum in nichts als allerlei Lappalien, die sie zufällig auf dem Verdecke gefunden und aufgehoben haben – abgebrochenen Pfeifenstengeln, beschriebenen und bedruckten Papierschnitzeln, bunten Zeugflecken, Stückchen Besenreis und dergleichen Schnurrpfeifereien. Hierzu erbitten sie sich nun von den Schiffsleuten den Zipfel eines Hemdes oder sonst eines abgetragenen Kleidungsstückes, um ihren Schatz hineinzubündeln.

Aber nur zu oft begnügt sich ihre Begehrlichkeit nicht an dem, was ihnen das Glück auf diesem Wege zuwirft, sondern sie bestehlen

sich untereinander und da entsteht denn Klage über Klage, als wären
ihnen alle Kleinodien der Welt abhanden gekommen. Der wachha-
bende Steuermann verwaltet sodann das strenge Richteramt, veranstaltet Untersuchungen, wobei jeder sein Bündel vorweisen und aus-
kramen muß und wobei es seiner Gravität oft schwer genug wird, sich
des Lachens zu enthalten, und verfügt endlich über den ertappten
Dieb einige gelinde Peitschenhiebe. So geht es heute, so morgen und
so alle übrigen Tage während der Dauer der Reise; nicht anders, als
ob man mit lauter Affen und Narren zu tun hätte.

Über unsere diesmalige Fahrt, quer durch den
Atlantischen Ozean, weiß ich nur wenig zu sagen, wenn ich nicht
wiederholen soll, was hundert Reisebeschreiber vor mir bereits erwähnt haben. Dahin gehört das Leuchten des Meerwassers in manchen dunklen Nächten, das Emporflattern ganzer Rudel von fliegenden Fischen, wie wir's bei uns zu Lande an den Sperlingen zu sehen
gewohnt sind, und manches mehr. Dagegen bemerke ich, was meines
Wissens andere noch nicht angezeigt haben, daß, wenn man sich von
der Küste von Guinea etwa zehn oder mehr Meilen entfernt hat, sich
das Seewasser plötzlich verändert. Es wird klarer, blauer und durch-
sichtiger. Gibt es nun zugleich eine vollkommene Meerstille, wie sie in
diesem Striche nicht ungewöhnlich ist, und ebnet sich dann die Flut
zu einer Spiegelfläche, so gibt es einen unbeschreiblich wunderbaren
Anblick, in das kristallhelle Wasser, wie in einen dichteren Himmel
unter sich, zu schauen und es von unzähligen Fischen und Seege-
schöpfen in tausend verschiedenen Richtungen wimmeln zu sehen.
Man fängt ihrer auch von allen Arten, soviel man will, doch haben sie,
den fliegenden Fisch ausgenommen, alle ein hartes, unschmackhaftes
Fleisch und werden für wenig gesund gehalten.

Die Sklavenschiffe pflegen auf dieser Überfahrt das Boot, womit
sie den Nebenhandel an der afrikanischen Küste betrieben haben,
nicht wieder einzunehmen und aufs Deck zu setzen, weil es dort den

Raum für die Neger zu sehr beengen würde. Wenn es daher die Witterung nur irgend gestattet, kreuzt es neben dem Schiffe und wird gebraucht, mit begegnenden Schiffen nähere Gemeinschaft zu pflegen. Man besetzt es daher fortdauernd und von acht zu acht Tagen mit sieben Mann, unter denen wenigstens einer sich etwas auf Kurs und Steuerkunst versteht, und diese erhalten zugleich hinreichende Provisionen, um auch im übelsten Falle einer Trennung von ihrem Schiffe sich helfen zu können.

Ohne einigen widrigen Zufall langten wir gegen Mitte Dezember in dem Flusse Surinam an, wo wir jedoch, in einer Entfernung von vier bis fünf Meilen von Paramaribo, ankerten, um die Gesundheitskommission von dorther zu erwarten, weil diese zuvor untersucht haben muß, ob nicht etwa ansteckende Krankheiten am Borde des neuangekommenen Schiffes herrschen, bevor die Erlaubnis zum Einlaufen gegeben werden kann. Dies war gleichwohl unser Fall nicht, da wir (was verhältnismäßig sehr wenig sagen will) binnen den vier Monaten, die ich mich nunmehr auf diesem Schiffe befand, nicht mehr als vier von unseren Matrosen und sechs Sklaven verloren hatten. Als daher jene Herren uns am nächsten Tage besuchten, fanden sie kein Bedenken, uns in die Kolonie zuzulassen.

Ich für meinen Teil hatte indes noch einen besonderen Grund mehr, ihrer Erscheinung mit einigem Verlangen entgegenzusehen, und um dies gehörig zu erklären, sehe ich mich genötigt, hier etwas aus meiner früheren Lebensgeschichte nachzuholen.

m Jahre 1764, als ich noch in Königsberg wohnte und mich in besserem Wohlstande befand, geschah es, daß ich eines Tages einen Faden Brennholz vor meiner Türe spalten ließ. Der ältliche Mann, der zu diesem Geschäfte herbeigeholt worden, schien es weder mit sonderlicher Lust noch mit großer Geschicklichkeit zu verrichten. Ich ließ mich mit ihm in ein Gespräch ein und gab ihm wohlmeinend zu verstehen, daß es mir schiene, als würde er mit dieser Hantierung in der Welt nicht viel vor sich bringen. Ob er sich auf nichts anderes und Besseres verstünde? – Seine Antwort war, er habe es in der Welt mit viel und mancherlei versucht, ohne dabei auf einen grünen Zweig zu kommen; aber was einmal zum Heller ausgeprägt sei, werde nimmermehr zum Taler. – »Nun, nun,« versetzte ich scherzend, »das hinderte gleichwohl nicht, daß Ihr nicht noch einmal ein großer Herr würdet und in der Kutsche führet! Aber an Eurer Mundart vernehme ich, daß Ihr nicht von Kind auf Königsberger Brot gegessen habt. Vielleicht sind wir gar Landsleute?« – »Könnte wohl sein. Irgendein Unglückswind hat mich einmal hierher nach Preußen verschlagen. Eigentlich bin ich ein pommerisch Kind und aus Belgard.« – »Ei, aus Belgard? und Euer Name?« – »Kniffel.« – »Kniffel? Kniffel?« wiederholte ich nachsinnend, indem mir etwas aufs Herz schoß. »Und habt Ihr noch Brüder am Leben?« – »Ein paar wenigstens, die aber schon vor vielen Jahren, gleich mir, in die weite Welt gingen, ihr Glück zu suchen, und von denen ich weiter nicht weiß, wohin sie gestoben oder geflogen sind.«

Jetzt ließ ich mir noch die Vornamen der Verschollenen nennen und nun war ich meiner Sache gewiß. Es waren die nämlichen Gebrüder Kniffel, die ich vormals in Surinam kennen gelernt und die sich dort zu so bedeutendem Wohlstande emporgearbeitet hatten, während dieser dritte Bruder so gut als ein Bettler geblieben. Ohne ihm darüber einen Floh ins Ohr zu setzen, ging mir doch das Ding je länger je mehr im Kopfe herum. Ich erfuhr auf weiteres Befragen, daß er verheiratet sei und eine einzige Tochter, ein Mädchen von sechzehn oder siebzehn Jahren, habe. Bald auch stellte ich bei anderen Leuten Erkundigungen nach dieser Familie an, die den Vater als einen halben Narren bezeichneten, von der Mutter auch eben nicht sonderlich viel Gutes zu rühmen wußten, aber der Tochter das Zeugnis eines gutartigen, lieben Geschöpfes, doch ohne Bildung und feinere Sitten, beilegten.

Nun wußte ich, daß die reichen Brüder in Surinam ohne Kinder waren, und ich kannte sie als so rechtliche Leute, daß ich ihnen mit Gewißheit zutrauen durfte, sie würden gern bereit sein, etwas für ihre arme Verwandte zu tun, sobald sie mit der bedrängten Lage derselben bekannt wären. Kurz es ließ mir keinen Frieden, bis ich wieder der gutherzige Tor geworden, der es nicht lassen konnte, sich in anderer Leute Händel zu mischen, sobald er glaubte, daß es zu irgend etwas Gutem führen könne. Ich setzte mich also hin, schrieb an jene Herren in Surinam, wie ich zufälligerweise mit ihrem Bruder bekannt geworden, und überließ es ihrem Ermessen, ob sie die dürftige Lage der Familie nicht in etwas erleichtern wollten.

Der Brief ging über Holland an seinen Bestimmungsort ab. Da es jedoch leicht Jahr und Tag dauern konnte, bevor eine Antwort darauf zu erwarten war, so nahm ich mich denn derweile der Leutchen an, so gut ich vermochte, um sie von drückendem Mangel zu schützen. Das Mädchen ließ ich etwas besser kleiden und den früher versäumten Unterricht nach Möglichkeit wieder einbringen, wobei es denn auch nicht an guten Ermahnungen zu einem ehrbaren christlichen Wandel mangelte. So ging das fort, bis endlich Briefe an mich einliefen, worin meine alten Gönner und Freunde mir herzlich dankten, daß ich ihnen einen langgehegten Wunsch erfüllt und ihnen ihren längst totgeglaubten Bruder wieder zugewiesen. Sie hätten die Veranstaltung getroffen, diesem durch ein Königsberger Handelshaus eine jährliche Leibrente auszahlen zu lassen, wovon sie glaubten, daß er seine übrigen Lebenstage damit bequem und gemächlich würde ausreichen können.

Sodann aber eröffneten sie mir ein Verlangen, worin sie wünschten und mich aufforderten, ihnen noch näher die Hände zu bieten. Mir sei bewußt, daß sie unbeerbt lebten, und doch möchten sie gern die Freude genießen, einen Blutsverwandten um sich zu sehen und einst ihr Vermögen in dessen Hände zu übergeben. Ich möchte also sehen, ob es tunlich sei, die Tochter ihres Bruders mit Einwilligung der Eltern dahin zu vermögen, die Reise zu ihnen nach Surinam zu unternehmen. Es sei ihre Absicht, sie an Kindes Statt anzunehmen, und sie würden sie mit offenen Armen und Herzen aufnehmen. Sei sie dazu nicht abgeneigt, so würde ich dahin zu sorgen haben, sie auf eine sichere und bequeme Weise nach Amsterdam an das Haus ihres dortigen Korrespondenten zu adressieren, von wo ihre weitere Reise übers Meer in gleicher Art veranstaltet werden sollte. Daß diese Aufträge zugleich mit reichlichem Ersatze für meine aufgewandte Mühe und Auslagen verbunden waren, bedarf kaum einer Erwähnung.

Man kann leicht denken, mit welcher freudigen Überraschung die Eltern die Zeitung von dem hellen Glückssterne empfingen, der ihnen so unverhofft jenseits des Meeres aufgegangen; aber auch, daß die Wohlhabenheit, in welche sie sich so auf einmal versetzt sahen, ihnen mehr oder weniger die Köpfe verrückte. Leicht auch entschlossen sie sich, in die Trennung von ihrem Kinde zu willigen, so wie dieses selbst an Sinn und Neigung noch zu sehr ein Kind war, um nicht mit leichtem Mute in den Aufruf so gütiger Verwandten einzustimmen, die es zu sich entboten. Indes war doch auch in der Zwischenzeit in des Mädchens äußerem Wesen eine ihr sehr vorteilhafte Änderung vorgegangen, und es schien mir keinem Zweifel unterworfen, daß sie sich in der Zuneigung ihrer Oheime behaupten würde. Es fand sich Gelegenheit, sie der Obhut eines meiner Freunde, der ein Schiff nach Amsterdam führte, anzuvertrauen. Ich wußte, daß sie dort glücklich angekommen war und ebenso wohlbehalten die Überfahrt nach Surinam gemacht hatte. Von dort hatte ich die schriftlichen Danksagungen meiner Freunde empfangen, aber späterhin war unser brieflicher Verkehr unterbrochen worden, so daß ich seit mehreren Jahren nicht wußte, wie es um sie und ihr angenommenes Kind stehen möchte. Beides hoffte ich nunmehr von den an Bord erschienenen Gesundheitskommissarien zu vernehmen.

Leider erfuhr ich, daß die Gebrüder Kniffel schon vor einigen Jahren mit Tod abgegangen. – »Aber was ist aus einem Frauenzimmer – einer Anverwandten aus Deutschland – geworden, die vor nicht gar zu langer Zeit in die Kolonie gekommen und als die mutmaßliche Erbin ihrer Oheime angesehen wurde?« – »Ei, das ist sie auch wirklich geworden,« war die Antwort, »und nicht nur im vollen Besitze des ganzen ungeheuren Kniffelschen Vermögens, sondern auch gegenwärtig die Gemahlin des Bankdirektors Mynheer van Roose und zu Paramaribo wohnhaft.« – Schmerz und Freude wechselten bei diesen Nachrichten in meinem Gemüte, doch war ich voller Begierde, mich der Frau van Roose auf eine gute Art vorzustellen.

Dazu fand sich gleich am nächsten Tage Gelegenheit, als wir uns im Angesichte der Stadt vor Anker gelegt hatten, indem ich meinen Negerjungen von einer Anzahl mitgebrachter blauer Papageien, wie sie hier unter die Seltenheiten gehören, den schönsten auf die Hand und einen Affen auf den Kopf nehmen, dann aber vor mir hin nach dem mir noch von alters her gar wohlbekannten Kniffelschen Hause traben ließ, wo auch gegenwärtig die reiche Erbin noch wohnen sollte. Jetzt wimmelte es darin von schwarzen Sklavinnen, durch deren eine ließ ich der Frau van Roose mein Verlangen melden, ihr aufwarten zu dürfen.

Alsbald trat sie aus ihrem Zimmer hervor und mein erster Blick ließ mich sie wieder erkennen, obwohl sie seither stattlich ausgewachsen war. Ich darf indes wohl gestehen, daß mir, als sie so leibhaftig vor mir stand, doch etwas wunderlich ums Herz war, und daß mir's einigermaßen den Atem versetzte, als ich die Frage an sie richtete: ob es ihr nicht beliebe, etwas von meinen afrikanischen Raritäten zu kaufen? – Anstatt mir darauf zu antworten, faßte sie mich nicht weniger scharf ins Auge, als das meinige auf ihr haftete. »Mein Gott!« rief sie endlich, »Gesicht und Stimme kommen mir so bekannt vor ... Es ist unmöglich, daß ich Sie nicht schon irgendwo gesehen haben sollte – «

»Ei freilich wohl!« gab ich zur Antwort. – »Den alten Nettelbeck aus Königsberg werden Sie so ganz und gar nicht vergessen haben!«

Nun entfuhr ihr ein lauter Freudenschrei; sie fiel mir mit beiden Armen um den Hals, die hellen Tränen stürzten ihr aus den Augen (und mir war's auch nicht weit davon), bis ihr endlich im Übermaß der Rührung in meinen Armen beinahe die Sinne schwanden. Darüber erhob sich ein Geschrei und Lärmen unter der schwarzen Dienerschaft, das weit umher erscholl und endlich auch den erschrockenen Hausherrn herbeiführte. Dieser stutzte nicht wenig, seine Gattin in halber Ohnmacht am Halse und in den Armen eines unscheinbaren Fremden zu erblicken. Er sprang herzu, fragte, was es gäbe, und fand sie ebensowenig imstande, ihm eine Antwort zu stammeln, als ich selbst mich vor inniger Rührung vermögend fühlte, ihn zu befriedigen: »Dies ist der Mann, von dem ich dir so oft erzählt habe – der erste Urheber meines Glückes – der ehrliche Nettelbeck, der sich in Königsberg meiner annahm. O Gott!« –

Mehr konnte sie nicht sagen, weil eine neue Schwäche sie anwandelte. Der Gatte und ich nahmen sie unter beide Arme und führten sie in das anstoßende Zimmer zu einem Kanapee, wo denn der Aufruhr in ihrer Seele sich allmählich wieder beruhigte. Nun jagten sich tausend verwirrte Fragen – wie es mir gehe? was ich treibe? wie ich hierher nach Surinam komme? – und war nicht eher befriedigt, als bis ich ihr in der Kürze meine neuesten Lebensschicksale erzählt hatte. Ebenso unersättlich war sie in Erkundigungen nach dem Ergehen ihrer Eltern, von denen sie seit zwei Jahren keine Kunde erhalten habe. Ich war zwar selbst bereits seit vier Jahren von Königsberg abwesend, doch sagte ich, was ich wußte: daß ihr Vater den wunderlichen Einfall gehabt, sich den Titel als Lizentrat zu kaufen, und daß er dieses und jenes treibe, was man ihm zugute halten müsse. Jene Standeserhöhung hatte er ihr wohlweislich verschwiegen, und sie konnte nicht umhin, recht herzlich darüber zu lachen, bis sie denn endlich hinzusetzte: »Ei, und warum auch nicht? Laßt doch dem alten Manne die närrische Puppe!«

Jetzt dünkte mir's Zeit, wieder aufzubrechen, aber ich ward mit liebreichem Ungestüm zurückgehalten. Vergebens suchte ich mich mit meinen Verhältnissen als Obersteuermann zu entschuldigen, die keine gar zu lange Entfernung vom Schiffe zuließen. Doch auch dem wußten sie zu begegnen, indem sie nach meinem Kapitän aussandten und ihn gleichfalls freundlich zur Tafel einluden. Dieser, der wußte, was für eine Erkennungsszene mich am Lande erwartete, schlug es nicht aus, und seine Gegenwart diente nur dazu, unser geselliges Vergnügen noch zu erhöhen.

Unter dem lebhaftesten Hin- und Herfragen bemerkte endlich Frau van Roose, daß auf den Sklavenschiffen oftmals einige Verlegenheit wegen der Herbeischaffung frischer Mundvorräte zu entstehen pflege. Diese für uns zu beseitigen, würde sie Befehl geben, daß von ihren drei Plantagen täglich so viel Lebensmittel an Bord geschafft werden sollten, als wir irgend bedürfen möchten. Den Wert dafür könne der Kapitän mir nach einem billigen Maßstabe zugute schreiben. Da dies nun auch während der vierzehntägigen Dauer unseres hiesigen Aufenthaltes zur Ausführung kam, so erwuchs mir dadurch ein kleiner Vorteil von hundertvierzig Gulden; doch noch mehr verpflichtet fühlte ich mich durch die liebevolle Aufnahme, deren ich mich binnen dieser Zeit in dem Roosenschen Hause fast täglich zu erfreuen hatte.

nser Hauptgeschäft bestand hier indes im Verkaufe unserer schwarzen Ware, worüber ich mich mit einigen Worten zu erklären habe. Gewöhnlich erläßt der Schiffskapitän bei seiner Ankunft in der Kolonie ein Zirkular an die Plantagenbesitzer und Aufseher, worin er ihnen seine mitgebrachten Artikel anempfiehlt und die Käufer zu sich an Bord einladet. Bevor jedoch diese anlangen, wird eine Auswahl von zehn bis zwanzig Köpfen, als der erlesensten unter dem ganzen vorhandenen Sklavenhaufen, veranstaltet; man zeichnet sie mit einem Bande um den Hals, und so oft ein Besuch naht, müssen sie unter das Verdeck kriechen, um unsichtbar zu bleiben. Denn die Politik des Verkäufers erfordert, daß nicht gleich vom Anfange an das beste Kaufgut herausgesucht werde und dann der Rest, als sei er bloßer Ausschuß, in bösen Verruf komme.

Haben sich nun kauflustige Gäste auf dem Schiffe eingefunden, so werden die männlichen wie die weiblichen Sklaven angewiesen, sich in zwei abgesonderten Haufen in die Runde zu stellen. Jeder sucht sich darunter aus, was ihm gefällt, und führt es auf die Seite, und dann erst wird darüber gehandelt, wie hoch der Kopf durch die Bank gelten soll. Gewöhnlich kommt dieser Preis für die Männer auf vierhundert bis vierhunderfünfzig Gulden zu stehen. Auch junge Burschen von acht oder zehn Jahren und darüber erreichen diesen Preis so ziemlich; ein Weibsbild wird, je nachdem ihr Ansehen besser oder geringer ausfällt, für zweihundert bis dreihundert Gulden losgeschlagen; hat sie aber noch auf Jugend, Fülle und Schönheit Anspruch zu machen, so steigt sie im Werte bis auf achthundert oder tausend Gulden und wird oft von Kennern noch bedeutend besser bezahlt.

Ist der Handel abgeschlossen, so wird der Preis entweder zur Stelle bar berichtigt, meist aber durch Wechsel ausgeglichen, oder es findet auch ein Austausch gegen Kolonieerzeugnisse statt, und wenn die Käufer ihre erhandelten Sklaven nicht gleich mit sich hinwegführen, so bedingen sie auch wohl ein, daß der Kapitän sie im Boote oder in der Schaluppe an die bezeichnete Plantage abliefern läßt.

Zuletzt bleibt denn nun, nachdem allmählich auch die erlesene Ware zum Vorschein gekommen ist, wirklich nur der schlechtere Bodensatz zurück, und um sich dessen zu entäußern, muß nun der Weg des öffentlichen Ausgebotes an den Meistbietenden beschritten werden. Zu dem Ende werden diese Neger an dem dazu bestimmten Tage ans Land und auf einen eigenen Platz gebracht, wo ein Arzt jeden Sklaven einzeln auf seine Tauglichkeit untersucht. Dieser muß sodann auf einen Tisch treten; der Arzt legt Zeugnis ab, daß er fehlerfrei sei, oder daß sich dieser oder jener Mangel an ihm finde. Nun geschehen die Gebote der Kauflustigen, und so wird, nach erfolgtem Zuschlage, bis zu dem letzten aufgeräumt.

Wir hatten diesmal bei unserm Handel nur wenig Glück, was auch nicht anders sein konnte, da nur kurz zuvor zwei Sklavenschiffe hintereinander hier gewesen waren und den Markt überfüllt hatten. Die schlechte Erfahrung der ersten vierzehn Tage überzeugte uns daher von der Notwendigkeit, einen vorteilhaften Platz aufzusuchen, und unsere Wahl fiel auf die benachbarte holländische Kolonie Berbice.

m 1. Januar 1773 stachen wir demnach wieder in See.

Doch schon am nächsten Tage verspürten wir plötzlich einen Leck von solcher Bedeutung, daß wir im vollen Ernste das Sinken fürchteten und uns mit der angestrengtesten Arbeit an den Pumpen kaum über Wasser erhalten konnten. Wir befanden uns hier einem unangebauten Striche der Küste und der Mündung des Flusses Kormantin gegenüber, die fünfzehn Meilen nördlich von Surinam liegt und bis dahin noch von keiner europäischen Macht in Besitz genommen war. Wollten wir nun nicht unser Grab in den Wellen finden oder auf den Strand laufen und auch hier vielleicht alles verlieren, so blieb uns nur der Versuch übrig, in den gedachten Fluß einzulaufen und unseren Schaden auszubessern.

Ich ging mit der Schaluppe voraus und untersuchte die Einfahrt. Die Mündung des Stromes war beinahe anderthalb Meilen breit und in der Mitte vor ihr lag eine kleine Insel, niedrig und mit Rohr und Strauch bewachsen. Das Fahrwasser fand ich bei der höchsten Flut nur dreizehn Fuß tief – für uns ein leidiger Umstand, da unser Schiff etwas über vierzehn Fuß tief ging. Es galt demnach, dieses mindestens um anderthalb Fuß zu erleichtern, und zu dem Ende bedachten wir uns ebensowenig, unseren gesamten eingenommenen Vorrat von frischem Wasser wieder über Bord laufen zu lassen, als unsere überzähligen Stangen und Rahen ins Wasser zu lassen, sie zu einem Floße zu vereinigen und alles, was nur irgend dem Verderben nicht ausgesetzt war, darauf auszuladen.

Dennoch lief uns mit der Ebbe eine so gewaltige Strömung entgegen, daß wir uns der Mündung nicht nähern durften, sondern unter Furcht und Sorge die nächste Flut erwarten mußten, und diese führte uns dann doch so weit hinein, daß wir Schutz vor den Wellen fanden und das Schiff dicht am Lande auf den Grund setzen konnten. Bei der niedrigsten Ebbe stand es völlig trocken auf einem Sandgrunde, und das hineingedrungene Wasser lief wieder aus. Auf diese Weise machte es uns wenig Mühe, die eigentliche Stelle des Lecks aufzufinden und gehörig wieder zu verstopfen. Doch hielt uns diese Ausbesserung hier fünf bis sechs Tage auf, während welcher Zeit uns an diesem Orte, trotz unseren fleißigen Streifereien in der ganzen Gegend umher, auch nicht ein einziges menschliches Wesen zu Gesichte kam, so daß wir diese Ufer für durchaus unbewohnt halten mußten.

In Berbice, wo wir mit dem letzten Januar anlangten, fanden wir leider ebenso schlechten Markt, indem bereits zwei Sklavenschiffe dort vor Anker lagen. Wir hielten uns also auch nur drei Tage auf und steuerten nach St. Eustaz, erreichten diese Insel in der Mitte Februars und hatten das Glück, hier verschiedene Sklavenkäufer von den spanischen Besitzungen auf der Terra firma anzutreffen, an welche wir unsere Ladung samt und sonders binnen drei Tagen mit Vorteil losschlugen.

Hier war es auch, wo wir mit dem Sklavenschiffe, welches mein wackerer Freund und Landsmann Mick führte, wieder zusammenstießen. Er war auf der Überfahrt von Afrika gestorben und sein Steuermann traute sich nicht, allein mit dem Schiffe nach Holland zurückzugehen. Man warf daher die Augen auf mich, diese Führung zu übernehmen, und des Bittens und Bestürmens war so lange kein Ende, bis ich mich dazu entschloß und auch Kapitän Sandleven einwilligte, mich von seinem Schiffe zu entlassen. Wir schieden als Freunde und mit einem Herzen voll gegenseitiger Liebe und Achtung; ich ging in den letzten Tagen des Februars von St. Eustaz ab und warf um die Mitte Aprils vor Vlissingen, wohin das Schiff gehörte, glücklich die Anker. Die Reeder bewilligten mir außer meiner gebührenden Gage noch ein besonderes Geschenk von hundert Gulden und würden mich auch gern in ihrem Dienste behalten haben, wenn ich nicht geglaubt hätte, einer anderweitig eröffneten Aussicht folgen zu müssen.

Es war nämlich gerade um diese Zeit, daß eine englische Transportflotte mit fünfzehnhundert Seesoldaten nach der Küste von Guinea abgehen sollte, um die Besatzungen in den dortigen englischen Forts abzulösen. Zugleich aber suchte man auch für diese Expedition Seeleute und zumal Steuermänner, welche jener Weltgegend kundig wären. Als mir ein solcher Antrag geschah, bedurfte es keines langen Zuredens. Ich kam nach Portsmouth, wo jenes Geschwader ausgerüstet wurde, und man setzte mich als Schiffsleutnant auf den Jupiter mit vierundsechzig Kanonen, geführt von Kapitän Cappe, welcher diesem Konvoi zur Bedeckung dienen sollte. Es schien mir schon der Mühe wert, auch einmal den *englischen* Seedienst zu versuchen.

chon im halben März 1774 segelte die Flotte, außer dem Jupiter aus sechs Transportschiffen bestehend, von Portsmouth aus, langte in den ersten Tagen des Mai auf der Küste von Guinea an, schiffte nach und nach ihre eingenommenen Truppen in den englischen festen Plätzen aus, nahm die Reste der alten Garnisonen wieder an Bord und stach zuletzt, etwa Mitte Juni, von Kap Coast quer über den Ozean nach Jamaika hinüber. Hier langten wir nach sechs oder sieben Wochen glücklich an, verweilten auf dieser Station noch einen Monat, ließen gleichwohl unsere bisherige Begleitung, die ihre Frachten so schnell nicht einnehmen konnte, dort zurück und erreichten im November England wieder, ohne daß uns irgendwo ein denkwürdiges Ereignis aufgestoßen wäre.

Meine Lust, mich im englischen Dienste umzusehen, hatte ich mit dieser Reise vollständig und für immer gebüßt. Diese Verhältnisse und Lebensweise waren nicht für meinen nüchternen deutschen Sinn gemacht. Schwerlich auch kann man sich eine Vorstellung davon machen, wie rauh und ungefügig es auf den Schiffen dieser Nation hergeht. Da ist keine Ehre und kein Respekt, man hört nichts anderes als »Goddam!« und brutale Reden ohne Zahl. Alles, vom geringsten Matrosen an, ist gegen die Offiziere im Widerspruch; wiewohl ich nicht zweifle, daß sie dennoch, wenn es irgend zum Schlagen kommt, untereinander einig und brav sind. Von Ordnung habe ich auf diesen Schiffen wenig verspürt. Selbst Essen und Trinken hat keine bestimmte Zeit. Nicht selten hängt ein gekochtes Stück Fleisch von zehn bis zwanzig Pfund am Mast, wovon sich ein jeder abschneidet, wann und wie viel er will. Zu beiden Seiten daneben steht das Brotfaß und das Gefäß mit Grog (Wasser mit etwas Rum vermischt), um die offene Tafel vollständig zu machen. Dies Leben ging mir denn freilich auf die Länge zu bitter ein. Ich bat um meine Entlassung, erhielt sie, und begab mich nach Amsterdam.

Während ich hier den Winter über, wo es nichts für mich zu tun gab, bis in den März 1775 verweilte, hatte ich Muße, über meine Lebenslage und was ich ferner tun und treiben sollte, reiflich nachzudenken. Ich hatte jetzt meine vollen siebenunddreißig Jahre auf dem Nacken, hatte unter tausend Gefahren und Mühseligkeiten und unter allen Himmelsstrichen meine besten Jahre und Kräfte im Dienste von Fremden verschwendet, und sah immer deutlicher ein, wie wohl ich tun würde, mit meinen Erfahrungen meinem Vaterlande und mir selbst zu dienen. Dies brachte mich denn auch zu dem Entschlusse, mein ferneres Fortkommen in meiner Vaterstadt, an der ich noch immer mit ganzer Seele hing, zu suchen; demzufolge begab ich mich nach wieder eröffneter Schiffahrt als Passagier nach Swinemünde, von wo ich mich nach Kolberg verfügte.

Eigentlich aber kam ich doch schon für dieses Jahr zu spät, um eine Anstellung im Seewesen zu finden. Ich begnügte mich also, wieder eine Navigationsschule zu eröffnen, um junge Leute für den Seedienst zu bilden, denn an solchen Anstalten fehlte es damals noch gar sehr. Auch darf ich mir das Zeugnis geben, daß aus meinem Unterrichte nicht wenige Schiffskapitäne und Steuermänner hervorgegangen sind, welche sich jedes Vertrauens überall wert erwiesen haben, und jetzt so viel ihrer noch leben, auch schon mit Ehren graues Haar tragen. Einige von ihnen haben in der Folge hier in Kolberg meine Stelle ersetzt und sich als Lehrer in der Steuermannskunst verdient gemacht.

Da die Lehrlinge in solchen Schulen den Sommer hindurch den praktischen Übungen des Erlernten obzuliegen pflegen und der Unterricht meist nur ihre müßigen Wintermonate ausfüllt, so gab dieser auch mir nicht hinreichende Beschäftigung. Kurz, ich fühlte hier Langeweile, fühlte aber zugleich, daß ich an Geist und Leib noch keineswegs so flügellahm geworden, um untätig hinter dem Ofen hocken zu müssen. Auf die Gefahr also, für wetterwendisch gehalten zu werden, will ich nur gestehen, daß mich nebenher doch immer wieder nach der eigenen Führung eines tüchtigen Schiffes verlangte, und daß, da sich's damit nicht nach meinem Sinne fügen wollte, meine Gedanken abermals auf Holland und die jüngst verlassene Lebensweise standen.

Wer weiß, was geschehen wäre, wenn einige Freunde, die es mit ansahen, wie mich der Tätigkeitstrieb verzehrte, mich nicht aufgemuntert hätten, daß ich mir das Verdienst um meine Vaterstadt erwerben möchte, sie den Sommer hindurch aus der Ferne, vom Stettinschen Haff her, und reichlicher als es bisher der Fall gewesen, mit lebendigen Fischen zu versorgen. So ganz zwar wollte dieses Projekt mir selbst nicht gefallen, indes ließ ich mich dazu überreden, kaufte ein Haus am Wasser, welches die zu dieser Hantierung passende Einrichtung besaß, und war nun darauf aus, mir auch ein zu solchem Handel eingerichtetes Fahrzeug (man nennt es eine Quatze) anzuschaffen. Zu dem Ende begleitete ich meinen guten Freund, den Schiffer Blank, der eben nach Swinemünde steuerte, weil ich dort oder in der Nachbarschaft mich zu meinem neuen Gewerbe am besten zu versehen hoffte.

Ein steifer Südwestwind wollte uns an jenen Hafen nicht sogleich herankommen lassen, sondern trieb uns zwei oder drei Meilen weiter an die Küsten der Insel Usedom und in die Gegend, wo einst die alte wendische Handelsstadt Wineta im Meere versunken sein soll. Natürlich drehte sich in solcher Nähe das Gespräch zwischen meinem Freunde und mir um diesen Gegenstand. »Man muß,« sagte jener,

»bei der Schiffahrt sich um so vieles und so genau bekümmern, und dieser merkwürdige Fleck ist uns überdem so nahe gelegen, daß es doch fürwahr eine Schande wäre, wenn wir darüber nicht mit Was und Wie und Wo sollten richtige Auskunft geben können.«

»Das könnte ich wohl,« war meine Antwort, »aber doch nur auf Treu und Glauben des holländischen Schiffers, mit dem ich meine letzte Reise als Passagier von Amsterdam nach Swinemünde machte. Dieser erzählte mir, als wir diesen nämlichen Strich hier hielten, er sei vor vier Jahren bei jener versunkenen Stadt auf den Grund geraten und habe sein Schiff verloren. Um so sorgfältiger habe er sich mit den Merkzeichen der Küste bekannt gemacht, um sich künftig vor Schaden zu hüten.« »Seht dort,« sprach er, »ist ein schwarzer Berg im Westen, und weiter ostwärts liegt ein anderer Berg von gleicher Farbe. Zwischen beiden entdeckt Ihr einen weißen Sandhügel, und gerade vor diesem, eine halbe Meile vom Lande, ist das verwünschte Steinriff, das mich bald zum armen Manne gemacht hätte.« – »Irre ich aber nicht, so stehen uns seine angegebenen Merkzeichen dort gerade im Gesicht, und es möchte wohlgetan sein, ein wenig aufzupassen.«

Kaum war mir das Wort über die Lippen, so stieß unser Schiff plötzlich und so hart auf den Grund, daß uns die Füße unterm Leibe entglitten und wir auf das Verdeck hinstürzten. Indem wir uns schnell besannen und um uns schauten, überzeugten wir uns, daß wir auf der nämlichen Stelle festsaßen, die den Gegenstand unseres Gespräches gegeben hatte. Denn etwa zwanzig Klafter nördlich vom Schiffe entdeckten wir eine ebene Platte, die fast mit dem Wasserspiegel gleichstand, und deren Dasein uns nur darum entgangen war, weil der Wind gerade vom Lande kam und also schlichtes Wasser machte, daß keine Brandung auf der Untiefe entstehen konnte.

Was war indes zu tun? Der Schiffer ließ flugs das Boot aussetzen, um einen Anker auszubringen und daran das Schiff von der Bank wieder abzuwinden. Ich selbst stieg hinein, um dies ins Werk zu setzen, und fuhr südlich von der Untiefe, die wir im Norden liegen sahen, abwärts. In einer Entfernung von etwa achtzig Klaftern ließ ich den Anker fallen, erstaunte aber nicht wenig, als er noch überm Wasser stehen blieb, indem die See hier an dieser Stelle nicht über vier bis sechs Fuß Tiefe hatte. Der Anker mußte wieder emporgebracht und nach dem Schiffe gezogen werden.

Jetzt begann ich (was freilich früher hätte geschehen sollen) rings umher zu sondieren, um ein Fahrwasser von hinreichender Tiefe zu finden. Es gab aber überall nichts als Klippen und Steine, dicht unter dem Wasser; nur hinter uns war es offen, und ich sah, wir würden uns des nämlichen Weges zurückarbeiten müssen, den wir gekommen waren. Demnach ward der Anker gerade nach hinten ausgebracht und die Schiffswinde in Bewegung gesetzt, allein das Fahrzeug wollte weder wanken noch weichen. Da wir nun mit Sandballast fuhren, so ward dessen eine ziemliche Menge über Bord geschafft, um das Schiff zu erleichtern, welches noch immerfort auf den Grund stieß, jedoch ohne Schaden zu nehmen.

Während jener Anstrengungen stieg ich abermals ins Boot, um den ganzen Umfang dieser Bank noch weiter zu sondieren. Zuerst begab ich mich nach der Stelle, die am höchsten und mit dem Wasser gleich lag, bestieg sie und fand, indem ich mit den Füßen tiefer scharrte, daß der Grund aus grobem Sande bestand, der mit einzelnen Brocken von Dachziegeln untermischt war. Meines Vermutens mochte hier wohl früher ein Schiff, mit solcherlei Ziegeln geladen, gestrandet sein und diese zu seiner Erleichterung über Bord geworfen haben.

Beim weiteren Umherfahren fand sich's, daß diese Bank durchgehend aus großen Steinblöcken bestand, die mit vier bis fünf Fuß Wasser überflossen waren. Dazwischen gab es eine Tiefe von sechs bis sieben Fuß, und da das Wasser ziemlich klar war, ließ sich die Lage der Steine sehr wohl unterscheiden, aber durchaus keine absichtliche Anordnung und Regelmäßigkeit darin entdecken. Diese ganze Steinplatte mag vielleicht sechshundert Klafter in der Länge und Breite haben. Zugleich aber fallen ihre Ränder so steil ab, daß, während jene Blöcke nur auf die bemerkte geringe Tiefe unter Wasser stehen, unmittelbar daneben der Seegrund sich auf fünfzehn und mehr Fuß vertiefte.

Es währte fast sechs Stunden, bevor es uns gelang, wieder flott zu werden. Während dieser Zeit trieb der starke Wind ein Boot vom Lande herbei, worin sich zwei Bauernknechte, aber ohne Ruder, befanden. Statt solcher waren sie mit ein paar Stangen versehen, womit sie ihr Fahrzeug, sogut es angehen wollte, zu steuern versuchten, um bei uns an Bord zu gelangen. In der Tat stießen sie auch so unvorsichtig und heftig gegen unser Schiff an, daß wir fürchteten, ihr Fahrzeug würde davon in Stücke gehen.

Erst als wir sie an Bord hatten, wurden wir gewahr, daß sie sich im besten Sonntagsstaat befanden und mit einem gewaltigen Blumenstrauße vor der Brust im Knopfloche prangten. Auf unser neugieriges

Woher? und Wohin? nannten sie uns ihr nicht weit entlegenes Dorf und berichteten, sie seien soeben auf dem Wege über Feld nach der Kirche begriffen gewesen, als sie unser Schiff auf dem Grunde sitzend erblickt hätten, und da sich zufällig in ihrer Nähe ein leeres Boot am Strande vorgefunden, so wären sie in Gottes Namen hineingestiegen, um zu sehen, ob sie uns damit einige Hilfe leisten könnten. Da es jedoch in dem Fahrzeuge an Rudern gefehlt, mit denen sie ohnehin nicht umzugehen wüßten, so hätten sie gemeint, sich mit den vorrätigen Stangen wohl notdürftig fortzuhelfen.

War das echt pommerisch brav und gutherzig gemeint, so muß man doch gestehen, daß es auch herzlich dumm beraten und ausgeführt war. Denn hatten sie nicht das Glück, vom Winde gerade gegen unser Schiff getrieben zu werden, so kamen sie immer weiter landabwärts, waren ohne Barmherzigkeit verloren, und kein Mensch hätte auch nur einmal gewußt, wo sie hingestoben wären. Sie sahen endlich selbst ein, daß sie einen einfältigen Streich unternommen, und da wir inzwischen auch vom Grunde glücklich wieder abgekommen waren, so banden wir ihr Boot an unserm Schiffe fest und nahmen sie mit uns nach Swinemünde, wo es ihnen denn überlassen bleiben mochte, wie sie wieder ihren Heimweg finden wollten.

Ich meinerseits ging von hier nach Caseburg, wo ich eine Quatze, wie ich sie brauchte, für vierhundert Taler erstand und, nachdem ich zugleich eine Ladung lebendiger Fische eingenommen, mich nach dem Swinemünder Hafen und so über See nach Kolberg auf den Rückweg machte. Kaum aber war ich aus der Swine und über die Reede hinaus, und es an der Zeit, daß mein Koch Feuer anmachen sollte, so fand sich's, daß der Lotse, der uns in See gebracht, zufällig unsre Zunderbüchse, womit er seine Pfeife in Brand gesteckt, mit sich genommen hatte. Wir sahen uns dadurch über zwei Tage und drei Nächte ohne Feuer und Licht.

Nun machte ich mit meiner Quatze zwar noch mehrere Ausflüge, aber diese Fahrten und die ganze Hantierung waren, je länger je weniger nach meinem Sinne. Überdem war der Absatz meiner Ware keineswegs so reißend, als man mir vorgespiegelt hatte, und da zudem die Fische durch das heftige Schlingern des Fahrzeuges in den Wellen häufig abstanden, so hatte ich bei jeder Reise nur Verlust und Schaden. Ich gab also meinen Kram beizeiten wieder auf, brachte meine Quatze nach Stettin und bot sie dort zum Verkaufe aus. Das gelang mir aber erst nach Jahr und Tag, und ich litt auch bei diesem

Handel eine empfindliche Einbuße. So kam also das Jahr 1776 heran und fand mich wieder als Lehrer in der Steuermannskunst, wobei ich mich, da ich tüchtige und lernbegierige Schüler hatte, immer noch in meinem angemessensten Elemente befand. Auch im Winter 1777 trieb ich diese nützliche, wenn auch eben nicht sonderlich einträgliche Beschäftigung.

Am 28. April dieses Jahres stand ich hier in Kolberg, etwa um die Mittagszeit, eines abzumachenden Geschäftes wegen, beim Herrn Advokat Krohn am Fenster, als mitten in unserm Plaudern plötzlich ein ganz erschrecklicher Donnerschlag geschah, so daß jener vor Schrecken neben mir niederstürzte und wie ohne Leben und Besinnung schien. In der Tat glaubte ich, daß er vom Blitzstrahle getroffen worden, bis mein Rütteln und Schütteln ihn endlich doch wieder auf die Beine brachte. »Wo hat es eingeschlagen?« fragte er, immer noch hochbestürzt. – »Ich hoffe, nirgends,« war meine Gegenrede, »oder mindestens doch nicht gezündet, da Regen, Schnee und Hagel die Luft erfüllen und alle Dächer triefen«.

Allein im nämlichen Augenblicke auch stürzte der Kaufmann, Herr Steffen, welcher schräg gegenüber wohnte, aus seinem Hause hervor, schlug die Hände überm Kopf zusammen, schrie aus Leibeskräften und richtete dabei den Blick immer nach dem Kirchturme empor, den er jenseits wahrnehmen konnte. Ich ahnte Unheil, lief also stracks hinüber, mußte aber lange auf ihn einreden, bevor ich's von ihm herauskriegte: »Mein Gott! Unsere arme Stadt! – Sehen Sie denn nicht? Der Turm brennt ja lichterloh!« – So war es denn auch wirklich. Die helle Flamme spritzte bei der Wetterstange, gleich einem feurigen Springbrunnen, empor, aus den Schallöchern sprühten die Funken umher wie Schneeflocken und flogen bereits bis in die Domstraße hinüber.

Ich, herzlich erschrocken, rannte nach der Kirche und die Turmtreppe hinan. Im Hinaufsteigen überdachte ich, wie groß das Unglück werden müsse, da wohl schwerlich jemand unternehmen werde, bis in die höchste Spitze hinanzuklimmen, wo er in den finstern Winkeln nicht so bekannt sei wie ich, der ich sie in meiner Jugend so vielfältig und oft mit Lebensgefahr durchkrochen hatte. »Also nur frisch drauf und dran!« rief eine Stimme in mir, »du weißt hier ja Bescheid!«

In der Tat wußte ich auch, daß droben auf dem Glockenboden stets Wasser und Löscheimer bereit standen, aber an einer Handspritze, die hier hauptsächlich not tun würde, konnte es leichtlich fehlen. Dies erwägend, machte ich auf der Stelle kehrt, drängte mich mit Mühe neben den vielen Menschen vorüber, die alle nach oben hinauf wollten, flog gleich ins erste nächste Haus und rief um eine Spritze, die aber hier wie auch im zweiten Hause nicht zu finden war und meiner steigenden Ungeduld erst im dritten gereicht wurde.

Jetzt wieder (die Angst und der Eifer gaben mir Flügel) zum Turme hinauf! In der sogenannten Kunstpfeiferstube, die dicht unter der Spitze ist, fand ich bereits mehrere Maurer und Zimmerleute, mit ihren Meistern, die indes alle nicht recht zu wissen schienen, was hier zu tun sei. »Liebe Leute,« sprach ich, indem ich unter sie trat, »*hier* ist freilich nichts zu beginnen. Wir müssen höher hinauf. Folgt mir!« – »Leicht gesagt, aber schwer getan!« antwortete mir der Zimmermeister Steffen. »Wir haben es schon versucht, aber es geht nicht. Sobald wir die Falltüre über uns heben, fällt ein dichter Regen von Flammen und glühenden Kohlen hernieder und setzt auch hier die Zimmerung in Brand.«

Das war freilich eine schlimme Nachricht! »Ei, es muß schon etwas drum gewagt sein!« rief ich endlich, – »ich will hinan! Helft mir durch die Luke. Ich will sehen, was ich tun kann!« – Sie öffneten mir die Falltür; ich stieg hindurch, ließ mir einen Eimer voll Wasser und die Handspritze reichen und – »Nun die Luke hinter mir zu, damit das Feuer keinen Zug bekommt!« befahl ich; und indem sie das taten, sah ich zu, was oben passierte. Eine Menge Feuerkohlen prasselte nieder; so daß ich mir den Kopf mit dem Wasser aus meinem Eimer anfeuchten mußte, um nicht aus meinen Haaren ein Feuerwerk zu machen. Um zugleich die Hände frei zu bekommen, schnitt ich ein Loch vorn in den Rock, durch welches ich die Spritze steckte; den Bügel des Eimers nahm ich in den Mund und zwischen die Zähne; und so ward denn die fernere Reise angetreten!

Die Turmspitze ist inwendig mit unzähligen Holzriegeln durchaus verbunden, die mir zur Leiter dienen mußten. Allein wohin ich griff, um mir empor zu helfen, da fand ich alles voll glühender Kohlen; nur hatte ich nicht Zeit, an den Schmerz zu denken, oder machte mich gegen ihn fühllos, indem ich Kopf und Hände zum öfteren wieder anfeuchtete. Mit alledem hatte ich mich endlich so hoch verstiegen, daß mir in der engen Verzimmerung kein Raum mehr blieb, mich noch weiter hindurch zu winden; und hier sah ich denn den rechten Mittelpunkt des brennenden Feuers annoch acht oder zehn Fuß über mir zischen und sprühen.

Jetzt klemmte ich den Wassereimer zwischen die Sparren fest, zog meine Spritze daraus voll und richtete sie getrost gegen jenen Feuerkern, wo das Löschen am notwendigsten schien. Nur beging ich die Unvorsichtigkeit, dabei unverrückt in die Höhe zu schauen, weil ich auch die Wirksamkeit meines Wasserstrahles beobachten wollte; darüber aber bekam ich die ganze Bescherung von Wasser, Feuer und Kohlen so prasselnd ins Angesicht zurück, daß mir Hören und Sehen verging, bis ich, sobald ich mich wieder ein wenig besonnen hatte, das Ding geschickter anfing und bei der Handhabung meiner Spritze die Augen fein abwärts kehrte. Auch hatte ich die Freude, daß sich bei jedem Zuge das Feuer merklich verminderte.

Nun aber war auch der Eimer geleert! Neue Verlegenheit! Denn das leuchtete mir allerdings wohl ein, daß, wenn ich hinabstiege, weder ich, noch sonst ein Mensch hier je wieder nach oben gelangte. Ich schrie indes aus Leibeskräften: »Wasser! Wasser her!« – bis der vorbenannte Zimmermeister die Falltür aufschob und mir zurief: »Wasser ist hier, aber wie bekommst du es hinauf?« – »Nur bis über den Glockenstuhl schafft mir's. Da will ich mir's selber langen,« war meine Antwort, und so geschah es auch. Jene wagten sich höher und ich kletterte ihnen von Zeit zu Zeit entgegen, um die vollen Wassereimer in Empfang zu nehmen, von denen ich denn auch so fleißigen Gebrauch machte, indem ich den Brand tapfer kanonierte, daß ich endlich das Glück hatte, ihn zu überwältigen und völlig zu löschen. Wo es aber noch irgend zu glimmen schien, da kratzte ich mit meinen Händen die Kohlen herunter, soweit ich irgend reichen konnte.

Jetzt erst, da es hier nichts mehr für mich zu tun gab, gewann ich Zeit, an mich selbst zu denken. Ich spürte, wie mir mit jeder Minute übler zumute ward: denn das zurückspritzende Wasser hatte mich bis auf die Haut durchnäßt, und zugleich war eine Hitze im Turme, die je länger je unausstehlicher wurde. Zwar eilte ich nun hinunter, aber indem ich gegen die Schallöcher kam, gab es einen so schneidenden Luftzug, daß mir plötzlich die Sinne vergingen. Auch weiß ich nicht, ob ich auf meinen eigenen Füßen Gottes Erdboden erreicht, oder ob mich die Leute hinabgetragen haben.

Als ich mich wieder besann, lag ich auf dem Kirchhofe, und mir zur Seite standen die Chirurgen Wüsthof und Kretschmer, die mir an beiden Armen eine Ader geöffnet hatten. Außerdem gab es noch einen dichten Haufen von Menschen um mich her, welche von Teilnahme oder Neugierde herbeigeführt sein mochten. Mit meinem wiederkehrenden Bewußtsein begann ich nun aber auch erst meine Schmerzen zu fühlen. Meine Hände waren überall verletzt; die Haare auf dem Kopfe zum Teil abgesengt; der Kopf selbst wund und voller Brandblasen, wo denn auch in der Folge nie wieder Haare gewachsen sind. Nicht minder sind mir die beiden äußersten Finger an der rechten Hand, die vom Feuer am meisten gelitten hatten, bis auf diese Stunde krumm geblieben; und so werde ich sie auch wohl mit in mein Grab nehmen müssen.

Vom Kirchhofe trug man mich nach meiner Wohnung, wo eine gute und sorgfältige Pflege mir dann auch bald wieder auf die Beine half. Einige Wochen später behändigte mir der Herr Kriegskommissär Donath eine goldene Denkmünze in der Größe eines Doppel-Friedrichsdor, nebst einem Belobungsschreiben, die ihm beide von Berlin zugeschickt worden, um sie mir gegen meine Quittung zu überliefern. Das Gepräge dieser Denkmünze ließ ich mir in meinem Petschaft nachstechen; sie selbst aber, nebst dem Schreiben, übergab ich in die Hände des Magistrats, mit dem Ersuchen, sie bis auf meine weitere Verfügung im Rathausarchiv gut verwahrt niederzulegen. Doch als ich nach einigen Jahren danach fragte, war das eine wie das andere verschwunden! Es hieß: das sei noch bei des Bürgermeisters R–fs Zeiten geschehen; und daran mußte ich mir genügen lassen!

*I*m folgenden Jahre 1778 erhielt ich vom Kaufmann Herrn Höpner zu Rügenwalde eine schriftliche Aufforderung, eines seiner Schiffe unter meine Führung zu nehmen. Ich schlug ein, weil sich nicht gleich ein besseres Engagement für mich finden wollte; und so machte ich denn, für seine Rechnung, eine Reihe glücklicher Fahrten nach Danzig, Nantes und Croisic, und war von hier wiederum nach Memel bestimmt; konnte aber, der späten Jahreszeit wegen, diesen Hafen nicht mehr erreichen, sondern sah mich genötigt, in Pillau einzulaufen und dort zu überwintern, wo ich aus Langeweile wiederum eine Steuermannsschule eröffnete.

*H*ier war es, wo der Kommerzienrat Herr B–r zu Kolberg mir in wiederholten Briefen anlag, in seinem Auftrage nach England zu gehen, für ihn ein Schiff zu kaufen und für seine Rechnung damit zu fahren. Diese Spekulation schien nicht übel ersonnen, denn in dem damaligen Kriege Englands mit seinen nordamerikanischen Kolonien hatte es auch mit Frankreich und Spanien gebrochen, und seine Kaper hatten sich einer so großen Anzahl feindlicher Schiffe bemächtigt, daß alle britische Häfen damit angefüllt waren. Es stand zu erwarten, daß sie beim Verkauf würden spottwohlfeil losgeschlagen werden.

Ich trug demnach kein Bedenken, mich auf den Vorschlag einzulassen, und forderte nur, Herr B–r möge mir für dies Geschäft eine genaue Instruktion, sowie eine Empfehlung an seinen Korrespondenten in London geben und mir bei diesem den nötigen Kredit bis zu einer bestimmten Summe offen machen. Demzufolge verwies er mich an das Londoner Handelshaus Schmidt und Weinholdt, bei welchen ich auch bei meiner Ankunft die verlangte Instruktion vorfinden würde. Mit Herrn Höpners Bewilligung verließ ich also dessen Schiff, nachdem ich ihm einen andern tüchtigen Schiffer an meine Stelle vorgeschlagen hatte, und schickte mich zu meiner Reise nach England an, wobei es jedoch meine Privatgeschäfte erforderten, zuvor noch einen kleinen Abstecher nach Königsberg zu machen.

Indem ich hier nun eines Tages meinen Weg zur Börse nahm, fiel es mir zufällig bei, über den Neuen-Graben zu gehen, wo das Haus stand, in welchem ich in früherer und besserer Zeit gewohnt hatte. Nachdenklich blieb ich stehen, und indem ich es betrachtete, fiel mir schwer aufs Herz, wie ich hier doch fünf Jahre lang in Leid und Freude aus- und eingegangen, mit so manchem Biedermann in Verkehr gestanden und mutig ins Leben hineingeschaut habe. Und wie war das nun so ganz anders! Auf diesem nämlichen Flecke stand ich nun als Fremdling; niemand hier, dem mein Wohl oder Weh noch zu Herzen ging – ich selbst ein wunderlicher Spielball des Schicksals und nach allen Himmelsgegenden umhergeworfen! Wahrlich, es war kein Wunder, daß mir in diesen Gedanken ein paar schwere Tränen in die Augen traten.

»Herr Jemine! Sieh doch! Kapitän Nettelbeck und kein anderer!« rief plötzlich eine weibliche Stimme aus einem geöffneten Fenster des nämlichen Hauses. Indem ich emporschaute, bemerkte ich ein Frauenzimmer, welches im Begriff gewesen zu sein schien, einen Teller mit Fischgräten auf die Straße hinauszuschütten. Ich stutzte, konnte mich aber des veralteten und verzerrten Gesichtes in keinem Winkel meines Gedächtnisses besinnen. In eben dem Moment aber war sie auch bereits zu mir herunter geeilt, ergriff mich an beiden Händen und beteuerte: sie lasse mich nicht; ich müsse kommen und bei ihr und ihrem Manne einsprechen. Jetzt erst schoß es mir mit einemmal aufs Herz, daß hier von dem Kniffelschen Ehepaare die Rede sein möge. Und so war es auch wirklich!

Schon in Pillau hatte ich, auf gelegentliche Erkundigung, von diesem Paare so mancherlei vernommen, was mich nach der Erneuerung dieser alten Bekanntschaft eben nicht lüstern machte. Sie hatten mit den ihnen ausgesetzten Geldern übel gewirtschaftet, waren überall betrogen und steckten tief in Schulden, weil die reiche Verwandtschaft in Surinam immer noch diesen und jenen Wucherer lockte, ihnen Kredit zu geben. Außer dem Hause, das er bewohnte und wovon ihm vielleicht auch kein Ziegel mehr eigen gehörte, besaß der alte Tropf nichts mehr als seinen gekauften Titel »Lizentrat«, den aber der Pöbelwitz allgemein in den Spottnamen »Lizentrekel« verkehrt hatte. Kurz, bei diesen Leuten war weder Freude noch Ehre zu holen, und es verdroß mich sogar, daß sie mein altes liebes Eigentum durch ihre Gegenwart verschimpfierten.

Indes mußte ich mich schon mit hinaufschleppen lassen, und fand dort den Titularrat hustend auf einem Bette sitzen. Ich sah mich nun in dem Stübchen um, wo alles ein ärmliches, beklommenes Ansehen hatte, und konnte mich nicht enthalten auszubrechen: »Leute, wie habt ihr gewirtschaftet! Was habe ich gehört? und was sehe ich jetzt selbst? Seid ihr's wohl wert, daß euch das Glück einmal so freundlich angelacht hat?« – Beide weinten und sagten: dann würde ich auch gehört haben, wie sie von ihren besten Freunden betrogen worden. – »Nun wahrlich doch nicht ohne euere Schuld!« gab ich ihnen unmutig zur Antwort – »Hättet ihr die Nase nicht stets höher getragen, als euch zukam; hättet ihr Gott still und demütig gedankt, daß er euch einen ruhigen Nothafen für eure alten Tage eröffnet; hättet ihr fein zu Rate gehalten, was mehr als genüglich für euer Notwendiges ausreichte« ... und wie denn die derben Leviten weiter lauteten, die ich glaubte, ihnen lesen zu müssen.

Sie gestanden ihr Unrecht ein und gelobten Besserung, wenn ich ihnen nur jetzt behilflich sein wollte, einen Brief an ihre Tochter zu besorgen, worin sie derselben ihre äußerste Not vorstellen und sie um eine letzte Unterstützung bitten wollten. Mehrmals hätten sie dies bereits auf anderen Wegen versucht, aber niemals Antwort erhalten. Die Papiere möchten wohl nicht in ihre Hände gelangt sein. – »Gut, so schreibt denn!« rief ich – »aber sputet euch damit: denn morgen bin ich nicht mehr in Königsberg. Ich logiere ...«

Aber aus Sorge, daß ich ihnen entschlüpfen möchte, wollten sie mich lieber nicht von der Stelle lassen und schickten gleich zu einem alten abgedankten Hauptmann, der in allem ihr Sekretär und Ratgeber zu sein schien. Der setzte sich sofort an das Stück Arbeit, welches mir auch endlich mit der Bitte überliefert wurde, daß ich es mit einigen Worten zur besseren Empfehlung begleiten und ihrem Kinde treulich schildern möchte, in welchem Elend ich sie angetroffen hätte. Ich versprach alles, was sie wollten, um nur von ihnen loszukommen;

habe aber fernerhin nie Gelegenheit gefunden zu erfahren, was weiter aus ihnen geworden und ob sie sich in der Zukunft besser gebettet.

leich darauf ging ich, früh im Jahre 1779, von Pillau als Passagier nach London, und meldete mich sofort bei den dortigen Korrespondenten meines neuen Prinzipals und empfing nun aus deren Händen die Instruktion, wie ich bei meinem Einkaufe verfahren sollte. Diese war aber leider von der Art, daß ich, wäre sie mir früher zugekommen, keinen Schritt vor die Türe darum gegangen sein würde. Nur die wunderlichste Laune konnte dem Manne alle die tausend Bedingungen eingegeben haben, von denen ich kein Haar breit abweichen sollte. Das Schiff, das ich erstände, sollte von einhundertfünfzig Lasten sein, nicht größer und nicht kleiner; es durfte nicht älter als zwei oder drei Jahre sein, ein vollständiges Inventarium war vorgeschrieben, aber vor allem durfte es nicht höher als vierhundert Pfund Sterling zu stehen kommen.

So reiste ich denn ganz England mit der Post in die Runde, nach allen Häfen, wo nur Prisen aufgebracht worden. Ich ging nach Hull, nach Newcastle, nach Leeds, nach Liverpool, nach Bristol, nach Plymouth, nach Portsmouth, nach Dover: – aber ebensogut hätte ich zu Hause bleiben können! Endlich stieß ich in London selbst auf ein Schiff, das ich trotz alles dessen, was ihm etwa noch mangelte, auf meine eigene Verantwortung zu kaufen beschloß.

Indem ich nun den Herren Schmidt und Weinholdt diese Absicht eröffnete und meinen Kredit geltend machen wollte, erhielt ich die nimmer erwartete Antwort: »Lieber Nettelbeck, um Ihnen klaren Wein einzuschenken, müssen wir Ihnen geradeheraus sagen, daß wir für B–rs Ordre auch nicht ein Pfund zu zahlen gesonnen sind. Wollen Sie aber das Schiff für sich allein und auf *Ihren* Namen erstehen und uns die Korrespondenz und Assekuranz darüber überlassen, so ist hier unsere Hand – wir zeichnen für Sie, soviel Sie verlangen. Nur mit B–r wollen wir nichts zu tun haben.«

»Ich bin vorzeiten,« sagte ich, »Herr eines eigenen Schiffes gewesen, habe aber so ausgesuchtes Unglück damit gehabt, daß ich mir's heilig angelobt, mich nie wieder mit dergleichen zu befassen. Es taugt auch für keinen Schiffer, sein eigener Reeder zu sein, wenn er gleichwohl die Korrespondenz, und was dazu gehört, einem Fremden überlassen muß. – Nur warum, meine Herren, haben Sie mir von dem Mißkredit, in welchem mein Prinzipal bei Ihnen steht, nicht früher einen Wink gegeben? Wieviel Zeit, Mühe und Kosten wären da zu ersparen gewesen!«

Sie gestanden mir nun, daß sie nimmer vermutet hätten, ich würde ein solches Schiff, wie mir vorgeschrieben worden, aufzutreiben imstande sein, und daß sie es darum mit ihrer Erklärung lieber bis aufs äußerste hätten wollen ankommen lassen. Ich mußte mir das gefallen lassen, eröffnete ihnen aber gleich des nächsten Tages, daß ich eine bequeme Schiffsgelegenheit nach Stettin gefunden und von da nach Kolberg abzugehen gedächte, um dem Kommerzienrat Bericht zu erstatten.

»Nach Stettin?« ward mir geantwortet. – »O, schön! Das trifft sich wie gerufen: denn wir haben ein Anliegen an Sie, lieber Nettelbeck, das Sie uns nicht abschlagen müssen. Da ist in Stettin der Kaufmann Groß, mit dem wir in Assekuranzangelegenheiten wegen Schiffer Lickfeld verwickelt sind, schon seit Jahr und Tag in Briefen hin und her scharmützeln und je länger je weniger übereinkommen können. Wir sind des Handels nachgerade herzlich überdrüssig, und unser in Sie gesetztes Vertrauen läßt uns wünschen, daß Sie in unserem Namen mündlich den Zwist so gut wie möglich ausgleichen möchten. Sie sollen über den Stand der Dinge alle Auskunft erhalten, und da wir uns alles, was nur nicht geradezu unbillig ist, gefallen lassen wollen, so machen Sie es mit ihm ab, so gut Sie wissen und können. Ihre Vollmacht soll Ihnen auf der Stelle ausgefertigt werden, und unser ganzer Verlaß steht auf Ihnen.«

»Gut und aller Ehren wert, was Sie mir anvertrauen und von mir erwarten!« erwiderte ich. – »Aber *kennen* Sie den Mann auch, mit dem Sie mir zu tun geben wollen? Dieser Groß, meine Herren, ist ein ganz absonderlicher Patron und fängt gar leicht Feuer unter der runden Perücke. Ich entsinne mich seiner gar wohl von Anno 1764 her, wo er noch selbst als Schiffer fuhr und einen Winter bei uns mit seinem

Schiffe in Königsberg lag. Hatte er damals doch mit allen Leuten, mit denen er zu verkehren kriegte, Krakeel und Prozesse; und hat er sich seitdem, wie schwerlich zu hoffen ist, nicht geändert, so möchte ich lieber ein Kreuz vor ihm schlagen, als mir mit ihm zu schaffen machen.«

Wie ich aber auch diesen mißlichen Auftrag abzulehnen suchte, so ward doch so anhaltend in mich gedrungen, daß ich mir endlich die bisher geführten Verhandlungen vorlegen ließ; da jedoch die Sache festen Grund hatte und der ganze Zwiespalt nur auf einem Mißverstande beruhte, einigte ich mich mit meinen Herren Kommittenten, wie weit ich gehen sollte, empfing genügende Vollmacht und machte mich in Gottes Namen nach Stettin auf den Weg, wo ich es mein erstes sein ließ, Herrn Groß aufzusuchen.

Dieser Mann empfing mich mit Herzlichkeit, als einen Bekannten; machte indes große Augen, als ich ihm den Grund meines Hierseins eröffnete und ihm meine Beglaubigung vorlegte. »Hört, Nettelbeck,« sagte er, mir auf die Schulter klopfend: »Nun heiße ich Euch doppelt und von Herzen willkommen! Trügt mich nicht alles, so seid Ihr mein guter Engel, der mir endlich einmal den fatalen Sorgenstein unterm Kopfkissen hinwegräumen wird. Topp! Morgen um die und die Stunde machen wir die Sache ab, heute aber kein Wort mehr davon, damit wir uns dies gute Glas Wein nicht verderben.«

So geschah es denn auch am nächsten Tage. Wie erstaunte ich, als der Mann Vernunft annahm und Gründe gelten ließ. Eine Schwierigkeit nach der andern verschwand, und in weniger als drei Stunden war eine Vereinigung getroffen, wie beide Teile sie nur immer wünschen konnten, das Londoner Haus aber sie nimmer erwartet hatte. Ich forderte nun die gerichtliche Bestätigung, die gleich in den nächsten vierundzwanzig Stunden durch den Herrn Notarius Bourwig ausgefertigt und mittels Brief und Siegel bekräftigt wurde. Ebenso schnell packte ich meine Papiere zusammen, schickte sie nach London, erhielt die unbedingteste Genehmigung und eine Vergütung, wie sie dem Dienste angemessen sein mochte.

Noch zufriedener aber war Herr Groß, der mir von Stund an ein sichtbares Wohlwollen zuwandte. »Aber wo nun hinaus?« fragte er mich, als ich kam, ihm meinen Abschiedsbesuch zu machen. – »Nach Kolberg,« gab ich zur Antwort, »um meinem Prinzipal B–r Red' und Antwort zu stehen. Was es dann weiter gibt, wird die Zeit lehren.« – »Hört, lieber Nettelbeck,« fiel er mir ein, »die Herren Kaufleute dort, die kenne ich! Das ist nichts für Euch! Aber einen Mann von *Euerem* Schlage – den hätt' ich mir schon längst auf mein bestes Schiff gewünscht. Da! Die Hand eines ehrlichen Mannes – schlagt ein! Nehmt das Schiff, das ich hier jetzt auf dem Stapel stehen habe.«

Was soll ich's leugnen, daß die Art, wie mir dieser Antrag geschah, meiner Eigenliebe schmeichelte. Dennoch hatte ich Bedenken. »Lieber Herr Groß,« erwiderte ich demnach, »so ein Schritt will überlegt sein. Gönnen Sie mir dazu eine Stunde; und wenn ich dann wiederkomme, bringe ich Ihnen mein Ja oder Nein.« – Er war es zufrieden.

Voll Sinnens suchte ich demnach einen alten Bekannten, den Schmied Lüdtke auf, mit dem ich bereits im Jahre 1770, auf Veranlassung der Ausrüstung der königlichen Fregatte, zu tun gehabt hatte, und der jetzt, wie ich wußte, die Eisenarbeit für das auf dem Stapel stehende Schiff des Herrn Groß besorgte. Er sollte mir sagen, was hier zu tun oder zu lassen sei; und so trug ich ihm gleich warm vor, was mir auf dem Herzen drückte. »Hm! hm!« gab er mir kopfschüttelnd zur Antwort. »Es mit *dem* zu wagen, könnt' ich nur meinem ärgsten Feinde raten! Ihr seid beide Hitzköpfe. Gleich ist bei euch Feuer im Dache! Ihr werdet euch keine vierundzwanzig Stunden miteinander vertragen. Bleibt also fein auseinander; das ist das Gescheiteste.«

Ich konnte nicht anders, als ihm recht geben, und war schon auf dem Wege, den Handel aufzusagen, als ich vor dem Hause eines Segelmachers, Krunt, vorbei mußte. Auch dieses Mannes Rat und Meinung wollte ich mitnehmen. Ich trat zu ihm ein, trug ihm Anliegen und Bedenken vor und überließ ihm die Entscheidung. »Hört, Freund Nettelbeck,« entgegnete er, »ich kenne Euch und kenne Groß inwendig und auswendig. Ihr seid beide ein paar herzensgute Leute – brav, ehrlich und erfahren. Ihr beide werdet euch ineinander schicken und passen, oder keiner in der Welt! Wie schlimm jener auch verschrieen sein mag, so kommt es doch nur darauf an, daß Ihr seine erste tolle Hitze vorübertoben laßt. In der nächsten Viertelstunde darauf könnt Ihr ihn wieder um den Finger wickeln, wie ein Wachs. Was ist da also noch lange zu bedenken? Ihr bekommt ein schönes, neues und großes Schiff von 320 Last unter die Füße, womit ein Mann von Eurer Welterfahrung schon etwas Rechtschaffenes anzufangen wissen wird.«

Das klang nun freilich ganz anders, aber keineswegs unverständig. Ich ließ es mir gesagt sein, setzte meinen Weg mit erleichtertem Herzen fort, trat zu Herrn Groß in das Zimmer und mit drei raschen

Schritten auf ihn zu, reichte ihm die Hand und rief mit leuchtenden Augen: »Glück gebe Gott uns beiden, mein Herr Patron!« – »Ja! Ist's wahr? Hab' ich Euch?« fuhr er seinerseits auf, drückte mich an die Brust und küßte mich herzlich ab. Der Notarius Helwig, welcher bei diesem Auftritte zugegen war, wurde aufgefordert, zur Stelle einen Kontrakt aufzusetzen, welchen mein neuer Prinzipal selbst diktierte, und wobei meines Vorteiles keineswegs vergessen ward.

Nunmehr ging ich auf einige Tage nach Kolberg, um mich mit B–r zu berechnen und auseinanderzusetzen; war aber bereits in der Mitte des Juni wieder in Stettin, wo ich den Ausbau meines neuen Schiffes eifrig betreiben half. Dieses war eigentlich zu einem Zweidecker bestimmt und würde als solcher in allen preußischen Häfen seinesgleichen gesucht haben. Allein das Schiff sollte, um von den damaligen hohen Frachten zu vorteilen, noch vor Winters in See gehen; und um keine Zeit zu verlieren, ward beschlossen, nur ein Verdeck aufzusetzen. Dennoch konnte es erst im Oktober vom Stapel laufen; doch war auch bereits mit dem Kommerzienrate eine Fracht von Balken und Stabholz abgeschlossen, die ich unverzüglich nach Bordeaux führen sollte. Den kleineren Teil derselben nahm ich auf der Stelle ein und ging dann Mitte November auf die Swinemünder Reede, um auch den Rest der Ladung zu empfangen.

Doch dies war in der schon so weit vorgerückten Jahreszeit ein äußerst mühseliges und langweiliges Geschäft, weil der Hafen selbst bereits mit Eis zugelegt war und jede Bootsladung Stabholz sich vom Weststrande her erst einen Weg durch das Eis nach dem Schiffe bahnen mußte, so daß volle vier Wochen über diese Arbeit verliefen. Mit dem letzten Boote ging auch ich selbst an Bord, um nun unmittelbar darauf in See zu stechen, während bereits um das Schiff her alles mit schwimmendem Eise flutete und mit jedem Augenblicke ein völliges Einfrieren zu befürchten stand.

Neben mir lag auf der Reede ein Fregatteschiff, welches gleichfalls erst in diesem Sommer in Stettin für schwedische Rechnung ganz neu gebaut worden und nach Gotenburg bestimmt war. Ich sah, daß es sich eben fertig machte, seinen Anker aufzuwinden und die Reede zu verlassen. Mir selbst lag noch die letzte Bootsladung Stabholz auf dem Verdecke im Wege, die zuvor noch beiseite gestaut werden mußte, bevor ich mich bei meiner Ankerwinde frei rühren konnte; und doch wäre ich bis zum Sunde hin gern in der Gesellschaft des Schweden geblieben, um desto leichter, wenn es not tat, Hilfe zu leisten oder zu empfangen. Ich fuhr demnach hurtig in der Schaluppe zu jenem Schiffe hinüber und forderte den Kapitän auf, noch eine kleine Stunde zu warten. Das wollte er aber nicht, lichtete seinen Anker vollends und ging ab.

Kaum war er eine Meile westwärts von mir entfernt und ich gleichfalls unter Segel, so ging der Wind nach Nordosten um. Es gab einen starken fliegenden Sturm, der zwar mächtig förderte, aber die Luft mit einem dicken Schneegestöber erfüllte, so daß ich den vorausgeeilten Schweden bald aus dem Gesichte verlor. Dies Wetter mit dicker Schneeluft hielt bis zum andern Morgen um neun Uhr an, wo wir dicht an das Land von Stevens kamen und, mit nicht geringer Verwunderung, die schwedische Fregatte auf dem Strande stehend erblickten, wo die Sturzwellen sich unaufhörlich darüber her brachen, die Mannschaft aber kümmerlich in den Masten hing.

Ich selbst hatte alle Not und Mühe, einem gleichen Schicksale zu entgehen und über die Landspitze von Stevens hinauszukommen. Endlich zwar gelang es, und ich erreichte die Kiöger Bucht; doch sah ich mich genötigt, vor stehenden Segeln zu ankern und nach und nach mich vor drei Anker zu legen. So dauerte diese peinliche Lage bis zum nächsten Morgen, wo der Wind durch Osten nach Süden lief, und ich meine Notflagge aufsteckte, um Hilfe vom Lande zu erhalten, denn mit meinen Leuten allein wußte ich mir länger nicht zu raten. Glücklicherweise eilten auch auf dies Zeichen zwei Boote mit fünfzehn Mann von Dragoe herbei, mit deren Beistand ich, nachdem ich sämtliche Ankertaue habe kappen müssen, die Reede von Kopenhagen glücklich erreichte. Während ich mich hier nun wieder instand setzte, langte auch das Volk von dem schwedischen Schiffe an, welches gänzlich verloren gegangen war.

ndes setzte ich meine Fahrt ohne weiteren Unfall fort, erreichte Bordeaux am 28. Februar 1780, löschte meine Fracht und war stracks darüber aus, einer neuen nach Amerika habhaft zu werden, wie ich's zuvor mit meinem Reeder verabredet hatte; denn unter der neutralen preußischen Flagge war besonders dahin ein ungeheueres Geld zu verdienen. Bald kam ich auch mit einem Kaufmanne aus Ostende wegen einer Ladung nach der französischen Insel St. Grenada in Westindien überein. Der Kontrakt war bis zur Unterzeichnung fertig, und ich ersuchte den Kaufmann, welcher die Reise in Person mitmachen wollte, zu mir an Bord zu kommen und sich mit eigenen Augen von der Güte und Dauerhaftigkeit des Schiffes sowie von der netten Einrichtung der ihm zugedachten Kajüte zu überzeugen.

Als er des anderen Tages in dieser Absicht bei mir erschien, bemerkte ich freilich an seiner Miene, daß er sich in irgendeiner Erwartung getäuscht sehen müsse, ohne jedoch erraten zu können, woran er eigentlich Anstoß genommen. Dies sollte ich erst von meinem Korrespondenten, Herrn Wesenberg, erfahren. Die ganze Fracht war nämlich zurückgezogen, weil der Kaufmann gesehen hatte, daß mein Schiff nur ein Eindecker sei, welchem er weder die gehörige Sicherheit noch genugsame Bequemlichkeit zutrauen mochte. Hiergegen half kein Protestieren; und ich konnte mich auch um so leichter zufrieden geben, da ich unmittelbar darauf eine Fracht von Wein und Zucker auf Hamburg gewann und mit der Ladung bereits vierzehn Tage nach meiner Ankunft fertig ward.

u meiner Herzenserleichterung muß ich hier das Geständnis ablegen, daß ich mich nirgends beklommener gefühlt habe als in den französischen Häfen und zu Bordeaux insonderheit. Denn wie weit ich auch in der Welt herumgekommen, so habe ich doch in keiner Nation so viel List, Betrug und Ränke gefunden als unter den Franzosen. Jeder, mit dem ich zu tun bekam, hätte nichts lieber gemocht als mich recht tüchtig übers Ohr zu hauen. Jetzt vollends sollte mir noch ein Stückchen von ihrer Art widerfahren, das einen unverwüstlichen Groll bei mir zurückgelassen hat.

In dem Augenblicke nämlich, da ich die Anker lichten wollte, ging ich, wie es die Ordnung ist, in das Lotsenkontor und bat um einen Piloten, der mich zur Garonne hinaus in See bringen sollte. Der Lotse kam an Bord, aber so betrunken, daß ich Bedenken fand, ihm die Leitung des Schiffes anzuvertrauen. Der Mensch wollte nicht gehen, ward grob, und ich komplimentierte ihn so etwas unsanft (jedoch ohne irgend Hand an ihn zu legen) in sein Boot und an Land zurück. Dagegen hielt ich abermals in dem Kontor, mit Angabe der Ursachen, um einen anderen nüchternen Lotsen an. Auch der Trunkenbold erschien dort und machte sich trefflich unnütz; doch ward mir mein Verlangen gewährt; ich nahm den neuen Piloten mit mir und lichtete den Anker.

Wie ich nun den Strom abwärts fuhr, so bemerkte ich bald, daß ich an einem andern Fahrzeuge einen unzertrennlichen Begleiter bekommen hatte. Machte ich Segel, so tat es desgleichen; ließ ich den Anker fallen, so legte es sich mir in dem nämlichen Augenblicke zur Seite. Das Ding machte uns, je länger, je größeren Spaß, und wir kitzelten uns daran, daß der Franzose ohne uns den Weg gar nicht finden zu können schien. So kamen wir endlich an das Fort am Ausflusse der Garonne, wo unsere Pässe visiert werden mußten. Auch da war jenes Fahrzeug flink bei der Hand; und nun wurde uns eröffnet, daß ich für die Begleitung desselben bis hierher die Summe von eintausend Livres zu entrichten habe.

Ich war bei dieser Forderung wie aus den Wolken gefallen. »Für seine Begleitung? – Eintausend Livres? – Und *wozu* diese ganz unerbetene Begleitung?« – Die Antwort hieß: »Zur Beschützung des Lotsen an Bord gegen besorgte Gewalttätigkeiten.« – Natürlich weigerte ich mich der Zahlung und forderte diesen Menschen auf, mir zu bezeugen, ob ihm irgendeine Ungebühr von mir widerfahren sei. – Er wußte nur Gutes zu sagen. Dennoch ward ohne weiteres ein Arrest auf mein Schiff gelegt. Ich sah das, wenngleich nicht sehr ruhig, bis zum nächsten Tage mit an. Der Arrest blieb, und meine Einreden fanden kein Gehör. Wollte ich nun an meiner Reise nichts versäumen und wegen Schiff und Ladung nicht in Verantwortung kommen, so war es immer noch das Geratenste, diese ungerechte Forderung zu bezahlen und sie mir, als eine echt französische Geldschneiderei, zur Warnung für die Zukunft hinters Ohr zu schreiben.

u diesem Verdrusse gesellte sich, sobald ich endlich in See gelangt war, ein anderer und noch größerer. Mein Schiffsvolk nämlich, durchaus dem Soff ergeben, wollte die Gelegenheit nicht versäumen, den Weinfässern, die einen Teil unserer Ladung ausmachten, aufs fleißigste zuzusprechen. Als ich dem zu wehren gedachte, rottierten sich die Kerle zusammen, schlugen mit Gewalt die Luken auf, zapften die Oxhöfte an und ließen den Wein stromweise in ihre Wassereimer und Hüte rinnen. In wenig Stunden hatte sich alles toll und voll gesoffen. Von nun an hatte es aber auch mit allem Kommando ein Ende. Die Vollzapfe waren wie wütend und ich und der Steuermann unseres Lebens unter ihnen nicht mehr sicher.

Und so ging es fortan einen Tag wie den andern. Wir beide mochten zusehen, wie wir konnten, damit das Schiff wenigstens einigermaßen seinen Kurs hielt. War es auch nicht geradezu Rebellion zu nennen, so blieb es doch ein wüstes Tollmannsleben, wobei weder gute noch böse Worte anschlugen und wir paar Vernünftige die größte Gefahr und Not vor Augen sahen, sooft Segel sollten beigesetzt oder eingenommen werden. Endlich half Gott, wiewohl unter Angst und Schrecken, daß wir bei Cuxhaven, vor der Mündung der Elbe, anlangten. Gerade hier aber konnte ich mich auch mit diesen Menschen unmöglich weiter wagen, da man in den Engen des Stromes immerfort zu lavieren hatte oder die Anker fallen lassen mußte. Ich beschloß also, an Land zu gehen und acht oder zehn tüchtige Leute anzunehmen, die mir nach Hamburg hinaufhelfen sollten.

Zufällig trat ich in dem Örtchen zu einem Barbier ein, um mich unter sein Schermesser zu liefern. Ich ward aber nicht bloß geschoren, sondern auch daneben so kunstmäßig ausgefragt, daß mir das Elend mit meinem gar nicht mehr zu ernüchternden Schiffsvolke gar bald in lauter Klage über die Lippen trat. Vor allem erwähnte ich zweier Kerle, die sich im eigentlichen Sinne rasend gesoffen zu haben schienen und ganz wie von Sinn und Verstand gekommen wären. – »Nun, der Verstand wäre ihnen wohl leicht wieder einzutrichtern,« versetzte der Barbier mit einer schlauen Miene, »wenn ihnen nur zuvor der Unverstand und die tollen Affekten hinlänglich abgezapft worden.« Er meinte nämlich (wie er sich darüber auf mein Befragen näher erklärte), ein tüchtiger Aderlaß bis zur Ohnmacht sollte diese bestialische Tollheit, wenn sie bloß im Soff ihren Grund hatte, schon zur Ordnung bringen.

Zwar nahm ich von diesem medizinischen Gutachten keine weitere Notiz; doch als ich am andern Morgen wieder an Land wollte, um die gedungenen Leute an Bord zu nehmen, fiel mir der Barbier und sein Heilmittel wieder ein. Mag es den Versuch gelten! dachte ich, und wandte mich in unbefangener Vertraulichkeit an die beiden Tollhäusler, die mir eben auf dem Verdeck in den Wurf kamen: »Hört, Kinder, ich will zum Aderlassen. Ihr beide seht mir beständig so rot und vollblütig aus, daß es euch gleichfalls wohl gut tun sollte. Kommt mit, dann machen wir das gleich in Gesellschaft ab.«

Die beiden Kerle schöpften kein Arges aus dem Vorschlage, der ihnen vielmehr ganz instinktmäßig zusagen mochte. Während sie nun nach meinem Geheiß auf der Hausflur des Barbiers verweilten, trat ich lachend in dessen Zimmer und verkündigte ihm die Gegenwart meiner hirnwütigen Patienten, an denen er nunmehr seine Kunst erproben möge. Sobald auch nur so viel Frist verlaufen war, als zur Vollendung einiger Aderlässe erforderlich scheinen mochte, kam ich wieder zum Vorschein, indem ich rief: »Das wäre fertig; nun, Jakob, ist die Reihe an dir! Herein!« – Der Bursche kam.

Jetzt ging aber die Operation an seinem Arme im Ernste vor sich. Eine große Schüssel füllte sich mit Blut, und der Jakob ward immer bleicher um die Nase. Ich gab dem Manne mit dem Schnepper einen verstohlenen Wink, daß es nun wohl Zeit sein dürfte, einzuhalten; allein er ließ auch die zweite Schüssel vollrinnen, bis Jakob endlich besinnungslos umsank und durch einen vorgehaltenen Spiritus wieder zu sich gebracht werden mußte. Das nämliche widerfuhr hiernächst auch seinem Zechkameraden, dem Peter; und beide schwankten dem Schiffe so matt und entkräftet wieder zu, daß sie geführt werden mußten und auch die folgenden vierzehn Tage hindurch auf ihren Füßen nicht stehen konnten. Zur Arbeit blieben sie mir also binnen dieser Zeit allerdings unbrauchbar; aber auch ihre Tollheit war gänzlich von ihnen gewichen, und des Barbiers Kunststück hatte sich als vollkommen probat erwiesen.

Ich brauche wohl nicht hinzuzusetzen, wie sehr ich, sobald ich Hamburg erreicht hatte, beeilt war, mir all dies widerspenstige Gesindel vom Halse zu schaffen. Es ist wahr, ich hätte sie vor den Seegerichten anklagen können, und Staupbesen und Brandmark würden ihrer gewartet haben. Das wollte ich aber nicht, weil einige darunter in und um Stettin zu Hause waren und Frau und Kinder hatten. Ich machte ihnen also nur die Hölle tüchtig heiß, gab ihnen eine scharfe Ermahnung mit auf den Weg und ließ sie in Gottes Namen laufen.

ier in Hamburg fand sich eine neue Ladung für mich nach Lissabon, mit welcher ich jedoch erst am letzten August auf den Weg zu kommen vermochte. Die Reise selbst bietet mir nichts Erhebliches für die Erzählung; doch mag ich wohl eines Schrecks erwähnen, der mir noch ganz für das Ende derselben vorbehalten blieb. Als ich nämlich etwa sieben Meilen nördlich von der Mündung des Tajo gekommen war, sah ich ein Fahrzeug mir entgegensteuern, das mit ungewöhnlich vielen Menschen besetzt zu sein schien. Unter anderen Umständen würde mich diese Begegnung ziemlich gleichgültig gelassen haben, allein schon während unserer ganzen Reise spukte es mir und meinen Leuten im Kopfe herum, daß wir gegen die Barbaresken und Marokkaner eine unfreie Flagge hatten, und unser einziger Trost bestand darin, daß von einem Raubzuge derselben so weit nördlich hinauf doch seit geraumer Zeit nichts verlauft habe.

Jetzt schoß mir bei jenem Anblicke das Blut in den Kopf, denn wie leicht war es möglich, daß ein Korsar, verwegener als seine Genossen, sich hier, an einem so vielbesuchten Punkte, auf die Lauer gelegt haben möchte! Je genauer ich mir das Segel durch mein Fernrohr ansah, desto mehr schöpfte ich Verdacht. Ich veränderte meinen Kurs, um mich näher am Lande zu halten; die Barke tat desgleichen. Ich setzte Segel über Segel auf; sie tat auch ihrerseits alles mögliche, um uns näher zu kommen.

In dieser kritischen Lage rief ich mein Schiffsvolk zusammen und sagte: »Kinder, ihr seht – da haben wir die Bescherung! Die türkischen Hunde haben es offenbar auf uns gemünzt und unsere Pässe helfen uns hier nicht durch. Was meint ihr? Sollen wir uns von ihnen so mir nichts dir nichts entern lassen und vor dem Pack zu Kreuze kriechen? Ich meinesteils zöge lieber den Tod vor, als mich zeitlebens in der Sklaverei unter die Peitsche zu ducken. Oder habt *ihr* größere Lust dazu? Sprecht!« – Die Kerle sahen mir das Feuer aus den Augen leuchten und wurden selber warm. Sie meinten, es müßte wacker dreingeschlagen werden, und zugleich lief alles, die Gewehre, soviel wir deren hatten, zur Hand zu nehmen und instand zu setzen.

Unter diesen kriegerischen Vorbereitungen war uns aber auch das Fahrzeug so nahe auf den Leib gekommen, daß es uns zurufen konnte: ob wir keinen Lotsen nach Lissabon zu haben verlangten? – Da hatten wir nun auf einmal die Lösung des Rätsels! Es war eine portugiesische Fischerbarke, und wir hatten uns ganz umsonst gefürchtet. Wenigstens wurde unsere Bravour nun auf keine weitere Probe gestellt. Allein mit einem kleinen Reste von Besorgnis und Mißtrauen wollten wir uns diese dienstfertigen Leute lieber doch nicht gar zu nahe kommen lassen, lehnten ihr Anerbieten höflich ab, suchten mit guter Manier von ihnen abzukommen und warfen gleich darauf am letzten September im Tajo die Anker.

n Lissabon war ich an den alten Korrespondenten des Großschen Hauses, Herrn John Bulkeley, adressiert und eines Tages auf dem Wege, seiner Einladung zur Mittagstafel zu folgen. Ich mußte über einen großen Marktplatz, wo ich bereits aus der Ferne ein großes Gedränge von Menschen bemerkte. In der Meinung, daß es dort wohl eine öffentliche Hinrichtung geben möchte, trat ich näher, erkannte aber bald meinen Irrtum, da ich eines großen Zeltes ansichtig ward, von dessen Spitze, zu meiner Verwunderung, die *preußische* Flagge lustig im Winde wehte.

Nun mußte ich natürlich genauer zusehen. Ich drängte mich mit Mühe durch den dicksten Haufen, bis ich am Eingange des Zeltes stand, zu dessen beiden Seiten ein paar baumhohe preußische Grenadiere in ihren hohen blanken Spitzmützen stattlich schilderten. Fast hätte ich Lust gehabt, die braven Landsleute hier unter fremdem Himmel treuherzig zu begrüßen, als ich noch zu rechter Zeit inne ward, daß mich ein paar Wachspuppen getäuscht hatten und daß ich hier wahrscheinlich am Eingange eines Wachsfigurenkabinettes stand, dem diese martialischen Gesichter nur zu einem Aushängeschilde dienten. Indes, meine Neugier war nun einmal geweckt und ich beschloß, hineinzutreten; denn hinter solchen Türhütern, dachte ich, müsse wohl noch mehr stecken, woran ein preußisches Herz sich erlaben könne.

Und so war es auch wirklich! So getreu und natürlich, als ob er lebte, stand mitten inne der alte König Friedrich, mit einem Richterschwert in der Hand, und vor ihm lag ein Mann mit Weib und Kindern auf den Knien, die um Gerechtigkeit zu flehen schienen. Ihm zur Rechten war eine große Wage angebracht, in deren einer Schale eine Bildsäule der Gerechtigkeit thronte und die andere, die mit Papieren und Akten angefüllt war, hoch in die Höhe wog. Zur andern Seite eine Gruppe preußischer Generale und Justizpersonen, und im Hintergrunde in großen leuchtenden Buchstaben die portugiesische Inschrift: »Gerechtigkeitspflege des Königs von Preußen«; – darunter aber der Name »Arnold«. – Man sieht also, daß hier der Prozeß des Müllers Arnold gemeint war, der damals als Neuigkeit des Tages durch ganz Europa das höchste Aufsehen erregte. Wem dennoch das Ganze hätte unverständlich bleiben mögen, dem half ein Ausrufer zurecht, der die Geschichte laut und pathetisch herzuerzählen wußte.

Alles horchte und schien tief ergriffen; auch mir armem Narren hämmerte das Herz unterm dritten Knopfloch, daß ich mich vor patriotischer, freudiger Wehmut kaum zu fassen wußte. Nein, es mußte heraus! Ich mußte mich in den innersten Kreis hervordrängen, und so gut oder übel ich die fremde Sprache zu radebrechen verstand, rief ich aus: »*Mein* König! Ich bin Preuße!« – Diese wenigen Worte fielen wie ein elektrisches Feuer in alle Herzen. Die ganze Schar umringte mich, sank um mich her auf die Knie und hob gleichsam anbetende Hände zu mir empor. »Gloria dem Könige von Preußen!« rief der eine – »Heil ihm!« der andere – »Heil für die strenge Gerechtigkeit!« – »Leuchtendes Beispiel für alle Regenten der Erde! Heil ihm!« – Mit jedem Augenblicke vermehrte sich das Geschrei und Getümmel.

Die Tränen drängten sich mir aus den Augen. Ich neigte mich rings herum; ich legte die Hand aufs Herz; ich dankte stammelnd und suchte einen Ausweg durch die immer gedrängter zusammenstürzende Menge. Zwar machten sie mir willig Platz, aber sie folgten mir auch mit anhaltendem Freudengeschrei: »Vivat der gerechte König!« Nie in meinem Leben fühlte ich mich geehrter und glücklicher, ein Untertan des großen Friedrich zu sein. Mein Herz ward mir zu schwer, ich schwankte, konnte nicht weiter und mußte mich erschöpft an eine Straßenecke lehnen. Nur meine erhobenen Hände, die ich unwillkürlich, wie zum Segnen, nach dem Volke ausstreckte, vermochten meinen Dank auszusprechen.

Endlich wankte ich wieder die Gasse hinauf, aber mit einem Schweife von Menschen hinter mir, der sich mit jedem Augenblicke vergrößerte und den König von Preußen hochleben ließ. Im Hause meines Korrespondenten, in welches ich mit Mühe flüchtete, waren alle Türen und Fenster aufgerissen und mit verwunderten Zuschauern besetzt. Umsonst fragte man mich, was dies zu bedeuten habe. Mein bewegtes Gemüt fand keine Worte. Draußen aber stieg der freudige Tumult immer höher, und um das Volk zu beruhigen und vom Platze zu bringen, blieb mir nichts übrig, als auf den Balkon zu treten und mich noch einmal zu zeigen. Ich dankte mit Mund und Händen und allmählich verlief sich der Menschenstrom.

Hierauf erzählte ich meinen Tischgenossen die wundersame Begebenheit, welche ich soeben erlebt hatte, und die Arnoldsche Prozeßgeschichte, so gut sie mir bekannt war. Einer von den anwesenden Kontoristen versicherte jedoch, über diese noch genauere Auskunft geben zu können, ging hin und holte eine kleine portugiesische Flugschrift, die in einer treuen geschichtlichen Darstellung dem gerechteren der Könige auch bei einem entfernten Volke ein verdientes Ehrenmal setzte. – Hieran spiegelt euch, ihr Preußen!

Einige Tage später sprach ein portugiesischer Kaufmann mich auf der Börse an und bat mich höflichst, zu Mittag sein Gast zu sein; nach Verlauf der Börsenzeit werde er mir einen Wink geben, mit ihm zu gehen. Ich sagte zu und hatte ihn im Gewühle kaum aus den Augen verloren, als mehrere Schiffskapitäne von meiner Bekanntschaft, die das mit angesehen hatten, mich mit Fragen bestürmten, ob dieser Mann mir etwa bekannter sei, als ihnen allen, die er gleichwohl, wie mich, zu Tische geladen habe. Ich mußte das schlechterdings verneinen und war, gleich ihnen, über seinen Einfall einigermaßen verwundert.

Das hinderte jedoch nicht, daß wir nach geendigter Börsenstunde zusammengerufen wurden. Es waren unser neun Schiffskapitäne, im buntesten Gemische, wie die Männer in der Pfingstepistel – Dänen, Hamburger, Lübecker, Schweden, Schwedisch-Pommern und Danziger. Auch fanden wir, als wir im Hause unseres Gastgebers anlangten, dort bereits mehrere Kaufleute versammelt und ein schmackhaftes Mahl bereitet, wobei zugleich tapfer getrunken wurde, denn unser Wirt verstand die Kunst des Zunötigens aus dem Grunde, und so artete es nach aufgehobener Tafel bald in ein Bacchanal aus, wo weder Maß noch Anstand mehr beobachtet wurde. Bei mir, der ich genau das Maß kannte, welches ich nicht überschreiten durfte, um bei Verstand und Ehren zu bleiben, ging jedoch bald jedes gute wie jedes böse Wort des Gastgebers verloren. »Basta, und keinen Tropfen mehr!« war und blieb mein letzter Trumpf, der endlich auch gelten mußte. Weniger gut kamen die übrigen Schiffskapitäne weg, die sich dergestalt übernahmen, daß sie zuletzt samt und sonders unter den Tisch sanken. Ich meinesteils hatte mich inzwischen mit den anwesenden Kaufleuten unterhalten, bis ich, des bestialischen Anblicks müde, mich empfahl und mich an Bord meines Schiffes begab.

Gleichwohl rieb ich mir am anderen Morgen etwas verdutzt die Augen aus, als ich unseren gestrigen Wirt in Begleitung jener Kaufleute, welche Teilnehmer des Gelages gewesen waren, bei mir eintreten sah. Sie schüttelten mir treuherzig die Hand und eröffneten mir lachend, das gestrige Trinkfest sei absichtlich von ihnen angestellt worden, um sich unter uns neunen den rechten Mann auszusuchen, dem sie, als dem solidesten und besonnensten, eine Ladung von Wert anvertrauen könnten. Einstimmig wäre ihre Wahl auf *mich* gefallen und so frügen sie mich, ob es mir anstände, eine volle Ladung Tee nach Amsterdam zu übernehmen? –

Leicht kann man denken, daß ich nicht »nein!« sagte. Tee war damals leicht eine der reichsten Frachten, die auf Brettern schwamm, und die nur einer neutralen Flagge, wie die meinige war, anvertraut werden konnte, da nach und nach auch Holland in den amerikanischen Freiheitskrieg verwickelt worden war und die Engländer alles kaperten, was die Bestimmung nach einem holländischen Hafen hatte und nicht eines solchen Freipasses genoß. Wir wurden zu beiderseitiger Zufriedenheit um ein Frachtgeld von fünfunddreißigtausend Talern, fünf Prozent Havarie und zehn Prozent Kapplakengelder einig. Sowie mein Schiff ledig war, fing ich an, den Tee einzuladen.

ährend dieser Zeit suchte ein holländischer Schiffskapitän namens Klock mich an meinem Borde auf, um mich zu ersuchen, daß ich ihn samt seinem Schiffsvolk, aus vierzehn Köpfen bestehend, als Passagiere mit mir nach Holland nehmen möchte. Da

ich sein gutes und rechtliches Wesen erkannte, so gestand ich ihm nicht nur sein Gesuch von Herzen gern zu, sondern erbot mich auch, da er mir unterwegs von mannigfachem Nutzen sein konnte, ihm und seinen Leuten von nun an bis zu unserer Ankunft in Amsterdam die freie Kost, so gut ich sie selber hätte, zu reichen. Freilich war das Menschen- und Christenpflicht, aber auch mein Patriotismus kam hier auf eine wunderliche Weise mit ins Spiel, weil ich nicht schlechter an den armen Leuten handeln wollte, als – der Kaiser von Marokko. Das war so gewesen:

Kapitän Klock, der in Amsterdam zu Hause und dessen Schiff nach den kanarischen Inseln bestimmt war, fand es wegen der politischen Konjunkturen für ratsamer unter der preußischen als unter seiner vaterländischen Flagge zu fahren. Er ging also zuvor nach Emden, gewann dort um eine Kleinigkeit das Bürgerrecht und genoß von dem Augenblicke an die Rechte und den Schutz eines preußischen Untertans. So gesichert, stach er in See, hatte aber das Unglück, sein Schiff an der marokkanischen Küste durch einen Sturm zu verlieren. Nur kümmerlich rettete er sich samt seinen Gefährten ans Land, wo sie freilich nur Ketten und Banden zu erwarten hatten. Ein schreckliches Loch war ihr Gefängnis, wo sie bei Maiskörnern und Wasser zwischen Tod und Leben in schrecklicher Angst über ihr Schicksal hinschmachteten. Denn soviel hatte man sie verständigt: man wisse nicht, was man aus ihnen und ihrer ans Land getriebenen Flagge machen solle. Es sei daher die letztere an das dreißig Meilen entfernte Hoflager des Kaisers gesandt worden und von dorther erwarte man eine Verfügung.

Nach neun Tagen endlich erschien vor ihrem Kerkerloche ein gewaltiger Trupp bewaffneter Mauren; ihre Banden lösten sich und sie wurden jeder auf einen Esel gesetzt, um eine Reise anzutreten, deren Ziel sie nicht zu erraten vermochten, wiewohl sie ahnten, daß man sie tiefer landeinwärts zu verkaufen gedenke. Diese Furcht endigte sich aber, als sie die Hauptstadt Marokko erreichten, wo ein deutscher Jude als Dolmetscher sich zu ihnen gesellte und sie, laut erhaltenem Befehl, alsbald vor den Kaiser Muley Ismael führte. Hier wurden sie aufgefordert, sich auszuweisen, ob sie Untertanen des Königs von Preußen wären. Sie standen nicht an, dies zu bejahen und sich auf ihre Flagge zu berufen.

»Wohl!« lautete die durch den Dolmetscher erteilte Antwort des Fürsten – »von eurem Monarchen, seiner Weisheit und seinen Kriegen sind so viele Wunderdinge zu meinen Ohren gekommen, daß es mich mit Liebe und Bewunderung gegen ihn erfüllt hat. Die Welt hat keinen größeren Mann als ihn, als Freund und Bruder habe ich ihn in mein Herz geschlossen. Ich will darum auch nicht, daß ihr, die ihr ihm angehört, in meinen Staaten als Gefangene angesehen werden sollt. Vielmehr habe ich beschlossen, euch frank und frei in euer Vaterland heimzuschicken, auch meinen Kreuzern anbefohlen, wo sie preußische Schiffe in See antreffen, ihre Flagge zu respektieren und sie selbst nach Möglichkeit zu beschützen.«

Des anderen Tages wurden sie auf kaiserlichen Befehl nach maurischer Weise (wie sie auch noch in Lissabon auftraten) neu gekleidet und ihnen eine anständige Wohnung angewiesen. Den Kapitän aber ließ Muley Ismael fast täglich zu sich fordern, um Fragen an ihn zu richten, die sich auf den großen Preußenkönig bezogen; z. B. von welcher Statur er sei? wie lange er schlafe? was er esse und trinke? wieviel Soldaten – auch wieviel Frauen er halte? und dergleichen mehr. Der gute Klock gestand, er habe lügen müssen, wie er nur immer gekonnt, um der kaiserlichen Neugierde nur einigermaßen zu genügen, da ihm von all diesen Dingen herzlich wenig bewußt gewesen.

So hielt es bis in die dritte Woche an, da endlich der Kapitän, durch jene Fragen immer mehr in die Enge gebracht, um seine Entlassung anhielt, da er eilen müsse, seinem Könige Rede und Antwort zu geben, wie gnädig der Kaiser seine schiffbrüchigen Untertanen behandelt habe und was für freundschaftliche Gesinnungen er gegen ihn hege. Muley Ismael entließ sie einige Tage darauf in Frieden und sandte sie unter sicherer Begleitung auf Eseln nach dem Hafen St. Croix, wo bereits dem maurischen Befehlshaber aufgegeben war, sie auf das erste abgehende europäische Fahrzeug zu verdingen und die Fracht für sie zu bezahlen, woneben sie zugleich mit Mund-Provisionen für einen Monat versehen wurden. So gelangten sie nach Lissabon und in meine Bekanntschaft.

Wer mich kennt, ermißt leicht, wie groß das Interesse sein mußte, welches ich an einem Ereignisse nahm, worin die Ehre meines geliebten Monarchen so eng verflochten war. Darum drang ich dann auch späterhin, auf der Reise nach Amsterdam, in den Kapitän Klock, sein ganzes marokkanisches Abenteuer in einen schriftlichen Bericht zu verfassen und nach unserer Ankunft samt seinen Gefährten auf dem Stadthause über die Wahrheit dieses Berichtes eine eidliche Versicherung abzugeben. Dies geschah auch wirklich und ich schickte die darüber aufgenommene gerichtliche Verhandlung an meinen Patron, Herrn Groß in Stettin, ein, mit dem Ersuchen, solche an Se. Majestät unmittelbar gelangen zu lassen. Auch hatte dies den Erfolg, daß ich, etwa nach vier Wochen, aus des Königs Kabinette ein Danksagungsschreiben erhielt, dem ein Berliner Zeitungsblatt beilag, worin diese ganze Begebenheit dem Publikum mitgeteilt worden.

Doch ich kehre zu meinen eignen Erlebnissen zurück und bitte den geneigten Leser, sich zu erinnern, daß ich mich mit meinem Schiffe noch in Lissabon befinde.

Hier war es einige Tage vor meiner beschlossenen Ausreise, als der holländische Konsul mich von der Börse mit nach seiner Wohnung nahm, weil er mir etwas Hochwichtiges zu eröffnen habe. Nach geendigter Mahlzeit und unter vier Augen zeigte er mir ein kleines Päckchen vor und sagte, es sei mit rohen Diamanten angefüllt, die in Amsterdam geschliffen werden sollten. Sein Wunsch sei, mir diesen Schatz auf mein ehrliches Angesicht zur Überbringung dahin anzuvertrauen. Es seien dabei, nach Usance, hundertfünfzehn holländische Gulden Fracht für mich zu verdienen; ich müsse aber das Päckchen unablässig an meinem Leibe tragen und mein Schiffsvolk davon durchaus nichts ahnen lassen, sowie mir denn noch eine Menge anderer Vorsichtsmaßregeln eingeprägt wurden.

Die Sache schien mir leicht und der angebotene Gewinn wohl mitzunehmen. Ich versprach, den Tag vor meiner Abreise jenes kostbare Päckchen in Empfang zu nehmen. Demzufolge ward es mir denn auch angesichts des Konsuls in meine Uhrtasche eingenäht und sodann ein Konnossement über richtigen Empfang vorgelegt, das ich zu unterzeichnen hatte. Dies geschah auch mit leichtem Herzen; allein in eben dem Augenblicke, da ich über die Schwelle des Hauses meinen Rückweg nahm, ging auch meine heimliche Angst und Sorge an, die diese ganze Reise hindurch nicht von mir wich. Ich wähnte, jeder, der mich ansah, wisse um mein Geheimnis und gehe mit dem Gedanken um, mich zu berauben oder gar zu ermorden. Selbst im Schlafe griff ich, sowie oft auch unwillkürlich im Wachen, nach dem Päckchen, um mich zu überzeugen, daß es noch an seiner Stelle ruhte, und wohl kann ich sagen, daß ich nie ein Geld mit größerer Unruhe meines Herzens verdient habe.

Nachdem ich nun gegen Ende Oktober in See gegangen war, gab es eine zwar langsame, doch übrigens nicht ungünstige Fahrt, die mich am 23. November auf die Höhe des Texels führte. Hier hatten zwei englische Kreuzer ihre Station, bei deren einem ich mit meinen Schiffspapieren an Bord kommen mußte. Indessen konnte deren Untersuchung nicht anders als vorteilhaft für mich ausfallen, denn das Schiff war preußisch, die Ladung für portugiesische Rechnung, beide also neutral und frei. So ward mir also auch gestattet, in den Texel hineinzusegeln; zugleich aber gab mir der Kapitän des englischen Linienschiffes den Auftrag, dem holländischen Admiral Kinsberger, der dort mit einer Kriegsflotte von elf Segeln lag, mit seinem Gruße auch seinen Wunsch zu vermelden, sich mit ihm je eher je lieber in offener See zu besprechen. In der Tat war es unbegreiflich, wie dieser sonst so wackere Seemann sich von jenen beiden Schiffen im Texel dergestalt einsperren lassen konnte!

Inzwischen war der Wind nach Osten umgesprungen, und mir blieb nichts übrig, als mit der nächsten Flut gerade gegen ihn an in jenen Hafen hineinzulavieren. Indem ich mich nun bei diesem Manöver dem ersten holländischen Kriegsschiffe näherte, kam von diesem eine Schaluppe hinter mir dreingerudert, aus der man mir gebieterisch zurief: »Braßt auf! Braßt auf!« – Mein holländischer Lotse, den ich an Bord genommen, hatte Lust, dem Befehle zu gehorchen; ich hingegen bedeutete ihm, daß wir in diesem Augenblicke dem Oststrande zu nahe wären, um dergleichen wagen zu können; wir wollten aber das Schiff wenden, wo dann die Schaluppe füglicher bei uns an Bord kommen würde.

Noch waren wir in der Wendung begriffen, als letzteres schon geschah und ein Schiffsleutnant zu uns aufs Deck stieg, der mich ziemlich barsch und patzig zur Rede stellte, warum ich auf sein Kommando nicht aufgebraßt hätte? – »Mynheer,« erwiderte ich, »wenn Ihr ein Seemann seid, so seht doch da den nahen Oststrand und fragt Euch selbst, ob ich mich mutwillig auf den Grund setzen sollte?« – Darauf war wenig mehr zu antworten; er änderte also seine Fragen nach meinem Woher und Wohin, und erhielt darauf richtigen und gebührenden Bescheid, verlangte aber demungeachtet noch nähere Auskunft, wer ich sei und wie ich heiße. – »An meinem Namen,« versetzte ich, »kann wenig gelegen sein, und aus meiner Flagge, die uns über den Köpfen weht, ist zu ersehen, daß ich ein Preuße bin.« – Ob ich englische Kreuzer in See getroffen hätte? wollte er weiter wissen. – »Da mögt Ihr,« war meine Antwort, »Euere eigenen Augen brauchen. Ich bin ein neutraler Mann und mir kommt nicht zu, Euere Feinde an Euch zu verraten.«

Nun bestand er darauf, mit mir in meine Kajüte zu gehen, um mich unter vier Augen zu sprechen. – »Das kann ich jetzt nicht,« versetzte ich kurz angebunden. »Mein Schiff ist im Lavieren. Ich muß auf Deck bleiben und es im Auge behalten. Binnen einer Stunde gehe ich zwischen Eurer Flotte vor Anker, und dann wird es noch Zeit sein, Euch in allem, was not tut, Rede zu stehen.« – »Wie, Ihr wollt nicht gleich diesen Augenblick in die Kajüte kommen?« – »Jetzt sicherlich nicht.« – Da ward das Bürschchen hitzig, griff nach der Plempe, die es an der Seite hängen hatte, zog blank und versetzte mir damit flach einen Streich über die Schulter.

Hui! das war ein Funke in eine offene Pulvertonne! Denn in dem nämlichen Augenblicke auch packte meine Faust das Sprachrohr, das neben mir stand, und legte es ihm so unsanft zwischen Kopf und Schulter, daß das untere Ende desselben über Bord flog und ich das bloße Mundstück in der Hand behielt. Zugleich griff ich in das Gefäß seines Degens, rang ihm diesen aus der Hand, packte ihn am Kragen und schob ihn über Bord die Treppe hinab, so daß er schwerlich selbst gewußt hat, wie er in seine Schaluppe gekommen sein mag. Dann langte ich ihm seine vergessene Klinge nach, seine Leute stießen ab und die ferneren Komplimente hatten ein Ende.

Unmittelbar darauf kam ich unter die Flotte und ließ den Anker fallen. Eine andere Schaluppe kam zu mir herangerudert; der darauf befindliche Offizier war ein vernünftiger Mann, seine Fragen hatten Hand und Fuß und ebenso waren auch meine Antworten ausreichend und bescheiden.

Am anderen Morgen ging ich, da mir der Wind noch immer entgegenstand, mit der Flut abermals unter Segel, um noch weiter in den Texel hineinzulavieren. Mein Lotse wollte, daß wir unsere Flagge wieder aufhissen sollten; ich jedoch war anderer Meinung. Hatten wir doch den ganzen gestrigen Tag zwischen der holländischen Flotte umhergekreuzt und geankert und unsere Flagge wehen lassen, so daß ihnen unmöglich unbekannt sein konnte, wes Geistes Kinder wir wären. Eigentlich aber wollte ich meine Flagge schonen, die bei dem Wenden hin und wieder arg zerpeitscht wurde.

Wir waren darüber noch im Ratschlagen begriffen, als ein blinder Schuß nach meiner Seite her abgefeuert wurde – die gewöhnliche Mahnung, Wimpel und Flagge zu zeigen. Da ich nun sah, daß es *so* gemeint sei, befahl ich stracks, ihnen den Willen zu tun; allein wie sehr meine Leute sich auch damit hasteten, erfolgte doch zu gleicher Zeit ein zweiter scharfer Schuß, dessen Kugel dicht vor mir ins Wasser aufschlug. Dann aber fand sich auch, ehe ich mich dessen versah, eine Schaluppe ein, deren Offizier mir einen Dukaten für den ersten und zwei für den andern Kugelschuß abforderte und hinzusetzte, daß dies auf Befehl des Admirals Kinsberger geschehe.

Ich gestehe, daß meine Antwort etwas unmanierlich lautete, denn ich ließ ihm sagen, er möchte sein Pulver und Blei auf seine Feinde und nicht auf eine respektable neutrale Flagge, die sich ihm genugsam kundgegeben, verschießen. Ich betrachtete seine Schüsse als einen meinem Souverän erwiesenen Affront, über welchen ich gehörigen Ortes Beschwerde zu führen wissen würde. Da ich jetzt nach Holland hinein- und nicht hinausginge, so würde er mich wie ich ihn in Amsterdam zu finden wissen, ohne daß ich um Rede und Antwort verlegen wäre. *Hier* aber gedächte ich auch nicht einen Stüber zu bezahlen.

Der Leutnant, der meinen entschlossenen Sinn sah, verlangte, daß ich ihm diese Antwort schriftlich geben sollte. Ich ging mit ihm in die Kajüte und tat ihm seinen Willen, fügte aber zugleich auch den Gruß hinzu, den mir der Kapitän des englischen Kreuzers an den Admiral aufgetragen hatte. Während des Schreibens musterte jener einen Berg Zitronen, die in einem Winkel der Kajüte lagen, mit lüsternen Augen. Ich bat ihn, sich davon auszuwählen, so viel er irgend zu lassen wüßte – eine Höflichkeit, die er mit Dank annahm und benutzte, und wonach wir beiderseits freundlich voneinander schieden. Aber auch späterhin ist von diesem Handel auf keine Weise wieder etwas zur Sprache gekommen.

Ich selbst vergaß diesen Vorgang alsbald über der Not, die ich hatte bei dem noch immer konträren Ostwinde, in dem engen Fahrwasser mit Lavieren in kurzen Schlägen und unter Beihilfe der jedesmaligen Flut langsam genug fortzurücken, hinwiederum aber mit jeder Ebbe die Anker fallen zu lassen. Hierbei fror es zu gleicher Zeit so heftig und es kam mir so viel Treibeis auf den Hals, daß ich mich oftmals vor zwei oder auch wohl drei Anker legen mußte, um dem Andrang gehörig zu widerstehen. So währte es drei Tage hintereinander, ohne daß es sich zum Besseren anließ; und ich mochte mich allein damit trösten, daß es vor und hinter mir noch eine Menge von Schiffen gab, die ebenso angestrengt und vergeblich trachteten, trotz dem Eise noch Amsterdam zu erreichen. Selbst aber als diese nach und nach die näheren Nothäfen Medemblyck, Enkhuizen und Staveren zu gewinnen suchten, beharrte ich bei meinem Vornehmen und hoffte, daß endlich doch Wind und Wetter sich zu meinem Vorteil ändern würden.

Als ich mich nun solchergestalt, von allen anderen verlassen, abmühte, dem Schicksale mein Reiseziel gleichsam abzutrotzen, traten mein Schiffsvolk und der eingenommene Lotse zu mir, um mir vorzustellen, wie die Gefahr des Eises wegen sich stündlich mehre und wie ratsam es sein werde, nach dem Beispiel unserer bisherigen Gefährten, in einen anderen nahen Hafen einzulaufen. »Jungens,« entgegnete ich ihnen, »wo denkt ihr hin? Haben wir nicht ein starkes, dichtes Schiff? Sind unsere Anker und Taue nicht haltbar? Fehlt es uns an Essen und Trinken? Und wenn die in den anderen Schiffen furchtsame Memmen sind, die gleich beim ersten Frostschauer zu Loche kriechen, wollen *wir* uns ihnen darin gleichstellen? Ich meine, wir sehen es noch eine Weile mit an, und wenn es dann immer noch keinen besseren Anschein gewinnt, so bleibt ja Zeit genug, uns nach einem Nothafen umzusehen.« – Diese Vorstellungen wirkten, und sie versprachen, auch ferner ihr Bestes zu tun.

es nämlichen Nachmittags kam mir ein kleines Fischerfahrzeug von Enkhuizen zur Seite. Drinnen saß ein alter Mann nebst seinem Jungen und rief mir zu: »Wie steht's, Kapitän, wollt Ihr auch Hilfe haben?« – Ich gab wenig auf sein Erbieten, denn seine Flunder-Schuite sah mir nicht danach aus, als ob sie mir sonderliches Heil bringen könnte oder das Eis über Seite schieben würde, wovon die Zuydersee vor uns vollstand. »Fahrt mit Gott!« rief ich ihm zu. »Mit Euerer Hilfe wird mir wenig gedient sein!«

Doch zu gleicher Zeit zog mich der Lotse beiseite und gab mir zu bedenken, daß es gleichwohl nicht übel getan sein würde, für den Fall, daß wir uns dennoch zu irgendeinem Nothafen bequemen müßten, einen Mann an Bord zu haben, der dieser Gewässer unbezweifelt noch besser als er selbst kundig wäre, und an welchem er dann eine um so gewissere Unterstützung finden würde. – »Immerhin!« versetzte ich, »wenn wir von dem alten Manne, der mir gar nicht danach aussieht, nur reellen Beistand zu erwarten haben.« – Dieser, der schon von uns abgestoßen hatte, ward also zurückgerufen, kam an Bord und wurde befragt, ob ihm die nächstgelegene nordholländische Küste hinreichend bekannt sei, um uns im Notfall als Lotse zu dienen?

Fast schien der alte Bursche mir meine Frage übel zu deuten. Er nahm eine pathetische Stellung an und beteuerte: von Jugend auf sei er hier in allen Winkeln herumgekrochen, kenne jeden Grund und jeden Stein und wolle hier wohl die ganze holländische Flotte bei stockdunkler Nacht sicher vor Anker bringen. – »Gut!« erwiderte ich. »So mögt Ihr an Bord bei mir bleiben! Allein auf welchen Vergleich soll ich mich mit Euch einigen? Dringen wir durch nach Amsterdam, wie ich's hoffe, so könnt Ihr mir keine Dienste tun; muß ich mich aber nach einer andern Zuflucht umsehen, so weiß ich wieder nicht, wie lange das währen kann und wie ich Eure Hilfe anschlagen soll? Darum schlage ich Euch vor, daß wir nach beendigter Fahrt vier Schiedsmänner, jeder zur Hälfte, erwählen und daß wir uns dem fügen, was diese als recht und billig beschließen werden. Seid Ihr das zufrieden?«

»Ja,« war seine Antwort, »aber gebt mir das schriftlich, Kapitän!« – Dies geschah auch sofort, worauf er das Papier dem Jungen einhändigte, um mit demselben und der Schuite wieder ans Land zu steuern. Er selbst aber war von dem Augenblicke an bei uns wie zu Hause, hatte tausend unnütze Dinge zu fragen und zu erzählen, so daß er meine Leute überall hinderte und mir selbst überaus lästig fiel. »Satt und genug, Alter!« fiel ich ihm endlich in die Rede. – »Euer Geplauder bringt mir mein Volk aus dem Texte. Da geht hinein in die Kombüse und raucht Euer Pfeifchen in Frieden, bis ich Euch rufen lassen werde.« – Murrend tat er meines Gebotes, hüllte sich in eine Schmauchwolke und legte sich endlich aufs Ohr, ohne zu wissen oder zu fragen, was weiter um ihn her vorging.

Inzwischen trieb während der Nacht und Ebbezeit, wo wir vor Anker lagen, so ungeheuer viel Eis auf uns zu, daß wir das Schiff kaum vor drei Kabeltauen halten konnten, indem die Schollen sich immer höher emportürmten und auf den Bug eindrangen, daß das Schiff vorn auf eine bedenkliche Weise niedertauchte und jeden Augenblick zu erwarten stand, es werde von den Eismassen überwältigt werden und untergehen. Doch gab Gott Gnade, daß wir uns in dieser gefährlichen Lage erhielten, bis endlich die Flut eintrat und das Schiff sich wieder erholte, während auch das Tageslicht eintrat und die Gegenstände sicherer erkennen ließ.

Nach einer solchen Erfahrung wäre es vermessen gewesen, wenn ich auf meinem Vorsatze noch hätte bestehen wollen. Vielmehr wurden wir schlüssig, in den nächsten besten Hafen einzulaufen, und so war es jetzt an der Zeit, unseren alten Lotsen hervorzurufen, der sich die Augen wischte und die Gefahr, die uns drohte, glücklich verschlafen hatte. Ich befragte ihn, welcher Hafen nach seiner Meinung am bequemsten zu erreichen sein möchte? Er entschied sich für Enkhuizen und stellte sich ans Steuer, hielt aber einen so verkehrten Kurs, daß mir und dem Lotsen aus dem Texel die Haare zu Berge standen und wir dachten, der alte Kerl werde das Schiff binnen weniger als fünf Minuten auf die Sandbänke setzen und uns alle ins Unglück bringen, um vielleicht seinen Landsleuten an dem gestrandeten Wrack eine erwünschte Prise zuzuführen.

Ihm sein Konzept zu verrücken, erklärte ich also, die Gewässer von Medemblyck wären mir einigermaßen bekannt und ich zöge es vor, meinen Weg dorthin zu nehmen und das Nötige selbst anzuordnen. Dem ersten Lotsen gebot ich, das Bleilot zur Hand zu nehmen, dem Alten aber, der immer noch des Plauderns kein Ende fand, sich flugs vom Verdecke nach der Kombüse zu scheren. Andere Segel wurden aufgesetzt, das Schiff umgelegt, und so gelang es uns, nachmittags glücklich vor Medemblyck anzulangen.

Kaum hatte ich hier einen Fuß ans Land gesetzt, so bat ich die umstehenden Leute, mir den angesehensten und wohlberufensten Kaufmann im Orte nachzuweisen. Sie nannten mir einen Herrn Schweiger, der allgemein für einen Ehrenmann gelte und ehedem auch ein Schiff geführt habe. Ich ließ mich auf der Stelle zu ihm führen, gewann auch flugs das Vertrauen, daß er der Mann sein werde, wie ich ihn suchte, und trug ihm mit Darlegung meiner Umstände den Wunsch vor, meine beiden Lotsen namens meiner nach Recht und Gebühr zu befriedigen. Denn obwohl der Enkhuizer meines Bedünkens nicht den mindesten Anspruch für seine unverständige und verkehrte Dienstleistung zu machen hatte, so hatte ich ihm dennoch aus Mitleid mit seinen grauen Haaren ein Geschenk von zehn bis fünfzehn Gulden zugedacht.

Beide wurden sofort gerufen und es bedurfte nur, daß der Lotse vom Texel seine Ordonnanz vorwies, um danach seine Forderung nach Fug und Billigkeit auszumitteln. Er strich sein Geld ein, und als er dann auf eine bescheidene Weise bemerkte, daß er während mehrerer Tage so viel Not und Mühe an meinen Bord ausgestanden, um sich vielleicht Rechnung auf eine außerordentliche Vergütung machen zu können, unterbrach ich ihn durch die Erklärung: »Das ist allerdings wahr, Herr Schweiger. Geben Sie dem Manne noch zwei Dukaten als williges Anerkenntnis seiner Treue und angestrengten Fleißes.« – Der Lotse bedankte sich, und das war abgetan.

Nun aber kam auch die Reihe an den alten Fischer von Enkhuizen. »Sagt an, Vater, was habt Ihr verdient?« fragte mein Bevollmächtigter. Der Kerl setzte sich nunmehr in Positur und ließ sich vernehmen: »Mynheer, ich habe ein Schiff gerettet, das, wie ich weiß, eine Million wert ist und dessen Kapitän eine Fracht von hunderttausend Gulden macht. Derowegen verlange ich nicht mehr und nicht weniger, als *fünfzehnhundert* Gulden an Lotsengebühr, und ich hoffe, *die* sollen mir werden.«

Ich lachte dem alten Knaben ins Angesicht und fragte, ob er sich vielleicht nur versprochen und fünf oder fünfzehn Gulden gemeint habe? – Er aber verneinte ernsthaft und meinte, daß er wohl ein Narr sein müßte, sich damit abspeisen zu lassen. – »Nun,« fiel ich ihm ein, »an Eurer Narrheit hat es wohl keinen Zweifel, denn *die* habt Ihr bei mir an Bord durch all Eure Handlungen klar genug erwiesen. Laut unserem schriftlichen Akkorde mag der Ausspruch auf vier Schieds-männern beruhen, oder Ihr mögt mich, wenn es Euch beliebt, verkla-gen.« – Polternd und scheltend verließ er auf diese Erklärung das Zimmer.

Um jedoch meine gute Sache zu wahren, säumte ich nicht, des nächsten Tages mich und meine Schiffsmannschaft über die letzten Ereignisse unserer Reise nach allen Einzelheiten gerichtlich und eid-lich vernehmen zu lassen, und insonderheit, wie ungeschickt und widersinnig sich der vorgebliche Lotse angestellt und zu allem un-tauglich erwiesen. Dies getan, brannte mir der Boden unter den Fü-ßen, den Weg nach Amsterdam zu Lande vollends zurückzulegen, daß ich mein Diamantenpäckchen los würde. Sobald ich es dort in die rechten Hände abgeliefert hatte, war ich wie ein neugeborener Mensch, und da ich zugleich alle Konnossements von meiner Ladung mit mir genommen, ließ ich es meinen nächsten Gang sein, den Kaufmann Floris de Kinder aufzusuchen, dem ich mich aus einer frü-heren Lebensperiode dankbar verpflichtet hielt und mir daher auch jetzt zum Kommissionär ersehen hatte. Ihm übergab ich meine Papie-re, um sie den Empfängern meiner Ladung vorzulegen, bei denen des anderen Tages auf der Börse über meine glückliche Ankunft in Me-demblyck große Freude war.

Nach Verlauf einiger Tage, die ich in Amsterdam zubrachte, meldete mir Herr Schweiger, daß der Alte aus Enkhuizen wirklich geklagt habe und daß ein Termin zur Vernehmung angesetzt sei, wo meine Gegenwart erforderlich werden möchte. Ich hatte diese wun-derliche Geschichte schon meinem Korrespondenten zum besten ge-geben, der sie, gleich mir, als eine Kinderei betrachtete. Indes ging ich doch nach Medemblyck ab und fand dort eine Gerichts-Versammlung, aus fünf Personen bestehend, wobei auch mein Wider-sacher nicht fehlte und seine Klage anhängig machte. Meinerseits übergab ich die schon aufgenommene und eidlich bekräftigte Ver-handlung über den wahren Hergang der Sache, mit der Erklärung, daß, wie wenig mir dieser Mensch auch irgend einige Dienste geleis-tet, ich dennoch einer billigen Festsetzung seines Lohnes nicht entge-gen sein wolle. Man fragte mich, wie viel ich dem Manne gutwillig zu verabreichen gedächte? – und ich wiederholte, daß ich, bloß in Erwägung seines hohen Alters, zehn Gulden um nichts und wieder nichts an ihn verlieren wolle. – Der alte durchtriebene Fuchs hingegen beharrte ursinnig auf seiner ersten ausschweifenden Forderung.

Nach langem Hin- und Widerreden mußten wir abtreten und der richterlichen Versammlung Zeit und Ruhe zum Deliberieren lassen. Das dauerte länger als eine Stunde, wo endlich Kläger und Beklagter wieder vorgefordert wurden, um das in hoher Weisheit ausgeheckte Urteil zu vernehmen. Es lautete dahin, daß letzterer schuldig sein solle, dem angenommenen Lotsen von Enkhuizen, sowohl für seinen dem Schiffe geleisteten Beistand, als wegen unverzagter Daranwagung seines Leibes und Lebens die volle Summe von eintausendfünfhundert Gulden bar auszuzahlen, überdem aber so lange, bis diese Zahlung wirklich geleistet worden, für jeden Tag eine Buße von zwei Gulden zu entrichten. Alles von Rechtes wegen.

Ich berief mich auf meinen, mit dem alten Schelme ausdrücklich getroffenen Vergleich und wollte die Sache an vier gewählte Schiedsrichter gebracht wissen. Allein man bedeutete mir, mein Gegenpart habe jenen Akkord nicht mit unterzeichnet, daher demselben auch alle gesetzliche Gültigkeit ermangle. Wolle ich jedoch mich in die Sentenz des Gerichts nicht fügen, so bleibe mir allerdings unbenommen, an den Hof von Holland zu appellieren.

In der Tat aber kannte ich dieses Gericht, das sich so unvermutet zum Herrn meines Beutels aufwarf, gar noch nicht einmal, und es schien mir doch der Mühe wert, deshalb ein wenig genauer nachzufragen. So erfuhr ich denn, daß die vier Bürgermeister von Hoorn, von Enkhuizen, von Medemblyck, von Edam, und noch ein Prokurator sich die Mühe genommen, diesen hochwichtigen Fall in ihrer Weisheit zu entscheiden. Je weniger mir aber von dieser Weisheit einleuchten wollte, desto minder konnte ich mich auch enthalten, ihnen zu erwidern: »Ihr Herren insgesamt versteht vom Seewesen keinen Pfifferling und hättet also immer zu Hause bleiben mögen. In Enkhuizen liegt aber, wie ich höre, ein holländisches Kriegsschiff, warum habt ihr dessen Kapitän zu eueren Ratschlagungen nicht mit zugezogen? In euerer Entscheidung vermisse ich alle Billigkeit und Gerechtigkeit, und darum werde ich an erleuchtetere Richter appellieren!« – Das gesagt, kehrte ich ihnen den Rücken und schied von dannen.

Allernächst aber schrieb ich an Herrn Floris de Kinder nach Amsterdam, machte ihn mit der sauberen Sentenz bekannt und trug ihm auf, die Sache mit den Empfängern der Ladung, welche nach Usance vornehmlich den Beutel würden haben ziehen müssen, in genauere Überlegung zu nehmen und mir wegen der Appellation nähere Instruktion zuzufertigen. Mochte es nun aber sein, daß diese an ihrem Tee einen so erklecklichen Gewinn hatten, um eintausendfünfhundert Gulden mit leichtem Sinn ans Bein zu binden, oder daß sie Gang und Weise der holländischen Rechtspflege besser kannten; – genug, sie erteilten mir den Bescheid, ich sollte nur in Gottes Namen die geforderte Summe zahlen, indem sie sich ihresteils die Sentenz gefallen ließen. So war denn also das Lied am Ende.

Nach geleisteter Zahlung drückte mir's gleichwohl auf dem Herzen, mich bei den gestrengen Herren zu befragen, auf welch Gesetz, rechtlichen Grund oder Herkommen ihre gefällige Entscheidung sich denn eigentlich stütze? – Mir ward die Antwort: Es habe also und nicht anders gesprochen werden müssen, damit, wenn hinfüro Schiffe in Not kämen, bei anderen Leuten Mut und Wille erweckt werde, den Unglücklichen mit Hilfe beizuspringen. – »Hol' euch der Teufel mit eurer Hilfe!« dachte ich, und schüttelte den Staub von meinen Füßen. – Indes schlug das Frostwetter im Dezember wieder um, so daß ich am 29. von Medemblyck abgehen konnte, den 2. Januar 1781 vor Amsterdam anlangte und den Anfang machte, meine Ladung zu löschen.

egen den 24. Januar, den Geburtstag unseres großen Monarchen, trieb es mich, diesen Tag von allen preußischen, im Hafen ankernden Schiffen durch Aufziehung aller Flaggen und Wimpel und Abfeuerung der Geschütze feierlich begangen zu sehen. Mein Vorschlag fand bei allen wackeren Landsleuten freudigen Eingang. Aber einen Strauß gab es mit dem holländischen Kurantschreiber auszufechten, der die Ankündigung dieser Feier in seinem Zeitungsblatt, entweder aus echt holländischem Phlegma oder aus unvernünftiger Abneigung gegen den König, auf eine so beleidigende Weise verweigerte, daß ich mit dem Grobian schier handgemein geworden wäre, endlich aber mit Hilfe des preußischen Konsuls ihn zur Räson bringen und für seine Lästerungen zur Strafe ziehen ließ.

Diese widrige Stimmung, die sich damals in Holland so allgemein äußerte, empörte mein treues Preußenherz um so mehr, als die preußische neutrale Flagge in dem Kriege mit England der Nation die entschiedensten Vorteile für ihren Handel darbot, und selbst die holländischen Schiffs-Kapitäne, welche sich dieser Flagge bedienten, durch nichts zu bewegen waren, unserem Beispiele zu folgen und ihren Beschützer nach Würden zu ehren. Solch ein Urian lag mir unmittelbar zur Seite vor Anker, und daß er sich preußische Zertifikate zu verschaffen gewußt hatte, lag klar am Tage, da er zuzeiten unseren schwarzen Adler von seinem Hinterteile hatte wehen lassen.

Am Morgen des königlichen Geburtstages war bei diesem meinem Nachbar alles in tiefster Ruhe und weder Flagge noch Wimpel bei ihm zu verspüren. Erst spät hatte er sich den Schlaf aus den Augen gerieben, aber sobald er sich auf dem Verdeck zeigte, warf ich ihm die Frage in den Bart, ob er gleich mir und so vielen anderen rings um uns her, den König von Preußen nicht auf herkömmliche Weise wolle hochleben lassen? – »Das werd' ich wohl bleiben lassen!« gab er zur Antwort, »was geht mich euer König an?« – Meine Erwiderung fiel, wie sich leicht denken läßt, deutsch und derb aus, allein ohne etwas darauf zu geben, wandte er mir den Rücken und ließ sich ans Land setzen.

»Topp!« gelobte ich mir selbst, »was der Schuft zu tun nicht Lust hat, soll dennoch von mir und in seinem Namen geschehen!« – Ich besaß zwei Gestelle Flaggen und Wimpel, wovon das seidene bereits seit Sonnenaufgang in meinem Tauwerke prangte und flatterte; das andere baumwollene nahm ich jetzt zur Hand, stieg mit ein paar Leuten an Bord des Holländers um es an seinen Masten aufzuziehen, ohne daß das Schiffsvolk, das sich an einfältigem Maulaufsperren begnügte, meiner Keckheit Einhalt zu tun versuchte. Und so wehten meine Flaggen den ganzen Tag, ohne daß jemand sich unterstanden hätte, sie herabzureißen, oder daß der Kapitän sich hätte sehen lassen.

Indes war nicht nur meine eingebrachte Ladung in der Mitte Februars gelöscht, sondern vier Wochen später hatte ich auch bereits wieder eine neue Fracht nach Lissabon eingenommen, die in hundert Last Weizen, zweihundert Tonnen schwedischen Tees und einigen tausend Edamer Käsen, von fünf bis sechs Pfund an Gewicht, bestand. Gleich darauf machte ich Anstalten, in See zu gehen, und war eben im

Begriff, meine Anker emporzuwinden, als ich mich gegen den Steuermann äußerte: »Nun, Gott sei gedankt, daß wir hier los sind, denn nie habe ich nach schon vollendeter Reise so viel Verdruß und Unannehmlichkeit erfahren, als diesmal unter den Holländern!« – Aber wie wenig ahnte ich, daß mir schon in der nächsten halben Stunde eine weit größere Widerwärtigkeit begegnen sollte, als alle früheren.

Indem ich nämlich eben meine Segel aufgezogen, die Anker aber nur soweit emporgewunden hatte, daß sie noch vor dem Bug unter Wasser hingen, das Schiff aber in die fließende Fahrt gelangte, kam eine ledige T'Gelke [flaches Fahrzeug, auf der Zuider-See gebräuchlich] gegen meine Seite in einer Richtung angesegelt, daß wir unausbleiblich zusammenstoßen mußten, wofern sie nicht noch beizeiten absteuerte. Ich machte meine Leute aufmerksam, ergriff aber zugleich auch das Sprachrohr, lief damit nach vorn und rief dem Fahrzeuge zu: »Haltet ab! Holt euer Ruder nach Steuerbord!« – Auf dies Rufen sahen sich endlich die beiden Menschen auf der T'Gelke, die mir bisher den Rücken gekehrt, nach meinem Schiffe um, erkannten die Gefahr, worin sie schwebten, holten aber in der Bestürzung das Ruder auf die Backbordseite, wodurch sie, anstatt mir auszuweichen, gerade auf meinen Bug gerieten.

Jetzt ward das Unglück mit jedem Augenblick größer. Mein Bugspriet verwickelte sich in das Segel und die Takelage der T'Gelke; meine Anker, die noch unter Wasser waren, mochten wohl unter ihre Kimmung geraten, und da mein Schiff sich bereits in ziemlichem Schusse befand, so drückte es jenes kleinere Fahrzeug auf die Seite, übersegelte es endlich und fuhr rumpelnd darüber hin, als ob es über eine Klippe hinweggestreift wäre. Eine halbe Minute später kam die T'Gelke hinten in meinem Kielwasser wieder zum Vorschein, aber gekantert und das Unterste zu oberst schwimmend.

Ich war von Herzen erschrocken, und das um so mehr, da ich fürchten mußte, daß mein Schiff an seinem Boden beträchtlichen Schaden gelitten haben möchte. Sofort ließ ich zu den Pumpen greifen, doch alles war und blieb dicht und gut, nur an meinem Bugspriet und dessen Takelage war eine so arge Verwüstung angerichtet, daß ich auf der Stelle wieder den Anker fallen lassen mußte, um zur Ausbesserung zu schreiten. Inzwischen waren auch von allen herumliegenden Schiffen Boote und Fahrzeuge abgestoßen, um die beiden Menschen zu bergen und nach der verunglückten T'Gelke zu sehen.

Ich aber konnte mich, mit meinem eigenen Schaden beschäftigt, danach nicht aufhalten, sondern eilte, wieder unter Segel zu kommen.

Als ich nun einige Tage nachher im Texel anlangte, fand ich einen Brief von meinem Korrespondenten, Herrn Floris de Kinder, vor, worin mir berichtet wurde, daß der verunglückte T'Gelken-Schiffer gegen mich klagbar geworden und Schadenersatz von mir verlange. Er riet mir also, vor dem Gerichte im Texel zu erscheinen und samt meiner Mannschaft eine eidliche Erklärung über den ganzen Hergang abzulegen, diese aber an ihn einzusenden, damit jenen Ansprüchen gehörig begegnet würde. Dies geschah, und aus der gerichtlichen Vernehmung ging genüglich hervor, daß jener Schiffer nicht nur sein Unglück sich selbst zugezogen, sondern auch mir selbst Not und Schaden verursacht habe. Der endliche Erfolg war, daß jener seine Ansprüche weiter nicht verfolgte, daß ich aber auch meine eigene erlittene Einbuße verschmerzen mußte.

ch ging inzwischen aus dem Texel in See und hatte in den ersten drei Wochen mit widrigen und stürmischen Winden zu schaffen, die mich in der Nordsee umherwarfen. Als ich jedoch Dover passiert hatte, wurden sie mir günstiger, obwohl sie bald in den stärksten anhaltenden Sturm ausarteten. Mein Schiff lief vor demselben in fliegender Fahrt mit so unglaublicher Schnelle einher, daß ich – was vielleicht zuvor nie erhört worden – den Weg von Dover nach Lissabon binnen vier Tagen zurücklegte und also in jeder Stunde im Durchschnitt vierthalb Meilen zurücklegte. Ein portugiesischer Kapitän, den ich als Passagier an Bord hatte und der wegen Unpäßlichkeit während dieser ganzen Zeit nicht aus der Kajüte hervorgekommen war, wollte seinen Augen nicht trauen, als er das Verdeck bestieg und die Ufer seines vaterländischen Tajo blühend vor sich liegen sah. Nur in unserer Eigenschaft als Ketzer und unserer daraus hergeleiteten näheren Verbindung mit dem Fürsten der Finsternis, vermochte er sich eine Fahrt zu erklären, die nicht durch die Wellen, sondern durch die Luft bewerkstelligt sein müsse.

Das mochte einem Manne verziehen werden, dem früh eingesogene religiöse Vorurteile den Sinn befingen; allein was sollte ich sagen, als ich des anderen Tages an der Tafel meines Korrespondenten, Herrn John Bulkeley, mit mehreren englischen und amerikanischen Schiffs-Kapitänen zusammentraf, denen ich von dieser Schnelligkeit meiner letzten Reise erzählte und dabei deutlich an ihren verzogenen Gesichtern und blinzelnden Blicken bemerkte, wie wenig sie zumal in Erwägung der schweren Befrachtung meines Schiffes, Glauben in meine Versicherung setzten? Im stillen Ärger konnte ich kaum den nächsten Tag erwarten, wo wir wiederum beisammen waren, um diesen schnöden Zweiflern mein mitgebrachtes Schiffsjournal vorzulegen.

Bald darauf kam ich ans Ausladen, und nachdem ich des Tees ledig geworden, traf nunmehr die Reihe meinen bedeutenden Käsevorrat. Hierbei aber mischte sich die Hafenpolizei von Lissabon auf eine mir unbegreifliche Weise ein, indem sich zwei portugiesische Barken, deren eine mit Militär besetzt war, mir zu beiden Seiten legten. Der Käse ward, Stück für Stück, von den bestellten Aufsehern befühlt und berochen, ob sich nicht irgendwo eine faule oder verdächtige Stelle zeigte. Jedes derartige Stück warf man sofort in die bewaffnete Barke, und als ich erstaunt nach der Ursache eines so wunderlichen Verfahrens forschte, ward mir der Bescheid: Kein Käse, der auch nur einen gedrückten Fleck an sich habe, werde, als der Gesundheit nachteilig, zugelassen, sondern sofort ins Wasser geworfen. Vergebens erwiderte ich, daß in aller übrigen Welt gerade der angefaulte Käse seine besonderen und häufigen Liebhaber finde; man meinte aber, dazu gehöre auch ein ketzerischer Magen, in Portugal hingegen müsse aus solchem Genusse alsobald die Pest entstehen.

Allmählich hatte sich die als verdächtig ausgemerzte Ware in der Kriegsbarke zu einem ansehnlichen Haufen angesammelt. Diese machte sich demnach von meinem Borde los, entfernte sich einige hundert Klafter abwärts und begann nun, den konfiszierten Käse ins Wasser zu werfen. Überall trieben die Stücke umher, aber ebenso bald auch machten alle Schaluppen und Fahrzeuge in der Nähe Jagd auf eine so willkommene Beute. Die Soldaten in der Barke suchten zwar diese Kapereien zu verhindern, schrieen, schimpften, und machten sogar Miene, Feuer zu geben; doch demungeachtet ward ein großer

Teil von diesem Pestkäse glücklich wieder aufgefischt und hoffentlich auch ohne weiteren Nachteil für Leben und Gesundheit verzehrt.

Aber auch mein Weizen machte den Polizei-Offizianten Besorgnis. Denn ihrer sieben fanden sich ein, um seine Beschaffenheit zu untersuchen. Unglücklicherweise fanden sich nun einige zwanzig Weizensäcke, die zu äußerst an den Seiten gelegen hatten und von dem feuchten Dunst im Raume auswendig beschimmelt waren. Sofort war auch ihnen das Todesurteil gesprochen. Sie wurden aufgeschnitten und der Inhalt kurzweg über Bord geschüttet. Ich bewies durch den Augenschein, daß der Weizen in diesen Säcken nicht den mindesten Schaden gelitten, ich klopfte ihnen sogar auf ihre Schubsäcke, die sie mit diesem nämlichen, für verpestet ausgeschrienen Korne dick auszustopfen nicht verabsäumt hatten. Sie schüttelten bloß die Köpfe und entgegneten, die eingesackten Pröbchen seien nur zum Futter für ihre Hühner bestimmt, die sich ja als ein unvernünftiges Vieh den Tod nicht daran fressen würden.

Überhaupt sollte mein diesmaliger Aufenthalt in Lissabon nicht so geeignet als jener frühere sein, mir eine vorteilhafte Meinung von den Portugiesen beizubringen. Als ich eines Tages mit meinem Sohne, der mich auf dieser Fahrt begleitete, durch eine abgelegene Gasse ging, erblickten wir unter einem Bogengewölbe ein Muttergottesbild, vor welchem mehrere Lichter brannten. Vor dergleichen pflegt kein guter Katholik vorüberzugehen, ohne seine Kniee zu beugen und seinen Rosenkranz abzubeten. Zu beidem spürten wir keine Lust in uns. Ich blickte daher sorgsam vor und hinter mich, und da ich nirgends eine menschliche Seele gewahrte, rief ich meinem kleinen Begleiter zu, tapfer mit mir fortzuschreiten, bevor uns jemand hier erblickte und uns vielleicht ein böses Spiel bereitete.

Doch in dem nämlichen Augenblicke führte unser Unstern einen liederlichen Gassenbuben herbei, der unsern Mangel an Andacht wahrgenommen haben mochte, und sofort mit Hallo und Geschrei hinter uns drein lief, Steine aus dem Pflaster aufriß und uns mit Würfen verfolgte. Gleich in der nächsten Minute hatte sich ein ganzer Menschenschwarm gesammelt, der auf uns einstürmte, uns mit Unflat bewarf und aus vollem Halse den Ausruf »Ketzer! Ketzer!« hinter uns her ertönen ließ. Glücklicherweise konnten wir um eine Straßenecke und dann wieder um eine Ecke einbiegen, wodurch wir dem rasenden Pöbel aus dem Gesichte kamen. Zu noch besserer Sicherheit traten wir in einen, uns eben aufstoßenden Gewürzladen, wo ich eine Kleinigkeit kaufte und den aufgeregten Sturm vollends vorüberziehen ließ.

Alles dies vermehrte meinen Wunsch, diesen Hafen je eher je lieber wieder zu verlassen. Auch fand ich binnen kurzem eine anderweitige Ladung, aus Zucker, Kaffee, Wein bestehend, die nach Hamburg bestimmt war und mit deren Einnehmung ich mich sofort aufs fleißigste beschäftigte. Hier aber traf mich alsbald ein Verdruß anderer Art, der mich um all meine gute Laune zu bringen drohte. Es gab nämlich eine Menge von dänischen, schwedischen und holländischen Schiffen auf dem Platze, welche mich um diese vorteilhafte Fracht beneideten und sie womöglich gerne rückgängig gemacht hätten. Da sie nun allesamt mit den Barbaresken in Frieden lebten, ich aber als Preuße keine Türkenpässe aufzuweisen hatte, so sprengten sie an der Börse die lügenhafte Zeitung aus, daß zwei Algierer vor der Mündung des Tajo kreuzten und auf gute Beute lauerten.

In der Tat erreichten sie insofern ihren Zweck, daß meinen Auftraggebern unheimlich bei der Sache wurde, da sie bei mir auf keine freie Flagge zu rechnen hatten, und einer von ihnen, der mir bereits zwei Kisten mit spanischen Talern, als Frachtgut, in meine Kajüte gegeben hatte, ließ sie zurückfordern, und zog es vor, sich mit mir auf Erlegung der halben bedungenen Fracht zu einigen. Dagegen wußte ich die übrige, schon eingenommene Ladung standhaft zu behaupten, stach mit Ausgang des Juli in See, ohne einen Korsaren zu erblicken, und erreichte, sonder alles weitere Abenteuer, die Elbe glücklich und wohlbehalten.

ndes schien es mir gleichwohl vom Schicksal bestimmt, daß ich immer aufs neue mit Lissabon zu schaffen haben sollte; denn gleich meine nächste Fahrt, mit allerlei Stückgütern von Hamburg, war wieder auf diesen Platz gerichtet. Ich ging dahin im September ab, konnte aber erst Mitte November im Tajo Anker werfen. Desto hurtiger ging es aber mit meiner nächsten wiederum nach Hamburg bestimmten Rückreise, wo ich bereits nach Verlauf von vier Wochen anlangte, aber nun auch, des inzwischen eingetretenen starken Frostes wegen, mich entschließen mußte, zu überwintern.

Im nächsten Frühling 1782 neigte sich der amerikanische Krieg immer mehr zum Ende. – Ein Ereignis, welches sofort auch einen sehr bemerkbaren ungünstigen Einfluß auf den bisher so lebhaft betriebenen Handel der Neutralen äußerte, und wovon ich selbst unmittelbar die Folgen spürte, indem ich beinahe den ganzen Sommer auf der Elbe liegen blieb, ohne irgendeine mir konvenable Fracht zu finden. Diesen mir aufgedrungenen Müßiggang benutzte ich dazu, meine Papiere in Ordnung zu bringen und mich mit meinem Patron, Herrn Groß in Stettin, über sämtliche Reisen, die ich bisher für ihn getan hatte, zu berechnen. Sobald dies Stück Arbeit fertig war, schickte ich es, mit sämtlichen Belegen über Einnahme und Ausgabe, an ihn ein, und machte ihm bemerklich, wie ich mit seinem Schiffe, nach Abzug aller Ausrüstungs- und Unterhaltungskosten, aller Volkslöhnungen, angeschafften und verbrauchten Provisionen, Assekuranz-Prämien und außerordentlichen Kosten reine fünfunddreißigtausend Taler für ihn verdient habe. Was jedoch den letzteren Artikel der »extraordinären Ausgaben« betreffe, so beruhigte ich mich mit seiner eigenen langen Erfahrung im Schiffswesen, daß er den Unterschied der Zeiten nicht übersehen werde.

Diesen Rechnungen schloß ich zugleich eine Übersicht meiner eigenen Forderungen an ihn bei, die sich auf tausendsiebenhundertundeinundsiebzig Taler und einige Groschen beliefen, mit der Bitte, mir darüber einen Revers zukommen zu lassen, den ich, um Lebens und Sterbens willen, bei Johann Daniel Klefecker in Hamburg niederzulegen gedächte. Meine Papiere aber wünschte ich, nachdem sie von ihm durchgesehen und gutgeheißen worden, von seiner Güte zurückzuempfangen.

Herr Groß schien jedoch bei diesem allem keineswegs die Eile zu haben, welche meine Ungeduld bei ihm voraussetzte. Seine Antwort blieb mir bald gar zu lange aus. Alles was mir früher von seiner unverträglichen Gemütsart gesagt worden, stieg mir wieder zu Kopf, und da ich noch verschiedene Posttage wieder vergeblich geharrt hatte, konnte ich mich länger nicht enthalten, ihm schriftlich mein Befremden zu äußern, daß er mich in dieser peinigenden Ungewißheit lasse. Erregten ihm meine Rechnungen Mißtrauen, und zweifle er an meiner Redlichkeit, so möge er hier in Hamburg einen anderen Schiffer bestellen, damit ich mich in Stettin persönlich ausweisen und meine Ehre sicherstellen könne.

Kaum war dies Dokument meines Unmuts auf den Weg gegeben, als mit nächster Post ein Schreiben von Herrn Groß einlief, das mich in der innersten Seele beschämte. Er äußerte sich darin: »Mein lieber Sohn, ich bin mit Ihnen, wie mit Ihren Rechnungen und Handlungen, herzlich zufrieden. Für Ihre treuen und ehrlichen Dienste übersende ich Ihnen hierneben als Geschenk einen Wechsel von tausend Mark Hamburger Banko, den Sie sogleich ziehen mögen, damit Sie Geld für sich in Händen haben. Demnächst erhalten Sie den verlangten Revers über tausendachthundertundeinundsechzig Taler, die Sie bei mir zugute haben.«

Hier gab es jedoch eine Differenz von neunzig Talern in dem letzteren Posten, die, so sehr auch alles übrige mich freute, nur in einem Rechnungsfehler meines Patrons ihren Grund haben konnte und also ehebaldigst ausgeglichen werden mußte. Indem ich mein Buch zu Hilfe nahm, konnte ich ihm sogar auch die Gelegenheit nachweisen, wo ich diesen sich doppelt angerechneten Vorschuß von neunzig Talern in Stettin verausgabt hatte. Ich machte ihn also schriftlich hierauf aufmerksam, und bat, mir einen anderen, um soviel niedriger gestellten Revers zu behändigen. Er aber antwortete mir: »Allerdings habe ich mich in meiner Rechnung versehen, allein nicht in Ihrer Rechtschaffenheit; und so soll es mit meinem zuerst ausgestellten Revers sein Bewenden behalten.«

Inzwischen hatte ich diesem Ehrenmanne, als bereits der Juli herangelaufen war, gemeldet, daß mir's unerträglich fiele, mit seinem Schiffe hier noch länger untätig auf der Bärenhaut zu liegen und es im Hafen verfaulen zu sehen. Er möchte mir demnach gestatten, Ballast einzunehmen und nach Memel zu gehen, wo ich eine Ladung fichtener Balken für eigene Rechnung einzunehmen und diese in Lissabon abzusetzen gedächte, die dort, meiner Erfahrung nach, mit Vorteil abzusetzen sein würde. Als Rückfracht ließe sich, im schlimmsten Falle, wiederum eine Ladung Seesalz einnehmen und nach Riga verführen.

Herr Groß stand nicht an, diese Vorschläge zu genehmigen. Ich nahm, da ich meine Leute schon im Winter entlassen, neues Hamburger Schiffsvolk an und trat, Mitte August, die Reise nach Memel an. Als wir zur Elbe hinaus und gegen Helgoland kamen, ging der Wind in Westnordwest, und es war regnerisches und stürmisches Wetter. Mein Steuermann hatte, wie ich mit Leidwesen bemerkte, etwas zu tief in die Flasche gesehen. Ich wollte dem Ding abhelfen, ließ einen Teekessel mit Wasser und Wein aufsetzen und reichte ihm davon einige Tassen zur Ernüchterung: allein das schien ihn fast noch mehr zu benebeln. Um 8 Uhr abends teilte ich die Wachen ein, demzufolge der Steuermann und das halbe Volk die erste bis Mitternacht übernehmen sollten, und wobei ich den ersteren anwies, auf keinen Fall östlicher als Nordost zu steuern, um nicht auf Land zu geraten, bei dem allermindesten Vorfall aber, der sich ereignen könnte, mich sofort zu wecken.

Zwar begab ich mich hierauf in meine Kajüte zur Ruhe, doch war mein Gemüt zu voll von Unruhe und böser Ahnung, als daß ich hätte Schlaf finden können. Ich warf mich hin und her im Bette; horchte nach jedem Geräusche, das auf dem Verdeck über mir laut ward, und hörte endlich den Mann am Ruder in die Worte ausbrechen: »Nein, es geht doch toll auf diesem Schiffe her! Kein Licht beim Kompaß; kein Steuermann auf dem Deck. – Ich weiß selbst nicht mehr in der Finsternis, welchen Strich ich halten soll.«

Es war mir bei diesen angehörten Stoßseufzern, als ob mich der Donner rührte. Ich fuhr mit gleichen Füßen aus dem Bette und sprang aufs Verdeck. »Was steuert Ihr auf dem Kompaß?« fragte ich den Menschen und erhielt eine konfuse Antwort, aus welcher ich jedoch vernahm, daß ihm der Wind das Licht, welches sonst regelmäßig neben dem Kompaß in einer Laterne brennt, ausgeweht habe. Daneben spürte ich deutlich, daß uns der Wind von hinten kam, anstatt er höchstens den Backbord hätte treffen sollen. – »Wo ist der Steuermann?« – Der lag in seiner Koje, schnarchte und wußte von seinen Sinnen nichts!

Fast hätte eine so rasende Unordnung mich auch um die meinigen gebracht! Ich machte Lärm unter dem Volk; es mußte Licht gebracht werden, und als ich damit den Kompaß beleuchtete, ersah ich mit Todesschrecken, daß das Schiff gegen Südosten, gerade auf die Küste zu, anlag. Ohne einen Augenblick zu verlieren, griff ich zur Ruderpinne, wandte das Schiff durch Süden nach Westen und ließ gleich darauf das Bleilot auswerfen, welches nicht mehr als vier Klafter Tiefe anzeigte. So lag es denn am Tage, daß wir nur noch ein paar Minuten länger in jenem verkehrten Kurs hätten fortsteuern dürfen, und wir wären ohne Rettung auf den Strand gegangen, wo wir vielleicht Schiff und Leben eingebüßt hätten.

Aber auch jetzt noch blieb es für die ersten Augenblicke zweifelhaft, ob alle unsere Anstrengungen uns aus dieser Gefahr wieder loshelfen würden. Sobald ich endlich diese Überzeugung gewonnen hatte, schien es mir nötig, ein Beispiel zu statuieren. Ich holte den Taugenichts von Steuermann bei den Haaren aus seiner Kammer hervor, gab ihm ein paar Fußtritte, wie er's verdient hatte, und hielt zugleich auch der übrigen Mannschaft eine Strafpredigt, woran sie meinen Ernst abnehmen mochte.

Von jetzt an gab es nichts als widrige Winde, die uns volle vierzehn Tage hindurch nötigten, in der Nordsee und bei Skagerrak umherzukreuzen. Was aber meinen Unmut noch höher steigerte, war der widerspenstige Sinn meines Schiffsvolks, der sich, je länger je ungescheuter, offenbarte. Kam es zu verdienten Verweisen und Ermahnungen, so hieß es immer: »Pah! Wir sind Hamburger und keine Preußen! Wir kennen unsere Rechte; so muß man uns nicht kommen!« – Was mich jedoch am meisten verschnupfte, war eine gegen allen Seemannsbrauch streitende Gewohnheit, die sie gegen meinen Willen in Gang zu bringen suchten. Sie lagen nämlich bei Tag und Nacht über ihren Tee- und Kaffeekesseln, und so oft ich in die Kombüse sah, hingen oder standen acht oder zehn solcher Maschinen bei einem Feuer, woran man vielleicht einen Ochsen hätte braten können – ein Unwesen, wobei nicht nur unser Kohlenvorrat unnütz verschwendet, sondern auch dem Schiffe beständige Gefahr durch verwahrlostes Feuer drohte.

Als mir dieser Unfug endlich zu arg ward, tat ich ihnen ernstliche Vorhaltung, daß dies gegen alle gute Ordnung sei und fortan abgestellt bleiben müsse. Es solle dagegen mein eigener großer Kessel fortwährend am Feuer stehen, und was ich selbst nicht gebrauchte, möchten sie nehmen und unter sich einteilen. Allein auch das war in den Wind geredet, und mit dem Tee- und Kaffeegesöff blieb es beim alten. Fast gewann es den Anschein, als ob man Lust habe, sich um meine Anordnungen gar nicht mehr zu kümmern.

Eines Abends, nach Endigung des Gebets, hieß ich der Mannschaft noch etwas sitzen zu bleiben, und mit ebensoviel Ernst als Güte deutete ich ihnen meinen festen Willen an, daß das Kunkeln mit den vielen Teekesseln von Stund an ein Ende haben müsse. Sie hingegen pochten, unter Lärm und Geschrei, nach gewohnter Weise, daß sie Hamburger wären und keine Preußen, und sich ihr Recht nicht nehmen lassen würden. Ich hielt jedoch an mich und sagte mit möglichster Ruhe: »Ihr wißt nun meinen Willen, und das ist genug!«

Am nächsten Morgen um 8 Uhr stieg ich, meiner Gewohnheit gemäß, in den Mastkorb, mich umzusehen. Indem ich dabei meine Blicke zufällig nach unten richtete, nahm ich wahr, daß mein ganzes Volk, den Bootsmann und den Koch an der Spitze, wie verabredet, in einer Reihe, und jeder seinen Teekessel in der Hand, von hinten nach der vorderen Luke zuschritten, um sich im Raume mit frischem Wasser zu versehen. Dies sehen und mich am nächsten besten Tau an den Händen herunterlassen, war das Werk eines Augenblicks. Glücklich gelangte ich so aufs Verdeck, bevor sie noch die Luke erreichten, und mit fester Stimme rief ich: »Was ist das? Was soll das?« – indem ich zugleich dem Bootsmann wie dem Koch die Teekessel aus den Händen riß und weit hinaus über Bord ins Meer schleuderte.

Hui, das hieß in ein Wespennest gestochen! Die Kerle schlossen einen dichten Kreis um mich her, und schrien wie unsinnig: »Schlagt zu! Schlagt zu!« – doch keiner hatte das Herz, der erste zu sein. Diese Unschlüssigkeit gab mir Zeit, mich durch sie hindurchzuwinden und mit starken Schritten nach meiner Kajüte zu eilen, wiewohl alsobald auch der helle Haufe mit einem fürchterlichen »Halt auf! Schlag zu! Halt fest!« mich auf dem Fuße dahin verfolgte. Doch gelang mir's, die Kajütentür hinter mir zuzuschlagen und den Riegel von innen vorzuschieben.

In der Tat war nun meine Lage bedenklich genug: mein Leben sowohl wie die Erhaltung des Schiffes standen hier auf dem Spiele. Sinnend und in stürmischer Bewegung ging ich auf und nieder, um über irgendeine durchgreifende Maßregel zu meiner Rettung mit mir einig zu werden. Ich erinnerte mich endlich, daß ich, einige Reisen früherhin, in Hamburg einen Abdruck des dort geltenden Schiffs- und

Seerechts gekauft und bei mir an Bord hatte, sowie, daß ich dasselbe zum öftern durchblättert und mir mehrere Punkte angestrichen hatte, worüber Volk und Schiffer am leichtesten und gewöhnlichsten miteinander zu zerfallen pflegen, falls ich irgend einmal in einen ähnlichen Zwist geraten sollte.

Ungesäumt holte ich dies Buch aus seinem Winkel hervor, schlug den gesuchten Artikel nach, und fand folgendes verzeichnet:

»Einem Schiffer steht frei, seine Leute zu züchtigen, und es darf keine Gegenwehr geschehen. Sollte aber ein Schiffsmann sich unterstehen, seinen Schiffer zu schlagen oder sonst zu mißhandeln: so wartet seiner der Galgen, nach Hamburger Recht. – Ebenso nach englischem und holländischem Seerecht. – Nach dänischen und schwedischen Gesetzen wird der Verbrecher mit der Hand an den Galgen genagelt, um 6 Stunden daran zu stehen, bis ihm das Messer, womit er angenagelt ist, wieder herausgezogen worden. – Nach preußischem Seerecht wird er 6 Monat in Eisen an die Karre geschmiedet.«

Ich zeichnete nunmehr diese Gesetzstelle an, legte das Titelblatt mit den großgedruckten Worten »Hamburgisches Schiffs- und See-Recht« aufgeschlagen auf den Tisch, und meinen kurzen aber gewichtigen Rohrstock daneben, und zog nun die Glocke, die den Kajütenjungen mit seiner Frage: »Was zu Dienst?« herbeirief. – »Der Bootsmann soll zu mir kommen.« – Eine Minute später trat der Geforderte zuversichtlich in die Kajüte, deren Tür ich sofort hinter ihm ins Schloß warf.

»Kannst du Deutsch lesen, Bursche?« fragte ich ihn, indem ich ihm dicht auf den Leib trat. – »Hm, ich werde ja! Was soll's damit?« lautete die Antwort. – »So tritt her und lies diesen Titel. Das sind die Gesetze, wonach deine Vaterstadt dich und deinesgleichen richtet. Und nun lies und beherzige hier auch *diesen* Artikel.« – Er sah den Paragraphen überhin an und fuhr dann heraus: »Hoho, das ist nur Wischewäsche!« – »So, guter Kerl? Nun, so will ich dir zeigen, was Wischewäsche ist,« und damit griff ich nach dem spanischen Rohr und walkte ihn durch aus Leibeskräften. Das böse Gewissen erlaubte dem Buben nicht, sich tätlich zu widersetzen, sondern er taumelte nur stöhnend aus einem Winkel in den anderen, um meinen Streichen zu entgehen. So geschah es, daß mein Strafgericht in dem engen Raume der Kajüte ebensowohl die umher angebrachten Glasschränke samt den darin befindlichen Gläsern und Tassen traf, was ich aber in meinem brennenden Eifer nicht achtete.

Endlich, da ich meinen Arm erlahmt fühlte, stieß ich den Taugenichts mit den Füßen zur Kajüte hinaus, riegelte die Tür hinter mir zu und nahm mir nun etwas Zeit zum Verschnaufen. Der Anfang zur Wiederherstellung meiner Autorität war glücklich gemacht und damit zugleich ein schwerer Stein von meinem Herzen gefallen. Die Kerle steckten in keinen reinen Schuhen und fingen an, bei meiner Entschlossenheit perplex zu werden. Ich durfte nun aber auch nicht auf halbem Wege stehen bleiben, sondern sie mußten noch gewichtiger fühlen, daß ich ihnen gewachsen war. Sobald ich mich demnach ein wenig erholt hatte, zog ich abermals die Schelle und ließ nunmehr auch den Koch vor mich fordern.

Der Schelm mochte nun wohl schon erfahren haben, was seiner wartete. Er leistete also zwar Gehorsam, beobachtete aber die kluge Vorsicht, die Tür nur gerade so weit zu öffnen, daß mir Nase und Augen sichtbar wurden. »Näher, Schurke!« donnerte ich ihm entgegen; er hingegen suchte mich zu begütigen und bat: »O, lieber Kapitän, laßt es doch gut sein!« – Ich wiederholte mein Gebot; da er aber gleichwohl die Tür in der Hand behielt, warf ich ihm mein Rohr an den Kopf, und er sah dabei seine Gelegenheit ab, die Tür zuzuschnappen und sich aufs Verdeck zurückzuziehen. – Auch der zweite Feind war nun aus dem Felde geschlagen; jetzt kam es noch darauf an, einen entscheidenden Hauptschlag zu vollführen und die Kerle durch plötzlichen Schreck vollends zu unterjochen.

Ich überlegte im Auf- und Abgehen, daß, je längere Zeit ich bei dem anhaltenden Gegenwinde bedürfen würde, um den Sund zu erreichen und mein rebellisches Volk durch obrigkeitlichen Beistand zu Paaren zu treiben, leicht in den nächsten Augenblicken sich etwas ereignen könnte, was seinen gesunkenen frechen Mut wieder höbe und das Übel ärger machte. Am gescheitesten also schien mir's, den nächsten norwegischen Nothafen aufzusuchen und dort Recht und Gerechtigkeit zu fordern.

Hierzu entschlossen, nahm ich meinen Schiffshauer unter den Arm, kam festen Schrittes auf das Verdeck hervor und gebot dem Manne am Ruder: »Paß auf, Junge, und steuere Nordnordost!« – Das gesamte Schiffsvolk stand auf einem Haufen versammelt und steckte die Köpfe zusammen. Als ich ihnen aber zurief, nach vorn zu gehen und die Segel nach dem Winde zu ziehen, verrichteten sie diese Arbeit pünktlich und in sichtbarer Gemütsbewegung. Nur der Steuermann, der sich bei dem ganzen Vorgange wie ein Dummbart abseits gehalten, trat jetzt mit der verwunderten Frage zu mir heran: »Ei, Kapitän, wo denn nun hin?« – »Wie?« rief ich in Gift und Galle, »Ihr seid Steuermann und begreift das nicht? Nach Norwegen geht der Kurs, und dort geradezu auf den Galgen los. Will ich meines Lebens und Schiffes sicher sein, so müssen binnen hier und drei Tagen ein paar Rebellen hoch in der Luft baumeln!«

Das sämtliche Volk hatte diese Drohung, wie es meine Absicht war, mit angehört. Ich hörte ihr Geflüster und sah, wie sie untereinander etwas ernstlich zu bereden schienen. Noch konnte ich nicht erraten, was sie im Schilde führten. Um aber auf alles gefaßt zu sein, zog ich meinen Hauer blank, trat mitten unter sie und fragte gebieterisch: was sie wollten? – Der Bootsmann nahm für sie das Wort, dem sie nach und nach alle beifielen, und gestand mit Zerknirschung, sie hätten sich übereilt und vergangen, bäten mich um Vergebung und versprächen, sich hinfüro besser gegen mich zu betragen.

»Ei wohl!« entgegnete ich ihnen – »Respekt und Gehorsam gegen mich verstehen sich wohl von selbst. Aber was ich wegen des Vergangenen über euch beschließe, darüber werde ich mich allerdings noch besinnen müssen. Jetzt an die Arbeit!« – Für mich selbst aber zog ich nunmehr in Erwägung, daß, da die Kerle dergestalt zu Kreuze gekrochen, die Fahrt nach Norwegen nur eine unnötige Zeitversplitterung sein und es besseren Vorteil versprechen werde, in See zu bleiben und meine Reise möglichst zu beschleunigen. Indem ich sie also aufs neue zusammenberief, erklärte ich ihnen, daß ihr böser Handel vorerst mit dem Liebesmantel zugedeckt, wenngleich nicht ganz vergeben sein solle, was sich zu seiner Zeit weiter ausweisen werde.

Demnach änderte ich meinen Kurs wieder nach Osten gegen das Kattegatt, bis mich in der Nacht vom 2. zum 3. September ein dermaßen schrecklicher Sturm aus Nordosten überfiel, wie ich ihn kaum jemals erlebt habe und wie er in dieser beengten Meeresgegend verdoppelte Gefahr drohte. Am Abend vorher zählte ich in meinem Gesichtskreise, auf etwa zwei Meilen umher, nicht weniger als zweiundvierzig Segel, die gleich mir nach dem Sunde steuerten. Der Sturm verstärkte sich aber von Stunde zu Stunde, so daß ich endlich keinen einzigen Lappen Segel führen konnte und mit jeder Woge fürchten mußte, auf eine blinde Klippe zu stoßen, welche hier meilenweit vom Lande zu Hunderten umhergesät sind. Doch Gott erhielt uns wunderbarlich; am nächsten Morgen aber waren von jenen zweiundvierzig Schiffen nah und fern nicht mehr als vierzehn zu erblicken und gewiß ging der größte Teil der fehlenden in dieser entsetzlichen Nacht zugrunde. Für uns Gerettete hingegen stieg alsbald wieder ein freundliches Wetter auf, das uns glücklich nach dem Sunde führte.

Hier nicht länger, als unumgänglich notwendig, zu verweilen, gab es noch einen geheimen Grund. Ich hatte meinem Vater schon von Hamburg aus nach Kolberg geschrieben, daß ich auf dieser Reise alles daransetzen würde, mich der Reede meiner Geburtsstadt dergestalt zu nähern, daß ich die Freude haben könnte, ihn und die Meinigen im Vorüberfahren auf einige Stunden bei mir am Borde zu begrüßen. Ich wollte dabei an einem roten Stender kenntlich sein, den ich am Vordertop würde wehen lassen, und ich bat ihn und alle guten Freunde, mir diesen gehofften Genuß nicht zu verderben.

In der Tat wollten mir auch Wind und Wellen so wohl, daß ich, obgleich erst zum 29. September, mich auf der Kolberger Reede zeigen konnte. Da es gerade ein Sonntag war, so befanden sich nicht bloß meine erbetenen Gäste, sondern auch noch anderweitige zahlreiche Bekannte auf der Münde, welchen der Besuch an meinem Schiffe eine gelegene Lustpartie schien, und die mir daher, vielleicht hundert Köpfe stark, gern gesehen, an meinem Borde zusprachen. Bei dem schönen Wetter ging ich gar nicht einmal vor Anker, sondern blieb mit Hin- und Herkreuzen unter Segel. Kajüte und Verdeck wimmelten von bekannten Gesichtern und fröhlichen Menschen, bis endlich abends alles wieder zu Lande fuhr, und ich darf mit Wahrheit sagen, daß ich diesen Tag für einen der vergnügtesten meines Lebens achte.

Nach genommenem Abschiede erhielt ich einen guten steifen Wind, der mich schon zu Abend des anderen Tages ins Angesicht von Memel brachte. Hier aber hatte er sich allmählich in einen Sturm verwandelt, der es den Lotsen unmöglich machte, zu uns heranzukommen, und keck, wie ich war, unternahm ich mir's, auf meine eigene Gefahr auf den Hafen zuzusetzen. Das Wagestück ließ sich auch gut genug an, bis ich zwischen die beiden Haken kam, wo sich's fand, daß das Fahrwasser viel zu westlich lief, als daß ich mich mit diesem Winde dagegen wenden konnte. Zwar machte ich, da hier Not an Mann ging, den verzweifelten Versuch, allein das Schiff wollte dem Steuer nicht länger folgen und trieb augenscheinlich gerade auf den Nordhaken zu.

Jetzt stand, mit der Entschließung des nächsten Augenblicks, unser Leben und alles auf dem Spiele. Ich ergriff ein Beil, kappte flugs das Bogreep und die übrigen Leinen, woran der Anker sich hielt und der nun mit seinem ganzen vollen Gewichte in den Grund fiel. Nun hatte das Schiff für den Moment den fehlenden festen Stützpunkt gefunden; es schwang sich um den Anker, und kaum hatte es sich auf diese Weise nach Wunsch gewandt, so hieb ich mit einem kräftigen Streiche auch das Ankertau entzwei, ließ den Anker stehen und kam glücklich und ohne Schaden wieder in See, bis des andern Tages der Wind nördlicher ging und ich in aller Gemächlichkeit den Hafen erreichte.

Obwohl nie ein Freund tyrannischer Härte in meinem Kommando, und auch hier nicht von einer besonderen Rachsucht getrieben, glaubte ich es doch sowohl mir selbst als dem allgemeinen Besten schuldig, meine Schiffsmannschaft wegen ihrer angezettelten Meuterei bei dem Seegerichte in Memel sofort nach meiner Ankunft anzuklagen. Die Sache ward untersucht und der Spruch fiel dahin aus, daß dem Bootsmann als Rädelsführer hundert Stockprügel in zwei Tagen, dem Koch fünfzig und noch einem Matrosen fünfundzwanzig zugezählt werden und sie ihrer verdienten Gage verlustig gehen sollten, welche den seefahrenden Armen zuerkannt wurde. Nach empfangener Strafe aber sollten sie über die nächste preußische Grenze gebracht werden.

Laut dieses Urteils wurden sie sogleich in die Militärwache abgeführt und an dem bestimmten Tage ein paar Unteroffiziere beordert, die Sentenz an ihnen zu vollziehen. Ich meinesteils erachtete es für gut und wohlgetan, mein übriges Schiffsvolk mit herbeizuführen, um Zeugen der Exekution zu sein und sich darin zu spiegeln. Die drei Kerle traten ziemlich keck aus dem Wachloche hervor und schienen den Korporalstock wenig zu fürchten, bis man sie aufs Hemd entkleidete und daneben der warmen Fütterung beraubte, wodurch sie sich zu schützen vermeint hatten. Hoffentlich drang nun der wohlverdiente Denkzettel durch die neunte Haut; ich aber, froh, ihrer los und ledig zu sein, nahm wieder in ihre Stelle drei englische Matrosen an, welche von einem Schiffe in Libau heimlich abgegangen waren.

Gehörte jenes Strafgericht zu den Unannehmlichkeiten meines Aufenthaltes in Memel, so war mir hier doch auch eine zweifache herzliche Freude durch lebhafte Rückerinnerung an meine Jugendzeit vorbehalten. Nicht nur fand ich ganz unvermutet in dem Post- und Bankdirektor W** meinen einstmaligen treuen Taubenfreund wieder, dessen ich eingangs dieser meiner Lebensgeschichte unter einem bei weitem nicht so stattlich klingenden Titel gedacht und der mich mit voller alter Herzlichkeit aufnahm, sondern auch mit dem ehemaligen Kolberger Kaufmann Seeland traf ich hier zufällig zusammen, dessen Dörtchen mir einst, nach meinem verunglückten Turmritt, eine unvergeßliche Semmel zugesteckt hatte, und die ihn auch jetzt auf dem Wege nach der Insel Oesel begleitete, wo der gute verarmte Mann bei seinem Sohne, einem dort wohnenden Prediger, Zuflucht und Unterstützung suchte. Wie dauerte mich, um meiner jugendlichen Wohltäterin willen, das Schicksal dieser Familie! Aber wie machte mich's jetzt auch glücklich, daß ich meinem dankbaren Herzen seinen Willen lassen konnte!

Übrigens machte ich in Memel für meinen Patron ein noch besseres Geschäft, als ich gehofft hatte, indem ich, anstatt eine Ladung für eigene Rechnung einzunehmen, Gelegenheit fand, mit Herrn Kaufmann Wachsen eine leidlich gute Fracht auf Lissabon über eine Partie Schiffsmasten, fichtene Balken und Stangeneisen abzuschließen. Zufällige Umstände verhinderten jedoch, daß ich vor Anfang November nicht klar werden konnte, und dann hatte ich, des früh eingetretenen Winters wegen, Mühe, durch das Eis in See zu gelangen. Überdem noch trieben mich widrige Winde fast drei Wochen in der Ostsee umher, bevor ich in den Sund kam, nun aber mit günstigerer Fahrt die Nordsee erreichte.

Allein auf die Dauer eines solchen erwünschten Wetters war in dieser vorgerückten Jahreszeit freilich nicht zu rechnen und wirklich gab es auch schon in den ersten Tagen des Dezembers wieder konträren Wind und Sturm, wobei wir rings um uns her mancherlei Schiffstrümmer, Masten, Stangen, Ruder und ein umgekehrtes Boot treiben sahen. Noch auffallender aber war uns der Anblick eines Schiffes, etwa eine Meile nördlich vor uns, dem der große Mast fehlte und das noch mancherlei andere Spuren von Zertrümmerung zeigte.

Abends um acht Uhr, als wir des widrigen Windes wegen uns gegen Norden legen mußten und ich eben die Wache hatte, meldete mir der Ausgucker, daß er nahe vor uns ein Schiff gewahr werde. Ich ließ sofort eine Laterne aushängen und erwartete, daß auch jenes, wie es Brauch ist, ein gleiches tun werde, damit wir nicht zu nahe aneinander gerieten und uns beschädigten. Es geschah aber nicht; ich lief indessen so dicht vorüber, daß ich trotz der Dunkelheit deutlich erkennen konnte, wie ihm der große Mast fehlte und die See schäumend über Bord hinstürzte. Es war also ohne Zweifel das nämliche Schiff, welches wir schon tags zuvor erblickt hatten, und deuchte mir von ziemlicher Größe zu sein, aber steuerlos auf seiner Last zu treiben.

Im Vorübersegeln rief ich es zu wiederholten Malen durch das Sprachrohr mit Holla! Holla! an, erhielt jedoch keine Antwort und mußte daraus schließen, daß es von seiner Besatzung verlassen worden. Dies regte nun allmählich allerlei wunderliche Gedanken in mir auf, die sich endlich in die Vorstellung auflösten, das herrenlose Wrack mit dem grauenden Morgen wieder aufzusuchen, es ins Schlepptau zu nehmen und nach Norwegen zu führen, von dessen Küsten wir nur einige und zwanzig Meilen entfernt waren. Der Wind zur Fahrt dahin wehte günstig, und für die aufgewandte Zeit und Mühe schien ein so bedeutender Fund, auch ohne Rücksicht auf die etwaige Ladung, uns genügend entschädigen zu können.

Bei dem Wechsel der Wache um Mitternacht teilte ich diesen Anschlag dem Steuermanne mit, der meiner Meinung beistimmte und mit dem ich nunmehr für die übrige Nacht einen solchen Kurs verabredete, daß wir hoffen konnten, uns bei Tagesanbruch wieder in der Nähe jenes Schiffes zu befinden. In der Tat auch erblickten wir es kaum eine halbe Meile vor uns unter dem Winde. Obwohl nun das Wetter ziemlich stürmisch war, setzten wir doch sofort unser großes Boot aus, und indem wir uns mit unserem eigenen Schiffe dem Wrack bis auf eine Entfernung von etwa achtzig Klaftern näherten und mit dem Boote ein Kabeltau auslaufen ließen, versuchte ich, nebst den mit mir genommenen sechs Matrosen, unser möglichstes, dort an Bord zu gelangen.

Freilich ward dies Wagestück bald um so schwieriger, da wir's nicht verhindern konnten, hinten unter dem Schiffe vorübergetrieben zu werden, während dieses von den Wogen aufs heftigste gewälzt wurde und wir jeden Augenblick befürchten mußten, mit unserm Boote und dem schweren Ankertau in den Grund zu versinken. Endlich gelang es uns zu entern, das Ende des Taues zu befestigen und uns auf unserer Prise ein wenig umzusehen. Es war eine greuliche Zerstörung darauf vorgegangen, und sicherlich hätte das Schiff längst sinken müssen, wenn es nicht mit Holz und Balken geladen gewesen wäre.

Nachdem wir auf diesem Schiffe das Nötigste besorgt hatten, kehrten wir nach unserm eigenen zurück, hingen das andere Ende des Schlepptaues in unser Hinterteil und richteten nunmehr mit unserer neuen Last den Kurs auf Norwegen zu. Freilich hatten wir, da der Wind von hinten kräftig in unsere Segel blies, uns Rechnung gemacht, den Weg dahin rasch zurückzulegen, allein unsere nachgeschleppte Prise ging so tief und drückte so schwer, daß wir binnen einer Stunde kaum eine Viertelmeile fortrückten. Doch beharrten wir den ganzen Tag und die darauffolgende Nacht in unserm Beginnen.

Mit meiner Morgenwache aber, in der Stille der Dämmerung, stiegen mir wiederum allerlei Grillen in den Kopf, die mir diesen Handel je länger je bedenklicher machten. Ich erwog, was für eine langsame und mühselige Schlepperei dies abzugeben drohte, wie kurz in dieser Jahreszeit die Tage, und wie es gleichwohl, wenn wir nach Norwegen herein wollten, unumgänglich erforderlich sein werde, schon zur frühesten Morgenzeit nahe am Lande zu sein, um nicht unser eigenes Schiff den Klippen preiszugeben, die sich meilenweit längs der Küste in dichter und starrer Saat hinziehen. Überdem war auf den Bestand von Wind und Wetter keinen Augenblick zu rechnen, und so schien es am geratensten, ein Unternehmen lieber freiwillig aufzugeben, welches, selbst im glücklichsten Falle, ein unangemessenes Zeitversäumnis erforderte, leicht aber auch mich gegen meinen Reeder und Befrachter einer schweren Verantwortlichkeit bloßstellen konnte.

Ich eröffnete beim Wechsel der Wache dem Steuermanne auch diese meine veränderte Ansicht samt ihren Gründen und beschloß nun, mit ihm gemeinschaftlich das Schlepptau sofort wieder abzulösen und das Wrack seinem Schicksale zu überlassen. Noch während der Ablösung fiel es mir indes bei, daß es doch wohl recht und billig wäre, uns für unsere vergebliche Mühe und Zeitverlust durch irgend etwas, das uns nützen könnte und hier doch nur den Wellen schmählich preisgegeben war, schadlos zu halten. Mir fielen die Anker, welche noch alle unversehrt am Buge hingen, ins Auge. Ich befahl demnach, unser Tau in den größten derselben einzuknüpfen, die Leinen und Reepe, die es hielten, zu kappen und es fallen zu lassen, damit es jenseits von unserem Schiffe wieder emporgewunden werden könnte.

Dies geschah; wir stiegen in unser Boot zurück und ließen das Wrack treiben, ohne daß es uns möglich gewesen wäre, weitere Kundschaft einzuziehen. Nur so viel hatten wir bemerkt, daß es ein großes holländisches Flütschiff war, hinten den Namen »Dambord« und auch ein angemaltes Damenbrett im Spiegel führte. Einige Tage später trafen wir auf einen Holländer, der nach dem Texel wollte und dem ich zurief, daß ich in der und der Gegend ein Schiff seiner Nation als ein Wrack treibend gesehen, welches den Namen Dambord führte. Er möge solches, wenn er nach Amsterdam käme, an der Börse bekannt machen.

hne ferneres denkwürdiges Begebnis langten wir in der Hälfte des Januars 1783 glücklich zu Lissabon wieder an und ankerten zufällig neben einer amerikanischen Fregatte von vierundvierzig Kanonen, deren Kapitän mir einige Tage später gesprächsweise als ein Deutscher, namens Johann Ollhof, genannt wurde. Wundersam fiel dieser Name mir auf, da ich mich erinnerte, im Jahre 1764 einen Matrosen Johann Ollhof im Dienste gehabt zu haben, der mir in Amsterdam, mit meinem guten Willen, entlief, und von dem ich seitdem nie wieder gehört hatte. Wie sich das damals begab, mag mir mit wenigen Worten zu erzählen erlaubt sein.

Ich war zu jener Zeit im Begriff, mit meinem Schiffe von Amsterdam wieder nach der Heimat zurückzukehren, als der gedachte Mensch, der ein sehr guter Junge und vom Treptower Deep gebürtig war, an einem Samstag zu mir in die Kajüte trat und mich bei Himmel und Erde beschwor, ihn hier freizulassen; denn wenn er wieder in seine Heimat müsse, erwarte ihn der leidige blaue Rock und dann sei er zeitlebens eine unglückliche und verlorene Kreatur. – »Hört, Johann,« war meine Antwort, »ich mag Euer Unglück nicht, will aber übrigens von dem, was Ihr tut oder nicht tut, nichts wissen.« – Er verstand mich und erwähnte noch seiner Monatsgage von einundzwanzig Gulden, die er bei mir gut habe. – »Nun,« unterbrach ich ihn, »morgen ist ja Sonntag, wo wohl einige von unseren Leuten werden an Land gehen und auch Geld fordern wollen. Dann läßt sich weiter davon sprechen.«

Der Sonntagmorgen kam, mit ihm drei meiner Matrosen, denen auch Johann sich angeschlossen hatte, um sich Urlaub zum Erlustieren und auch Geld dazu von mir zu erbitten. Ich entließ sie mit der Ermahnung, keine Händel anzufangen und bei guter Zeit sich wieder am Borde einzustellen. Jeder erhielt ein paar Gulden; doch als Johann seinen vollen Lohn forderte, stellte ich mich zum Scheine befremdet, bis er mir erklärte, daß er seinen Geschwistern daheim allerlei Geschenke zugedacht habe, die er dafür einzukaufen gedenke. Allein am Abend kamen zwar die übrigen alle, nur mein Johann Ollhof nicht zum Vorschein. Natürlich gab ich mir auch keine sonderliche Mühe, seiner wieder habhaft zu werden, und so blieb er seinem guten oder bösen Geschicke überlassen.

Jetzt, da ich mich eben im Gewühle der Lissaboner Börse befand, hörte ich einen Kaufmann laut nach dem »Kapitän Johann Ollhof« rufen, den ich selbst in dem dichten Haufen nicht gewahr zu werden vermochte. Doch sah ich gleich darauf eine Figur nach jenem sich hinwenden, in welcher ich mit freudigem Erschrecken trotz der glänzenden Uniform, des Degens und der Schärpe augenblicklich meinen ehemaligen Deserteur erkannte. Wie hätte ich mich enthalten können, mit rascher Bewegung und der Frage auf ihn zuzutreten: »Ist's möglich? Johann Ollhof, seid Ihr es?« – Verwundert sah er mir scharf ins Gesicht, erkannte mich im nächsten Moment nicht minder und fiel mir mit dem Freudenruf um den Hals: »Kapitän Nettelbeck – *Sie* finde ich hier wieder?«

Nun gab es unzählige Fragen, die mir seine mancherlei Glücks-
wechsel und sein schnelles Steigen im Seedienste der jungen Republik
erklärten. Er drang in mich, am Nachmittage zu ihm an Bord zu
kommen, wohin er mich abholen lassen wolle. Dagegen bestand ich
darauf, daß es ihm, dem jüngeren, wohl geziemen würde, mir den
ersten Besuch zu machen. Auch hätte ich ein Schiff unter den Füßen,
auf welchem ich mich nicht schämen dürfte, einen so lieben Gast zu
empfangen. Er gab mir recht und versprach, bei mir zu erscheinen.

In der Tat legte seine Schaluppe, mit zwölf ausgeputzten Rude-
rern, zur bestimmten Zeit an meine Seite, und er kam, von einigen
seiner Offiziere begleitet, zu mir an Bord, wo das Verdeck zum Teil
mit in der Ausladung begriffenen Eisenstangen angefüllt lag, wie
denn überhaupt mein Schiff ein wenig tief ging. Kaum angekommen,
machte er hierüber seine Bemerkung und rief: »Mein Gott, Freund,
wie können Sie doch Ihr Leben auf so einem Kasten wagen?« – Ich
will nicht leugnen, daß dieser Hochmut mich ein wenig verdroß und
daß ich mein Schiff nicht verachten lassen wollte. Darum versetzte
ich: »Johann Ollhof, mir deucht, daß Ihr, solange Ihr noch ein Preuße
hießet, wohl nie das Glück gehabt, auf einem solchen Schiffe, wie
dieses, zu fahren.«

Er nahm es hin; ich aber, obwohl ich es in der stattlichen Aufnahme meiner Gäste an nichts ermangeln ließ, fühlte mich doch ver-
stimmt. Ja, selbst als er beim Abschiede freundlich bat, seinen Besuch
aufs baldigste zu erwidern, brach der innere Groll unaufhaltsam hervor in dem Geständnisse: »Ich bin nicht gut auf Euch zu sprechen,
Kapitän! denn Ihr habt mir mein Schiff verachtet.« – Demungeachtet
wiederholte er seine Einladung nur um so herzlicher, und bat
zugleich um Verzeihung wegen seiner unschuldigen Äußerung: allein
Herz und Sinn hatten sich bei mir von ihm abgekehrt; ich konnte mich
nicht entschließen, zu ihm an Bord zu gehen, und habe ihn auch nicht
wiedergesehen.

berdem gab es bald allerlei Verdrießlichkeiten, die meinen Sinn auf andere Dinge lenkten. Gerade damals lag eine starke englische Kriegsflotte im Tajo; ich aber hatte drei englische Matrosen im Dienste, welche am Lande mit ihren Landsleuten von jener Flotte häufig zusammenkamen und sich ohne Zweifel durch deren gute und bequeme Lage verleiten ließen. Denn eines Tages traten sie unerwartet zu mir in die Kajüte mit der Erklärung, daß sie es vorzögen, unter ihren Landsleuten auf der Flotte zu dienen, daher sie ihre Entlassung von meinem Schiffe, aber auch ihre rückständige Löhnung (für jeden wohl über sechzig Taler) forderten.

»Kinderchen,« erwiderte ich ihnen – »ihr steht alleweile auf einem preußischen Schiffe und in preußischem Dienste; seid also auch vorderhand nicht Engländer, sondern Preußen. Daß ich euch eure Löhnung auszahle, oder gar, daß ich euch frank und frei gebe, daran ist gar nicht zu denken.« – Freilich mochten sie sich durch diesen Bescheid nicht sonderlich befriedigt fühlen; und so geschah es denn wohl auf ihren Betrieb, daß wenige Tage nachher ein Offizier von der britischen Flotte an meinem Borde erschien, mit dem Auftrage von seinem Admiral, die augenblickliche Auslieferung von drei geborenen englischen Untertanen von mir zu verlangen, die sich, wie er erfahren habe, auf meinem Schiffe befänden, und deren völlige Entschädigung für den bisherigen Dienst zugleich erfolgen müsse.

Ich beobachtete bei diesem sonderbaren Vortrage ein ruhiges Schweigen; ließ aber in der Stille die preußische Flagge über unsern Köpfen aufziehen, die ich meinem Gaste zeigte, indem ich hinzufügte: »Sehen Sie, mein Herr, unter *dieser* Flagge stehen jene drei Leute in Dienst; und ich kenne kein Gesetz, das mich verpflichtete, sie hier in einem fremden Hafen, daraus zu entlassen. Jede weitere Prozedur des Herrn Admirals werde ich erwarten.«

Eine Zitation vor das portugiesische Seegericht ging bald darauf an mich ein, um meine Sache, im Beisein des Admirals, der gleichfalls erscheinen würde, zu verantworten. Jetzt ward also der Handel ernsthaft, und ich hielt es für geraten, zu unserm Preußischen Gesandten, dem Herrn von Heidecamp, zu gehen, dem ich die Lage der Dinge vortrug, und um Verhaltungsmaßregeln bei ihm nachsuchte. Sein Ausspruch war: daß, falls ich nicht gutwillig wollte, niemand mich zwingen könnte, die Leute freizugeben; noch weniger, ihnen ihre Löhnung auszuzahlen, welche nach Recht und Gesetz dann erst fällig sei, wann mein Schiff wieder einen preußischen Hafen erreicht habe. Zugleich unterrichtete er mich genau, wie ich mich vor Gericht zu verhalten hätte, und fügte hinzu, für alles übrige sollte ich ihn sorgen lassen, indem er gesonnen sei, bei dem Termine gleichfalls in Person zu erscheinen.

Dies geschah nun gleich am nächsten Tage. Wir fanden den englischen Admiral mit zwei Flottenkapitäns bereits vor, und er eröffnete die Verhandlung durch das bestimmte Begehren, die drei britischen Untertanen in seinen Dienst ausgeliefert zu erhalten. Meine verweigernde Antwort stützte sich auf die Gründe, welche ich schon angeführt habe. Ja ich war so keck, gegen ihn zu bemerken: Ohne Zweifel befänden sich auf seiner Flotte viele geborene preußische Untertanen, gleichwohl stände noch dahin, ob er sich für verpflichtet halten würde, diese auf mein Verlangen ihres Dienstes zu entlassen?

»Topp!« rief er feurig aus – »ich gebe drei Preußen von meiner Flotte in die Stelle der drei Engländer!« – »Ein Erbieten,« entgegnete ich, »das aller Ehren wert ist, wenn ich nur hoffen dürfte, anstatt der tüchtigen Leute, die mir abgefordert werden, etwas Besseres als den Ausschuß der ganzen Flotte zurückzuempfangen; und mit dem ist mir nicht geholfen.« – Sofort auch nahm der Gesandte das Wort; und da ich sah, daß der Handel anfing, zu einer Ehrensache zwischen ihm und dem Admiral auszuschlagen, so konnte ich den ferneren lebhaften Wortwechsel mit Seelenruhe anhören, bis zuletzt das Gericht die Matrosen schuldig erkannte, auf meinem Schiffe zu verbleiben, bis sie in den nächsten preußischen Hafen abgelöhnt werden könnten.

So war nun zwar dieser Strauß glücklich und mit Ehren ausgefochten; allein einige Tage nachher erfolgte, was ebensosehr zu erwarten, als schwer zu verhindern war. – Diese drei Kerle machten sich heimlich aus dem Staube und gingen auf die Flotte zu ihren Landsleuten über, ohne auf ihre im Stiche gelassenen Monatsgelder zu achten. Mochten sie laufen! Ich konnte ihrer entraten!

o wie ich nun meine Ladung in diesem Hafen löschte, entstand auch die Verlegenheit, in dieser ungünstigen Jahreszeit (es war mitten im Winter) nicht sofort wieder eine vorteilhafte Fracht zu finden. Nach Süden, ins mittelländische Meer, durfte ich mich aus Mangel an Türkenpässen, nicht wagen, und in der Nord- und Ostsee hatte der Frost die Schiffahrt geschlossen. Ich mußte also, bis in den Monat März, die Hände notgedrungen in den Schoß legen und, da mir auch dann noch keine Fracht nach meinem Sinne angeboten wurde, mich entschließen, eine Ladung Salz für eigene Rechnung zu kaufen und nach der Ostsee zu verführen.

Hiermit war ich noch beschäftigt, als sich ein Sturm aus Westen erhob, der mehrere Schiffe, und unter diesen auch ein unbeladenes portugiesisches Schiff, welches uns einige hundert Klafter weit über dem Winde lag, von den Ankern trieb. Dies letztere rückte dem meinigen gerade auf den Hals, und da es so gut als ganz sich selbst überlassen war, (denn nur zwei Jungen befanden sich am Borde), so hatten wir Mühe, es nur so weit abzulenken, daß es endlich uns zur Seite zu liegen kam. Gleichwohl war bei dem anhaltenden Unwetter nicht zu verhindern, daß es unaufhörlich gegen unsern Bug stieß und drängte, wodurch bei mir die gerechte Besorgnis entstand, daß beide Schiffe davon großen Schaden nehmen könnten, wenn jenes nicht bald seine Stellung veränderte und unter Windes von uns gebracht würde.

Dies stellte ich meinem Schiffsvolke vor, und wir beschlossen alsogleich Hand an ein so nötiges Werk zu legen. Indem wir aber hierzu insgesamt an den portugiesischen Bord hinübersprangen, ergriff jene beiden Jungen, die von unserer Absicht nichts wußten, ein Todesschrecken. Sie erhoben ein Geschrei aus voller Kehle, welches auch nicht ermangelte, ihre Landsleute von fünf oder sechs der nächstgelegenen Fahrzeuge im Hui! auf ihr Verdeck herbeizulocken. Dies Gesindel nahm sich nicht die Zeit, uns anzuhören oder sich mit uns zu verständigen, sondern augenblicklich galt es ein wildes Zuschlagen auf uns mit Knitteln, Handspaten und Bootshaken, so daß wir genötigt waren, auf unser Schiff zurückzuflüchten.

Doch auch hiermit nicht zufrieden, verfolgten uns unsere übermächtigen Gegner auf unser eigenes Verdeck und trieben uns, je länger je mehr, in die Enge. Mein Steuermann erhielt einen Schlag, daß er zu Boden stürzte und ich nicht anders glaubte, als daß ihm der Rest gegeben worden. Ich selbst mußte mein Heil in der verriegelten Kajüte suchen, so wie meine Leute genötigt waren, sich im Raume zu bergen und in ihrem Roof zu verschließen, um nicht ferneren Gewalttätigkeiten ausgesetzt zu sein. Endlich stieß nun zwar die wilde Rotte wieder nach ihren Schiffen ab: aber der Portugiese blieb zu meiner Seite liegen und fuhr fort, die ganze Nacht hindurch sich gegen mein Schiff abzuarbeiten und an der Verkleidung desselben zu reiben.

Die Folgen zeigten sich gleich morgens an ihm selbst, indem ganze Planken in Stücken von seiner Seite hinwegtrieben, der Fockmast aber über Bord gefallen war, und das ganze Gebäude, wie ein zerschelltes Wrack, sich seitwärts neigte. Allein auch ich selbst bemerkte an dem meinigen mehrere Beschädigungen, die mir um so mehr Galle ins Blut trieben, je leichter sich dies alles hätte vermeiden lassen, wenn das Recht und die Vernunft nicht der verstandlosen Gewalt hätten weichen müssen.

Höher noch stieg freilich diese Galle, als einige Stunden später der portugiesische Kapitän des Schiffes zu mir an Bord kam. Es fand sich, daß ich ihn einigermaßen kannte, indem er verschiedentlich mit mir im Kontor meines Korrespondenten, Herrn Bulkeley, zusammengetroffen war und an dessen Tische gespeist hatte. Sein Name war Sylva. Pochend fuhr er auf mich ein, ihm für den an seinem Schiffe erlittenen Schaden gerecht zu werden; und nur mit Mühe mäßigte ich mich zu der gelassenen Antwort: daß, wenn er es mit der gehörigen Mannschaft besetzt gehalten, Schaden und Unglück entweder nicht stattgefunden haben, oder doch geringer ausgefallen sein würden. Er war aber nicht in der Verfassung, Vernunft anzunehmen, sondern fuhr drohend und scheltend wieder an Land.

Kaum aber waren ein paar Stunden verlaufen, so ließ er sich abermals bei mir blicken, und war diesmal von einer Art Gerichtsperson oder Notarius begleitet, der mir einen langen schriftlichen Aufsatz von anderthalb Bogen vorlegte, mit dem Ansinnen, daß ich meinen Namen unterzeichnen möchte. – »Unter eine Schrift in einer Sprache, die ich nicht verstehe?« gab ich zur Antwort. – »Mit nichten, meine

Herren! Geht damit, wenn es euch beliebt, zum Preußischen Konsul. Dort werde ich mich gleichfalls finden lassen.«

In der Tat war sofort mein nächster Gang zu diesem Konsul, namens Schuhmacher, gerichtet, um ihn von dem unangenehmen Vorfalle vollständig zu unterrichten und mich mit ihm zu beraten. Sein Gutachten fiel dahin aus, daß ich nachmittags mit meinem Schiffsvolke vor ihm erscheinen sollte, um in Gegenwart eines Notarius über den wahren Verlauf der Sache eidlich vernommen zu werden. Auf dem Rückwege stieß ich auf meinen Korrespondenten Bulkeley, und nachdem ich in dessen Kontor getreten, benachrichtigte er mich, daß soeben Kapitän Sylva ihm über das bewußte Ereignis eine schriftliche Erklärung vorgelegt, die er auch unbedenklich mit meiner Namensunterschrift versehen habe.

»Wie?« rief ich, hoch verwundert – »unterschrieben mit *meinem* Namen? *Unterschrieben* ohne mein Wissen und Einwilligung? – Von diesem Augenblicke an, Herr, hören Sie auf, mein Korrespondent zu sein, und bevor ich meinen Fuß aus Ihrem Hause setze, fordere ich, daß Sie mir den Abschluß meiner Rechnung vorlegen.« – Er zauderte, ich aber erklärte ihm so bestimmt, ich würde ohne Abrechnung nicht vom Platze weichen, daß er sich endlich meinem Verlangen fügen mußte.

Es war notwendig, den Konsul augenblicklich von diesem Schurkenstreiche in Kenntnis zu setzen. Wie vollkommen aber sein Betragen diesen Namen verdiente, entwickelte sich erst nachher, da es an Tag kam, daß dieser nämliche Bulkeley Reeder des Schiffes war, welches Kapitän Sylva führte. – »Ruhig, mein Freund!« tröstete mich der Konsul. – »Treffen Sie nur schleunige Anstalt zur gerichtlichen Vernehmung Ihrer Leute, und lassen Sie mich dann für das übrige sorgen.« – Jenes ward auch gleich am nächsten Morgen mit allen Förmlichkeiten bewerkstelligt; und während ich das Original dieser Erklärung in des Konsuls Hände niederlegte, versäumte ich nicht, durch den Notarius eine beglaubigte Abschrift ausfertigen zu lassen, die ich für mich selbst zurückbehielt.

Noch erklärte ich meinem wackeren Beschützer meine Absicht, binnen zwei oder drei Tagen die Anker zur Abfahrt zu lichten, daß ich aber von meinem Widersacher jede Art von Schikane und also auch wohl eine Beschlagnahme meines Schiffes bis zu ausgemachter Sache erwarten müßte. »Dann«, erwiderte er, »bin *ich* es, der Kaution für Sie leistet, und wenn Sie abgesegelt sind, den Prozeß für Sie führt.« – So getröstet nahm ich nun in aller Gemächlichkeit den Rest meiner Salzladung ein, und ging des dritten Tags darauf unter Segel, ohne daß es auch einem Menschen nur einfiel, mir etwas in den Weg zu legen.

In die Stelle der entlaufenen drei Engländer, die mir zu meiner vollen Bemannung fehlten, glückte mir's noch am Tage vor meiner Abreise, zwei schwedische Matrosen ähnlichen Schlags zu erhalten, daneben aber auch noch einen dienstlosen Engländer auszukundschaften, den ich in seiner Schlafstelle aufsuchte und für meinen Dienst annahm. Freilich mußte ich ihn bei seinem Wirte erst mit einem vollen Monatsgehalte auslösen; doch gerade darauf mochte der Kerl spekuliert haben, denn kaum war er mit mir auf der Straße, so versuchte er, mir wieder zu entlaufen, so daß ich hinter ihm drein schreien mußte, bis er von anderen Leuten festgehalten wurde, ich mich seiner versichern und ihn in meine naheliegende Schaluppe bringen lassen konnte.

Es war begreiflich, daß der Mensch sich unter diesen Umständen auf meinem Schiffe wohl nicht sonderlich gefallen mochte. Das bewies er auch am nächsten Morgen, wo wir in See gehen wollten, indem er sich der Länge nach aufs Verdeck streckte, nicht arbeiten mochte und krank zu sein vorgab.

ls wir zum Tajo herausgekommen waren, machten wir die unangenehme Entdeckung, daß unser Schiff viel Wasser einließ. Anfangs meinten wir, daß, da wir so lange ledig gelegen und hohen Bord gehabt, die Fugen mancher Planken durch die Sonnenhitze voneinander getrocknet sein möchten, und daß diese Nähte unter Wasser bald wieder zuquellen würden. Allein der Leck nahm so überhand, daß wir das Schiff bald mit beiden Pumpen kaum über Wasser halten konnten. Zudem stand der Wind vom Lande, und es war also unmöglich, wieder in den Hafen zurückzusteuern.

In dieser Not lag uns alles daran, den schadhaften Fleck auszufinden, um ihn zu stopfen. Man weiß, wie klar und durchsichtig die Gewässer des atlantischen Ozeans in dieser Gegend sind, und daß man darum ziemlich deutlich auch in eine größere Tiefe sehen kann. Da fand ich denn endlich, daß an der Seite, und ungefähr vier bis fünf Fuß tief unter Wasser die Späne von der äußeren Haut abstanden. – Also wohl unstreitig ein Andenken an unser Zusammenstoßen mit jenem portugiesischen Schiffe und die Ursache unseres immer bedenklicher werdenden Lecks!

Je unmöglicher es war, daß wir unser Schiff mit den Pumpen so über See tragen konnten, desto unerläßlicher mußte ein Pflaster über die wunde Stelle befestigt werden. Ich ließ sogleich eine Zitronenkiste zerschlagen, zerschnitt meine Bettdecke, teerte und talgte sowohl diese als jenen Kistenboden an beiden Seiten, heftete beide mit kleinen Nägeln aneinander, bohrte am Rande acht oder zehn Löcher, steckte in jedes derselben einen größeren Nagel, den ich, damit er nicht herausfiele, mit etwas Werg umwickelt hatte, und sann nun darauf, wie dies Pflaster an die rechte Stelle zu bringen wäre.

Es gab kein anderes Mittel, als daß einer von meinen Leuten sich entschlösse, sich rittlings auf dem vierarmigen Bootsanker zu befestigen und unter Wasser bis zu dem Leck hinabzulassen, das präparierte Brett auf den zerstoßenen Fleck zu passen und mit dem an die Hand gebundenen Hammer schnell, ehe ihm der Atem entginge, festzuklopfen. Ich schlug dies der Mannschaft vor, allein keiner hatte Lust zu dieser Wasserfahrt. Ich bot dem, der es wagen würde, eine Monatsgage, niemand meldete sich, sie zu verdienen. Ich stellte ihnen aufs nachdrücklichste vor, daß, wenn sie dies kleine Wagnis so sehr scheuten, wir ja doch ohne Barmherzigkeit alle ersaufen müßten. Ich bat, ich flehte, ich schalt und drohte, aber die feigen Seelen sahen mich verdutzt an und blieben bei ihrem Kopfschütteln.

»Nun denn,« sagte ich endlich, »so will ich selbst der Mann sein, der sein Leben für euch *H...r* in die Schanze schlägt!« – Dieser Entschluß entstand auch um so weniger aus Prahlerei, da ich als junger Bursche mit meinen Spielkameraden das Schwimmen und Untertauchen fleißig geübt hatte und oftmals unter dem Wasser geblieben war, bis die Bestehenden langsam dreißig zählten. Hoffentlich hatte ich diese kleine Kunst in den drei Dutzend Jahren nicht ganz wieder verlernt, und sollte ich denn *doch* ertrinken, so konnte mir die Art und Weise wohl ziemlich gleich gelten.

So nahm ich also getrost meinen Platz auf dem Bootsanker, dessen Tau meine Leute oben in die Hände fassen und mich daran in die bezeichnete Tiefe hinablassen mußten. Nach meiner Anweisung sollten sie von dem Augenblicke an, wo ich mit dem Munde unter Wasser käme, sekundenmäßig zu zählen anfangen und mich, wenn sie bis fünfundzwanzig gekommen wären, hurtig wieder emporziehen. Ich meinesteils hastete mich soviel ich vermochte; zwei bis drei tüchtige Schläge auf jeden Nagelkopf, und das Brett saß an der rechten Stelle fest; während der Zug des Wassers nach innen das übrige tat, die Fasern der Decke in die offenen Fugen dicht einzusaugen. Kurz, ich war fertig, aber die droben dachten noch immer an kein Hinaufziehen. Endlich nach einigen Sekunden brachten sie mich wieder an Gottes freie Luft, und so war das Abenteuer glücklich bestanden!

Nun kam es darauf an, zu erfahren, was wir damit gewonnen hatten. Wir eilten an die Pumpen, die nunmehr das eingedrungene Wasser bemeisterten und sichtbar verminderten. Der Leck hatte wirklich so abgenommen, daß wir uns getrauen durften, mit einer Pumpe die See zu halten. Wunderbar aber blieb unsere Rettung nicht minder, als wenn, wie mir ein Beispiel bekannt geworden, ein ähnlicher Leck durch eine, in die offene Fuge eingeklemmte Flunder gestopft ward; oder wenn ein Schiffer von meiner Bekanntschaft im Danziger Neufahrwasser den seinigen nur dadurch unschädlich machte, daß er vorbedächtig längs den Seiten des Schiff eine Menge Torf-Mull ins Wasser schütten ließ, welches sich durch den unmerklichen Wasserzug in alle Ritzen und Spalten der Planken festsetzte.

Als wir in den Kanal gelangten, stießen wir auf ein englisches Kriegsschiff, welches meine Schiffspapiere zu sehen verlangte. Ich erwiderte, daß ich zur Vorzeigung an meinem eigenen Borde bereit wäre. So kam denn ein Offizier zu mir herüber; doch während er in der Kajüte die geforderte Untersuchung anstellte, machte sich mein oben erwähnter englischer Matrose an seine Landsleute in der Schaluppe, und in welchem Sinne er mit ihnen gesprochen, ergab sich, als ich meinen Gast aus der Kajüte zurückbegleitete, da jene Engländer ihrem Leutnant meinen Matrosen vorstellten, der wider seinen Willen hier zurückgehalten würde, Lust hätte, auf jenem englischen Schiffe zu dienen.

»Den Menschen nehm' ich auf der Stelle mit,« wandte sich der Offizier an mich, »Ihr habt kein Recht an ihn.« – »Nun,« war meine Antwort, »so will ich doch sehen, wer mir in offener See auch nur meinen schlechtesten Kajütenjungen, wider meinen Willen, wegnehmen soll. Dazu fehlt es Ihnen an Fug und Recht.« – Doch der Matrose hatte nicht für gut gefunden, das Ende unseres Wortwechsels abzuwarten, sondern war bereits in die Schaluppe gesprungen. Ich bedachte mich keinen Augenblick, ihm dahin nachzufolgen, und war darüber her, ihn, wie sehr er sich auch sträubte, an Bord zurückzuziehen, bis auch der Leutnant herabkam und verlangte, daß ich die Schaluppe verlassen sollte.

Natürlich weigerte ich mich, und selbst als er drohte, daß er abstoßen und nach seinem Schiffe fahren werde, versicherte ich, daß ich gesonnen sei, *ohne* meinen Matrosen nicht vom Flecke zu weichen. Schleppe er mich dann aber nach dem Kriegsschiffe hinüber, so bliebe das meinige und alles, was demselben begegnen könne, auf *seine* Gefahr und Verantwortung. Indes setzten sie wirklich mit der Schaluppe ab, und ich behielt kaum die Zeit, meinem Steuermanne zuzurufen, daß er sich, solange ich nicht wieder an Bord käme, in der Nähe des Kriegsschiffes halten möchte.

Sobald wir auf diesem angekommen und der Handel dem Kapitän vorgetragen war, erklärte dieser, der Kerl sei ein Brite und er werde ihn auf seinem Schiffe behalten. »Dann, mein Herr,« entgegnete ich ihm, »mögen Sie auch *mich* hier behalten, denn ich bleibe, wo mein Matrose ist, und mein Schiff dort schwimmt oder sinkt von diesem Augenblicke an auf Ihr Risiko. Tun Sie nun, was Ihnen beliebt! Totschlagen können Sie mich nicht vor so vielen Augen, und alles übrige werde ich erwarten.«

Diese Festigkeit schien den Kapitän doch einigermaßen stutzig zu machen. Er ging mit einigen Offizieren abseits in die Kajüte – wahrscheinlich, um sich mit ihnen näher zu beraten; dann aber, als sie wieder zum Vorschein kamen, stieß der eine und andere von ihnen meinem aufsätzigen Matrosen in die Zähne und in die Rippen, und so wieder in die Schaluppe hinein, worauf ich ungenötigt folgte und mit meinem Ausreißer wieder an mein Schiff gebracht wurde. Damit jedoch diesem sein Frevel nicht ganz ungestraft hinginge, ward ich mit meinem Steuermanne einig, ihn mit Händen und Füßen an die große Spille festzubinden und so sein Gat durch jeden von unseren Leuten mittels eines Endchens Tau mit einer Anzahl wohlgemessener Hiebe heimsuchen zu lassen. Die Kur schien auch für die fortgesetzte Reise nicht ohne gute Wirkung zu bleiben.

Seitdem wir die Küsten von Dover und Calais aus dem Gesichte verloren und abwechselnde, aber meist stürmische Winde uns elf Tage lang in der Nordsee umhergeworfen hatten, während welcher wir weder Jütland noch Norwegen oder sonst ein Land erblickten, wagten wir es dennoch, im guten Glauben an unsere geführte Schiffsrechnung und einige angestellte astronomische Beobachtungen, uns mit dem Senkblei in der Hand um die gefährliche Spitze von Skagerrak ins Kattegat hineinzutasten. Es glückte; aber gerade hier überfiel uns nunmehr auch ein schrecklicher Sturm aus Norden, der so hart in unser dicht eingerefftes Fock- und Vormarssegel blies, daß bald die Fetzen davon in den Lüften umherflogen.

Nach diesem Verluste wollte sich unser Schiff nicht mehr vor dem Winde steuern lassen, sondern ward unter den Wind gedreht. Es sollte eine andere neue Focke untergeschlagen werden, allein das Schiff arbeitete und schlenkerte in der brausenden, kochenden See voll blinder Klippen so gewaltig, und der Sturm hielt mit soviel Ungestüm an, daß wir alle kaum die Augen aufschlagen konnten. Das neue Focksegel ward zwar aus der Segelkammer hervorgezogen und an die Rahe geschlagen; allein sowie diese in die Höhe ging, peitschte auch jenes mit seinen Zipfeln dergestalt um sich, daß es in den nächsten Augenblicken ebenfalls in Lappen davongeführt wurde. Ich schrie, ich bat, ich fluchte meinem Volke entgegen, das oben auf den Masten saß, die Fäuste wie brave Kerle zu rühren und das Segel unter die Rahe zu bringen. Endlich stieg ich selbst in die Höhe und überzeugte mich, daß es schlechterdings unmöglich sei.

In diesem Augenblicke ward geschrien: »Brandung leewärts!« Das war die Minute der Entscheidung! Denn da das Schiff dem Ruder nicht mehr folgen mochte, so ward hier alle Kunst des Steuerns zu schanden! Wir wurden mit sehenden Augen in unseren Untergang hineingetrieben und standen nach wenigen Augenblicken auf einem Steinfelsen fest. Sogleich auch stürzte die stürmende See in furchtbaren Wogen über unser Schiff hinweg, daß der Schaum bis hoch an die Mastkörbe emporspritzte, indes jenes durch die gewaltigen Stöße am Boden durchlöchert wurde und voll Wasser lief. So war denn an ein Wiederabkommen von dieser Klippe und an Rettung des Schiffes gar nicht mehr zu denken!

Dieses Unglück traf uns am 11. Mai, abends um neun Uhr. Auf dem Verdecke konnten wir uns, der überflutenden Brandung wegen, nicht mehr halten, sondern waren alsogleich sämtlich auf die Masten geflüchtet. Ich selbst und sechs Mann hingen oben am Besanmast, während die übrigen acht Mann den großen Mast erklettert hatten. Ein Wunder wäre es wohl nicht gewesen, wenn wir alle die Besinnung verloren hätten, indes blieb mir doch soviel Gegenwart des Geistes, daß ich unsere Lage richtig ins Auge fassen und den einzig möglichen Ausweg zu unserer Rettung gewahr werden konnte. Ich stellte demnach meinen Unglücksgefährten vor, wie unser Heil darauf beruhe, daß wir unsere Schaluppe in unsere Gewalt bekämen. Einige von ihnen, die die rüstigsten wären, sollten sich ein Herz fassen, herniederzusteigen und die Taue, woran dieselbe auf dem Verdecke festgebunden stehe, zu zerhauen, nachdem sie ein oder mehrere längere Taue daran festgeknüpft haben würden, deren Enden wir übrigen oben am Maste sicher zu halten gedächten. Bräche dann gleich das Schiff und die Schaluppe würde über Bord gespült, so könnte sie uns dennoch von den Wellen nicht entführt werden; oder möchte sie sich auch voll Wasser gefüllt, oder gar das Unterste nach oben sich gekehrt haben, so würden wir sie gleichwohl nahe zu uns heranziehen, ausschöpfen und zu unserer möglichen Bergung instandsetzen können.

Durch diese Vorstellungen gewonnen, kletterten auch sofort drei wackere Kerle hinab, lösten die Schaluppe vom Verdecke ab und jeder von ihnen versah sie hinwiederum mit seinem dazu mitgenommenen Taue, deren entgegengesetzte Enden sie glücklich wieder zu uns in die Höhe brachten. Nun aber dauerte es kaum noch eine Stunde, als eine ungewöhnlich hohe Sturzwelle über das Verdeck hinschlug, das Fahrzeug weit mit sich hinaus über Bord schleuderte, den Boden nach oben umkehrte, aber die Gegenkraft der Angst, womit wir, koste es was es wolle, die Taue festhielten, nicht zu überwältigen vermochte.

Um elf Uhr brach, wie wir längst gefürchtet hatten, unser Schiff in der Mitte auseinander; der Fock- und große Mast stürzten über Bord – letzterer jedoch in einer so glücklichen Richtung, daß er auf das Hinterteil zufiel und dergestalt dicht neben uns hinstreifte, so daß die an demselben klebenden acht Menschen zu uns heranklettern konnten. So war denn die volle Mannschaft von vierzehn Köpfen hinten bei mir auf dem Besanmaste beisammen. Durch das Bersten des Schiffsrumpfes aber hatte sich das Hinterteil, worauf wir uns befanden, dergestalt gelöst, daß es in eine starke Bewegung geriet und mit jeder Sturzwelle wechselsweise bald sich seitwärts weit aufs Wasser legte, bald wieder in die Höhe hob. Man mag daraus ermessen, wie übel uns dabei oben auf dem schwanken Maste zumute geworden!

In dieser höchsten Not schien denn kein längeres Zaudern ratsam. Wir zogen die Schaluppe an ihren Tauen näher zu uns heran, kehrten sie nicht ohne große Mühe wieder um, hoben sie mit ihrem Vorderteile soweit in die Höhe, daß ein Teil des Wassers, womit sie gefüllt war, sich daraus verlief, und nachdem wir, sowie wir der Reihe nach hineinstiegen, den Rest mit unseren Hüten vollends hinausgeschöpft, schnitten wir endlich alle Taue, die uns noch am Schiffswrack festhielten, in Gottesnamen los und kamen glücklich aus dem Labyrinthe voll brandender Klippen in offenes Wasser zu treiben, während wir die vier in der Schaluppe festgebundenen Ruder zur Hand genommen und uns dadurch instandgesetzt hatten, notdürftig vor dem Winde zu steuern.

Oft zwar füllten ungestüme Schlagwellen unser Fahrzeug fast bis zum Sinken mit Wasser an, doch waren wir unermüdet und auch zahlreich genug, es augenblicklich mit unseren Hüten wieder hinauszuschaffen, zwar stets unseren Tod dicht vor Augen sehend, aber auch einmütig entschlossen, unsere letzte angestrengte Kraft zu seiner Abwehr aufzubieten. So trieben wir demnach von ein Uhr nachts bis zum Vormittag des 12. Mai, wohin Wind und Wellen wollten, bis wir endlich die Insel Anholt vor uns zu Gesicht bekamen und hier an der Ostspitze, unweit des Feuerturmes, wiewohl mit neuer Lebensgefahr, gegen ein Uhr nachmittags auf den Strand setzten.

Mein erstes war, mich in den trockenen Ufersand auf die Knie zu werfen und dem Barmherzigen droben mit heißglühender Seele für die wunderbare Erhaltung des Lebens zu danken. Dann aber stiegen freilich auch trübe Gedanken bei mir auf. Mein schönes gutes Schiff war verloren! Wäre mir ein Freund gestorben, so hätte mir sein Verlust nicht näher gehen können.

Doch wie manches ging in dieser unglücklichen Nacht mit meinem Schiffe verloren! Zwar mein Reeder war gedeckt. Ich hatte den Auftrag von ihm, so oft ich aus einem Hafen abging, das Schiff durch Besorgung des Hauses Joh. Dav. Klefecker in Hamburg, assekurieren zu lassen. Es war demnach auch jetzt für eine Summe von zwanzigtausend Talern oder vierzigtausend Mark Hamburger Banko versichert. Da nun dieses Schiff mit vollem Zubehör neu nur zweiundzwanzigtausend Taler gekostet hatte, die Ladung Seesalz aber nur einen Wert von tausendfünfhundert Talern hatte, so ließ sich wohl absehen, daß der Verlust des Schiffes ihm keinen wesentlichen Schaden zuführen würde.

Anders aber war die Sache für mich selbst, und ich durfte wohl gestehen, daß dieser Schiffbruch mein eigenes, eben wieder aufkeimendes Glück völlig vernichtete. Meinen Erwerb an festem Gehalt als Schiffer hatte ich stets bei meinem Patron stehen lassen und dieser war mir nun allerdings unverloren; allein ein Schiffskapitän hat, auf vollkommen rechtmäßiger Weise, noch so mancherlei Gelegenheit zu allerlei Nebenverdiensten; ihm kommen Kajütenfracht und Kapplacken [Gratifikation vom Empfänger der Ladung] zugute, und nicht leicht verläßt er einen Hafen, ohne zugleich auch auf irgendeinen kleinen Handel zu seinem Privatvorteile spekuliert zu haben, der um so besser einschlagen kann, da er Frachtgelder und Assekuranzprämien daran erspart. Alle diese kleinen Ersparnisse hatte ich immer wieder aufs neue in Waren angelegt, und so war nach und nach mein Privatverkehr zu dem Umfange gediehen, daß ich diesmal beinahe den Wert von elftausend Gulden an Bord führte. Alles dies ging nun mit dem Schiffe unwiederbringlich zugrunde! Ich hatte mir's alle diese Jahre ganz vergeblich sauer werden lassen!

Als wir genauer um uns sahen, erblickten wir auf der Landspitze neben dem Feuerturme ein einzelnes Haus, auf welches wir zuschritten und darin den Feuerinspektor, seine Frau und zwei zur Unterhaltung des Feuers erforderliche Knechte vorfanden. Erschöpft von soviel Anstrengungen und niedergedrückt von Sorge und Kummer, sank ich gleich nach der ersten Begrüßung auf ein dastehendes Bett und verfiel in ein halbwaches Hinbrüten, aus welchem ich mich mehrere Stunden lang nicht zu ermuntern vermochte. Gleichwohl hörte ich es während dieses fieberhaften Zustandes wie im Traume mit an, daß die Wirtsleute sich mit meinem Volke über unsere Umstände unterhielten, daß dabei erwähnt wurde, unser Schiff habe nach Stettin zu Hause gehört, und daß darauf die Hausfrau sich als meine Landsmännin bezeichnete.

Ihre dadurch geweckte nähere Teilnahme gab sie mir kund, indem sie mit gebratenem Geflügel an mein Bett trat und mich einlud, davon zu genießen. »Wie?« rief ich, mich ermunternd – »Federwild auf dieser Insel, wo kein Strauch, kein Grashalm, sondern nur der nackte Flugsand sich zeigt? Das ist doch wunderbar!« – Bei weitem nicht so sehr, als ich glaubte, ward mir zur Antwort. Auf den Abend sollte mir das Rätsel gelöst werden, wie sie imstande wären, in den Wintermonaten ganze Körbe voll Geflügel nach Kopenhagen zu schicken.

Aber auch das Rätsel unserer Landsmannschaft bat ich die gefällige Frau, mir zu erklären, und so erfuhr ich, daß sie in Berlin geboren, in ihrem vierzehnten Jahre nach Kopenhagen bei der Silberdienerei auf dem Schlosse in Dienst gekommen und dann mit dem königlichen Silberdiener verheiratet worden sei, als dieser durch Anstellung zum Feuerinspektor auf Anholt seine lebenslängliche Versorgung erhalten habe.

Abends, als das Feuer auf dem Leuchtturme angezündet worden, sah ich nun freilich, wie von Zeit zu Zeit, von dem hellen Scheine angelockt, zahlreiche Schwärme von Vögeln aller Art herbeiflogen und, von dem Feuer geblendet, diesem so naheflatterten, daß sie, an

Flügeln und Federn versengt, zu Boden fielen und mit Händen gegriffen werden konnten.

Nachdem wir uns hier zwei Tage lang von unseren erlittenen schweren Mühseligkeiten bei diesen freundlichen Gastgebern erholt, aber sie auch beinahe rein ausgezehrt hatten, wofür ich ihnen eine angemessene Anweisung nach Kopenhagen ausstellte, ward es freilich wohl hohe Zeit, unseren Stab weiterzusetzen. Auf dem östlichen Ende der Insel, wo sie am breitesten ist, lag noch das einzige hier vorhandene Fischerdörfchen von etwa fünfzehn Hütten, dem ein Schulze, hier Drost genannt, vorstand. An diesen hatte ich bereits tags zuvor geschrieben, daß wir als Schiffbrüchige auf seinen obrigkeitlichen Beistand zu unserem weiteren Fortkommen rechneten. Ich würde zu einer bestimmten Zeit mit einem Gefolge von vierzehn Köpfen bei ihm erscheinen und eine bereitgehaltene tüchtige Mahlzeit, ein Fahrzeug zur Überfahrt nach Helsingör und ausreichenden Proviant für drei Tage – alles gegen Bezahlung – vorzufinden erwarten.

Statt dessen wurden wir von diesem Manne mit einer so abschreckenden Kälte empfangen und für alle unsere Bedürfnisse war so wenig irgend einige Sorge getragen, daß es mir sehr verzeihlich erschien, wenn wir zuvörderst auf gut soldatisch seinen wohlgefüllten Speiseschrank in Requisition setzten, seiner Rauch- und Brotkammer für den uns nötigen Seeproviant zusprachen und endlich das größte unter den am Strande liegenden Fischerbooten zu unserer Reise in Beschlag nahmen und mit den vorgefundenen Gerätschaften zutakelten – alles das im Beisein sowohl des bestürzten Drosten, der seine gelieferten Lebensmittel selbst schätzen mußte und dafür schriftliche Anweisung empfing, als des Booteigentümers, der, gern oder ungern, mit uns an Bord ging, um uns nach Helsingör zu führen und dort seine Bezahlung zu empfangen. Dieser war es denn auch, der uns unterwegs gestand, uns sei das Gerücht vorausgegangen, daß wir eine Bande Seeräuber wären, die nicht das Kind im Mutterleibe verschonten.

Am 18. Mai erreichten wir Helsingör, wo ich, um die Zahlung der Assekuranz zu sichern, sofort darauf bedacht war, im Gefolge meiner geborgenen Mannschaft vor Gericht eine eidliche Erklärung über die Umstände des Unglücks niederschreiben zu lassen. Meine Leute empfingen ihre Löhnung, und so ging alles nach allen Himmelsgegenden auseinander, – freilich, wie wir gingen und standen, denn von dem Schiffe hatten wir keine Faser gerettet. Ich selbst mußte

mich, bevor ich von Helsingör abreiste, von Haupt zu Fuß neu beklei-
den, wenn ich mich vor Leuten wollte sehen lassen können.

Ich würde mir's nicht verzeihen können, wenn ich hierbei mit
Stillschweigen überginge, was mir mit einer Jüdin begegnete, in deren
Trödelbude ich ein neues Hemd zu kaufen im Begriff stand. Den ge-
forderten Preis aufzählend, beantwortete ich ihr zugleich einige Fra-
gen, welche ihre Neugier an mich richtete, durch Hindeutung auf
meinen neulichen Schiffbruch, aus welchem ich nicht einmal meine
Kopfbedeckung gerettet hätte. Meine Erzählung lockte ihr Tränen ins
Auge, sie schlug die Hände zusammen und rief: »So soll mich doch
Gott bewahren, daß ich Geld von Ihnen für das Hemd nähme!« – Ver-
gebens versicherte ich ihr, daß es, nun ich erst am Lande wäre, keine
Not mit mir habe; sie steckte mir das zusammengeraffte Geld in die
Hand und das Hemd in den Busen, und als ich jenes dennoch auf den
Ladentisch legte und mit Dank meines Weges ging, lief sie mir nach,
um es mir wieder aufzunötigen, so daß ich sie endlich bitten mußte,
auf der Straße kein Aufsehen zu erregen, und mit einem gerührten
Händedrucke von ihr schied.

un ging ich baldmöglichst als Passagier mit ei-
nem Schiffe nach Stettin, um meinem Patron Rede zu stehen. Wir
rechneten miteinander ab; ich empfing meine rückständigen Gelder
und begab mich nach Kolberg, um über mein weiteres Tun zu einem
Entschlusse zu kommen. Es wurden mir verschiedene Schiffe zur
Führung angeboten, allein die nächsten Jahre nach dem amerikanischen Kriege waren für Handel und Schiffahrt so ungünstig, daß unsereiner bei seinem Handwerke ferner weder Ehre einlegen, noch
seinen Vorteil absehen konnte. So gab ich denn, in Erwägung, daß die
bessere Halbschied meines Lebens bereits hinter mir liege, das ganze
Seewesen auf und war darauf bedacht, mich in meiner lieben Vater-

stadt auf eine stille, bürgerliche Nahrung mit Bierbrauen und Branntweinbrennen, wie es mein Vater seither getrieben hatte, einzurichten.

Nach dreiviertel Jahren etwa, als ich allen Seegedanken längst
entsagt hatte, auch mein werter Freund und Patron Groß bereits mit
Tod abgegangen war, kam mir ein Schreiben von dessen Schwieger-
sohne und Nachfolger, Herrn Boneß, zu, das mich auf einmal wieder
in die alten Sorgen zurückstürzte. Er meldete mir, es sei von Lissabon
ein Wechsel auf beinahe dreitausend Taler eingelaufen, als Ersatz-
summe für das Schiff des Kapitäns Sylva, welches ich übersegelt und
zugrunde gerichtet haben sollte, daher ich doch hierüber nähere Auskunft mitteilen möchte.

Man kann leicht denken, wie ich erstaunte, daß man jenem Vorfalle auf dem Tajo eine solche Wendung zu geben gedachte. Das Vor-
geben mit der Übersegelung war eine offenbare grobe Erdichtung.
Hatte das portugiesische Schiff Schaden genommen oder war es endlich darüber zugrunde gegangen, so mochte der Kapitän lediglich
seine eigene Nachlässigkeit und seinen Mangel an Aufsicht anklagen;
und sollte von einem Schadenersatze die Rede sein, so wäre ich, auf
den jenes Schiff zugetrieben kam, während ich selbst ruhig vor Anker
lag, solchen zu fordern ungleich mehr berechtigt gewesen. Dieserwegen berief ich mich auf die gerichtliche Aussage meiner Mannschaft,
wovon das Original in den Händen des preußischen Konsuls zurückgeblieben, während meine mitgenommene beglaubigte Abschrift mit
meinem verunglückten Schiffe leider ein Raub der Wellen geworden
war.

Aber nicht zufrieden, dies mit der nötigen Ausführlichkeit zu-
rückberichtet zu haben, reiste ich selbst nach Stettin, um jede noch
etwa mangelnde Auskunft zu erteilen. Der Wechsel ward demnach
mit Protest zurückgesandt und wir hielten den Sturm für abgeschla-
gen. In der Tat veränderte man nun auch in Lissabon die Art des An-
griffes, denn nach Verlauf eines halben Jahres lief von dort eine Aufforderung an den Magistrat in Kolberg ein, mich, den Schiffer Nettelbeck, in dieser Sache zu einer Entschädigung von dreitausend und
einigen hundert Talern obrigkeitlich anzuhalten. Da diese Summe
nach portugiesischem Gelde in Rees ausgedrückt war, deren dreihundert auf einen preußischen Taler gehen, so paradierte demnach in
jener Eingabe eine Forderung von beinahe einer Million Rees, welche
das Publikum meiner guten Vaterstadt treuherzig mit ebensoviel Talern verwechselte und nun billig die Hände über den Köpfen zusam-

menschlug, daß der Nettelbeck tausendmal mehr schuldig sei, als er Haare auf dem Kopfe habe!

Es versteht sich wohl, daß ich bei meiner gerichtlichen Vernehmung die nämlichen Gründe geltend machte, welche ich bereits Herrn Boneß an die Hand gegeben hatte. Damit aber noch nicht befriedigt, reiste ich abermals nach Stettin, um ihm wiederholt zu raten, daß er sich nach Lissabon an den Preußischen Gesandten wenden und die dort niedergelegte eidliche Erklärung einziehen lassen möchte, um den Prozeß auf diesem festen und sicheren Grund zu führen.

Den Prozeß aber leiteten nunmehr die Lissaboner bei dem Seegerichte zu Stettin ein; der Spruch fiel dahin aus, daß wir Beklagte zur Bezahlung eines Schadens *nicht* anzuhalten wären. Es ward von dieser Sentenz an die Königliche Kriegs- und Domänenkammer appelliert, welche sie jedoch in zweiter Instanz bestätigte. Auch hiermit begnügten sich unsere Gegner nicht, sondern gingen an die dritte Instanz, in das Revisorium. Endlich, nach einem halben Jahre, schickte mir Herr Boneß den Revisionsspruch zu, der dahin lautete: Die Reeder des Stettiner Schiffes hätten den Schaden zu vergüten, übrigens aber wiederum Regreß an ihren Schiffer zu nehmen.

Wie mich ein so unerwarteter Ausgang dieses Prozesses in Erstaunen, Unwillen und gerechten Ärger setzen mußte, ist leicht zu begreifen. Herrn Boneß verbarg ich meine Empfindlichkeit nicht, daß er verabsäumt hatte, die sprechendsten Beweismittel herbeizuschaffen, und daß ich allein nunmehr, wie es schiene, unter dieser Vernachlässigung leiden sollte. Aus meinen Papieren könne ich dartun, daß ich seinem Schwiegervater mit diesem Schiffe reine einundvierzigtausend Taler verdient hätte, und so möge denn sein Billigkeitsgefühl entscheiden, ob und welche Ansprüche er noch ferner an mich zu machen gedenke? – zumal da mein Gewissen mich von aller Schuld in jener Sache lossprecher. Müßte es jedoch zwischen uns zu einem Prozesse hierüber kommen, so würde ich mich zu verantworten wissen.

Bei alledem war mir aber nicht gar wohl zumute. Ich ward endlich schlüssig, mich nach Lissabon zu begeben und dem Dokumente, auf welchem hier alles beruhte, an Ort und Stelle nachzuforschen. Vorläufig aber gab ich dem Makler Brödermann in Hamburg, den ich kannte, den Auftrag, sich bei den zuletzt von Lissabon eingekommenen Schiffern nach Leben und Tod des dortigen Preußischen Gesandten und Konsuls genau zu erkundigen und mir zugleich auf einem etwa binnen Monatsfrist dahin abgehenden Schiffe einen Platz als Passagier zu bestellen.

Mein braver Patron Groß hatte außer dem Kaufmann Boneß noch drei andere Schwiegersöhne, sämtlich Schiffer, als Erben seines bedeutenden Vermögens hinterlassen. Diese alle kannten mich seit langen Jahren und hatten mir stets Beweise ihrer Zuneigung und Achtung gegeben. An diese nun wandte ich mich jetzt schriftlich und ersuchte sie um eine bestimmte Erklärung, ob die Großschen Erben gesonnen wären, einen Prozeß gegen mich anzustrengen? Solchenfalls aber möchten sie damit nicht säumen, indem ich auf dem Sprunge stände, nach Lissabon zu gehen und mir neue und hinreichende Beweismittel zu verschaffen.

Die Ehrenmänner gaben mir zur Antwort: sie kennten mich und glaubten mir aufs Wort, daß ich eine gerechte Sache hätte und Bulkeley so gut als Sylva ein paar Schurken wären. Ich möchte die Lissaboner Reise nur unterlassen, indem sämtliche Großsche Erben unter sich übereingekommen wären, jeden Prozeß und Anforderung gegen einen Mann aufzugeben, der ihrem Hause so tätig und redlich gedient und ihm so ansehnliche Summen erworben habe.

So mag sich denn nun hier die Geschichte meiner Seereisen und Abenteuer schließen. Wohl aber mag ich auch sagen: »Gott hat große Dinge an mir getan, der Name des Herrn sei gelobet!«

un bin ich denn also aus einem Seemanne ein Landmann und ehrsamer Kolbergischer Pfahlbürger geworden, und was einem solchen begegnen kann, ist nicht so abwechselnd und ausgezeichnet, daß es eine ausführlichere Erzählung verdiente. Sind in der Folge meines Lebens Verhältnisse eingetreten, wo mein Name für einige Augenblicke aus der Dunkelheit hervorgetreten zu sein scheint, wozu Natur und Schicksal mich wohl eigentlich bestimmt hatten, so fühle ich doch gar wohl, wie wenig es gerade *mir* geziemen würde, über diese Periode und über mich selbst zu sprechen, wo das, was mir Schuldigkeit und Bürgerpflicht zu tun geboten, leicht als Prahlerei erscheinen könnte.

Findet sonst irgend jemand – sei er Freund oder Feind – Neigung und Beruf, von mir zu schreiben, so sage er, was Wahrheit ist. Mir selbst genügt an dem Bewußtsein, für mein Vaterland, für meinen König und für jeden Menschen getan zu haben, was die schwachen Kräfte eines einzelnen vermochten. Wäre ein wenigeres geschehen, so würde ich mir's zum Vorwurf rechnen. Meinen heimlichen Feinden muß ich gestatten, im stillen über mich zu richten und mich zu verurteilen. Öffentlich aber werden sie schwerlich gegen mich auftreten, um meine Ehre anzutasten, die ich bis zu meinem letzten Atemzuge darein setzen werde, ein Verehrer meines Königs, ein getreuer Untertan, ein dankbarer Sohn meiner geliebten Vaterstadt, ein exemplarischer Bürger, der Freund meiner Freunde und im großen wie im kleinen ein ehrlicher Mann zu sein.

Dritter Teil

as ich früher, als ich am Schlusse des zweiten
Teiles meiner Lebensgeschichte die Feder niederlegte, weder gedacht
noch gewollt, soll dennoch Wirklichkeit werden – ich soll sie wieder
aufnehmen, um dem freundlichen Leser auch noch diejenigen Le-
bensereignisse mitzuteilen, die mir nach meinem fünfundvierzigsten
Jahre zugestoßen sind. So wünschen und verlangen es so manche,
denen ich für ihre Liebe gern dankbar werden möchte – dankbar aber
vornehmlich auch meinem Schöpfer, welcher mir bis hierher Leben,
Kraft und Gesundheit schenkt und mich vielleicht nur *dazu* noch
gebrauchen will, da ich doch sonst der Welt wohl nur wenig mehr
nützen kann. Mein Bedenken, von den neueren Zeiten und von meinem eignen kleinen Anteil an den Welthändeln zu reden, ist auch
nicht mehr das nämliche wie vormals: denn einmal kennt mich nun
der Leser schon genug, um zu wissen, daß mir's nirgends um die Person, sondern immer nur um die Sache zu tun ist, und wird mir also
auch nicht leicht Ruhmredigkeit vorwerfen, wo ich nur der Wahrheit
die Ehre gebe; und dann fürs andre könnte es hier und da doch auch
wohl zutreffen, daß etwas zu Nutz, Lehre und Warnung jetziger und
künftiger Zeiten mit unterliefe. Hauptsächlich aber drängt es mich,
einem Manne, obwohl er meiner zu seinem Lobe nicht bedarf, weil
ihn die Welt, sein Herz und seine Taten genugsam preisen, – dem
Manne, der in der Nacht der Trübsal über meiner Vaterstadt zuerst
wie ein schöner leuchtender Stern des Heils aufgegangen ist – die
schuldige Anerkennung widerfahren zu lassen. Nein, ich will ihn
nicht loben: aber meine getreue Erzählung selbst soll sein Lob sein!

279

Von der See hatte ich meinen Abschied genommen; hatte mich auf ihr und in der Fremde genugsam herumgetummelt, um mir die Hörner abzulaufen, und hielt es nunmehr für das Gescheiteste, mich an eine stille bürgerliche Nahrung zu halten, wie es mein Vater und meine Vorväter auch getan hatten: denn der bisherige Hang zum Seeleben war eigentlich nur mit dem *mütterlichen Blute* auf mich gekommen, und es schien ganz gut und recht, mich wieder zur *väterlichen Weise* zu wenden. Da nun auch mein ererbtes Häuschen ganz zum Betrieb von Bierbrauen und Branntweinbrennen eingerichtet war und mir diese Hantierung sowohl zusagte, als auch ein ehrliches Auskommen versprach, so bedachte ich mich nicht lange, sie gleichfalls zu ergreifen; habe auch manche liebe Jahre hindurch mein leidliches Auskommen dabei gefunden. Ich ward also Kolberger Bürger, hatte meinen besonderen Verkehr mit den Landleuten umher und rührte mich tüchtig, um das, was ich ergriffen hatte, nun auch ganz und aus einem Stücke zu sein.

Aber es mochte doch wohl sein, daß es entweder mit dem »Hörner-Ablaufen« noch nicht seine volle Richtigkeit hatte, oder daß sonst noch für meine dreiviertel Schock Jahre zu viel Regsamkeit und Eifer in mir war, oder endlich lag es und liegt noch zu tief in meiner Natur, daß ich keine Unbilde – treffe sie mich oder andre – statuieren kann: – genug, ich lief mit dem einen wie mit dem andern oft genug an; und ohne daß ich es wollte und wünschte, mag es auf diese Weise leicht gekommen sein, daß meine lieben Mitbürger, die es meist gemächlicher angehen ließen, mich mitunter für einen unruhigen Kopf verschrieen, und dem es in Guinea unter der Linie vielleicht gar ein wenig zu warm unterm Hute geworden. Von dem allem muß ich einige Pröbchen beibringen, die es beweisen mögen, daß ich noch immer der alte Nettelbeck war.

Erst also von meinem Unbedacht! – Der See mit genauer Not entronnen, dachte ich, daß es nun mit dem Ersaufen weiter keine Not haben sollte; und doch war ich auch als Landratte ein paarmal nahe daran, einen nassen und elenden Tod durch eigne Schuld zu finden.

s war im Dezember 1784, als mich einst mein Gewerbe nach Henkenhagen, einem Dorfe, dritthalb Meilen von Kolberg, führte. Ich war zu Pferd und nahm den Weg dahin längs dem Strande, als dem ebensten und gelegensten. Schon verdrießlich, daß mein Knecht den Gaul nicht nach meinem Sinne gestriegelt, und da dieser bei meinem scharfen Ritt unter dem Bauche heftig schäumte und schmutzig aussah, vermeinte ich beidem abzuhelfen, wenn ich ein Eckchen in die See ritt, um ihn von den Wellen abspülen zu lassen. Es war windiges Wetter und das Meer stürmisch. Sowie indes die nächste Welle zurücktrat, ritt ich ihr trockenen Fußes nach und ließ sie wieder heranrollen, und ritt danach wieder ein Eckchen und meinte nun genug zu haben.

Nun aber kam unversehens eine höhere Sturzwelle, die sich dicht vor meinem Pferde donnernd und schäumend brach. Es wurde davon scheu, bäumte und wandte sich, so daß nun eine neue Woge nicht nur über unsern Köpfen zusammenschlug, sondern auch, da sie uns von der Seite faßte, uns mit Gewalt zu Boden warf. Ich hielt mich gleichwohl fest in Sattel und Bügeln. Als jedoch die See nach wenigen Augenblicken wieder zurücktrat, richtete sich das Pferd mit mir empor, bis abermals eine Welle uns heimsuchte, die es dergestalt blendete, daß es, anstatt dem Zügel zu folgen und nach dem Strande umzukehren, vielmehr seeeinwärts kollerte und bald auch den Grund unter seinen Füßen verlor. Während wir nun schwimmend mehr unter als über dem Wasser krabbelten, ward mir doch der Handel endlich bedenklich. Ich suchte die Füße aus den Steigbügeln loszubekommen, warf mich vom Pferde herab und schwamm dem Lande zu, das ich auch glücklich erreichte. Doch Hut und Perücke waren verloren gegangen.

Den ersteren sah ich noch in der Ferne treiben. Rasch warf ich den Rock vom Leibe und watete und schwamm ihm nach, bis ich ihn glücklich erreicht hatte. Abermals im Trockenen, schaute ich nun auch nach meinem Gaule um, der es mir glücklich nachgetan, aber, wild und scheu geworden, im vollen Sprunge landeinwärts lief. Ich eilte ihm nach und sah bald von den hohen Sanddünen herab, daß einige Leute bereits damit beschäftigt waren, ihn einzufangen. Als ich nun endlich herankam und sie mir mein Tier überlieferten, stand ich da, völlig durchnäßt, den Hut auf dem kahlen Kopfe (ein kurzgeschorener Schädel aber war damals etwas Lächerliches) und bedachte bei mir selbst, was weiter zu tun sei? Doch ich meinte, ich sei ja wohl öfter schon naß gewesen, warf mich aufs Pferd und trabte, als sei nichts geschehen, nach Henkenhagen zu.

Indes muß ich doch ziemlich verstört ausgesehen haben, denn alle Leute, die mir begegneten, sperrten die Augen auf und fragten, was mir begegnet sei? Ich dagegen hielt mich mit keiner langen Antwort auf, bis ich das Dorf erreichte; aber als ich nun vom Pferde steigen wollte, fühlte ich mich von Nässe und Kälte so erstarrt, daß ich mich nicht zu regen vermochte. Ob nun das, was ich tat, das Gescheiteste war, weiß ich nicht; aber anstatt den nächsten warmen Ofen zu suchen, machte ich mit meinem Gaule auf der Stelle rechtsum kehrt und sprengte im gestreckten Galopp nach Kolberg heim, wo ich mein Abenteuer mit einer achttägigen Unpäßlichkeit bezahlte, ohne jedoch dadurch klüger zu werden.

Denn noch in dem nämlichen Winter versuchte ich es fast noch halsbrechender, indem ich in einem zweispännigen Jagdschlitten über Land fuhr. Es gab ein dichtes Schneegestöber, so daß man nur wenige Schritte deutlich sehen konnte. Bei der Mühle zu Simötzel hatte ich einen stark angeschwollenen Bach zu passieren, wo jetzt überdem in der gewöhnlichen Furt viele zusammengetriebene Eisschollen zu erwarten waren. Dies zu vermeiden, ließ ich meinen Knecht absteigen, um sich umzusehen, ob etwa oberhalb der Mühle eine Brücke vorhanden sei. Er rief mir zu, daß er eine solche gefunden, und ich hieß ihm dicht vor den Pferden voranschreiten, um mir als Wegweiser zu dienen. So folgte ich dem Menschen gedankenlos zu einem Übergange, der nicht eine Brücke, sondern ein Steg ohne Geländer war, aus zwei nebeneinandergelegten Balken bestand, die höchstens achtundzwanzig Zoll in der Breite betragen mochten. In der Länge aber hielten sie leicht sechsunddreißig bis vierzig Fuß, und das Gewässer rauschte ungestüm darunter hindurch.

Mitten auf dieser wunderlichen Passage, indem sich die Pferde (wie sie nicht anders konnten) heftig drängten, stürzte das eine rechts hinab in die Strömung. Es war ein Glück, sowohl daß der Schlitten dabei quer auf die Balken zu stehen kam, als daß bei dem Sturz des Tieres sämtliche Stränge rissen; noch ein größeres aber, daß gerade der Mühlbursche zufällig neben dem Mühlwehr stand, der augenblicks die Schleuse niederließ und dadurch das reißende Gewässer zum Stehen brachte. Nun wurde der Schlitten samt mir und dem noch angeschirrten Pferde mit Not und Mühe von den Balken herabgebracht, während das andre sich im Wasser wälzende endlich auch das Ufer gewann.

Nun stand alles, was in der Mühle war, um mich her und fragte, wie ich so unsinnig habe sein können, mich und mein Leben mit einem solchen Zweigespann auf zwei elende Balken zu wagen? Da war nun wenig darauf zu antworten, als daß ich durch das Schneetreiben am Sehen verhindert und, mich auf meinen Führer verlassend, die Gefahr nicht eher inne geworden, bevor ich mitten drinnen gesteckt. Hinterdrein bei ruhigerem Nachdenken habe ich aber nur zuviel Grund zu dem Argwohn gefunden, daß der heillose Bube mich wohl absichtlich dahin gelockt haben könne, um mir mit guter Manier den Garaus zu machen; denn wenige Tage später entlief er aus meinem Dienste, und es fand sich, daß er mich beträchtlich bestohlen hatte.

3u einer andern Zeit saß ich in voller Gemütsruhe daheim vor meinem Rasierspiegel mit dem Messer in der Hand, als der Kämmereidiener, ein aufgeblasener wüster Mensch, zu mir eintrat und mit lallender Zunge etwas daherstotterte, was ich nicht verstand, was aber wohl ein obrigkeitlicher Auftrag an mich sein sollte. Indem ich ihn verwundert und schweigend darauf ansah, aber sofort merkte, daß er sich einen derben Rausch getrunken, mochte er sich durch diesen meinen prüfenden Blick beleidigt fühlen, und stieß einige Grobheiten aus, die ich dadurch erwiderte, daß ich die Zimmertür öffnete und meinen torkelnden Urian bat, sich beliebigst hinauszutrollen. Dem aber schwoll der Kamm noch mehr; es kam zu unnützen Redensarten, und da ich damals noch in meinem Tun und Lassen ziemlich kurz angebunden zu sein pflegte, so machte ich auch hier nicht viel Federlesens, sondern packte ihn mit derber Seemannsfaust am Kragen und schob ihn bei seinem Sträuben etwas unsäuberlich auf die Gasse hinaus. Mag auch wohl sein, daß er dabei, denn mit dem Piedestal war's ohnehin unrichtig, auf die Plastersteine zu liegen kam und sich den Mund blutig fiel, während ich mir nichts dir nichts an mein unterbrochenes Geschäft zurückkehrte.

Nun aber war auch sofort Feuer im Dache. Ich hatte einen ganzen wohledlen Magistrat in seinem Diener beleidigt, und eine solche Ungebührlichkeit konnte nicht ungeahndet bleiben! Mochte ich vielleicht ohnedem schon nicht wohl angeschrieben stehen, so war dies nun ein neuer Frevel, wo die ganze obrigkeitliche Autorität mit ins Spiel zu kommen schien und einmal ein Exempel statuiert werden mußte! Gleich des andern Tages also bekam ich eine Vorladung vom Magistrat, am nächsten Morgen im Rathause zu erscheinen.

Inzwischen hatte es der Zufall gefügt, daß bei einem Gange durch die Stadt meine Augen auf das Mauerwerk der Kupferschmiedsbrücke fielen, wo ich wahrnahm, daß beide Stirnmauern, auf welchen das Gebälke der Brücke ruhte, in sehr schadhaftem Zustande und die eine derselben sogar zum Teil niedergeschossen sei; so daß durch das nächste, etwas schwere Fuhrwerk, das hinüberpassierte, leicht ein Unglück entstehen könnte. Dies hatte ich auch sofort nach Bürgerpflicht dem Stadtdirigenten, Landrat Selert, angezeigt, der sich von der vorhandenen Gefahr überzeugte und die Brücke sperren ließ. Daneben hatte ich ihm vorgeschlagen, daß es zur Erneuerung des Gemäuers keines kostspieligen Gerüstes bedürfte, wenn man nur einen Bagger-Prahm von der Münde herbeischaffte und unter die Brücke brächte. Er billigte das, und ich hatte den Prahm auch wirklich herbeigeholt und unter der Brücke befestigt. Die Maurer aber waren seitdem darauf mit ihrer Arbeit beschäftigt.

Indem ich nun auf dem Wege nach dem Rathause war, um meine Strafsentenz zu empfangen, sah ich schon aus der Ferne, daß das Wasser im Persantestrom durch einen hartstürmenden Nordwind hoch aufgestaut war, und als ich zur Brücke gelangte, fand ich es dort in solcher Höhe angeschwollen, daß der Prahm bis dicht unter die Balken der Brücke emporgehoben worden und jeden Augenblick zu befürchten war, er möchte die ganze Brücke abtragen und davonführen, wenn er nicht ungesäumt unter ihr weggebracht werden könnte. Im Weitergehen ging ich mit meinen Gedanken zu Rate, auf welche Art hier wohl zu helfen sein möchte, wiewohl doch mein stiller Groll, je näher ich dem Rathause kam, mir je mehr und mehr zuflüsterte: »Du bist ja doch wohl ein rechter Tor, dich mit solcherlei Anschlägen zu plagen! Hast du doch von all deinem Besttun nichts als Ärger zum Lohn.«

Als ich in die Ratsstube eintrat, war mein Verkläger schon vorhanden, etwas nüchterner zwar als vorgestern, aber auch nur um so fertiger mit dem Maul; zumal da er bald wahrnahm, daß die Herren ihm den Rücken steiften, indem sie mir mit etwas unhöflichen Vorwürfen das, was ich getan, als eine Verachtung der Obrigkeit auslegten. Ich dagegen führte meine Sache nach der Wahrheit; es wurde hin und her gestritten, und der Herr Sekretarius hatte seine volle Arbeit mit Protokollieren ... Siehe! Da flog unversehens die Tür auf, und mit Schrecknis im Angesichte kam der Stadtzimmermeister Kannegießer hereingestürzt und rief: »Meine Herren, es wird ein großes Unglück geschehen. – Die Brücke wird samt dem Prahm davongehen. Ich bin nicht mehr imstande gewesen, ihn darunter hervorzubringen, und noch steigt das Wasser mit jeder Minute. Kommen Sie selbst, Herr Landrat, und überzeugen sich, daß das Unglück nicht mehr abzuwenden ist.«

Beide eilten hinaus, und mit dem Protokoll hatte es einstweilen einigen Stillstand. Da wandte sich denn der zweite Bürgermeister, Roloff, an mich und sagte: »Nettelbeck, Sie pflegen ja sonst wohl in manchen Dingen guten Rat zu wissen, zumal wo es in Ihr eigentliches Element einschlägt, wie hier. Sagen Sie doch – was ist dabei zu tun?«

»Ich meine, dem ist bald abgeholfen,« war meine kurze Antwort. – »Man bohrt ein Loch in den Prahm und läßt ihn soweit voll Wasser laufen, bis er sich hinlänglich gesenkt hat, um wieder unter der Brücke hervorzugleiten.«

Kaum waren diese Worte ausgesprochen, so riß der Bürgermeister hastig das Fenster auf und schrie den Weggehenden drunten zu, augenblicklich zurückzukehren. Und indem sie eintraten, hub er an: »Nettelbeck schlägt soeben ein gutes Mittel vor, die Brücke zu retten.« – Ich aber wandte mich zu dem Zimmermeister: »Nehm' Er einen zweizölligen Böttcherbohrer und bohr' Er damit ein Loch in den Boden des Prahms, dann wird so viel Wasser hineinlaufen, daß dieser sich um einen oder ein paar Fuß senkt und Spielraum genug gewinnt, unter der Brücke durchzuleiten. Damit er aber bei seiner Last von Kalk, Lehm und Mauersteinen nicht gar auf den Grund versinke, so muß das Loch auch zu rechter Zeit wieder verstopft werden können, und dazu wird man sich im voraus mit einem langen, hölzernen Pfropf zu versehen haben.«

Eh' ich noch geendet, rief der Zimmermeister mit flammenden Augen: »Das geht! Wahrhaftig, das geht! – Herr Landrat, bleiben Sie in Gottes Namen hier, nun soll dem Dinge bald geholfen sein.«

Jetzt gab es um den Ratstisch her abermals eine Stille bevor mein Protokoll wieder beginnen wollte; dann aber stand der Bürgermeister Roloff von seinem Stuhle auf, sah all die Ratsherren nach der Reihe an und sagte: »Meine Herren – Den Mann sollten wir strafen? – Was meinen Sie?« – Alles still, bis auch der Landrat aufstand und sich zu meinem Widerpart wandte: »Ein andermal, guter Freund, wenn Magistratssachen an Bürger zu bestellen sind, gescheh' es nüchtern, mit Vernunft und mit Bescheidenheit. Die Sache ist hiermit abgetan, und Sie, Herr Nettelbeck, gehen in Gottes Namen und mit unserm Dank nach Hause.«

iederum und nicht lange danach begab sich's, daß kurz vor der Weihnachtszeit ein Glöckner in der Stadt vermißt wurde, nachdem er – vielleicht etwas angetrunken – auf die Lauenburger Vorstadt geschickt worden, um als Kirchendiener fällige Landmiete einzufordern. Zwar hatte er gegen die Abendzeit den Heimweg wieder angetreten, aber wo er zuletzt geblieben, war auf keine Weise zu ermitteln. Endlich, am Nachmittag des heiligen Abends vor Weihnachten, erscholl das Gerücht, der arme Mensch liege unweit der zweiten kleinen Brücke, tot im Wallgraben, mitten im Rohr, wohinab er von dem steilen, mit Glatteis überzogenen Walle gepurzelt sein mochte.

Voll Mitleids lief ich hinzu und fand bereits die Brücke mit unzähligen Menschen aus allen Ständen besetzt, welche alle nach dem Ertrunkenen hingafften, ohne irgend eine hilfreiche Hand anzulegen. »Aber, liebe Leute,« – wandte ich mich an einige nächststehende Bürger – »warum wird der Leichnam nicht herausgeschafft? Wir wollen da nicht lange säumen – kommt und helft mir!« – Allein sie verzogen die Mäuler, murmelten etwas, das so klang, als wollten sie sich damit nicht »unehrlich« machen und dem Henkersknechte vorgreifen, und einer nach dem andern zog sich sachte von mir ab. Weil ich nun sah, daß auf einem andern Fleck Landrat und Bürgermeister und wer sonst noch vom Rate beisammenstanden, trat ich an sie heran und bat, daß sie's doch möglich machten, den toten Körper aus dem Wasser zu ziehen. – »Mein Gott!« versetzte der Landrat, »es will's ja keiner!« – »Gut, so will ich's,« war meine Antwort. – »Ich allein aber schaffe nichts. Meine Herren, gebe Einer von Ihnen ein gutes Beispiel und helfe mir.« – Ich sah einen nach dem andern darauf an, aber meine Rede dünkte ihnen spöttisch und sie kehrten mir den Rücken. – Nun wurde ich warm und griff einen geistlichen Herrn, den die Neugierde auch herbeigeführt hatte, am Rockärmel: »Topp, Herr! Wenn *keiner* will und ein fühlbares Herz hat, so machen *wir* beide uns getrost ans Werk!« – »Ich? ich?« stotterte er – »mein Gott, dazu bin ich nicht imstande« – und somit riß er sich von mir los und entfernte sich eiligst.

Mir aber lief endlich auch die Galle über. Ich schickte ihnen allen einen derben Seemannsfluch nach und begab mich in grollendem Unmute nach Hause.

Kaum ein paar Stunden darauf erfuhr ich durch meinen Sohn, daß endlich den beiden Bettelvögten von Magistrats wegen befohlen worden, den Ertrunkenen aus dem Graben zu holen. Weil aber die Stelle bei fortwährendem Glatteise wirklich einigermaßen gefährlich und es alte steife Kerle waren, so fiel das Experiment so unglücklich aus, daß der eine gleichfalls kopfüber neben dem Glöckner ins Wasser stürzte und auf der Stelle ersoff. Das war im Angesichte von mehr als hundert Menschen geschehen, deren keiner einen Finger rührte, das neue Unglück zu verhüten oder wieder gut zu machen.

Nun ließ mich's noch weniger ruhen als vorher. Ich eilte dem Platze zu, mitten in das Gedränge, das jetzt noch dichter zusammengeströmt war. »Liebe Leute,« rief ich – »jetzt endlich werdet ihr doch in euch gegangen sein und euch schämen, daß solch ein Skandal vor euren Augen hat geschehen können? – Kommt! helft! Laßt uns wieder gut machen so viel noch möglich ist!« – Waren sie mir aber vorher schon, sobald sie mich erblickten, ausgewichen, so wollte mir jetzt noch weniger jemand standhalten. Da konnte ich mir denn freilich nicht anders helfen und las ihnen eine Epistel, die von den derbsten war. »Wie?« rief ich, »seid ihr Menschen? seid ihr Christen? Seid ihr wohl wert, daß Gott seine Sonne über euch aufgehen läßt? Bei Heiden und Türken und in Ländern, die nichts von Gott und Jesu Christo wissen, hilft und rettet doch einer den andern, wenn es um Leib und Leben gilt!«

Darauf griff ich einen Schönfärber an, der mir eben in den Wurf kam. – »Was meinst du? Wenn du oder ich dort lägen, wo diese Unglücklichen liegen, wolltest du oder ich erst von unehrlichen Händen herausgezogen sein?« – »Dazu gebe sich ein andrer her, aber ich nicht!« antwortete er mir trotzig und ging seines Weges. Ich schalt, ich tobte, aber damit war nichts ausgerichtet. Ich mußte meinen Ingrimm in mich schlucken und rannte nach Hause, um nur von der ganzen Historie nichts mehr zu sehen und zu hören. Da kam ein Bote, der mich eiligst zum Landrat beschied. Noch voll Ärgers ließ ich ihm zurückmelden: »Erst möge er nur sorgen, daß er die Toten aus dem Graben schaffte. Es sei morgen hoher Festtag und darum um so nötiger, daß der unchristliche Spektakel ein Ende kriegte.« – Eben diese Betrachtung aber mochte es wohl sein, was den Herren bange machte und was auch den Bürgermeister zur nämlichen Stunde bewog, mich zu ihm bitten zu lassen. In der Tat hatten beide, als ich nach einigem abgekühlteren Besinnen mich zu dem Gange entschloß, ein und das nämliche Ansinnen, und ersuchten mich mit den freundlichsten Worten, sie aus dieser Verlegenheit zu ziehen und der Stadt die Schande zu ersparen. Nun waren sie zwar selbst Zeugen, wie wenig ich mit meinem gutwilligen Eifer ausgerichtet, indes verhieß ich ihnen doch, es von neuem zu versuchen und mein Bestes zu tun.

Indem ich nun wieder zu der Brücke kam, stöberte mein bloßer Anblick, als wäre ich der Knecht Ruprecht gewesen, alles auseinander, was da noch stand und Maulaffen feilhatte. Sie mochten sich wohl vor einer neuen Strafpredigt fürchten. An Ort und Stelle sann und sann ich nun, wie das Ding am schicklichsten anzugreifen und wie vor allen Dingen ein tüchtiger Kumpan zu finden sei, der seine Hand mit anlegte. Da kam im glücklichsten Momente, von diesem allem noch nichts wissend, mein guter alter Freund, der Brauer Martin Blank, ehemals mein Seekamerad, von einem Gange auswärts dahergeschritten. Dem erzählte ich nun mit kurzen Worten, was mich auf dem Herzen drückte, und schloß damit: »Bruderherz, du bist ein Mann von meinem Schlage: *du* wirst mir helfen!« – »Ja, das will ich!« war seine Antwort, indem er seinen Mantelrock abzog und auf das Brückengeländer warf. Ich ging voran und er folgte.

Der Abhang des Walles war steil und schlüpfrig und unten am Rande des Grabens ließ sich nur mit Mühe fußen. Mein Gefährte mußte mich oben am Kragen halten, während ich mich niederbog, den nächsten Leichnam zu erfassen; aber wenig fehlte, daß ich das Gleichgewicht verlor und der dritte unten im Graben war. Weil denn aber an dieser bösen Stelle nichts auszurichten war, mußte vom Torschreiber eine Leine geholt werden, die wir um die toten Körper schlangen und womit wir sie nach einer zugänglicheren Stelle zogen, bis sie denn endlich glücklich aufs Trockene gebracht wurden.

Darüber war es Abend geworden und mein Freund, der nunmehr nach Hause zu eilen hatte, überließ mir die Sorge, die Toten vollends an einen schicklichen Ort zu schaffen. Mir fiel die Kalkkammer der St. Georgenkirche auf der Vorstadt bei, wo sie vorerst niedergelegt werden konnten, um nach den Feiertagen christlich beerdigt zu werden. Aber ehe sie dahin gelangten, mußte ein Bauer, der noch spät mit seinem Fuhrwerke aus der Stadt kam, von der Torwache angehalten und halb in Güte, halb mit Gewalt bewogen werden, sie bis dahin aufzuladen. Selbst der Küster, den ich herauspochte, machte eine bedenkliche Miene, ihnen das Plätzchen zu gönnen, und griff erst nach den Kirchenschlüsseln, als ich mir's herausnahm, mit einem Wörtchen von Absetzung zu drohen.

eben meinen Berufsgeschäften machte ich mir von Zeit zu Zeit auch noch andre Sorgen, die ich mir wohl hätte sparen können, wenn ich sie nicht als meine Spielpuppe betrachtet hätte. Man wird sich erinnern, daß zu Anfang des Jahres 1773 unser Sklavenschiff, eines empfangenen Lecks wegen, genötigt gewesen, in den Fluß Kormantin, zwischen Surinam und Berbice, einzulaufen, und wie ich damals dort eine ungemein fruchtbare, aber noch von keiner europäischen Macht in Besitz genommene Landschaft vorgefunden. Flugs wirbelte mir auch dieser letztere Umstand im Kopfe herum, der preußische Patriotismus ward in mir lebendig und ich sann und sann, warum denn nicht *mein* König hier ebensogut wie England und Frankreich seine Kolonie haben und Zucker, Kaffee und andre Kolonialwaren eben wie jene anbauen lassen sollte? Je länger ich mir das Projekt ansah, desto mehr verliebte ich mich darein, und zugleich meinte ich, daß ich selbst wohl der Mann sein könnte, Herz und Hand zur Ausführung daranzugeben.

Darum ließ mir's auch, als ich nach Kolberg zurückgekehrt war, keine Ruhe, bis ich meinen Plan umständlich zu Papier gebracht hatte. Ich dachte, wer ihn läse und nur irgend zu Herzen nähme, müßte mir auch in meinen Vorschlägen beipflichten, und so packte ich ihn mit einer alleruntertänigsten Vorstellung zusammen und schickte mein Schoßkind unmittelbar an den alten Friedrich ein, der zuletzt doch immer das Beste bei der Sache tun mußte. Hatte ich jedoch geglaubt, da vor die rechte Schmiede zu kommen, so war ich gleichwohl arg betrogen, denn meine Eingabe blieb ohne Antwort und so ließ sich wohl daraus schließen, daß der König das Ding nicht mit *meinen* Augen angesehen und weiter auf ihn nicht zu rechnen sein werde. Also war ich auch gescheit genug, ihm weiter keinen Molest damit zu machen.

Nur mir selbst wollte die schöne preußische Kolonie am Kormantin noch immer nicht aus Sinn und Gedanken weichen! Ich putzte mir das Luftschloß noch immer vollständiger im einzelnen aus, und da ich wohl erwog, daß der Anbau des Landes ohne Negersklaven nicht zu bewerkstelligen sein werde, so verband ich damit zugleich die Idee einer Niederlassung an der Küste von Guinea, wo ja schon hundert Jahre früher der große Kurfürst und seine Brandenburger festen Fuß gefaßt gehabt und von wo die neue Kolonie mit schwarzen Arbeitern hinreichend versorgt werden könnte. So wurde mir mein Projekt von Tag zu Tag lieber, obgleich ich meine Gedanken für mich behielt und auf künftige bessere Zeiten rechnete; denn was der königliche Greis von der Hand gewiesen hatte, das konnte ja leicht bei seinem Nachfolger einst eine günstigere Aufnahme finden.

Als daher Friedrich der Einzige die Augen geschlossen und Friedrich Wilhelm auf seinem Wege zur Huldigung in Königsberg durch Pommern zog, nahm ich flugs meinen alten Plan wieder vor und paßte es so ab, daß ich dem Könige in Körlin unter die Augen kam und ihm mein Memorial überreichte. Kaum liefen einige Wochen ins Land, so hatte ich meinen Bescheid, des Inhalts: »Daß Se. Majestät für den entworfenen Plan zu einer Seehandlung nach Afrika und A-merika auf Höchstdero eigne Rechnung zwar nicht entrieren möge, inzwischen die gemachten Vorschläge der Seehandlungs-Sozietät zugefertigt und derselben überlassen habe, ob sie darauf sich einzulassen ratsam finde.«

Das ließ sich hören, die Herren von der Seehandlung konnten ja vielleicht geneigt sein, Vernunft anzunehmen. Aber was geschah? – In noch kürzerer Frist ging, nicht von jener Sozietät, sondern von dem Königlich Preußisch-Pommerschen Kriegs- und Domänenkammerdeputationskollegium zu Köslin die Resolution bei mir ein: »Da Se. Königl. Majestät geruht hätten, auf jene Vorschläge nicht zu reflektieren, so könne auch besagtes Kollegium sich auf das weit aussehende Handelsprojekt nicht einlassen.« Späterhin habe ich in Erfahrung gebracht, daß die Engländer am Flusse Kormantin eine Niederlassung mit dem gedeihlichsten Erfolge gegründet haben.

ch hatte aber Gelegenheit genug in der Nähe, wo ich zum Guten raten und mich ums allgemeine Beste einigermaßen verdient machen konnte. So war es etwa gleich ein Jahr nachher (1787), daß die Kolberger Kaufmannschaft mir die Ehre antat, mich zum Verwandten des Seglerhauses aufzunehmen. Es ist dies nämlich ein städtisches Kollegium, welches aus fünf Kaufleuten und drei der angesehensten Schiffer besteht und das Seegericht bildet, vor welchem alle Schiffahrtssachen, sowohl nach dem Preußischen Seerecht als nach den Usanzen, in erster Instanz entschieden werden. Diese Auszeichnung konnte ich nicht zurückweisen, und so geschah es dann, daß gleich in der zweiten oder dritten Session ein Schiffer, vom Kolberger Deep gebürtig, und ein Steuermann ebendaher, aufgefordert wurden, ein Protokoll zu unterzeichnen. Der Schiffer kratzte seinen Namen mit Not und Mühe auf das Papier, sein Gefährte aber erklärte, daß er des Schreibens völlig unkundig sei, und begnügte sich, seine drei Kreuze hinzumalen, wobei ihm die große Brotschnitte, die er zu seiner Beköstigung zu sich gesteckt, beinahe aus dem Busen entfallen wäre.

Ich kann nicht leugnen, daß ich mich hierbei tief in die Seele dieser ehemaligen Standesgenossen schämte. Wes das Herz voll war, des ging auch der Mund über, und so bat ich meine Herren Beisitzer, es doch reiflich zu Herzen zu nehmen, wie schlechte Ehre wir Preußen einlegten, wenn so oft Landsleute von diesem Schnitte vor einem auswärtigen Seegerichte ständen, und was für Gedanken Holländer und Engländer wohl von unserm Seewesen fassen möchten? Das Wenigste wäre, daß fremde Handelsleute sich auf alle Weise hüten würden, solchen unwissenden Menschen Schiffe und Ladungen anzuvertrauen, und daß darüber die ganze preußische Reederei in Mißkredit und Verachtung geraten könnte. Andrer Orten würde kein Steuermann oder Schiffer zugelassen, bevor er in einem Steuermannsexamen erwiesen hätte, daß er seiner Kunst und Wissenschaft vollständig mächtig geworden. Sie wüßten auch, daß ich noch immer fortführe, mich mit dem Unterrichte junger Seeleute zu beschäftigen, und so läge mir denn daran, daß sie die Güte hätten, mit nächstem einer Prüfung meiner Lehrlinge beizuwohnen und sich von ihren Fortschritten in der Steuermannskunst zu überzeugen.

Das geschah auch wirklich und die Herren fanden ein solches Wohlgefallen an der Sache, daß auf der Stelle beschlossen wurde, es solle fortan auf hiesigem Platze kein Schiffer oder Steuermann angenommen und vereidet werden, bevor er nicht seine Tüchtigkeit durch ein wohlbestandenes Examen nachgewiesen. Und so ist es seitdem auch fortdauernd hier gehalten worden.

Um die nämliche Zeit etwa befand sich das hiesige Königliche Lizentamt in einiger Verlegenheit wegen eines hinreichend tüchtigen Schiffsvermessers, der sich auf die Berechnung der Tragkraft der Fahrzeuge verstände und wieviel Lasten sie laden und über See führen könnten. Denn bisher hatten ein paar subalterne Lizentbeamte dieses Geschäft versehen, aber so unwissend und ungeschickt, daß die von ihnen vermessenen Fahrzeuge stets zu groß oder zu klein befunden wurden, woher es denn auch an Streitigkeiten zwischen dem Lizent und den Schiffern nie abriß. Zufällig mochte es nun bekannt geworden sein, daß ich mich auf dieses Geschäft verstände, und so geschah mir von der oberen Zollbehörde der Antrag, mich solcher Verrichtung anzunehmen. Mehr der Ehre als des kleinen Nutzens wegen ließ ich mich dazu willig finden, legte hier im Hafen an einigen Schiffen, die bereits in Danzig und Königsberg vermessen waren, meine Probe ab und ward demnächst von der Königlichen Regierung zu Stettin in Pflicht genommen und bestätigt, ohne mir träumen zu lassen, daß ich dadurch den Groll meiner beiden Vorgänger in diesem Amte erregt haben könnte.

Das erste Schiff, das mir zur Berechnung vorkam, war ein kleines, englisches, scharf gebautes Fahrzeug, auf zwei Decke eingerichtet, Kajüte, Roof und Kabelgat mit im Raume versenkt, so daß in letzterem nur wenig zur Belastung übrigblieb. Meine Berechnung ergab eine Belastungsfähigkeit von nicht mehr als sechsunddreißig Lasten zu fünftausendsiebenhundertundsechzig Pfund, wie damals gebräuchlich war. Während jedoch mein Attest hierüber an die Regierung abging, hatten meine beiden Widersacher das Schiff gleichfalls nach ihrer Weise in aller Stille vermessen, die Trächtigkeit desselben auf fünfundfünfzig Lasten berechnet und darüber gleichzeitig einen Bericht nach Stettin abgesandt, worin ich ebensosehr der Unwissenheit als der Unredlichkeit beschuldigt wurde.

So gelangte denn bald darauf ein gefährlich besiegeltes Schreiben an mich, worin die Stettiner Herren mich zur Verantwortung zogen. Ich begnügte mich, Riß samt Berechnung einzupacken und um eine strenge Prüfung meines Verfahrens zu bitten, mit dem Beifügen, daß übrigens diese Arbeit, wie sie meine erste gewesen, auch meine letzte bleiben werde. Nun war man doch dort so vernünftig oder so billig gewesen, unsre beiderseitigen Aufsätze in Danzig und Königsberg einer neuen Berechnung unterwerfen zu lassen, wobei die Richtigkeit des meinigen, sowie die Falschheit des andern ans Tageslicht kam. Meine Angeber wurden angewiesen, sich fernerhin in mein Geschäft nicht zu mischen, mir aber ward angetragen, dieses wiederum zu übernehmen. Solches habe ich denn auch gern getan und dieses Amt bis zum Jahre 1821 mit Ehren verwaltet.

Ernstlicher aber war es um das Jahr 1789 und weiterhin mit einem Streite gemeint, den die Kolberger Bürgerschaft unter sich auszufechten hatte und wobei ich unmöglich ruhiger Zuschauer bleiben konnte. Aber freilich, ich *wollte* auch nicht, da es darauf ankam, himmelschreiende Mißbräuche aufzudecken und abzustellen, die unter dem Scheine des Rechts ohne alle Scheu ausgeübt wurden. Es gab nämlich in Kolberg nach der damaligen städtischen Verfassung ein Kollegium, genannt die Fünfzehn-Männer, weil es aus Fünfzehn der angesehensten Männer bestand, und welches ursprünglich die Gerechtsame der Bürgerschaft bei dem Magistrate zu vertreten hatte und dessen Gutachten in städtischen Angelegenheiten gehört werden mußte. Allmählich aber hatten diese Fünfzehn-Männer angefangen, ihr Ansehen mehr zu ihrem Privatnutzen als zum allgemeinen Besten geltend zu machen, und wie die Menschen nun einmal zum Bösen immer fester zusammenhalten als zum Guten, so war auch hier schon seit lange eine enge Verbrüderung entstanden, sich einander zu allerlei heimlichen Praktiken den Rücken zu steifen und durchzuhelfen. Da waren denn Depositenkassen angegriffen, Scheinkäufe angestellt, Gemeindegut liederlich verschleudert und andre Greuel mehr begangen worden.

Ich schäme mich nicht, zu bekennen, daß ich der erste war, der dem Fasse den Boden ausstieß, und als ein paar wackere Männer, der Zimmermeister Steffen und der Gastwirt Emmrich, auf meine Seite traten, so brach ich los und machte eine lange Reihe von Ungebührlichkeiten, Veruntreuungen und krummen Schlichen, die in der letzten Zeit verübt worden, vor Gericht anhängig. Es kam darüber zu einem langen und verwickelten Prozesse, wobei die ganze Last auf uns drei zurückfiel, die wir von gemeiner Bürgerschaft als Worthalter mit Vollmacht hierzu versehen waren. Keine Art von Ränken und Rabulistereien blieb gegen uns unversucht, so daß der Rechtsstreit dadurch beinahe vier Jahre hindurch verschleppt wurde. So wie ich mir die Sache zu Herzen nahm, hatte ich während dieser ganzen Zeit keine ruhige Stunde, und oft hätte ich gern mit Feuer und Schwert dreinfahren mögen, wenn das heillose Gezücht immer ein neues Mäntelchen für seine aufgedeckte Bosheit zu erhaschen suchte. Endlich aber kam doch die unsaubere Geschichte zu einem noch leidlichen Schlusse, demzufolge das Kollegium der Fünfzehn-Männer gänzlich aufgelöst wurde, um neuerwählten Zehn-Männern Platz zu machen, welche als Repräsentanten der Bürgerschaft die nämlichen Befugnisse haben sollten, ohne die nämliche Macht zum Bösestun von ihnen zu erheben. Man bewies mir das Vertrauen, mich in die Zahl dieser zehn Bürgerrepräsentanten aufzunehmen, und ich habe dieses Ehrenamt auch mit Lust und Eifer bis zum Jahre 1809 bekleidet, wo die neue Städteordnung andre und verbesserte Einrichtungen herbeiführte.

Hier mag der Ort sein, meine häuslichen und ehelichen Verhältnisse mit einigen Worten zu berühren, wiewohl diese Lebenserfahrungen gerade diejenigen sind, deren ich mich nicht erinnern darf, ohne sehr schmerzliche Empfindungen in mir zu erwecken; denn als Ehemann und als Vater ist mir erst sehr spät mein besserer Glücksstern erschienen. Zwar war auch der erste Anschein zu beiden günstig genug, als ich im Jahre 1762 mich, wie ich schon früher erzählt habe, in Königsberg zum Heiraten entschloß. Ich war ein flinker und lebenslustiger Bursche von vierundzwanzig oder fünfundzwanzig Jahren und mein junges Weib mochte eben nur sechzehn zählen, allein alles stand gut und glücklich um uns, und solange wir dort lebten und ich als Schiffer ab- und anfuhr, gab es die friedsamste Ehe von der Welt. Von drei Kindern, die sie mir gebar, blieb indes nur ein Sohn am Leben, der nämliche, der mich in den letzten vier Jahren meines Seelebens als unzertrennlicher Gefährte begleitete.

Nach sieben Jahren, als mir in Stettin der königliche Schiffsdienst so schnell verleidet worden, brachte meine zufällige Anwesenheit in Kolberg und der Wunsch meiner damals noch lebenden Eltern mich zu dem Entschlusse, meinen Haushalt von Königsberg, wo mir's eben auch nicht besser hatte glücken wollen, nach meiner Vaterstadt zu verlegen. Während ich noch damit umging, meldete mir ein alter Hausfreund, daß meine Frau, von welcher ich seit beinahe neun Monaten entfernt gelebt, glücklich eines Knäbleins genesen; doch als sie nach vollendeten Sechswochen auf meinen Ruf mit Kind und Kegel in Kolberg anlangte, präsentierte sie mir ein kleines Mädchen von zwei Monaten. Man mag sich's denken, daß ich mir mächtig die Stirn rieb und ein wenig verdutzt in die Frage ausbrach: »Aber wie hat sich der Junge so auf einmal in ein Mädchen verwandelt?« – Da fiel die Sünderin mir und meinen Eltern weinend zu Füßen und bekannte, was sich nun länger nicht verheimlichen ließ, daß der Hausfreund mir noch etwas mehr gewesen, daß er, um mich Entfernten zu täuschen, mir meines Weibes Niederkunft um einige Wochen früher, als sie wirklich erfolgt war, gemeldet und es nur in der Angabe des Geschlechts so arg versehen habe. Die büßende Magdalena bat indes mit erhobenen Händen so flehentlich um Vergebung, daß ich sowohl wie meine Eltern dadurch bewegt wurden und das Geschehene in Vergessenheit zu stellen versprachen. In der Tat mochte hier Schweigen und Verzeihen auch wohl das beste sein, was sich tun ließ, wenn ich gleich die unglückliche Frucht dieses Fehltritts dadurch gesetzlich für mein Kind erklärte.

Nun versuchte ich mich, wie man weiß, wiederum fünf Jahre in fremden Weltteilen, während welcher Zeit Frau und Kinder von meinen Eltern ernährt wurden. Doch als ich nach Holland heimgekehrt war, belehrten mich Briefe von guten Freunden, daß die Ungetreue neuerdings auf Abwege geraten, die nicht ohne lebendigen, doch bald darauf wieder verstorbenen Zeugen geblieben, und nun erforderte denn allerdings mein guter Name die Scheidung, welche auch unverzüglich durch die Gerichte vollzogen wurde. Ich behielt meinen Sohn, sie aber kehrte mit ihrer Tochter nach Königsberg zurück, von wo an ich, unter meinen nachmaligen Irr- und Kreuzfahrten, sie und ihr Schicksal gänzlich aus den Augen verlor.

Erst im Jahre 1787, nachdem ich bereits wieder in Kolberg zur Ruhe gekommen, erfuhr ich, daß die Unglückliche dort im Elend gestorben und ihre von aller Welt verlassene Tochter mich flehentlich bitte, mich ihrer zu erbarmen. »Was kann auch das arme Geschöpf für die Sünden seiner Mutter?« dachte ich bei mir selbst, und so machte ich auch flugs Anstalt, ließ das Mädchen dort kleiden und sorgte für Reisegeld, um sie nach Kolberg kommen zu lassen und in mein Haus aufzunehmen. Leider aber mußte ich bald bemerken, daß Blut und Gemüt der Dirne sich ganz nach mütterlicher Weise hinneigten. Allein die schärfere Zucht, zu der ich dadurch genötigt wurde, behagte ihr nicht; sie entzog sich heimlich meiner Aufsicht, schweifte in der Irre umher, führte ein unsittliches Leben und bereitete mir viele Jahre hindurch ein reiches Maß von Verdruß und Sorge.

Allein auch der bessere Sohn, der mein einziger Trost war, sollte mir zuletzt nur Herzeleid und Tränen bereiten. Er hatte sich für den Handelsstand bestimmt und im Jahre 1793 seine Lehrlingszeit in dem Kontor des Herrn Kaufmann Pagenkopf zu Stralsund glücklich überstanden, und war zu mir heimgekehrt, als eine Krankheit ihn überfiel, die sein junges Leben dahinraffte. Meines Lebens Lust und Freude ging mit ihm zu Grabe!

Ich stand nun einsam und verlassen in der Welt und wußte nicht, für wen ich mir's in derselben noch sauer werden lassen sollte. Zwar hatte meine Nahrung leidlichen Fortgang, aber doch betrog mich mein Gesinde, wo es wußte und konnte. Ich sah, es fehlte am rechten festen Kern im inneren Haushalt, und das führte mich endlich auf den Gedanken, es noch einmal im Ehestande zu versuchen. So warf ich denn im Jahre 1799 meine Augen auf eine Schifferswitwe in Stettin, die ich von früherer Zeit her als eine ordentliche und rechtliche Frau zu kennen glaubte. Die Verbindung kam auch zustande, aber nun erst gingen mir die Augen auf. Die fromme Witwe hatte gern ihr Räuschchen und hielt es eifrig mit mancherlei andern Dingen, die den Ehefrieden notwendig stören mußten. An ein Zusammenhalten des ehrlich Erworbenen war nun länger nicht zu denken, vielmehr sah ich den unvermeidlichen nahen Untergang meines kleinen Wohlstands vor Augen. Es war ein saurer Schritt – aber was blieb mir anders übrig, als eine abermalige Scheidung?

Alle diese widrigen Erfahrungen eröffneten mir aufs neue nichts als trübe Aussichten in die Zukunft. Kaum gehörte ich noch irgendeinem Menschen an. Ich war nachgerade ein alter Mann geworden, und fühlte ich gleich mein Herz noch frisch und meinen Geist lebendig, so wollten doch die stumpf gewordenen Knochen nicht mehr gut tun. Meine eignen Geschäfte wurden mir gleichgültig, und noch gleichgültiger der Gedanke an Erwerb, so daß ich mich fast einen Verschwender hätte nennen mögen. Die paar Jahre, die mir noch übrig waren, dachte ich mich wohl so hinzustümpern, und wenn nur noch der Sarg ehrlich bezahlt worden, möchte man mich immer auch hinstecken, wo meine Väter schliefen, – für den übrigen kleinen Rest würden dann schon lachende Erben sorgen. Ohnehin war mein Häuschen mein größter und beinahe einziger Reichtum, und dieses hatte ich, um doch noch etwas Gutes für meine Vaterstadt zu stiften, in meinem Testamente dem Seglerhause, dessen Ältester ich seit dem Jahre 1793 geworden war, zum Eigentum vermacht, dergestalt, daß oben die Versammlungen des Kollegiums gehalten werden, unten aber eine bedürftige Kaufmannswitwe lebenslängliche freie Wohnung finden sollte.

Auf solche Weise, indem Jahr an Jahr sich hinzog, war auch das unselige von 1806 herbeigekommen. Mir, als feurigem Patrioten, der die alten Zeiten und unsres großen Friedrichs Taten noch im Kopfe hatte, blutete, gleich so vielen, das Herz bei der Zeitung von dem entsetzlichen Tage von Jena und Auerstädt und seinen nächsten Folgen. Ich hätte kein Preuße und abtrünnig von König und Vaterland sein müssen, wenn mir's jetzt, wo alle Unglückswellen über sie zusammenschlugen, nicht so zu Sinne gewesen wäre, als müßte ich eben jetzt auch Gut und Blut und die letzte Kraft meines Lebens für sie aufbieten. Nicht mit Reden und Schreiben, aber mit der Tat, dachte ich, sei hier zu helfen, – jeder auf seinem Posten, ohne sich erst lange, feig und klug, vor- und rückwärts umzusehen! Alle für einen, und einer für alle – darauf war mein Sinn gestellt, und es hätte ja keine Ehre und Treue mehr unter meinen Landsleuten sein müssen, meinte ich, wenn nicht Tausende mir gleich gefühlt hätten, ohne es ebensowenig als ich in lauten prahlenden Worten unter die Leute zu bringen.

Als nun Magdeburg und Stettin, die beiden Herzen des Staates, gefallen waren und die ungestüme französische Windsbraut sich immer näher und drohender gegen die Weichsel heranzog, da ließ sich's freilich wohl voraussehen, daß bald genug auch die Feste Kolberg an die Reihe kommen würde, die dem Feinde zwar unbedeutend erscheinen mochte, aber ihm doch zu nahe in seinem Wege lag, als daß er sie ganz hätte übersehen sollen. Das tat er auch wirklich nicht, allein er hatte sich diese letzte Zeit her bei unsern Festungen eine Eroberungsmanier angewöhnt, die kein Pulver, sondern nur glatte Worte kostet; und damit war er fürwahr auch noch früher bei der Hand, als ein Mensch es hätte erwarten sollen.

Kaum war nämlich Stettin übergegangen, so machte sich von dorther, aus einer Entfernung von sechzehn Meilen, ein französischer Offizier als Parlamentär auf den Weg und erschien (am 8. November) bei uns in Kolberg, um die Festung zur Übergabe aufzufordern. Gleichzeitig ward der königliche Domänenbeamte, der auf der Altstadt, unter den Kanonen des Platzes, wohnte, entboten, in Stettin zu erscheinen und dem französischen Gouvernement den Huldigungseid zu leisten. Auf beiderlei Ansinnen (das mindestens für unsern Festungskommandanten als eine Ehrenrührigkeit hätte gelten können), erfolgte zwar eine abschlägige Antwort, allein es ist wohl sehr gewiß, daß der Franzose, anstatt allein zu kommen, nur einige wenige Hunderte zur Begleitung hätte haben dürfen, um in diesem Augenblicke unaufgehalten zu unsern Toren einzuziehen. Dies scheint unglaublich und ist doch buchstäbliche Wahrheit! Ich, der ich nicht Soldat bin, kann und will nur urteilen, soweit ein gesundes Paar Augen und ein schlichter Menschenverstand ausreicht. Das übrige mag dem Ermessen des Lesers anheimgestellt bleiben.

Dieser denke sich den Ort als ein mäßiges Städtchen von noch nicht sechstausend Seelen, an dem rechten Ufer des kleinen Flusses Persante gelegen, welcher nur an seinem Ausflusse in die Ostsee einige Hundert Schritte hinauf schiffbar ist, wo er, eine halbe Viertelmeile von der Stadt, einen Hafen für geringere Fahrzeuge bildet. Die daran belegenen Wohnungen und Speicher heißen »die Münde«, und zwischen Stadt und Münde, ebenfalls am östlichen Ufer, zieht sich eine Vorstadt, genannt die »Pfannschmieden« hin. Diese dankt ihren Ursprung wie ihren Namen der Benutzung einiger reichhaltigen Salzquellen, welche sich gegenüber nahe an der westlichen Stromseite finden, wo auch die Salzsiedereien und ein in westlicher Richtung sich weit durch das »Siederfeld« erstreckendes Gradierwerk angelegt sind.

Die Stadt selbst bildet ein stumpfes Viereck und wird an den drei Landseiten von einem Hauptwall und sechs Bastionen eingeschlossen. Nahe Außenwerke von Wichtigkeit sind hier nicht vorhanden, aber der Platz gewinnt nichtsdestominder eine bedeutende Stärke durch einen breiten morastigen Wiesengrund, welcher sich ununterbrochen von Süden nach Nordosten dicht umherzieht, keine Annäherung durch Laufgräben gestattet und überdem durch Schleusen tief unter Wasser gesetzt werden kann. Erst jenseits erhebt sich nach Süden die Altstadt, nach Osten der Hoheberg und der Bollenwinkel, und nach Nordost der Wolfsberg, von wo aus die Stadt beschossen werden kann, daher sie eigentlich die Verwandlung in ein großes verschanztes Lager erfordern würden, um alsdann, mit einer hinlänglichen Truppenzahl besetzt, den Platz von dieser Seite unangreifbar zu machen. Allein nur der Wolfsberg als der gefährlichste Punkt war mit einer Schanze versehen, auf dem Münder Kirchhofe war eine Batterie angelegt und den Eingang des Hafens deckte an der Ostseite ein starkes Werk, »das Münder-Fort«. Die Westseite der Stadt lehnt sich an die Persante, zwischen welcher und dem aus ihr abgeleiteten Holz-graben die Neustadt, und an diese noch weiter westlich sich anleh-nend, die Gelder-Vorstadt mit verschiedenen Befestigungen und Au-ßenwerken umgeben ist, während am unteren Einflusse des Holzgra-bens die »Morastschanze« die Verbindung mit dem Münder-Fort sichert. In weiterer Entfernung, südwestlich, kann eine Erhöhung, »der Kauzenberg« genannt, der Festung nachteilig werden, weshalb auch früherhin dort Verschanzungen angelegt, aber seither wieder verfallen waren.

Noch war die entschlossene und glückliche Gegenwehr in jeder-manns Andenken, welche der tapfere Kommandant, Oberst v. Heyden, hier in drei aufeinanderfolgenden Belagerungen der Rus-sen und Schweden, zu Land und Meer, in den Jahren 1758, 1760 und 1761 bestanden hatte, und wie er auch das drittemal nicht durch Waf-fenmacht, sondern durch Hunger zur Übergabe gezwungen worden. Diese Erfahrungen von der Wichtigkeit und Festigkeit des Platzes hatten auch den König Friedrich bewogen, ihn im Jahre 1770 durch verschiedene neue Werke verstärken zu lassen; Kenner wollten jedoch behaupten, daß diese erweiterten Anlagen ihrem Zwecke nur unge-nügend entsprächen. Man hatte immer an Kolberg getadelt, daß es zu klein sei, um als Festung bedeutend zu werden und eine beträchtliche Garnison zu fassen; aber es gab kasemattierte Werke; es gab 600-700 Bürgerhäuser innerhalb der Wälle, die nötigenfalls bis zu 20 und 30 Menschen fassen konnten und gefaßt haben, und so lebe ich des festen Glaubens, daß Kolberg gegen noch so große Feindesmacht mit Ehr-lichkeit, mit genugsamem Proviant, mit gehöriger Einrichtung der Überschwemmung und mit Sicherheit von der Seeseite sich zu halten vermöge.

Allein wie sah es doch im Herbste 1806 mit allem, was zu einer rechtschaffenen Verteidigung gehörte, so gar trübselig aus! Seit un-denklicher Zeit war für die Unterhaltung der Festung so gut wie gar nichts getan worden. Wall und Graben verfallen, von Palisaden keine Spur. Nur drei Kanonen standen in der Bastion Pommern auf Lafetten und dienten allein zu Lärmschüssen, wenn Ausreißer von der Besat-zung verfolgt werden sollten. Alles übrige Geschütz lag am Boden, hoch vom Grase überwachsen, und die dazu gehörigen Lafetten ver-moderten in den Remisen. Rechnet man hierzu die unzureichende Zahl der Verteidiger, sowie ihre unkriegerische Haltung (denn die tüchtigere Mannschaft war ins Feld gezogen), die allgemeine Entmu-tigung, welche noch täglich durch die herbeiströmenden Flüchtlinge und tausend sich kreuzende Unglücksbotschaften genährt wurde, und den notorischen Mangel an den nötigsten Bedürfnissen für den Fall einer Belagerung, so behaupte ich sicherlich nicht zuviel, wenn ich meine, daß ein rascher kecker Anlauf in jenen ersten Tagen mehr als hinreichend gewesen wäre, den Kommandanten in seinen eignen Gedanken zu entschuldigen, daß er keinen ernstlichen Widerstand gewagt habe.

Dieser Kommandant war damals der Oberst v. Loucadou, ein alter abgestumpfter Mann, der seit dem bayrischen Erbfolge-Kriege, wo er ein Blockhaus gegen die Österreicher mutig verteidigt hatte, zu dem Rufe gekommen war, ein besonders tüchtiger Offizier zu sein. Späterhin hatte er nur wenig Gelegenheit gehabt, seine Reputation zu behaupten, und gegenwärtig war der Geist verflogen oder hing noch so blind an dem alten Herkommen, daß er sich in der neuen Zeit und Welt gar nicht zurechtfinden konnte. Das war nun ein großes Unglück für den Platz, der ihm anvertraut worden, und ein Jammer für alle, welche die dringende Gefahr im Anzuge erblickten und ihn aus seinem Seelenschlafe zu erwecken vergebliche Versuche machten.

Natürlich konnte solch ein Mann uns kein großes Vertrauen einflößen. Während alles, was Militär hieß, seinen trägen Schlummer mit ihm zu teilen schien, fühlte sich die ganze Bürgerschaft von der lebhaftesten Unruhe und Besorgnis ergriffen; man beratschlagte untereinander, und weil ich einer der ältesten Bürger war, der den Siebenjährigen Krieg erlebt und in den früheren Belagerungen neben meinem Vater freiwillige Adjutantendienste beim alten braven Heyden verrichtet hatte, so wählte man mich auch jetzt, das Wort zu führen und, als Repräsentant gesamter Bürgerschaft, mich mit dem Kommandanten über die Maßregeln zur Verteidigung des Platzes genauer zu verständigen.

Nach dem alten Glauben, »daß Ruhe die erste Bürgerpflicht sei,« und was nicht Uniform trage, auch keinen Beruf habe, sich um militärische Angelegenheiten zu bekümmern, könnte es freilich sonderbar und anmaßend erscheinen, daß wir Bürger in die Verteidigung unsrer Stadt mit dreinreden wollten, aber bei uns in Kolberg war das anders. Von ältester Zeit her waren wir die natürlichen und gesetzlich berufenen Verteidiger unsrer Wälle und Mauern. Vormals schwur jeder seinen Bürgereid mit Ober- und Untergewehr, und schwur zugleich, daß diese Armatur ihm eigen angehöre, schwur, daß er die Festung verteidigen helfen wolle mit Gut und Blut. Die Bürgerschaft war in fünf Kompagnien verteilt, mit einem Bürger-Major an der Spitze, und wo es dann im Ernst gegolten, hatte der Kommandant sie nach seiner Einsicht gebraucht und wesentlichen Nutzen von ihrem Dienste gezogen. In Abwesenheit der Garnison, wenn diese in Friedenszeiten zur Revue ausrückte, besetzten sie die Tore und Posten; und noch immer versammelten sie sich zuweilen mit Erlaubnis des Kommandanten aus eignem Antriebe in der Maikuhle – weniger freilich zu kriegerischen Übungen, als um sich in diesem lieblich gelegenen Wäldchen zu vergnügen.

Von diesen örtlichen Verhältnissen hatte indes der Oberst v. Loucadou entweder nie einige Kenntnis genommen, oder sie waren ihm, als eine vermeintliche Nachäffung des Militärs, lächerlich und zuwider. Das erfuhr ich, als ich einige Tage nachher mich ihm vorstellte und im Namen meiner Mitbürger ihm eröffnete: »Daß wir, mit Gott, entschlossen wären, in diesen bedenklichen Zeitläuften mit dem Militär gleiche Last und Gefahr zu bestehen. Wir ständen im Begriff, uns in ein Bataillon von sieben- bis achthundert Bürgern zu organisieren, die mit vollständiger Rüstung versehen wären, und bäten, uns vor ihm aufstellen zu dürfen, damit er Musterung über uns halte, demnächst aber uns unsre Posten anzuweisen, wir würden unsre Schuldigkeit tun.«

Ein Major v. Nimptsch, der daneben stand, ließ mich kaum ausreden, sondern fuhr auf mich ein: »Aber, Herr, was geht das *Ihn* an?« – wogegen der Oberst sich begnügte, den Mund zu einem satirischen Lächeln zu verziehen und mir zu erwidern: »Immerhin möchten wir uns versammeln und aufstellen.«

Das geschah alsobald. Wir traten mit unsern Offizieren armiert auf dem Markte in guter Ordnung zusammen, und nun begab ich mich abermals zum Kommandanten, um ihm anzuzeigen, daß wir bereit ständen und seine Befehle erwarteten. Seine Miene war abermals nicht von der Art, daß sie mir gefallen hätte. »Macht dem Spiel ein Ende, ihr guten Leutchen!« sagte er endlich, »geht in Gottes Namen nach Hause. Was soll mir's helfen, daß ich euch sehe?« – So hatte ich meinen Bescheid und trollte mich. Als ich aber kundbar machte, was mir geantwortet worden, ging diese unverdiente Geringschätzung jedermann so tief zu Herzen, daß alles in wilder Bewegung durcheinander murrte und sich im vollen Unmut zerstreute.

Immer aber noch nicht ganz abgeschreckt ging ich bald darauf wieder zum Obersten mit einem Antrage, von welchem ich glaubte, daß er seinem militärischen Dünkel weniger anstößig sein werde. Es sei vorauszusehen, sagte ich, daß es bei der Instandsetzung der Festung zu einer kräftigen Gegenwehr, besonders auf den Wällen, vieles zu tun geben dürfte, um das Geschütz aufzustellen, zu schanzen und die Palisaden herzustellen. Die Bürgerschaft sei gern erbötig, zu dergleichen, und was sonst vorkäme, mit Hand anzulegen, soviel in ihren Kräften stehe, und sei nur seines Winks gewärtig. – »Die Bürgerschaft! und immer wieder die Bürgerschaft!« antwortete er mir mit einer häßlichen Hohnlache, »ich will und brauche die Bürgerschaft nicht.«

Konnte es nun wohl fehlen, daß solche Äußerungen nicht nur unser Herz von dem Manne gänzlich abkehrten, sondern daß auch sogar allerlei böser Argwohn sich bei uns einfand, der durch die ganz frischen Exempel, wie unsre Festungskommandanten zu Werke gegangen waren, nur noch immer mehr genährt wurde? Wer bürgte uns vor Verräterei? vor heimlichen Unterhandlungen? vor feindlichen Briefen und Boten? – Man kam darin überein, daß es die Not erfordere, vor solcherlei Praktiken möglichst auf unsrer Hut zu sein. Zu dem Ende wählten wir in der Stille unter uns einen Ausschuß, dessen Mitglieder sich zu zweien bei Tag und Nacht an allen drei Stadttoren, je nach ein paar Stunden, ablösten, um dort auf alles, was aus- und einpassierte, ein wachsames Auge zu behalten.

Inzwischen wurden nun doch von seiten der Kommandantur einige schläfrige Anstalten getroffen, wenigstens sah man auf den Wällen die Kanonen auf Klötze legen, da es sich fand, daß die Lafetten zu sehr verfault waren, um sie tragen zu können. Auch an der Palisadierung ward hier und da gearbeitet, aber es war nichts Tüchtiges und Ganzes. Als ich jedoch wahrnehmen mußte, daß es hiermit sein Bewenden hatte und daß zur äußeren Verteidigung gar keine Hand angelegt wurde, machte ich mich nach Verabredung mit meinen Freunden abermals zum Obersten, um ihn aufmerksam darauf zu machen, welche gute Dienste uns in den früheren Belagerungen insonderheit eine Schanze auf dem Hohen Berge, etwa eine Viertelmeile von der Stadt, geleistet hätte, um den Feind nicht in Schußweite herankommen zu lassen. Noch wären die Überbleibsel derselben überall erkennbar, und wenn er nichts dawider habe, seien wir bereit, diese Verschanzung eiligst wiederherstellen.

An das alte höhnische Gesicht, das er hierzu machte, war ich nun schon gewöhnt und ließ es mich auch nicht irren. Desto merkwürdiger aber kam mir die Antwort vor, die ich endlich erhielt. »Was außerhalb der Stadt geschieht,« ließ er sich vernehmen, »kümmert mich nicht. Die Festung innerlich werde ich zu verteidigen wissen. Meinetwegen mögt ihr draußen schanzen, wie und wo ihr wollt. Das geht mich nichts an!« – Demnach taten wir nun, was uns unverboten geblieben, und taten es mit allgemeiner Lust und Freude. Nicht nur, was Bürger hieß, zog nach der Bergschanze aus, sondern auch Gesellen, Lehrjungen und Dienstmägde waren in ihrem Gefolge. Da ich einst noch das alte Werk gesehen hatte, so gab ich an, wie bei der Arbeit verfahren werden sollte, verteilte und ordnete die Schanzgräber und zog selbst mit einem Hohlkarren und der Schaufel voraus, um ein ermunterndes Beispiel zu geben. Als mir jedoch alles immer noch viel zu langsam ging, eilte ich zurück nach der Lauenburger Vorstadt, um der Arbeiter noch mehrere, teils durch gütliches Zureden, teils durch bare Bezahlung aus meiner Tasche, herbeizuführen. So gelang es uns denn, ein Werk auszuführen, das sich schon durfte sehen lassen und dem für diesen Augenblick nur die Besatzung fehlte. Mangelte es uns aber dermalen auch an Truppen, so war doch gewisse Hoffnung vorhanden, daß die Garnison verstärkt werden würde und daß dann allstündlich ein Bataillon hier einrücken könne.

Eine andre Sorge, die den Verständigeren unter der Bürgerschaft gar sehr am Herzen lag, war die frühzeitige und ausreichende Anschaffung von Lebensvorräten für den Fall einer feindlichen Einschließung oder Belagerung, denn bis jetzt waren Dreiviertel der Einwohner gewohnt, von einem Markttage zum andern zu zehren. Und wovon wollte die Besatzung leben? Ich hielt es also für wohlgetan, und hatte auch in meinem Amte als Bürger-Repräsentant den Beruf dazu, Haus bei Haus in der Stadt umzugehen und die Bestände an Korn und Viktualien, zumal bei den Bäckern, Brauern und Branntweinbrennern, sowie auch die Vorräte der letzteren an Branntwein aufzunehmen. Ebenso begab ich mich auf die nächst umhergelegenen Dörfer, und unter dem Vorwande, als sei ich gesonnen, Korn und Schlachtvieh aufzukaufen, wie beides mein Gewerbe mit sich brachte, erfuhr ich, was jeden Orts in dieser Gattung vorhanden war. Alles dieses brachte ich in ein Verzeichnis und überzeugte mich solchergestalt, daß wir nur würden zugreifen dürfen, um für Mund und Magen auf eine lange Zeit hinaus genug zu haben.

Aber dies Zugreifen konnte nicht von seiten der städtischen Behörden, sondern mußte von der Kommandantur ausgehen und auf militärischem Fuß betrieben werden. Ich nahm also meine Verzeichnisse in die Hand, ging zu Loucadou, legte ihm ein Papier nach dem andern vor und bat ihn, schleunige Anstalten zu treffen, daß diese Vorräte gegen Erteilung von Empfangsscheinen in die Festung geschafft würden. Denn wenn der Feind sich über kurz oder lang näherte und diese Ortschaften besetzte, so würde ohnehin alles von ihm geraubt und sein Unterhalt dadurch erleichtert werden. Auf diese gutgemeinte Vorstellung ward ich jedoch von dem Herrn Obersten hart angelassen, und er erklärte mir kurzweg: »Zu dergleichen Gewaltschritten sei er nicht autorisiert. Jeder möge für sich selbst sorgen. Was seine Soldaten anbeträfe, so wäre Mehl zu Brot in den Magazinen vorhanden.« – »Aber,« wandte ich ihm ein, »der Mensch lebt nicht vom Brot allein. Ihr Mehl liegt in Fachwerksspeichern, und die Magazine stehen alle an einer Stelle zusammengehäuft und dem feindlichen Geschütze ausgesetzt. Die erste Granate, die hineinfällt, kann ihr Untergang werden. Wäre es nicht sicherer, diese Vorräte in andre und mehrere Gebäude zu verteilen?« – »Pah! pah!« war seine Antwort, »die Bürgerschaft macht sich große Sorge um meinetwillen.« – Vergebens bat ich ihn nun noch, sich wenigstens meine Papiere anzusehen und sie in genauere Erwägung zu ziehen. Er aber, als hätte die Pest an denselben geklebt, raffte sie eilfertig zusammen, drückte sie mir wieder in die Hände und versicherte: Er brauche all den Plunder nicht, und damit Gott befohlen!

Es mag hierbei nicht unerwähnt bleiben, daß bei all meinen Unterredungen mit diesem Manne sich auch wie von ungefähr seine Köchin, Haushälterin, oder was sie sonst sein mochte, einfand und ihren Senf mit dareingab. Mochte ich nun dies oder jenes vortragen und mein Bedenken so oder so äußern, – flugs war das schnippische Maul bei der Hand: »Ei, seht doch! Das wäre auch wohl nötig, daß sich noch sonst jemand darum bekümmerte! Der Herr Oberst werden das wohl besser wissen.« – Diese Unverschämtheit wurmte mich oftmals ganz erschrecklich, und ich hatte Mühe, in meinem Ingrimm nicht loszubrechen. Jetzt aber lief das Faß einmal über, ich sagte dem Weibsbilde rein heraus, wie mir's ums Herz war, und zog mir dadurch den Herrn und Beschützer auf den Hals, so daß ich, um es nicht zum Äußersten kommen zu lassen, hurtig meine Papiere ergriff und mich entfernte.

Um den Magistrat und seine Anstalten stand es ebenso kläglich. Es geschah entweder gar nichts, oder es geschah auf eine verkehrte Weise, und wer etwa noch guten und kräftigen Willen hatte, ward nicht gehört. Mit einem Worte: man ließ es darauf ankommen, was daraus werden wollte, und es war an den Fingern abzuzählen, daß unser Untergang das Fazit von der heillosen Betörung sein würde.

In Kolberg – das sah ich wohl – war auf keine Hilfe mehr zu hoffen; geholfen aber mußte werden! Ich entschloß mich also in Gottes Namen und der winterlichen Jahreszeit zum Trotz, unsern guten unglücklichen, so schlecht bedienten König unmittelbar selbst in Königsberg, Memel, oder wo ich ihn finden würde, aufzusuchen und ihm Kolbergs Lage und Not vorzustellen. Von dem Kaufmann Höpner mietete ich ein großes Boot, unter dem Vorwande, damit nach der Insel Bornholm hinüberzustechen, und ebenso überredete ich insgeheim unter guter Bezahlung einen Seefahrer, der vormals als Matrose unter mir gedient hatte, mich auf dieser gewagten Unternehmung zu begleiten. Das Fahrzeug ward in den erforderlichen Stand gesetzt, notdürftiger Proviant nach der Münde hinausgeschafft und nur noch ein günstiger Wind erwartet, um unverzüglich in See zu stechen.

Gerade in diesem Augenblicke traf der Kriegsrat Wisseling von Treptow in Kolberg ein; ein Mann, der Kopf und Herz auf dem rechten Fleck hatte, und der sich nebst andern, die gleich ihm zur pommerschen Kriegs- und Domänenkammer gehörten, von Stettin entfernt hatte, um sich dem Feinde nicht zu Werkzeugen seiner landverderblichen Operationen herzuleihen, dagegen aber in den noch unbesetzten Gegenden der Provinz die Verwaltung für königliche Rechnung so lange als möglich im Gange zu erhalten. Wisseling war mein Freund, und es tat mir wohl, alle meine Klagen, Sorgen und Bedenken in sein redliches Herz auszuschütten. Er sah zugleich selbst und mit eignen Augen, wie es hier zuging, und fühlte sich darüber nicht weniger bekümmert. Als ich ihm das Geheimnis meiner geplanten Reise entdeckte, mißbilligte er das Wagestück, setzte aber sogleich auch hinzu: »Vertrauen Sie mir Ihre Papiere an, und alles, was sonst noch zu einer vollständigen Übersicht der Verhältnisse des Platzes fehlt, lassen Sie uns in einem gemeinschaftlichen Aufsatze bearbeiten: Ich übernehme es, mich selbst zu Lande zum Könige zu begeben und mein möglichstes zu tun, damit hier bessere Anstalten getroffen werden. Tun und wirken Sie derweilen hier, was in Ihren Kräften steht. So Gott will, wird es uns gelingen, dem Könige den Platz zu retten.« – Ich blieb auf sein Wort und er reiste ab.

äglich und stündlich strömten bei uns noch Versprengte von unsern Truppen ein, die teils weiter nach Preußen zogen, teils eine Zuflucht bei uns suchten, um sich von ihren Strapazen zu erholen oder ihre Wunden auszuheilen. Unter den letzteren befand sich auch der Leutnant v. Schill, vom Regiment Königin-Dragoner, der, schwer am Kopfe verwundet, nicht weiterkommen konnte. Der Zufall machte uns bald miteinander bekannt. Er war ein Mann nach meinem Herzen, einfach und bescheiden, aber von echtem deutschen Schrot und Korn, und so brauchte es auch keiner langen Zeit, daß er mir ein volles Vertrauen abgewann. Wie konnte ich ihm aber dieses schenken, ohne zugleich ihm unsre ganze verzweiflungsvolle Lage zu schildern, meine Klagen über Loucadou in sein Herz auszuschütten und daneben meine Wünsche über so manches, was zur Erhaltung der Festung zu veranstalten sei, gegen ihn laut werden zu lassen?

Alles was ich ihm sagte, machte je mehr und mehr seine Aufmerksamkeit rege, und es mag wohl sein, daß es auch den Entschluß in ihm erzeugt oder befestigt hat, in Kolberg zu bleiben und sich hier nützlich zu machen. Sobald er wieder ein wenig zu Kräften gekommen war, besahen wir uns gemeinschaftlich den Platz und seine Umgebungen. Wir trafen dabei in dem Urteile zusammen, daß es zuletzt hauptsächlich auf den Besitz des Hafens und die Behauptung der Schiffsverbindung mit Preußen und unsern Verbündeten ankommen werde. Hinwiederum war die »Maikuhle« der Schlüssel des Hafens, und dies angenehme Luftwäldchen, welches sich hart vom Ausflusse der Persante westlich eine Viertelmeile längs den Uferdünen der Ostsee hinstreckt, mußte um jeden Preis festgehalten werden. Dennoch war bis diesen Augenblick zur Verschanzung dieses entscheidenden Punktes noch keine Schaufel in Bewegung gesetzt worden. Man verließ sich auf das Münder-Fort und die Morastschanze, die aber beide unzureichend waren, den Feind, sobald er sich hier einmal festgesetzt hatte, aus diesem ihm unschätzbaren Posten zu vertreiben.

Wahr ist es, es würden fünfzehnhundert Mann dazu gehört haben, ein hier anzulegendes Außenwerk zu besetzen und vollkommen sicherzustellen; das aber hinderte uns nicht, den Gedanken zu fassen, daß hier beizeiten wenigstens etwas – sei es auch nur gegen den ersten Anlauf – geschehen könne und müsse, und daß dann die Not wohl das übrige tun werde. Woher aber Hände nehmen, um dort auch nur einige leichte Erdaufwürfe zustande zu bringen? – Noch hatte Schill nur erst einige wenige Leute um sich gesammelt, die er zu seinen jetzt beginnenden Streifereien in die Ferne nicht entbehren konnte; Geldmittel waren noch weniger in seinen Händen, und von Loucadou war vollends für diesen Zweck nichts zu erwarten. Auf sein Zureden und die Versicherung, sich für meine künftige Entschädigung eifrigst zu verwenden, entschloß ich mich, ohne längeres Bedenken, meine paar Pfennige, die ich im Kasten hatte, vorzustrecken.

Demzufolge trieb ich auf der Gelder-Vorstadt und allen nächstumliegenden Dörfern Tagelöhner und Häusler, soviel ich deren habhaft werden konnte, zusammen, versprach und zahlte guten Lohn und verwandte auf diese Weise gegen 400 Taler aus meiner Tasche. Tag und Nacht schanzten und arbeiteten wenigstens sechzig Menschen eine geraume Zeit hindurch an diesen Befestigungen, nach dem von Schill dazu entworfenen Plane. Weder der Kommandant noch sonst jemand fragte und kümmerte sich, was wir da schafften, und so blieb es auch meinem Freunde überlassen, diese Schanzen mit seinen Leuten in dem Maße, als sich diese aus den Ranzionierten freiwillig um ihn sammelten, immer stärker zu besetzen. Allein um sie dort festzuhalten, mußte auch für Löhnung und Mundvorrat in genügender Menge gesorgt werden. Vorerst fiel diese Sorge *mir* anheim, solange mein Beutel dazu vorhielt, oder meine Küche und mein Branntweinlager es vermochten.

Inzwischen war auch der Kriegsrat Wisseling aus Preußen glücklich wieder und mit sehr ausgedehnten Vollmachten vom Könige zurückgekehrt. Sein Eifer, verbunden mit rastlosester Tätigkeit, brachte *sofort* neues Leben in das ganze Administrationsgeschäft. Ganze Herden Schlachtvieh, lange Reihen von Getreidewagen zogen zu unsern Toren ein, und Heu und Stroh in reichem Überflusse füllte die Futtermagazine, oder ward in den Scheunen der Vorstädter untergebracht. Für diese gezwungenen Lieferungen erhielt der Landmann nach dem Taxwerte Lieferungsscheine, die künftig eingelöst werden sollten und mit denen er gern zufrieden war. In der Stadt wurde geschlachtet und eingesalzen und die Böden der Bürgerhäuser mit

Kornvorräten aller Art beschüttet. – So konnte Kolberg allgemach für notdürftig verproviantiert gelten, während zu hoffen stand, daß das Fehlende im nächsten Frühling bei wieder eröffneter Schiffahrt durch Zufuhr zur See zu ersetzen sein möchte.

euen Trost gab es, als bald darauf, vom Könige geschickt, der Hauptmann von Waldenfels, ein junger tätiger Mann, bei uns auftrat, um als Vize-Kommandant dem Obersten v. Loucadou zur Seite zu stehen und dessen Kraftlosigkeit zu unterstützen. Brav, wie sein Degen, aber noch nicht von Erfahrung geleitet, begann dieser seine neue Laufbahn, gleich in den ersten Tagen des Januars 1807, durch eine gewagte Unternehmung auf das neun bis zehn Meilen weit entlegene Städtchen Wollin, um sich durch Vertreibung der dort stehenden Franzosen eine freie Kommunikation mit Schwedisch-Pommern zu eröffnen. Wahrscheinlich wäre der nächtliche Überfall, wozu er einen bedeutenden Teil der Besatzung Kolbergs brauchte, gelungen, wenn nicht an Ort und Stelle Fehler begangen worden wären, die seinen übereilten Rückzug mit einem Verluste von mehr als hundert Mann zur Folge hatten.

Dieser erste Fehlschlag war um so nachteiliger, da er ohne Zweifel den Vize-Kommandanten hinderte, das geistige Übergewicht über Loucadou zu behaupten. Denn wenn auch in unsern Verteidigungsanstalten durch ihn unendlich viel Gutes gewirkt wurde und er mit dem alten grämlichen Manne darüber manchen Kampf zu bestehen hatte, so mußte er doch auch ebenso oft dessen Eigensinne nachgeben. Wir hatten also an ihm den Mann noch nicht, den wir brauchten.

Auch Schill, der im Januar vom Könige zur Organisierung eines Freikorps förmlich autorisiert worden war und von allen Seiten gewaltigen Zulauf fand, war ein von Loucadou sehr ungern gesehener Gast, dem dieser daher, wo er nur konnte, Hindernisse in den Weg legte; sei es, daß der Name, welchen der junge Mann sich so schnell erworben, sein Ansehen zu beeinträchtigen drohte, oder weil dessen Tätigkeit seinem eignen Schlendrian zum stillen Vorwurf gereichte. Schlimm war es immer, daß ihre beiderseitigen Befugnisse keine scharfe Abgrenzung gegeneinander hatten, während sie doch von gleichem Punkte aus und gemeinschaftlich handeln sollten. Nur ließ sich der wackere Parteigänger, bei all seiner ihm natürlichen Bescheidenheit, nicht so leicht unterjochen, und er fand auch noch immerdar Spielraum, wenn es ihm bei uns zu beklommen ward, sich außerhalb der Festung zu tummeln. Zudem stand sein Ruf nun einmal fest, und selbst als sein Überfall gegen Stargard (am 16. Februar) ihm mißlang und er bald darauf in Naugard einen empfindlichen Unfall erlitt, konnte er sich mit unverletzter Ehre näher gegen Kolberg zurückziehen.

Seine Absicht bei jenem Zuge war gewesen, das vom Marschall Mortier aus Schwedisch-Pommern entsandte Korps des Divisionsgenerals Teullié, welches zur Berennung unsres Platzes bestimmt war, auseinanderzusprengen und uns noch einige Zeit länger Luft zu verschaffen. Da der Streich nicht geglückt war, so drang nun jener französische Heerhaufe ungesäumt nach und ward nur durch Schills kräftig behauptete Stellung bei Neubrück, halben Wegs zwischen Treptow und Kolberg, acht volle Tage aufgehalten. Jetzt war also das langerwartete Ungewitter im nahen Anzuge, und da man endlich den Ernst spürte, besann man sich auch, daß der Kauzenberg ein gelegener Posten sein würde, dem Feinde das nähere Vordringen von dieser Seite zu erschweren. Eiligst ging man daran, die im Siebenjährigen Kriege hier aufgeworfenen Befestigungen, deren sich noch einige Spuren fanden, zu erneuern.

Wohl war es hierzu an der Zeit gewesen, denn schon am 1. März bemächtigte sich der Feind des Passes bei Neubrück und zeigte sich zwei Tage später am Kauzenberge, während eine andre Abteilung den Weg am Strande über Kolberger Deep einschlug und ihr Absehen augenscheinlich auf die Maikuhle gerichtet hatte. Eben hierher aber hatte sich auch nach der Verdrängung von jenem Passe ein Teil des Schillschen Korps geworfen, welches nicht nur den Feind entschlossen zurückwies, sondern von jetzt an auch fortwährend diesen Posten besetzt hielt, dessen hohe Wichtigkeit immer besser erkannt wurde. Ernsthafter aber war, gleich am folgenden Morgen, ein neuer feindlicher Versuch gegen die Schanze auf dem Kauzenberge, den man mit Hilfe einiger Verstärkungen aus der Festung und nach einem vereinzelten Gefechte in der Nähe von Pretmin glücklich vereitelte. Eigentlich aber hatte dieser Angriff nur den Marsch der Hauptmacht verdecken sollen, welche sich gleichzeitig von Neubrück südöstlich gegen Groß-Jestin wandte, bei Körlin die Persante passierte und bis zum 10. März sich bis Zernin und Tramm herumgezogen hatte, um Kolberg auch von der Ostseite einzuschließen.

Jetzt konnte uns die früher hergestellte Schanze auf dem Hohen Berge von Nutzen werden, daher sie auch unverzüglich noch weiter ausgebessert und einiges Geschütz darin aufgefahren wurde. Da sich's aber berechnen ließ, daß der Feind bei Tramm nicht stehenbleiben, sondern sich auch nach dem Dorfe Bullenwinkel und dem großen Stadtwalde, »der Kolberger Busch« genannt, ausbreiten würde, so war es von dringender Notwendigkeit, ihn von der Lauenburger Vorstadt, die hierherwärts gelegen ist, in möglichster Entfernung zu halten. Ich wußte, daß dies wie vormals durch eine auf dem Damme nächst der Ziegelscheune zu errichtende Schanze am zweckmäßigsten geschehen konnte, und da diejenigen, denen es eigentlich zugekommen wäre, sich dieser Sache nicht annehmen wollten, so bewog ich die Bürgerschaft, auch zu dieser Arbeit freiwillige Hand anzulegen, sobald der Feind im Westen der Stadt wirklich erschienen war und nun auch von der entgegengesetzten Seite augenblicklich erwartet werden durfte. Am 5. März griffen wir das Werk gemeinschaftlich an, schanzten Tag und Nacht unverdrossen und hatten auch die Freude, es schon am 9., noch vor Erscheinung eines Franzosen, vollendet zu sehen.

Während wir noch mit dieser Arbeit beschäftigt waren, ließ sich der Kommandant vom Hauptmann v. Waldenfels bewegen, uns in Gesellschaft des letzteren, des (Gott erbarme sich's!) Ingenieur-Kapitäns Düring und einiger andern dort auf dem Platze zu besuchen. Es war seit der ganzen Zeit das erste Mal, daß er sich außer den Toren der Stadt blicken ließ. Anstatt uns aber in unserm Fleiße durch irgendein freundliches Wort aufzumuntern, machte er unser Vornehmen mit spöttischem Lachen als Kinderspiel verächtlich. Indem aber noch weiter unter den Herren von der Haltbarkeit der Festung hin und her gesprochen wurde und die Meinungen verschieden ausfielen, konnte ich mein Herzpochen nicht länger zähmen, sondern nahm das Wort und rief: »Meine Herren, Kolberg *kann* und *muß* dem Könige erhalten werden; es koste was es wolle! Wir haben Brot und Waffen, und was uns noch fehlt, wird uns zur See zugeführt werden. Wir Bürger sind alle für einen Mann entschlossen, und wenn auch all unsre Häuser zu Schutthaufen würden, die Festung nicht übergeben zu lassen. Und hörten es je meine Ohren, daß irgend jemand – er sei Bürger oder Militär – von Übergabe spräche, bei jedes Mannes Wort! dem rennte ich gleich auf der Stelle diesen meinen Degen durch den Leib, und sollte ich ihn in der nächsten Minute mir selbst durch die Brust bohren müssen!« – So gingen wir für diesmal, halb lachend, halb erzürnt, auseinander.

is zum 13. März hatte der Feind seine Umzingelung des Platzes vollendet, doch war die Einschließung nicht so genau, daß nicht immer noch einige Nachrichten von außen her durch flüchtende Landleute zu uns durchgedrungen wären, die uns das dichtere Zusammenziehen der französischen Truppen ankündigten. Spätere Reiterpatrouillen, welche Schill veranstaltete, betätigten diese Gerüchte. Immerhin blieb uns längs dem Strande, zumal nach Westen hin, noch manche verstohlene Verbindung mit der Nachbarschaft, fast die ganze Zeit der Belagerung hindurch, übrig, und auch zu Wasser ließ sich jeder beliebige Punkt der Küste heimlich erreichen.

Plänkeleien an der Ostseite leiteten einen Angriff gegen die Schanze auf dem Hohen Berge ein, welche dem Feinde unbequem zu sein schien. Von beiden Seiten rückten immer mehr Truppen ins Gefecht, bis bei dem heftigeren Andrängen unsrer Gegner gegen Abend den Unsrigen nur übrig blieb, sich fechtend gegen die Stadt zurückzuziehen. Die drei Kanonen in der Schanze wurden mit abgeführt und gerettet, aber der Feind säumte nicht, sich in dem Werke festzusetzen, welches ihm noch hartnäckiger hätte streitig gemacht werden sollen. Ich selbst war bei dem ganzen Gefechte zugegen gewesen und sah, daß bei dem Rückzuge mehrere von unsern Leuten tot oder verwundet auf dem Felde liegen blieben. Es jammerte mich besonders der letzteren, und so wagte ich mich, mit einem weißen Tuche in der Hand, gegen die feindlichen Vorposten und bat, daß mir erlaubt werden möchte, diese Gebliebenen nach der Stadt abholen zu dürfen. Nach langem Hin- und Herfragen ward mir dies endlich zugestanden. Ich eilte demnach in die Vorstadt zurück, nahm drei mit Stroh belegte Wagen mit mir und fuhr mit ihnen, unter dem Geleite einiger französischer Soldaten, auf dem Felde umher, wo ich neun Verwundete und fünf Tote auflas und mit mir führte. Die letzteren wurden sogleich auf dem nahen St. Georgen-Kirchhofe beerdigt, die ersteren aber in ein Lazarett abgeliefert. Von da an machte ich mir's zu einem besonderen und lieben Geschäfte, unsern Verwundeten auf diese Weise beizustehen, und habe oft selbst Wagenführer sein müssen, wenn es in ein etwas lebhaftes Feuer hineinging und die Knechte sich aus Angst verliefen.

Gleichzeitig mit der Schanze auf dem Hohen Berge hatten unsre Belagerer auch die Anhöhen der Altstadt besetzt, ohne dort einigen Widerstand zu finden, und waren uns dadurch in eine bedenkliche Nähe gerückt. Beide Verluste machten es nun um so dringender, die Überschwemmungen, wie überall um die Festung her, so besonders nach diesen zunächst bedrohten Punkten hin zu bewirken. Schon von Anfang an hatte ich mir mit den Voranstalten hierzu viele Mühe gegeben und teils auf eigne Kosten, teils durch Mitwirkung der Bürgerschaft wirklich auch soviel erreicht, daß ich hoffen konnte, eine weite Fläche so unter Wasser zu setzen, daß an kein Durchkommen zu denken wäre.

Dies ging nun nicht ohne vieles Widerstreben von seiten der Eigentümer der Wiesen und Ländereien ab, denen das Schicksal einer solchen Überschwemmung bevorstand. Um dieser Katzbalgereien überhoben zu sein, wandte ich mich an Waldenfels, machte ihn an Ort und Stelle mit der ganzen Einrichtung der Schleusen und Aufstauungen bekannt und forderte ihn auf, von seiten der Kommandantur das Weitere zu veranlassen. So sehr er von der Nützlichkeit der Sache überzeugt war, wagte er's doch nicht, sie für seinen eignen Kopf auszuführen, ich aber wollte ebensowenig etwas mit dem Obersten zu tun haben. Endlich aber überredete er mich doch, diesem die Sache gemeinschaftlich vorzustellen.

Als wir nun vor ihn kamen, fand sich sofort auch das vorbelobte Weibsbild ein und begann tapfer mit dareinzureden. Nun war auch meine Geduld am Ende und ich bedeutete sie kurz und gut, daß es ihr nicht zukäme, hier ihre unverlangte Weisheit feilzuhalten. Das Ding aber, das sich auf seinen Herrn verließ, machte mir ein schnippisch Gesicht und wäre mir wohl gern mit allen zehn Fingern ins Gesicht gefahren, wenn ich es nicht fein säuberlich beim Kragen genommen und zur Stubentüre hinausgeschoben hätte, wie es recht und billig war. Darüber geriet aber wiederum der Herr Kommandant in Hitze. Er griff nach dem Degen und würde ihn ohne Zweifel gegen mich gezogen haben, wäre ihm nicht mein Begleiter in den Arm gefallen mit den Worten: »Beruhigen Sie sich! Nettelbeck hat recht getan.« – Er kam zur Besinnung, aber mit dem Vorschlage zur Überschwemmung blieb es wie es war. Dagegen geschahen einige Kanonenschüsse aus der Festung – die ersten, welche gegen den Feind gelöst wurden, und mit welchen also auch die Geschichte der Belagerung anheben mag.

An dem nämlichen Tage (den 14. März) hatten die Franzosen schon früh das Dörfchen Bullenwinkel – ich weiß nicht, ob aus Frevelmut, oder um irgendeinen militärischen Zweck dadurch zu erreichen – im Rauche aufgehen lassen. War es nun, daß unser Kommandant ihnen in dieser Kunst nicht nachstehen wollte, oder daß er wirklich befürchtete, der Feind möchte sich in der Lauenburger Vorstadt festsetzen, – genug, er beschloß, diese gänzlich abzubrennen: Niemand von den zahlreichen Bewohnern hatte sich einer solchen gewaltsamen Maßregel versehen, niemand war in diesem Augenblicke darauf vorbereitet – am wenigsten, daß dem dazu erteilten Befehle die Ausführung so unmittelbar auf dem Fuße folgen werde. Keine halbe Stunde Zeit ward den Unglücklichen zur Rettung ihrer Habe gestattet; viele mußten wie sie gingen und standen ihr Eigentum verlassen. Hundert Familien wurden in wenigen Minuten zu Bettlern und suchten nun in der ohnehin ziemlich beengten Stadt ein kümmerliches Unterkommen.

Man fragte sich damals, und das mit gutem Rechte, warum, wenn doch einmal gesengt und gebrannt sein sollte, diese Maßregel nicht schon früher die Altstadt getroffen habe, die im unmittelbaren Bereiche des Feindes lag, der sich zwischen den Gebäuden derselben einnistete und uns durch seine hinter denselben angelegte Wurfbatterie in der Folge so nachteilig wurde? Als der Fehler aber einmal begangen war, blieb jeder Versuch zur Abhilfe vergeblich. Selbst alle Mühe, die wir uns gaben, die Altstadt durch unser Geschütz zu demolieren oder in Brand zu stecken, leistete die ganze Belagerung hindurch nicht, was wir davon erwarteten. – Was indes hier versäumt war, suchte der Rittmeister von Schill an seiner Seite in der Maikuhle nach Möglichkeit wieder gut zu machen, indem er sich in diesem wichtigen Posten immer fester setzte, Fleschen anlegen ließ, Wolfsgruben grub und Verhacke veranstaltete. Die Beschützung des Platzes von dieser Seite blieb nun gänzlich seiner Sorgfalt überlassen.

Der feindliche Anführer mußte indes seine am 13. März errungenen Vorteile wohl selbst für bedeutend genug halten, um zu glauben, daß uns der Mut zu fernerem Widerstande dadurch gebrochen worden. Es erschien also am 15. vormittags um zehn Uhr am Mühlentore ein französischer Parlamentär in einem mit vier Pferden bespannten, niedergelassenen Wagen. Der Kutscher fuhr vom Sattel; den Bock nahm ein Trompeter ein, und zwei Nobelgardisten, wie die Puppen gekleidet und mit Gewehr und völliger Rüstung versehen, gingen zu beiden Seiten des Wagens einher. In diesem ungewöhnlichen Aufzuge und unter einer schmetternden Fanfare rasselte das Völkchen zur Stadt herein und hielt dann plötzlich vor dem Hause des Kommandanten, der den Parlamentär in der Haustüre empfing, ihm freundlich die Hand bot und dann ihn in sein Zimmer führte, welches sofort hinter ihnen verschlossen wurde.

Nach und nach versammelten sich viele Offiziere der Garnison auf der Flur des Hauses, unter welche auch ich mich mischte. Alle waren von jener Erscheinung mehr oder weniger überrascht und auf den weiteren Erfolg gespannt. Alle fragten wir uns untereinander, ob denn sonst keiner von den Offizieren bei der gegenwärtigen Unterredung in dem verriegelten Zimmer zugegen sei? Ich wandte mich an den Oberst v. Britzke, der auch unter dem Haufen stand: »Herr, Sie sind der nächste an Rang und Alter. Ihnen gebührte es am ersten, mit anzuhören, was da unterhandelt wird. Sprengen Sie die Tür!« – Er zuckte die Schultern und niemand von den Anwesenden sprach ein Wort. Mich aber überfiel innerlich eine unbeschreibliche Angst und Sorge. Die Erinnerungen an Stettin, Küstrin und Magdeburg standen mir wie finstere Gespenster vor der Seele. Ich lief, den Vize-Kommandanten aufzusuchen, der jetzt allein noch Unheil verhüten konnte.

Vergebens irrte ich in der ganzen Stadt und auf den Wällen umher, den wackeren Mann zu erfragen. Bald sagte man mir, er sei auf der Münde, beim Hafen, und ich schickte Boten über Boten aus, ihn schleunigst herbeizurufen; – bald wieder hieß es, er sei bei den Verschanzungen auf dem Wolfsberge beschäftigt. Aber während ich auch dorthin Eilboten abfertigte, war die Zeit bis fast um zwei Uhr abgelaufen, und ohne ihn erwarten zu können, trieb es mich wieder nach dem Kommandantenhause, wo Unheil gebrütet wurde.

In der Zwischenzeit aber hatten Trompeter, Kutscher und Nobelgarden, die mir sämtlich nicht so aussahen, als ob sie in diese Kleider gehörten, sich nach Belieben und ohne Aufsicht in der Stadt zerstreut – man möchte denn *das* Aufsicht nennen wollen, daß ein Unteroffizier von der Garnison, namens Reischard, ein geborner Sachse, sich wie von ungefähr zu ihnen gesellte und sie, wie man wissen wollte, auch auf den Wällen herumgeführt hatte. Dieser Mensch war übrigens in den letzten Zeiten vielfältig bei den Arbeiten an den Verschanzungen und beim Palisadensetzen als Aufseher gebraucht worden. Er konnte also über die Lage und Beschaffenheit der Werke wohl einige Auskunft geben.

Endlich, nach langem peinlichem Harren ward von dem Kommandanten aus dem Fenster gerufen, des Parlamentärs Wagen vorfahren zu lassen. Beide Herren traten Hand in Hand aus dem Zimmer hervor, verweilten aber noch einige Zeit in der Haustüre, weil noch etwas an dem Wagen in Ordnung zu bringen war. Unter uns Umstehenden gab es auch einen Ansbachischen Offizier außer Diensten, der so ziemlich das Aussehen eines Abenteurers hatte, sich seit einiger Zeit in der Stadt umhertrieb und auch jetzt sich, man wußte nicht wie und warum, hier eingedrängt hatte. Dieser nun trat mit einer gewissen Zuversichtlichkeit auf den französischen Unterhändler zu und begrüßte ihn; beide ergriffen einander bei der Hand und drängten sich durch uns alle hindurch, um auf den Hof zu gelangen, wo sie so lange und angelegentlich miteinander sprachen.

Hier wurde ich nun warm und ereifert. Ich faßte den Kommandanten am Arm und zog ihn nach, indem ich rief: »Herr Oberst, was die beiden dort abzumachen haben, das müssen *Sie* auch wissen!« – Er folgte mir wie ein Schaf; sowie wir aber näherkamen, verbeugten sie sich beiderseits höflichst und gingen auseinander, worauf auch der Parlamentär in den Wagen stieg und davonkutschierte. Erst eine halbe Stunde nachher kam der Hauptmann v. Waldenfels fast atemlos herbeigeeilt, und ich und andre erzählten ihm, was hier vorgegangen. Der Mann geriet ganz außer sich, daß so etwas in seiner Abwesenheit hatte geschehen können. Man erfuhr auch nachher, daß Loucadou und der Vizekommandant einen harten Wortwechsel gehabt und sich förmlich miteinander überworfen hatten. In all diesen Vorgängen war viel Unbegreifliches, zumal nach zwei Tagen jener Unteroffizier Reischard unsichtbar geworden und zum Feinde übergegangen war.

Gleich am 16. März machte der Feind vormittags den ersten Versuch, ob die Stadt aus der eroberten Schanze auf dem Hohenberge mit Wurfgeschütz zu erreichen sein werde. Er schickte uns also einige Granaten zu, die aber entweder schon in der Luft platzten oder unschädlich in den Stadtgraben fielen. Nichtsdestoweniger ward abends um acht Uhr ganz unvermutet Feuerlärm geschlagen, und – das Haus des Kommandanten stand in vollem Brande! Alles lief zum Löschen herbei; doch mancher verständige Bürger brachte dieses Ereignis mit dem gestrigen Parlamentär in eine sehr bedenkliche Verbindung.

Voll von beängstigenden Gedanken, entschlossen sich unser dreizehn, sofort eine Runde rings um die Stadtwälle zu machen und die Verteidigungsanstalten nachzusehen. Überall auf den Batterien, wo Kanonen und Pulverwagen standen, riefen wir wiederholt und überlaut die Schildwachen an, aber nur selten ward uns Antwort, und auf unsrer langen Runde trafen wir nicht mehr als *sieben* Mann unter dem Gewehre!

So etwas überstieg alle unsre Gedanken und Begriffe! Wir erachteten es für dringende Notwendigkeit, dem Kommandanten davon schleunigste Anzeige zu machen. *Der* aber war längst aus seinem brennenden Hause geflüchtet und hatte sich in das Posthaus einquartiert. Auch dort suchten wir ihn auf und ließen ihm durch seine Ordonnanz hineinsagen: »Die Bürgerpatrouille wolle ihn sprechen, um etwas Hochwichtiges anzumelden.« Wir empfingen hierauf den Bescheid: »Der Herr Oberst habe sich bereits zur Ruhe begeben und lasse sich heute nicht mehr sprechen.« – Was für eine unerhörte Seelenruhe bei einem Festungskommandanten, der den Feind vor den Toren hat und dessen Haus in vollen Flammen steht! Dieser Brand wurde übrigens gegen drei Uhr morgens gelöscht; wir Bürger setzten unsre Umgänge die ganze Nacht fort und der Feind hielt sich ruhig.

Hier mußte Rat geschafft werden, und so bedachte ich mich nicht lange, sondern ging noch am nämlichen Morgen ans Werk, um aus der ganzen Fülle meines beklommenen Herzens an den König selbst aufs Papier hinzuwerfen, was mir in diesen letzten Tagen, sowie manches Frühere, unrecht und bedenklich vorgekommen. Ich weiß noch, daß dieses Schreiben mit den unterstrichenen Worten endigte: »Wenn Ew. Majestät uns nicht bald einen andern und braven Kommandanten zuschicken, sind wir unglücklich und verloren!« – Diese Vorstellung schloß ich in eine Adresse an den Kaufmann Wachsen zu Memel, einen geborenen Kolberger, ein und ersuchte ihn, die Einlage womöglich an den König persönlich zu übergeben. Es fand sich aber zur Absendung nicht eher eine Gelegenheit, als am 22. März, da Schiffer Kamitz mit einer Anzahl Gefangener nach Memel in See ging. Dieser lieferte denn auch mein Paket richtig an seine Adresse ab und von Wachsen erfuhr ich, daß der Monarch dasselbe aus seinen Händen selbst empfangen und gnädig aufgenommen habe.

aß am 17. März abermals ein Feuer in der Kommandantur hervorbrach, konnte eine irgendwo noch verborgen gebliebene Glut zur Ursache haben; allein die Gemüter waren einmal zum Argwohne aufgeregt und merkten nur an, daß heute so wenig als gestern um die Zeit, da das Feuer aufgegangen, irgendein feindliches Geschoß in Tätigkeit gewesen sei.

Bis zum 19. März beschäftigten sich die Belagerer vornehmlich mit Einrichtung ihrer Lager, mit Festsetzung in der Altstadt und mit Schlagen einer Verbindungsbrücke über die Persante in der Nähe von Rossentin; und je mehr sich Truppen hierherwärts bewegten, um so weniger war es zu bezweifeln, daß ihre Absichten auf Gewinnung der Schanze auf dem Kauzenberge gerichtet seien, die ihre Besatzung abwechselnd aus der Festung erhielt. Am frühen Morgen jenes Tages fand der Angriff wirklich statt. Es gab das erste anhaltende Feuer aus grobem Geschütz und kleinem Gewehr. Anfall und Verteidigung waren in gleichem Maße heftig, aber nur zu bald mußte die Besatzung der Übermacht weichen, und auch das weiter zurückliegende Dorf Sellnow ging verloren, ohne daß die nachrückende zahlreiche Verstärkung vermochte, dem Feinde seine Vorteile wieder zu entreißen. Dies war für uns ein sehr empfindlicher Verlust, denn nur von der Position von Sellnow aus war die Stadt auf dieser Seite angreifbar.

Rasch und besonnen hingegen benutzte der Feind auf der Stelle seine erlangten Vorteile, ging in das Siederland vor, setzte sich hinter das Gradierwerk und zeigte sich selbst vor dem Galgenberge. Rechtshin aber griff er zugleich unsre Schanze auf dem Strickerberge, hart an dem Damme vor dem Geldertore gelegen, mit solchem Nachdruck an und ward dabei durch sein Flankenfeuer von der Altstadt her so gut unterstützt, daß das Feuer aller unsrer Batterien, wie heftig es auch unterhalten wurde, dagegen kaum ausreichte. Abends gegen sechs Uhr mußten die Grenadiere, welche bis dahin die Schanze mit Entschlossenheit verteidigt hatten, sich durch eine Abteilung Freiwilliger des Schillschen Korps ablösen lassen, und diesen glückte es, sich darin noch achtundvierzig Stunden zu behaupten – ja noch gleich in der nächsten Nacht eine neue Schanze nächst dem weißen Kruge (dem letzten Hause der Geldervorstadt) aufzuwerfen, wodurch der Damm noch besser bestrichen und die Feinde an der Annäherung verhindert wurden.

Allerdings stand nun die genannte Vorstadt in naher und dringender Gefahr, überwältigt und dann der Festung sehr nachteilig zu werden. Loucadou war darum auch sogleich mit dem Befehle zum Abbrennen bereit. Diesmal aber fand seine rücksichtslose Härte einen edelmütigen Widerstand an dem Rittmeister v. Schill, welcher die Unnützlichkeit jeder Übereilung bei der Ausführung dieser Maßregel dartat, solange die vorliegenden Schanzen noch von seinen Leuten verteidigt würden, für deren Mut und Ausdauer er sich verbürgte. Der Kommandant sah sich für den Augenblick genötigt nachzugeben, und Hunderte von Menschen fanden dadurch Zeit, alle beweglichen Trümmer ihres Vermögens rückwärts in Sicherheit zu flüchten. Erst als dies geschehen war, trat die unabwendbare Zerstörung ein und die Schanzen wurden verlassen.

s fehlte jedoch viel, daß Loucadou hierdurch selbst zur Besinnung gekommen wäre. Er sah in Schills Benehmen nur einen sträflichen Mangel an Subordination und machte ihm harte Vorwürfe, welche einen Wortwechsel nach sich zogen und mit einem Zimmerarrest endigten, dem der Gekränkte sich geduldig unterzog. Aber nicht so geduldig nahmen Soldaten und Bürger auf, was für eine Ungebührnis ihrem Liebling widerfahren sei. Es entstand ein Gemurmel, ein Reden, ein Fragen, ein Durcheinanderlaufen, das mit jeder Minute lauter und stürmischer wurde. Eine immer gedrängtere Masse sammelte sich auf dem Markte und es war nicht undeutlich die

Rede davon, Schill mit Gewalt zu befreien und den Kommandanten für das, was er getan, persönlich verantwortlich zu machen.

Ich erfuhr alsbald, was im Werke sei; allein war ich gleich nicht weniger entrüstet, als jeder andre, so entging mir doch nicht, von welchen unseligen Folgen hier jede Gewalttätigkeit sein würde. Vielmehr kam alles darauf an, diese Volksbewegung zu stillen. Ich warf mich schnell unter die Menge, bat sie, Vernunft anzunehmen und vor allen Dingen Schills eigne Meinung zu vernehmen. Diese zu hören, sei ich jetzt auf dem Wege begriffen. Sie möchten also ruhig meine Wiederkunft erwarten. Das ward denn auch angenommen.

Als ich zu dem Gefangenen kam und ihm sagte, wie die Sachen ständen, erschrak er heftig, und mich an beiden Händen ergreifend, rief er: »Freund, ich bitte Sie um alles, stellen Sie die guten Menschen zufrieden! Aufruhr wäre das letzte und größte Unglück, das uns begegnen könnte. Sagen Sie ihnen, ich sei nicht arretiert, ich sei krank – kurz, sagen Sie, was Sie wollen, wenn die Leute sich nur zur Ruhe geben.« – Ich gelobte ihm das, weil er es wollte und weil es das beste war, und eilte nach dem Markte zurück. Kaum konnte ich mich durch das tosende Gedränge schlagen. Vor dem Kuhfahlschen Hause trat ich auf eine Erhöhung und forderte, daß man mich hören solle. »Kinder!« rief ich dann, »ich komme von unserm Freunde. Aus seinem eignen Munde weiß ich's: er hat nicht Arrest, wie ihr glaubt, sondern hält sich wegen Unpäßlichkeit in seinem Zimmer. Euch insgesamt aber bittet er durch meinen Mund, wenn ihr ihm je Liebe bewiesen habt, daß ihr jetzt ruhig auseinandergeht. Binnen wenigen Tagen hofft er so vollkommen hergestellt zu sein, daß er selbst unter euch erscheinen und euch für eure Anhänglichkeit danken kann. Wer also ein guter Bürger und sein Freund ist, der geht nach Hause.«

Diese Rede war nicht zierlich, aber verständlich, und machte um so mehr den besten Eindruck, da sie von dem Superintendenten Baarz, der neben mir stand, wiederholt und weiter ausgeführt wurde. Die guten Leute kamen glücklich zur Besinnung, und als die Angeseheneren sich ruhig weggegeben hatten, fehlte es nicht, daß auch der Pöbel sich allgemach verlief. Loucadou verhielt sich bei diesem Vorgange ganz still, als hätte er kein Wasser getrübt, was ihm auch gar sehr zu raten war. Schills Arrest aber blieb ein leeres Wort, das stillschweigend zurückgenommen wurde. Denn da Schill seine Gegenwart in der Maikuhle und bei den Vorposten notwendig fand, tat er, was die Umstände erforderten, und Loucadou stand nicht an, zu erklären: »Außerhalb der Festung möge er schalten, wie er's für gut befinde.«

Noch hatte die eigentliche Belagerung kaum ihren Anfang genommen, d. h. es waren noch keine Laufgräben eröffnet, keine Batterien angelegt und die Stadt noch kaum beschossen, und dennoch hatten wir bereits durch Saumseligkeit und Unverstand von unsern Vorteilen so viel eingebüßt, als nur nach einem langen und hartnäckigen Angriff und einer ebensolchen Gegenwehr zu entschuldigen gewesen wäre. Wir hatten nur, wenn ich so sagen mag, den Instinkt der Furcht, und dieser leitete uns ganz richtig, indem er uns zuflüsterte, daß wir um unsers letzten Heils willen uns nicht vom Meere abdrängen lassen dürften. Darum wandte man von jetzt an eine stets größere Sorgfalt auf die Befestigung der Maikuhle, deren zuvor noch immer mit einiger Schonung behandelte Bäume jetzt zum Teil niedergehauen wurden. Aber auch ostwärts des Hafens verließ man sich nicht mehr allein auf das Münderfort und die wohlgelegene Schanze auf dem Münder Kirchhofe, welche noch durch eine, zwischen beiden angelegte Redoute auf dem sogenannten »Baumgarten« verstärkt wurde, sondern richtete auch eine ganz besondere Aufmerksamkeit auf den noch östlicher gelegenen Wolfsberg, der dem Andringen des Feindes längs dem Strande einen Damm entgegenstellte. Diese wichtige Anhöhe, welche auf ihrer flachen Kuppe einen Raum von mehr als hundert Schritten im Durchmesser darbietet, wurde nach und nach in ein geschlossenes Werk von ausnehmender Stärke verwandelt und darum auch für die Folge der Belagerung überaus wichtig. Von den Erhöhungen bei Bullenwinkel kann sie zwar bestrichen werden, aber die dazwischen liegenden Radewiesen erschweren gleichwohl jede Annäherung.

Hierherwärts schien aber jetzt noch der Blick des Feindes ungleich weniger, als auf den Gewinn der Maikuhle geheftet zu sein. Nicht nur hatte er neuerdings eine Floßbrücke in noch größerer Nähe bei der Altstadt über den Strom geschlagen, um sich den Übergang zu erleichtern und seine Truppen schnell auf jeden Punkt zu werfen, sondern vom 22. bis 24. März erfolgten auch täglich Rekognoszierungen, die selbst bis gegen den Strand vorzudringen suchten und sich endlich in Neu-Werder oder den sogenannten »Spinnkaten« festsetzten. Diese leichten Angriffe gegen die Maikuhle wurden den 26. und 30. März ohne bedeutenden Erfolg wiederholt und bereiteten einen ernsthafteren vor, zu dessen Ausführung man vielleicht nur die Ankunft des Marschalls Mortier abwartete, welcher endlich am 5. April bei dem Belagerungskorps eintraf und sein Hauptquartier in Zernin nahm. Ebendaselbst hatte weiland auch der russische General Romanzow das seinige aufgeschlagen.

Nun erkannte auch die patriotische Bürgerschaft ihre steigende Verpflichtung, Mühe, Not und Gefahr mit der im ganzen so wackeren Garnison noch mehr als bisher zu teilen. Sie erbot daher dem Kommandanten nochmals ihre Mitwirkung zum inneren Festungsdienste, Beziehung der Hauptwache und Ausstellung der nötigen Posten auf dem inneren Walle sowie an den Toren. Diesmal ward auch, da Not beten lehrt, ihr guter Wille besser anerkannt und gerne angenommen. Sie trat also diesen Dienst mit dem 25. März an und hat ihn auch bis ans Ende hin mit lobenswerter Treue und Pünktlichkeit versehen.

ancher Leser dürfte sich vielleicht wundern, daß bisher immer nur von der Bürgerschaft die Rede ist, ohne irgend einiger Wirksamkeit des Magistrats auch nur mit einem Worte zu gedenken. Wer aber nichts tut und leistet, von dem ist freilich auch wenig oder nichts zu melden, und das war hier leider von Anfang an der Fall. Auch jene Herren hätten sich verdient machen können, wenn sie sich nur die Mühe hätten nehmen wollen, aus ihrem gewohnten Schlendrian ein wenig herauszugehen. Und in diesem Schlendrian ließ auch der Kommandant sie ruhig gehen, so wie er selbst sich gehen ließ. An Energie und Kraft war nicht zu denken, was ihnen nicht gerade vor den Füßen lag, hüteten sie sich wohl, aufzunehmen. Dadurch fiel denn alle Last der öffentlichen Geschäfte um so mehr auf die, denen es ihr Feuereifer nicht zuließ, in solcher Zeit der Not stille zu sitzen. Solch ein Kernmann war der, jetzt als Senator pensionierte Stadtsekretär Aue, der immer und überall auf dem Platze war, wo Rat und Hilfe erfordert wurde, daher er auch das Unglück hatte, durch eine Granate verwundet zu werden. Auch der Kriegsrat Wisseling, der sich des ganzen Proviantierungsgeschäfts annahm, tat in diesem Wirkungskreise, was einem redlichen Patrioten zukommt und alles Lobes wert ist.

Ich spreche nicht gern von dieser dunklen Schattenseite in dem Gemälde unsrer Kolberger Belagerung, habe aber auch nicht Lust, der Wahrheit etwas zu vergeben. Um also ein für allemal darüber wegzukommen, bemerke ich, daß späterhin, als wir's mit einem Manne zu tun hatten, der den Umständen gewachsen war, unter Trommelschlag öffentlich bekannt gemacht wurde: Jeder Angestellte solle sich auf seinem Posten finden lassen oder kassiert sein. Anderseits gaben viele Kaufleute und sonst ausgezeichnete Personen, unter denen gleichwohl Herr Dresow samt einigen andern eine rühmliche Ausnahme machte, das böse Beispiel, sich aus der Stadt, sobald sie beschossen wurde, nach der Münde oder wohl gar nach Bornholm zu flüchten. Da waren sie freilich außer dem Schusse, aber auch für das allgemeine Beste außer Wirksamkeit, und das ist's, was ich ein böses Beispiel nenne.

Scharmützel und Plänkeleien zwischen den Vorposten, kleine Ausfälle und Überrumpelungen waren seither mit abwechselndem Glücke an der Tagesordnung, kosteten aber doch immer einige brave Leute, deren Abgang uns noch fühlbarer geworden sein würde, wenn uns nicht, sowohl auf einem dänischen Schiffe als auf mehreren Booten von Rügenwalde, kampflustige Razionierte zu Hunderten zugeströmt wären. Aber auch der Feind verstärkte sich von Tag zu Tag, sein Wurfgeschütz fing an zu spielen und richtete hier und da Verheerungen an, und insonderheit empfanden wir die nachteiligen Wirkungen seiner so nahe gelegenen Batterien auf der Altstadt. Um uns vor diesen mehr Ruhe zu verschaffen, hatten wir den 3. April es darauf angelegt, die vorgehenden Gebäude in Brand zu schießen. Unsre Bomben und Granaten zündeten auch wirklich, allein da jene keine zusammenhängende Masse bildeten, so griff das Feuer nicht um sich und unser Pulver war vergeblich verschossen.

uch am 5. April machten uns die französischen Granaten von dort her von Zeit zu Zeit unangenehme Besuche, als ich mich mit hundert und mehr Menschen auf dem Markte befand, wo der Kommandant den Bürgern Befehle austeilte, die mir sehr wenig angemessen erschienen. So hatte er geboten, daß alle Hausdächer hoch mit Dünger belegt werden sollten, um das Durchschlagen der Bomben zu verhüten, ebenso daß überall das Straßenpflaster aufgerissen werden sollte, um gleichfalls jene Geschosse unschädlicher zu machen. Nun habe ich zum Unglück eine Gattung von schlichtem Menschenverstand, die zu keiner Absurdität gutwillig schweigen kann. Ich war also auch hier so vorwitzig, meinen doppelten Zweifel zu äußern; einmal, ob der anbefohlene Dünger auf unsern Dächern, die durchgängig eine Neigung von mehr als 45 Grad hätten, wohl lange haften dürfte, und dann, ob die Granaten auch wohl vor so bedeckten Dächern, nach deren bekannter leichten Konstruktion, sonderlichen Respekt beweisen möchten? Auch erinnerte ich daran, daß die Stadt ehedem zu dreienmalen, und zwar heftig genug, mit Bomben geängstigt worden, ohne daß man gleichwohl nötig gefunden hätte, das Pflaster zu rühren. Dies schiene hier bei unsern engen Gassen sogar schädlich und hinderlich, weil dann bei entstandener Feuersgefahr weder Spritzen noch Wasserkufen einen Weg durch die Steinhaufen und den umgewühlten Boden würden finden können. Es möchte also wohl der beste Rat sein, dergleichen gelehrte Experimente hier beiseite zu setzen und uns nur tapfer unsrer Haut zu wehren.

Währenddessen zogen einige feindliche Granaten ihren Bogen, schlugen nicht weit von uns durch die Dächer der Häuser, platzten und richteten Schaden an. Fast zu gleicher Zeit fuhr eine Bombe kaum zwanzig oder dreißig Schritte weit von unserm Kreise nieder, zersprang, beschädigte aber niemand. Bei dem Knall sah sich der Oberst mit etwas verwirrten Blicken unter uns um und stotterte: »Meine Herren, wenn das so fortgeht, so werden wir doch noch müssen zu Kreuze kriechen!« – Mehr konnte er nicht hervorbringen.

So etwas sehen und hören ließ mich meiner nicht länger mächtig bleiben, und ich tat einen Schritt, den ich jetzt selber nicht gut heiße, obwohl ich mir dabei der reinsten Absicht bewußt bin. Ich fuhr gegen ihn auf und schrie: »Halt! Der erste, wer er auch sei, der das verdammte Wort wieder ausspricht von 'zu Kreuze kriechen' und Übergabe der Festung, der stirbt des Todes von meiner Hand!« – Dabei fuhr mir der Degen, ich weiß nicht wie, aus der Scheide, und mit der Spitze gegen den Feigling gerichtet, setzte ich hinzu zu allen, die es hören wollten: »Laßt uns brav und ehrlich sein oder wir verdienen wie die Memmen (eigentlich brauchte ich wohl ein andres Wort) zu sterben!«

Der Landrat Dahlke, mein Nebenmann, faßte mich von hinten und zog mich von Loucadou zurück, während dieser vom Kaufmann Schröder verhindert wurde, seine Hände zu gebrauchen, die gleichfalls nach der Klinge griffen. Seine Zornwut kannte keine Grenzen mehr. »Arretieren!« schrie er mit schäumendem Munde, »gleich arretieren! In Ketten und Banden!« – Da sich indes alles um ihn zusammendrängte, der Landrat aber mich aus allen Kräften von ihm entfernte, so mußte er wohl glauben, daß man mich ins Gefängnis davonführe, und so kamen wir einander aus dem Gesichte. Ich aber, ein wenig zur Besinnung gekommen und mit mir altem Knaben nicht aufs beste zufrieden, ging nach Hause, um zu erwarten, was in der tollen Geschichte weiter erfolgen würde.

Alles dies hatte sich vormittags zugetragen. Gleich nachmittags aber berief der Kommandant den Landrat zu sich und erklärte ihm seinen Willen, über mich ein, aus dem Militär und Zivil zusammengesetztes Kriegsgericht halten und mich des nächsten Tages auf dem Glacis der Festung erschießen zu lassen. Der Landrat, der es gut mit mir meinte, erschrak, machte Vorstellungen und gab zu bedenken, welch einen gefährlichen Eindruck eine solche Prozedur auf die Bürgerschaft machen könnte, so daß er für den Ausgang nicht gutsagen wolle. Loucadou beharrte indes auf seinem Sinn, und jener entfernte sich unter der Versicherung, daß er nicht verlange, damit zu schaffen zu haben.

Kaum hatte nun der Landrat auf dem Heimwege in seiner Konsternation einigen ihm begegnenden Bürgern eröffnet, was der Kommandant mit mir vorhabe, so geriet alles in die größte Bewegung; alles nahm meine Partei, und wer mir auch sonst vielleicht nicht günstig war, wollte doch einen Bürger und Landsmann nicht so schmählich unterdrücken lassen. Der Haufen sammelte sich und ward mit jeder Minute größer. Er wälzte sich zu Loucadous Wohnung, umringte ihn, und die Wortführer bestürmten ihn so lange im Guten und im Bösen, bis sie seine Entrüstung einigermaßen milderten oder vielleicht auch ihn ahnen ließen, daß er hier kein so leichtes Spiel haben werde. »Gut! gut!« rief er endlich, »so mag der alte Bursche diesmal laufen. Hüt' er sich nur, daß ich ihn nicht wieder fasse!« – So ging alles friedlich auseinander, während ich selbst, der ich mich ruhig innehielt, den Tumult und das Laufen des Volkes zwar durch mein Fenster bemerkte, aber doch weiter kein Arges daraus hatte, daß es mich so nahe angehen könnte. Selbst die ich fragte, blieben mir die Antwort schuldig, und erst des andern Tages erfuhr ich aus des Landrats Munde, wie schlimm es auf mich und mein Leben gemünzt gewesen.

ie es aber auch gekommen wäre, so glaube ich doch, daß ich unter dem Militär Freunde genug gefunden hätte, die alles, was sich verantworten ließ, angewandt haben würden, die Sache zu meinem Vorteil ins Gleiche zu richten. Auch meine ich wohl, es einigermaßen um sie verdient zu haben, da ich keine Mühe scheute, ihre Lage nach Möglichkeit zu erleichtern. Zumal die Umstände des Schillschen Korps in der Maikuhle waren beklagenswert. Die armen Leute waren dort täglich und stündlich auf den Beinen, weil der Feind sie unaufhörlich in Atem erhielt. Tag und Nacht waren sie unter freiem Himmel, ohne je, wie andre doch zuweilen, von ihrem Posten abgelöst zu werden und unter Dach und Fach zu kommen. An regelmäßige Löhnung war gar nicht und an Lieferung von anderweitigen Unterhaltungsmitteln nur höchst selten zu denken. Gleichwohl zeigten sich diese Schillschen Leute, in denen der Geist ihres Anführers lebte, äußerst willig und brav. Bei jedem Trommelschlage waren sie, oft nur mit einem Schuh oder Strumpf an den Beinen, die ersten auf dem Sammelplatze, und diesen tätigen Eifer kann ich von einigen andern Truppengattungen nicht rühmen.

Um nun so brave Leute in ihrer Not zu unterstützen, so weiß Gott, daß ich für meinen Teil getan habe, was nur möglich war. Ein Tonnenkessel für Kartoffeln und andres Gemüse kam bei mir nie vom Feuer, und die bereitete Speise ward ihnen hinausgefahren. Oftmals habe ich den ganzen Fleischscharren und alle Bäckerläden auskaufen lassen, oftmals bin ich Haus bei Haus gegangen und habe gebeten, daß für meine Schillschen Kinder in der Maikuhle zugekocht werden möchte. In der Tat betrachteten sie mich auch als ihren Vater und nannten mich ihren Brot- und Trankspender, und wenn ich mich in der Nähe der Lagerposten zeigte, ward ich gewöhnlich mit kriegerischer Musik empfangen. Nicht selten zuckelte ich, wenn sie zu irgendeinem Angriff ins Freie hinausrückten, auf meinem Pferdchen neben ihnen her und suchte ihnen tröstenden Mut einzusprechen; oder ich stimmte, ob ich gleich nicht von sangreicher Natur bin, mit meiner Rabenkehle das Liedchen an: »Haltet euch wohl, ihr preußischen Brüder!« wobei alle lustig und guter Dinge wurden. Auch wußten sie, daß, wenn es Verwundete oder sonst ein Unglück geben sollte, ihr alter Freund schon in der Nähe zu finden sein werde.

Jede Art von Ermunterung war aber auch für diese braven Truppen um so notwendiger, da sie in diesem Zeitraume der Belagerung die schwerste Last derselben fast allein zu tragen hatten, denn schon vom 5. April an hatten die Franzosen tägliche und immer ernstlichere Unternehmungen gegen die Maikuhle versucht, waren aber jedesmal mit blutigen Köpfen zurückgewiesen worden, wobei die Festungsartillerie sie in der rechten Flanke wacker mitnahm, so oft sie sich in den Bereich derselben verirrten. Meist aber gingen ihre Angriffe von dem Punkte von Alt- und Neu-Werder aus, indem sie, wie z. B. am 9. und 10. April, vielleicht tausend und mehr Menschen dazu verwandten. Hier legte ihnen jedoch das große Torfmoor, welches sich bis zum Kolberger Deep hin erstreckt und nur auf wenigen Dämmen zugänglich ist, so große Hindernisse entgegen, daß es ihnen nie gelingen wollte, mit einer bedeutenden Macht durchzudringen.

Allein der feindliche Anführer wollte keineswegs aufhören, um den Besitz der Maikuhle zu ringen. Schon am 11. zogen starke Truppenabteilungen über die Verbindungsbrücke bei der Altstadt nach Sellnow hinüber, und am nächstfolgenden Tage entwickelte sich vor Neu-Werder eine Macht von wenigstens ein paar Tausend Köpfen, die einen härteren Stand als jemals befürchten ließ. Schill wartete jedoch diesen Angriff nicht ab, ging dem Feinde mit ein paar Kanonen und seinem gesamten Korps entgegen, verwickelte ihn in den Morast und benutzte die unter ihm entstandene Unordnung so rasch und glücklich, daß auf dem verwirrten Rückzuge Alt- und Neu-Werder für den Feind verloren gingen und er bis an seine feste Stellung bei Sellnow zurückgetrieben wurde. Es ging dabei scharf her, und unsre Leute bewiesen einen Mut, der nicht genug zu loben ist.

Vier Kompagnien der Besatzung rückten während des Gefechts vor das Gelder-Tor hinaus, und es ist nicht zu leugnen, daß sie, indem sie dem Feinde Besorgnis für seine Flanke und seinen Rücken erregten, nicht wenig dazu beitrugen, seinen Rückzug zu beschleunigen. Hätten jedoch eben diese Truppen, vielleicht noch durch einige Mannschaft mehr unterstützt, sich etwas weiter hervor und einen entschlossenen Anfall auf Sellnow selbst und die dahinterliegende Schanze gewagt, so würden die Vorteile dieses Tages eine noch entschiedenere Gestalt angenommen, die gänzliche Zersprengung des Feindes bewirkt und den Wiedergewinn des Kauzenberges zur Folge gehabt haben. Das wurde auch von den Franzosen in Sellnow selbst so lebhaft befürchtet, daß dort bereits zum Abzuge eingepackt war. Das war es aber auch, was Schill zu wiederholten Malen und aufs dringendste vom Kommandanten forderte, als er noch am Abende den Entschluß faßte, den Angriff seinerseits von Werder aus fortzusetzen. Allein Loucadou hatte keine Ohren für diesen Vorschlag, sei es nun, daß er, seiner alten Ansicht getreu, außerhalb der Wälle nichts aufs Spiel setzen wollte oder daß sein tief gewurzelter Widerwille gegen Schills Person und überlegenen Geist ihm nicht gestattete, zu irgendeiner Idee, die von diesem ausging, die Hände zu bieten. Genug, der günstige Augenblick ward versäumt und kehrte nie wieder!

Drei Tage nachher, am 15. April, schiffte der Rittmeister v. Schill sich auf einem Fahrzeuge ein, das nach Schwedisch-Pommern abging. Das neuerlichste Mißverständnis mit dem engherzigen Kommandanten trug wohl vornehmlich die Schuld, daß jener wackere Mann in einer so schwülen Stickluft nicht länger auszudauern vermochte. Ohnehin war sein ins Große strebender Geist nicht für die engen Verhältnisse eines belagerten Platzes gemacht, aber dennoch würde er wie bisher seinen Platz ehrenvoll ausgefüllt haben, wenn man seiner Kraft nicht Hemmketten angelegt hätte. Aber indem er sich jetzt von uns entfernte, geschah es nur, um uns aus der Ferne desto wirksamere Hilfe zu gewähren. Von Anfang an waren seine Entwürfe dahin gerichtet gewesen, sich in Pommern ein Kriegstheater zu errichten, von wo aus Stralsund und Kolberg sich zu wechselseitiger Unterstützung die Hände böten. Nun waren aber in den letzten Tagen auf allerlei Wegen die günstigsten Nachrichten bei uns eingekommen, wie nicht nur der König von Schweden das gegen ihn operierende französische Korps über die Peene zurückgedrängt habe, sondern auch mit einem Teil seiner Macht auf Swinemünde vordringe und im Begriff sei, auch Wollin von den Feinden zu säubern, also wohl gar unserm Platze wieder Luft zu verschaffen. Nun erwiesen sich diese Nachrichten zwar in der Folge zum Teil ganz anders, aber doch waren sie ermunternd genug, um einen Mann von Schills feuriger Seele zu dem Entschlusse zu begeistern, den guten Willen der Schweden an Ort und Stelle gegen den gemeinschaftlichen Widersacher in Bewegung zu setzen. Um diese Absichten konnten und durften indes nur wenige wissen, und je mehr also seine Entfernung als die Folge seiner Zwistigkeiten mit Loucadou erschien, um so schmerzlicher und unmutiger war das allgemeine Bedauern.

n diesen Tagen war es, wo ich mit dem bekannten Heinrich v. Bülow einen sonderbaren Auftritt erlebte. Man weiß, daß es beim Ausbruche des Krieges für angemessen befunden wurde, diesen in seiner Originalität verkommenen Mann zu uns nach Kolberg zu schaffen, wo er einige Zeit verblieb; von vielen als ein Wundertier angestaunt, von andern mit unbilliger Geringschätzung behandelt, aber immer noch im Genuß einer leidlichen Freiheit, wie Staatsgefangene sie genießen können. Leider suchte er nun in dieser letzten Zeit, und so auch bei uns, seine Grillen in der Flasche zu ersäufen; und so war er eines Abends im trunkenen Mute auf der Straße in Verdrießlichkeiten geraten, worüber eine Bürgerpatrouille hinzukam und ihn wegen geleisteten Widerstandes auf der Hauptwache in einstweiligen Verwahrsam brachte.

Man kann denken, daß er gegen eine solche Maßregel mancherlei dreinzureden hatte. Ich kam zufällig dazu, hörte sein Toben und ermahnte ihn, sich zu mäßigen und zu fügen. In eben dem Maße aber mehrte sich seine Ereiferung, und plötzlich hub er an, in gutem Englisch seinem verbitterten Herzen auf eine Weise Luft zu machen, wobei König und alles, was preußisch war, gar übel wegkam. Hatte er sich aber vielleicht darauf verlassen, daß seine Zuhörer ihn nicht verstehen würden, so war er um so mehr verwundert, als ich, der ich diese Lästerung nicht länger geduldig anhören konnte, ihm in gleicher Sprache bedeutete: daß, wenn er jene Worte zu deutsch über seine Lippen gehen lasse, ich ihm nicht dafür bürgen möchte, ob sie ihm nicht Kopf und Kragen kosten sollten. Er werde also wohltun, sich Zaum und Gebiß anzulegen.

Kaum hörte der Wütende die ersten englischen Silben aus meinem Munde, so ward er urplötzlich ein ganz andrer Mann. Er fiel mir entzückt um den Hals, küßte mich und beteuerte, für alles was nur einen englischen Klang habe, lasse er Leib und Leben. Sofort auch waren und blieben wir die besten Freunde; da ihm indes sein Unmut immer wieder von neuem aufstieg, so forderte er Feder und Papier, um an den Kommandanten zu schreiben und Beschwerde über die ihm widerfahrene Behandlung zu führen. Beides ward ihm gereicht, um seine Lebensgeister zu beruhigen. Die Feder tanzte auch lustig auf dem Papiere hin, und man sah wohl, es war sein Handwerk. Indem ich aber von Zeit zu Zeit über seine Schulter hin in das Geschreibsel schielte, nahm ich bald wahr, daß der Inhalt, voll Schmähungen und harter Vorwürfe, nicht dazu gemacht war, ihm an Loucadou einen Patron und Gönner zu erwerben. Um also ferneres Unheil zu verhüten, und da die Blattseite eben voll war, sagte ich: »Nun ist's wohl Zeit, auch Sand darauf zu streuen,« – nahm das volle Tintenfaß und goß es über die Pastete her. Er stutzte; alles lachte. Endlich lachte er mit, schüttelte mir die Hand, und sein Ärger war vergessen.

eit dem letzten mißlungenen Versuche auf die Maikuhle geschahen nur hier und da einige Angriffe auf unsre Vorpostenkette, um unsre Aufmerksamkeit zu beschäftigen. Dagegen wagte der Feind sich, ohne daß wir Kunde davon erhielten, in diesen Tagen an ein Unternehmen, das kühn und groß genug aufgefaßt war, um, wenn die Ausführung glückte, uns mit all unsern bisherigen Verteidigungsanstalten, im eigentlichsten Wortverstande, aufs Trockene zu bringen. Es sollte nämlich der Persante ein andres Bett gegraben und sie in den Kampschen See abgeleitet werden. Das Werk wurde groß und kräftig angefangen; aber bald stieß man auf Schwierigkeiten, die man nicht erwartet hatte, und so ward die Sache bald wieder aufgegeben, und wir sahen uns von einer Sorge befreit, ehe sie uns noch hatte beunruhigen können: denn freilich stand hier die Wirksamkeit unsres ganzen Überschwemmungssystems auf dem Spiele, und selbst unser Hafen wäre, wenn auch nicht bis auf den Grund ausgetrocknet, doch durch den nächsten Seesturm bis zur völligen Unbrauchbarkeit versandet worden.

In der Beschießung der Festung schien es dem Feinde bis gegen Ende April immer noch kein recht lebendiger Ernst zu sein, was ohne Zweifel seinen Grund im Mangel von hinreichendem Schießbedarfe hatte. Sowohl Haubitzen als Mörser waren nur von kleinem Kaliber und erreichten darum auch nicht immer ihr Ziel, oder taten doch, nach Verhältnis, nur geringen Schaden. Ein paarmal ward es von der Schanze des Hohen-Berges her versucht, ob das Feldgeschütz bis in die Stadt hinein zu tragen vermöge: aber nur vier Kanonenkugeln gelangten bis dahin und beschädigten einige Dächer. Auch ward dies fruchtlose Feuer von dem schwereren Geschütze unsrer Wälle bald zum Schweigen gebracht.

Hätte sich das letztere doch nur eben so wirksam gegen die feindlichen Wurfbatterien auf der Altstadt bewiesen, deren zerstörende Wirkungen uns mit jedem Tage empfindlicher trafen und uns nicht nur den Ruin unsrer Häuser, sondern auch manchem Gesundheit und

Leben kosteten. Zwar vereinigte sich unsre Artillerie am 23. April, nach dieser Seite hin, zu einer neuen lebhaften Anstrengung, die Einäscherung der dortigen Gebäude, die uns so viel Herzeleid machten, zu vollenden: aber es war nicht zu bewerkstelligen; und dies schlug den Mut der Menge merklich nieder. Die Geringschätzung gegen unsern unfähigen Kommandanten ging allmählich in wirklichen Haß und Feindseligkeit über, und das nur um so mehr, da es so manchen würdigen Offizier unter der Besatzung gab, der das Herz auf dem rechten Fleck und viel Einsicht und Überlegung hatte, aber sein Licht unter den Scheffel stellen mußte. Ich nenne hier nur den Ingenieurleutnant Wolf, der später nach Glogau versetzt wurde, den Platzmajor Zimmermann, jetzt Kommandant von Wolgast, und den in seinem Fache überaus geschickten und tätigen Artillerieleutnant Post, jetzigen Major und Postmeister in Treptow. Sie alle, und nicht wenige andre mit ihnen, taten, was in ihren Kräften stand und was Loucadous Eigensinn und Dünkel ihnen nur irgend gestattete.

Desto sehnsüchtiger waren meine Hoffnungen auf Memel gerichtet: denn in meiner Seele lebte ein unüberwindliches Vertrauen, daß der Klageschrei, den ich bereits vor einem Monat dahin hatte ertönen lassen, das Ohr des Königs erreicht haben werde. Unsre Verbindung nach jenem Platze hin war nun nach und nach immer lebendiger geworden. Der Kaufmann Schröder hatte vier oder fünf Schiffe, groß und klein, von zweihundertachtzig bis sechzig Last, in unserm Hafen müßig liegen, und diese waren nunmehr und späterhin unaufhörlich zwischen Kolberg und Memel unterwegs; bald mit Kriegsgefangenen, deren wir uns dorthin entledigten, bald auch wohl nur mit einem einzigen Briefe, wenn es eine besonders wichtige Angelegenheit betraf. Für eine jede solche Fahrt, die jezuweilen, bei günstigem Winde, in fünf bis sechs Tagen hin und zurück getan wurde, ward dem Eigentümer die Last mit acht bis neun Talern bezahlt und Proviant für drei Wochen unentgeltlich mitgegeben. Es wurden auf solche Weise zweiundsiebzigtausend Taler verdient.

Und nun rückten allmählich auch unsre Wünsche der Erfüllung immer näher. Am 26. April erschienen zwei jener Schiffe auf der Reede, welche das zweite pommersche Reservebataillon, siebenhundert Köpfe stark, in Memel eingeschifft hatten und unsrer Besatzung als willkommene Verstärkung zuführten. Unser war also keineswegs vergessen worden, sondern es geschah zur Hilfe für unser Bedrängnis, was die Not des Augenblicks zuließ. Als die Truppen des nächsten Tages ans Land gesetzt wurden, erschien auch von der andern Seite her ein Schiff von Schwedisch-Pommern mit einer guten Anzahl Ranzionierter, welche der dorthin abgeschickte Hauptmann v. Bülow in Stralsund gesammelt und organisiert hatte. Und wahrlich! solcher ermunternden Erscheinungen bedurften wir auch in diesem Augenblicke mehr als jemals, da eben kurz zuvor (den 25. April) die sichere Kunde bei uns eingegangen war, daß das längst erwartete schwere Belagerungsgeschütz im feindlichen Lager eingetroffen sei. Jetzt erst drohte also der Kampf um Kolbergs Besitz seinen vollen Ernst zu gewinnen!

Diesen Ernst zeigten die Franzosen ihrerseits sofort am 29. April auch dadurch, daß sie unter dem Schutze der Hohen-Bergschanze, halben Weges von dort gegen die Stadt, eine Schanze aufwarfen, und ebenso eine zweite, in der Richtung von Bullenwinkel her, zu errichten begannen. Sie in dieser Nähe zu dulden, wäre hochgefährlich gewesen; allein es schien nicht, als ob unser, nach beiden Punkten hin gerichtetes Geschütz die Arbeiten sonderlich hinderte. Da nun zu jeder kräftigeren Maßregel Loucadou der Mann nicht war, und ich auch mir mit ihm nichts zu schaffen machen wollte, so eilte ich, den Vizekommandanten aufzusuchen und ihm meine neuen Besorgnisse ans Herz zu legen.

In der Stadt fand ich meinen Mann nicht, aber es wurde mir gesagt, er befinde sich wegen eines von Danzig angekommenen Schiffes am Hafen, und ich war im Begriff, ihm dahin zu folgen, als er mir bereits auf der Brücke des Münder-Tores begegnete. Neben ihm ging ein Mann, den ich nicht kannte, und der mit dem Schiffe gekommen zu sein schien. Dieser Fremde, ein junger rüstiger Mann von edler Haltung, gefiel mir auf den ersten Blick, ohne daß ich wußte warum? Da indes mein Anbringen an den Vizekommandanten eilig war, zog ich ihn bei der Hand etwas abwärts, um es ihm, des fremden Mannes wegen, ins Ohr zu flüstern. Waldenfels aber lächelte zu meiner Vorsicht und sagte: »Kommen Sie nur, in meinem Quartier wird ein bequemerer Ort dazu sein.«

Als wir dort angekommen und unter sechs Augen waren, wandte sich der Hauptmann zu mir mit den Worten: »Freuen Sie sich, alter Freund! Dieser Herr hier – Major von Gneisenau – ist der neue Kommandant, den uns der König geschickt hat«; – und zu seinem Gaste: »Dies ist der alte Nettelbeck!« – Ein freudiges Erschrecken fuhr mir durch alle Glieder und die Tränen stürzten mir aus den alten Augen. Zugleich zitterten mir die Knie, ich fiel vor unserm neuen Schutzgeiste nieder, umklammerte ihn und rief aus: »Ich bitte Sie um Gotteswillen, verlassen Sie uns nicht; *wir* wollen Sie auch nicht verlassen, solange wir noch einen warmen Blutstropfen in uns haben, sollten auch all unsre Häuser zu Schutthaufen werden! So denke ich nicht allein, in uns allen lebt nur ein Sinn und Gedanke: Die Stadt darf und soll dem Feinde nicht übergeben werden!«

Der Kommandant hob mich freundlich auf und tröstete mich: »Nein, Kinder! Ich werde euch nicht verlassen. Gott wird uns helfen!« – Und nun wurden sofort einige Angelegenheiten besprochen, die wesentlich zur Sache gehörten, und wobei sich sofort der helle umfassende Blick unsres neuen Befehlshabers zutage legte, so daß mein Herz in Freude und Jubel schwamm. Dann wandte er sich zu mir und sagte: »Noch kennt mich hier niemand. Sie gehen mit mir auf die Wälle, daß ich mich etwas orientiere.« – Das geschah. Ich führte ihn auf dem Wall und den Bastionen herum und zeigte ihm von hier aus die feindlichen Stellungen und Schanzen. Was auf den Wällen war und vorging, sah er selbst. Zuletzt kamen wir auch an die Inundationsschleuse. Ich zeigte ihm den ganzen Zusammenhang und Umfang dieser Einrichtung, und wieviel dadurch noch für die Sicherstellung des Platzes geschehen könne: denn was bis jetzt dadurch bewirkt worden, war meist heimlich von mir geschehen, weil der Einspruch der Grundeigentümer bisher nicht zu besiegen gewesen war. Jetzt aber sah ich mir freiere Hand gegeben, und ward sogar förmlich beauftragt, mich dieses Geschäfts mit besonderer Sorgfalt anzunehmen.

Gleich des nächsten Tages stellte der neue Kommandant sich selbst, auf der Bastion Preußen, der Garnison als ihren jetzigen Anführer vor, und diese Feierlichkeit begleitete er mit einer Anrede, die so eindrucksvoll und rührend war, wie wenn ein guter Vater mit seinen lieben Kindern spräche. Alles ward auch dadurch dergestalt erschüttert, daß die alten bärtigen Krieger wie die Kinder weinten und mit schluchzender Stimme ausriefen: Sie wollten mit ihm für König und Vaterland leben und sterben. Darauf machte er sie mit den Grundsätzen bekannt, nach welchen er sie befehligen werde, wessen sie sich von ihm zu versehen hätten, und was er von ihnen erwarte. Tausend Stimmen jauchzten ihm im freudigen Tumult entgegen.

Am 1. Mai ließ er sich zunächst die Zivilbehörden und Bürgerrepräsentanten vorstellen, hielt auch an uns eine nachdrucksvolle Rede, worin er uns verschiedene zweckmäßige Anordnungen vorschlug, und wodurch ihm aller Herzen so gewonnen wurden, daß sie begeistert und mit Handschlag erklärten, sie wollten Leben und Vermögen willig in seine Hände legen. – Und fürwahr, ein neues Leben und ein neuer Geist kam nunmehr, wie vom Himmel herab, in alles, was um und mit uns vorging.

In welcherlei Weise das erste Zusammentreffen des alten und des neuen Kommandanten stattgefunden, davon konnte freilich im Publikum nichts Gewisses verlauten, nur ließ sich voraussetzen, daß der edle Sinn des Neuangekommenen seinem Vorgänger jedes unangenehme Gefühl, das in dieser Veränderung lag, nach Möglichkeit erspart haben werde. Zwar wohnte er die ersten paar Tage noch mit Loucadou in dem nämlichen Hause, aber ohne weitere Gemeinschaft mit ihm zu pflegen. Auch blieb letzterer noch die ganze Zeit der Belagerung hindurch in Kolberg; doch ohne weiter öffentlich zum Vorschein zu kommen, und die Spötter meinten, er habe diese Zeit benutzt, um nun ruhig auszuschlafen. Des Königs Gnade hatte ihn übrigens seines Dienstes mit dem Charakter als Generalmajor und mit einer hinlänglichen Pension entlassen. Er setzte sich alsdann in Köslin zur Ruhe und ist dort einige Jahre nachher gestorben.

a der Feind fortfuhr, an der neuen Schanze am Sandwege mit angestrengtem Eifer zu arbeiten, so hatte unser neuer

Kommandant gleich in der nächsten Nacht einen Ausfall gegen diese angeordnet, der von einem Trupp Grenadiere und Jäger, etwa hundert Mann stark, in möglichster Stille, von der Lauenburger Vorstadt aus, unternommen wurde. Ich schloß mich dem Zuge mit zwei in der Vorstadt aufgegriffenen Wagen an, um erforderlichenfalls unsre Toten und Verwundeten aufnehmen zu können. Die Überrumpelung erfolgte mit gefälltem Bajonett im Sturmschritt, und es lag nur daran, daß die Schanze noch nicht geschlossen war, wenn es der darin befindlichen Besatzung gelang, bis auf wenige Gefangene, zu entkommen. Wir selbst hatten ebensowenig Verlust, erbeuteten aber vieles Arbeitszeug, welches, nachdem es dazu benutzt worden, um den Aufwurf möglichst wieder zu zerstören, auf meine Wagen geladen und in die Festung geschafft wurde.

Unter unsern Gefangenen befand sich ein Mensch, den anfänglich niemand in seinem veränderten Rocke erkannte, bis ich mich endlich auf seine Gesichtszüge besann. Es war der nämliche Unteroffizier Reischard, der vor etwa sechs Wochen, als eines heimlichen Einverständnisses höchst verdächtig, zum Feinde übergelaufen war. Ich muß gestehen, daß mir wegen dieses ehrlosen Buben seither nicht wenig bange gewesen war. Er kannte jeden Zugang zu unsrer Festung und verstand einiges vom Fortifikationswesen, daher er nicht nur bei uns zu dergleichen Arbeiten gebraucht worden war, sondern auch, als besonders ortskundig, jetzt bei den Franzosen die Aufsicht bei Erbauung dieser Schanze am Sandwege geführt hatte.

Der plötzliche Anblick des Verräters setzte mich in Wut. Ich schrie den Grenadieren zu, sie sollten den Schändlichen wie einen tollen Hund niederstoßen, und erzürnte mich noch heftiger, als sie mir dies verweigerten, weil sie ihm einmal Pardon gegeben. Jetzt wollte ich selbst ihm ans Leben, und griff hier und dort hin nach einem Bajonett, das mir aber mit Glimpf vorenthalten wurde. Ich mußte es mit ansehen, daß man ihn lebendig zur Stadt brachte. Je unwerter er mir aber erschien, daß ihn die Erde trüge, desto eifriger waren nun auch meine Vorstellungen bei dem Kommandanten, dem Bösewichte seinen verdienten Lohn am Galgen auszuwirken und ihn zu einem abschreckenden Beispiele für alle seinesgleichen zu machen. Allein auch hier überwog das menschliche Gefühl die strenge Gerechtigkeit. Von einem mitleidigeren Gesichtspunkte ausgehend, begnügte sich sein edler Richter, ihn zur Kettenstrafe und Aufbewahrung im Stockhause zu verurteilen. Dort blieb er noch vier oder fünf Jahre gefangen, worauf man ihn lausen ließ; und noch diese Stunde bettelt er in der Gegend umher.

J e enger die Stadt seither eingeschlossen worden, um so weniger blieb auch der Kavallerie des Schillschen Korps der erforderliche Spielraum, sich mit der sonst gewohnten Tätigkeit zu tummeln. Loucadou, dem überhaupt das ganze Korps ein Dorn im Auge war, hatte schon früher auf die Entfernung jener Reiterei, nach Schills Abzuge, gedrungen; und diese hatte auch einen Versuch gemacht, sich nach Preußen durchzuschlagen. Da jedoch alle Möglichkeit dazu verschwand, war sie aus der Gegend von Stolpe wieder nach Kolberg zurückgekehrt und zehrte sich nun in sich selber auf. So fand es denn Gneisenau am angemessensten, den Rest dieses Korps, der etwa noch 130 Mann betrug, zu Schiff nach Schwedisch-Pommern überführen zu lassen, wo es aufs neue in Wirksamkeit treten konnte. Die nämlichen höheren Befehle, welche ihn dazu bestimmten, hatten auch den Abzug der übrigen Schillschen Truppen angeordnet; allein der Kommandant selbst sowohl, als die Bürgerschaft, hatten sich zu lebendig von ihrem Nutzen überzeugt, um nicht gegen diese neue Bestimmung gemeinschaftlich einzukommen. Sie blieben also noch und behaupteten ihren Posten nach wie vor in der Maikuhle. Ohnehin hatten die Operationen des schwedischen Korps in Vorpommern seither eine minder günstige Wendung genommen. Anstatt über Swinemünde und Wollin unsern Belagerern in den Rücken zu fallen und uns Luft zu machen, waren diese unsre Verbündeten wieder bis unter die Kanonen von Stralsund zurückgedrängt worden, und wir sahen nunmehr jede in sie gesetzte Hoffnung verschwunden.

ls einiger Ersatz jedoch für diese schmerzlich empfundene Vereitelung erschien in diesen Tagen eine schwedische Fregatte von sechsundvierzig Kanonen, »der Fährmann« genannt, und legte sich auf unsrer Reede vor Anker. Sie war angewiesen, uns in unsrer Verteidigung von der Seeseite zu unterstützen. Dies tat sie in der Folge auch wirklich, indem sie die Arbeiten des Feindes an der Ostseite in seiner rechten Flanke beunruhigte und aufhielt. Sie würde dies wirksamer vermocht haben, wenn entweder der Wind zu allen Zeiten ermöglicht hätte, sich dem Strande genugsam zu nähern, oder wenn ihr Feuer weiter landeinwärts getragen hätte. Überhaupt war sie zu groß und ging zu tief, um an dieser Küste von gleichem Nutzen zu sein, wie eine ungleich kleinere englische Brigg von achtzehn Kanonen, die sich ihr nach einiger Zeit zugesellte und mit ihr gemeinschaftlich manövrierte.

Anderweitige dankenswerte Hilfe kam uns am 7. Mai durch ein Schiff von Königsberg, welches uns das dritte neumärkische Reservebataillon, zur Ergänzung der Besatzungstruppen, herbeiführte, sowie schon kurz zuvor vierhundertsechzig Ranzionierte, die in Vorpommern wieder bewaffnet worden, auf schwedischen Schiffen anlangten. Die Garnison wurde durch dies alles auf eine Zahl von sechstausend dienstfähigen Köpfen gebracht, und hat auch diesen Belauf nie überschritten; wogegen mit Sicherheit anzunehmen ist, daß gegen das Ende der Belagerung zwanzig- bis vierundzwanzigtausend Franzosen vor unserm Platze unter den Waffen standen. Die Desertion unter unsern Truppen war im ganzen gering; nur im Anfange gingen besonders mehrere Polen zum Feinde über. Dagegen fanden sich wenigstens ebensoviele, wenn nicht noch mehr Ausreißer, zumal von den deutschen Bundestruppen, bei unsern Vorposten ein.

unächst beschränkten sich fortan die Feindseligkeiten auf Vorpostengefechte und auf einzelne Granatenwürfe, besonders von der Altstadt her. Noch am 7. Mai zündete eine der letzteren in einem Hause, auf dessen Hofe wir eine Batterie gegen jene Vorstadt errichtet hatten. Es ging dadurch das erste während dieser Belagerung durch feindliches Geschütz verursachte Feuer auf, das unsre recht guten Löschanstalten dennoch erst zu unterdrücken vermochten, nachdem es noch einige Hintergebäude ergriffen und verzehrt hatte. Sobald der Feind die Wirkung jenes Wurfes bemerkte, unterließ er nicht, zur Verhinderung des Löschens, immer noch mehr Schüsse nach diesem Punkte zu richten, so daß bis spät in die Nacht vierundachtzig geworfene und geplatzte Granaten gezählt wurden. Unsre Artillerie beantwortete sie mit einer mehr als doppelten Anzahl von Schüssen. Am 15. Mai gelangte die schwedische Fregatte zum erstenmal zu einiger Tätigkeit, indem sie dem Feinde, der sich nördlich am Stadtwalde zeigte, zweiundvierzig Kugeln zuschickte.

Daß indes die Untätigkeit der Belagerer nur scheinbar war und neue wichtigere Entwürfe von ihnen vorbereitet wurden, ging genugsam aus den lebhaften Bewegungen hervor, welche von Zeit zu Zeit in ihren Stellungen bemerkt wurden. Das Hauptquartier des Generals Teullié, welcher nach dem Abgange des Marschalls Mortier zur großen Armee den Oberbefehl wieder übernahm, war näher von Zernin nach Tramm verlegt worden, wohin große Züge beladener Wagen von Treptow ihre Richtung nahmen. Faschinen wurden nach allen Seiten hin gefahren; man erblickte häufig die feindlichen Offiziere auf Rekognoszierungen begriffen, und von Tramm aus ward Geschütz von großem Kaliber in die Verschanzungen geführt.

Um diese Bewegungen noch genauer zu beobachten, verlangte der Kommandant einen Bürger, der des Terrains um die Stadt vollkommen kundig wäre und auch einige militärische Kenntnisse besäße, und hatte die Absicht, denselben auf den großen Kirchturm zu postieren. Ich schlug hierzu den Brauer Roland vor, welcher sich auch gern willig finden ließ und von seinen gemachten Bemerkungen, nach Erfordernis, Bericht abstattete; während der Schiffer Busch es übernahm, von dort aus ein gleich wachsames Auge auf den Hafen und die See zu haben und gleichfalls Meldungen zu machen. Zu dem Ende brachte ich an dem Turme eine Winde mit einem Kästchen an, worin Fragen und Antworten auf und nieder befördert wurden, und eine Schildwache unten erhielt die Maschine im Gange. Bald blieb dieser Posten nicht ohne Gefahr, da der Feind jene Späher gewahr geworden war und nun häufig die Turmspitze zum Zielpunkte seiner Artillerie machte.

Endlich am 17. Mai geschahen von der Schanze auf dem Hohen-Berge die ersten sieben Probeschüsse aus dem dort aufgeführten schweren Wurfgeschütze. Trotz der ansehnlichen Entfernung verfehlten diese Bomben ihres Zieles nicht, denn eine derselben tötete einen Grenadier mitten in der Stadt vor der Hauptwache. Die Wirksamkeit des nunmehr zu erwartenden Bombardements stand uns also klar vor Augen.

Allein Schlimmeres noch, als wir ahnten, stand uns von des Feindes Tätigkeit bereits in der nächsten Nacht auf den 18. Mai bevor, indem er die Schanze auf dem Wolfsberge überfiel und stürmte. Die Gegenwehr der Unsrigen, so brav sie war, blieb dennoch der Überzahl und dem wohlgeleiteten Angriffe nicht gewachsen. Ein Teil fiel, ein Teil ward gefangen und das Außenwerk ging verloren! Auf jede Weise aber war dieser Verlust zu bedeutend und der Nachteil, wenn ein so wichtiger Punkt in Feindes Händen bleiben sollte, zu empfindlich, als daß unser Kommandant nicht schnell und mit Anstrengung jeder Kraft darauf gesonnen hätte, sich wiederum Meister davon zu machen. Die größere Hälfte der Besatzung ward aufgeboten, in Kolonnen gebildet und zum Angriffe geführt. Einem solchen Anfalle widerstanden die Franzosen ebensowenig. Die Schanze kam wieder in unsre Hände. Gewiß war der feindliche Verlust an Toten und Verwundeten nicht geringer als der unsrige, der sich auf hundertsechzig Mann belief. Fortan aber ward dieser so blutig behauptete Posten mit dreihundert Grenadieren und sechs Kanonen besetzt.

Warum die Belagerer jenen Überfall versucht hatten, offenbarte sich gleich am nächsten Tage, wo sie anfingen, einen Damm vor dem Stadtwalde aufzuwerfen, der sie durch die Sümpfe hindurch der Festung näher führen sollte. Sie hatten gefürchtet, daß ihnen bei dieser Arbeit das Feuer der Wolfsschanze in der Seite sehr lästig werden könnte, wie denn dies heute auch wirklich geschah. Zwar versuchten sie unser Geschütz durch eine Menge Granaten zum Schweigen zu bringen; allein die Entfernung war nicht gut berechnet, indem diese Granaten schon halben Weges niederfielen und zerplatzten.

Am 19. Mai geleitete jene englische Brigg, deren bereits Erwähnung geschehen, drei Schiffe ihrer Nation in unsern Hafen, deren Erscheinung wir schon längst mit heißer Sehnsucht erwarteten. Es war stürmisches Wetter, als ihre Segel am Horizonte sichtbar wurden. Sie kreuzten hin und wieder und taten verschiedene Signalschüsse, ebensowohl um die nötigen Lotsen zu erlangen, als um zu erfahren, ob sie mit Sicherheit in den Hafen einlaufen, oder wo sie sonst vor Anker gehen könnten. Diese Signalschüsse hörte ich in der Stadt, warf mich zu Pferde und eilte nach der Münde, um zu erfahren, was vorginge. Dort fand ich bereits Hunderte von Menschen, welche zusammengelaufen waren, sich an dem willkommenen Anblicke zu ergötzen.

»Gut und schön, Kinder, daß sie endlich da sind,« erwiderte ich einigen, die am lautesten jubelten. »Allein woran liegt's, daß die Lotsen noch nicht in See sind, sie hier vor Anker zu bringen?« Einige Schiffer, denen ich diese Frage zunächst wiederholte, zuckten die Schultern, wiesen auf die hohe See und die schäumende Brandung hinaus, und versicherten: es sei nicht möglich, daß ein Boot sich in solchem Wetter hinauswagen könnte. »Möglich oder nicht!« rief ich mit Feuer. »Es muß versucht werden! Allein ich sehe auch nicht einmal, daß das Ding so gar halsbrechend wäre. Ich will selbst hinfahren.« Zugleich drang ich in einen Kreis von Seefahrern ein, die mir zur Linken standen; ergriff die ersten Besten an den Händen und sagte: »Ich weiß, daß ihr brave Kerls seid – kommt, wir wollen zu den Engländern an Bord!«

Wirklich auch schöpften einige gleich Mut. Wir eilten nach dem Lotsenboote und stiegen ein. Indem ich mich so selbst besah, nahm ich wahr, daß ich nur mit einer kurzen Reitjacke bekleidet war, und wünschte etwas Tüchtigeres auf den Leib zu ziehen. Neben mir stand der Superintendent Baarz, mit einem Überrocke angetan. Den bat ich, mir damit auszuhelfen. Er warf ihn mir freudig zu; ich trat ans Steuer, und wir schaukelten uns gleich darauf auf den Wellen, die es freilich etwas unfreundlich mit uns meinten. Dennoch kamen wir wohlbehalten von einem Schiffe zum andern; erteilten jede nötige Auskunft, brachten die Brigg vor dem Hafen zu Anker und die Konvoi vollends hinein in Sicherheit. Das getan, ließ ich mir von ihnen allen ein Verzeichnis ihrer mitgebrachten Ladung behändigen und sprengte im Fluge nach der Stadt zurück, dem Kommandanten meinen freudigen Bericht zu erstatten.

Diese Ladungen waren ein Geschenk der englischen Regierung für die dringendsten Bedürfnisse der Festung, und eine Wirkung der unermüdlichen Begebungen, womit der brave Schill, auch aus der Ferne, für unsre Erhaltung sorgte. Er hatte nämlich schon in früherer Zeit einen seiner Offiziere nach London abgeschickt, um die englische Nation um so mancherlei, was uns zur Verteidigung fehlte, anzusprechen. Diese Anforderungen an die britische Großmut blieben um so weniger unbeachtet, als es die Bekämpfung des gemeinschaftlichen Feindes galt. In schnellster Eile, wie es die Umstände erheischten, ward daher durch Absendung jener Schiffe für uns gesorgt, indem sie uns Kriegsbedürfnisse der mannigfaltigsten Art, Munition und Montierungen zuführten.

Während nun die Belagerer, insonderheit in der Gegend des Wolfsberges, die Errichtung von Dämmen und Schanzen fortsetzten, benutzte sogleich am 20. Mai die angekommene englische Brigg, in Verbindung mit der schwedischen Fregatte, eine günstige Witterung, um sich ihnen am Oststrande gegenüberzulegen und sie dort mit Heftigkeit zu beschießen. Ein Gleiches geschah unter ähnlichen Umständen auch am 26., und vom Turme herab ließ sich deutlich wahrnehmen, wie mörderisch ihr Geschütz gewirkt haben mußte, da eine Menge Toter und Verwundeter hinweggetragen oder gefahren wurde.

es Feindes bewundernswürdige Tätigkeit hatte am Ende des Maimonats, an der Ost- wie an der Westseite der Festung – *dort* bis hart an den Strand, um sich gegen die Angriffe von der Seeseite besser zu schützen, *hier* bis über Sellnow hinaus – in einem großen Halbmonde umher nicht weniger als fünfundzwanzig große und kleine Schanzen, Batterien und Fleschen zustande gebracht und untereinander in Verbindung gesetzt; hatte künstliche Dämme auf mehr als einem Punkte begonnen und die Laufgräben an verschiedenen Orten, zunächst aber gegen die Wolfsbergschanze, eröffnet.

Unserseits bot man die größte Wachsamkeit auf, unsern Gegnern jeden kleinen Vorteil, um den sie rangen, aufs hartnäckigste streitig zu machen. Die Überschwemmungen wurden nach und nach in ihrem weitesten Umfange ins Werk gerichtet, und dienten trefflich dazu, uns den Feind in einer ehrerbietigen Ferne zu halten und die Fortführung seiner Laufgräben, wenn er sie nicht voll Wasser haben wollte, zu zügeln. Fragte mich der Kommandant: »Wie steht's, Nettelbeck? Können wir nicht *noch* einen halben Fuß höher stauen?« so fehlte es nicht an einem bereitwilligen: »Ei nun, wir wollen sehen!« und ich sorgte und künstelte so lange, bis ich den Wasserstand noch um so viel höher brachte. Die meiste Not machte mir der Müller Fischer, der stets mehr Wasser verbrauchte, als mir lieb war, bis ich mich endlich genötigt sah, ihm vier starke eiserne Bolzen über den Aufzugsschützen in solcher Höhe einzuschlagen, als ihm ohne Nachteil für die Inundationen eingeräumt werden konnte.

Noch zwar konnte die fast tägliche und oft ziemlich lebhafte Beschießung der Stadt für kein eigentliches Bombardement gelten, aber doch führte sie den Ruin gar vieler Häuser herbei und die Beispiele von aufgehenden Brandflammen, sowie von verunglückten oder entsetzlich verstümmelten Menschen in Häusern und auf den Gassen wurden immer häufiger. Man durfte sich nirgends mehr in den Wohnungen und im Freien für ganz sicher halten; und je mehr Gebäude durch Bomben und Granaten unwohnlich gemacht worden waren, um so höher stieg auch die Zahl der Unglücklichen, denen es an Obdach, wie an Mitteln zum Unterhalte fehlte. Schon zu Anfang April hatte Loucadou einige, wiewohl unzureichende Veranstaltungen getroffen, eine Anzahl unnützer Menschen, Arme und die für ihren Unterhalt auf keine Weise sorgen konnten, aus der Festung und auf Booten nach Rügenwalde zu schaffen; aber noch immer waren viel zu viel Leute dieser Art vorhanden, die dem Ganzen zur Last fielen und denen des Kommandanten Menschenfreundlichkeit ihr unglückliches Los durch eine gezwungene Auswanderung nicht noch mehr erschweren mochte.

Diese bedauernswerten Menschen irrten nun häufig in den Straßen umher, während die feindlichen Kugeln immerdar über ihren Köpfen wegzogen, und alte Männer und Frauen, Kinder, Verlassene und Kranke füllten die Luft mit ihrem Geschrei und Wimmern. Mich jammerte dies Elend, und ich ging zu Gneisenau, ihn aufmerksam darauf zu machen. Mein Vorschlag zu einstweiliger Unterbringung dieses Menschenhäufleins fand auch sofort das freundlichste Gehör. Es gab nämlich eine Kasematte unter dem Walle, links des Stockhauses, worin zwar einige Gefangene aufbehalten wurden, die aber leicht im Stockhause selbst untergebracht werden konnten. Froh über die Erlaubnis, meine irrenden Schäflein in diese sichere Zuflucht einweisen zu dürfen, mußte ich nun zunächst bemüht sein, diesen Aufenthalt von einem mit nichts zu vergleichenden Schmutz zu säubern und zu einem erträglich gesunden Wohnorte für Menschen wieder herzustellen. Dies geschah, indem ich die feuerfeste Kasematte mit zwei Schock Stroh anfüllen und dieses anzünden ließ, so daß Wände und Gewölbe rein ausgeglüht wurden und die dumpfe Feuchtigkeit sich verzehrte. In diese schwarze Höhle konnten nunmehr gegen zweihundert Heimlose aller Art und Geschlechts einquartiert werden; und bis zum Ende der Belagerung begehrte auch kein einziger von dannen zu weichen.

ine andre Not tat sich uns auf in dem Mangel klingender Scheidemünze, wodurch der tägliche Verkehr, besonders des gemeinen Soldaten mit der Bürgerschaft, sehr erschwert und die regelmäßige Zahlung der Löhnungen beinahe unmöglich gemacht wurde. Das Gouvernement, nachdem es die Bürger vergeblich zu einer baren Anleihe aufgefordert (wozu zwar die Armen ihr Scherflein willig darbrachten, während die großen Kapitalisten dermalen nicht zu Hause waren), dachte auf einige Abhilfe durch Einführung einer eignen Not- und Belagerungsmünze, wozu das Metall einer zersprungenen großen metallenen Kanone angewandt werden sollte. Allein es verstand sich niemand in der Stadt aufs Prägen, und es war auch nicht die geringste Vorrichtung dazu vorhanden. Da erinnerte ich mich, daß ich vormals im holländischen Amerika eine Art von Papiergeld, zur Erleichterung des kleinen Verkehrs unter den Pflanzern, im Gange gefunden hatte; und ich fand es zweckmäßig, die Einführung ähnlicher, obrigkeitlich gestempelter Münzzettel zu einem bestimmten Werte zu empfehlen. Der Vorschlag wurde beachtet und durch eine aus Seglerhaus-Verwandten und Bürger-Repräsentanten zusammengesetzte Kommission wirklich ausgeführt. Die Billets, von zwei, vier und acht Groschen im Werte, und auf der Rückseite durch den Stempel des königlichen Gouvernementssiegels autorisiert, fanden willigen Eingang, wurden in der Folge eingelöst und viele, als Denkzeichen der überstandenen Drangsale, innebehalten oder, selbst über ihren Nennwert, als Seltenheiten an zu uns hereingekommene sächsische Offiziere und andre Fremde verkauft.

Vom 5. Juni an ward es immer unverkennbarer, daß dem Wolfsberge ein regelmäßiger Angriff drohte, indem die feindlichen Laufgräben sich diesem Außenwerke allnächtlich mehr zu nähern suchten. Schon mit dem Abend dieses Tages begann diese fortgesetzte Arbeit mit einem solchen Eifer, daß unserseits die volle Kraft aufgeboten werden mußte, dies Vorrücken zu verhindern. Es kam daher von allen Werken und Schanzen im Bereich jenes Postens zu einer gegenseitigen Kanonade, welche die ganze Nacht durch anhielt, stärker war, als wir sie in aller Zeit bisher gehört hatten, und sowohl uns als dem Feinde viele Menschen kostete.

Dennoch schien man französischerseits nur die Vollendung einer neuen, uns ziemlich auf den Leib gerückten Batterie am sogenannten »Hasenwied« erwartet zu haben (welche, trotz dem schrecklichsten Regenwetter, am 10. Juni zustandekam), als auch sofort in aller Frühe des nächsten Morgens das gefürchtete Ungewitter gegen die Wolfsschanze wirklich losbrach. In Zeit von einer Stunde zählte man dreihunderteinundsechzig Schüsse, die gegen diesen einzigen Punkt gerichtet waren. Dann aber begannen auch alle übrigen Batterien der Reihe nach, bis zur Altstadt hinauf, ein mörderisches Kanonen- und Bombenfeuer gegen die Stadt und ihre Wälle auszusprühen. Überall regnete es Kugeln und Granaten; Schaden und Unglück waren beträchtlich. Dreimal schlug das Feuer vormittags und einmal nachmittags in lichten Flammen bei uns auf, die jedoch immer bald wieder unterdrückt wurden. Bei diesem Ernste des Feindes wurden denn auch neue Maßregeln der Vorsicht nötig, und durch Trommelschlag erging der Befehl an die Hausbesitzer, vor den Türen und auf den Böden gefüllte Wasserfässer zum Löschen bereit zu halten.

Indem nun die Belagerer uns auf solche Weise zu tun gaben, erreichten sie ihre Absicht, uns, wiewohl wir unaufhörlich mit Kanonenkugeln in ihre Kolonnen schossen, eine kräftigere Unterstützung der Wolfsschanze zu wehren. Die Besatzung mußte ihrer eignen Tapferkeit und dem freilich nicht zureichenden Schutze der schwedischen Fregatte, welche sich dem Strande wieder nähergelegt hatte, überlassen bleiben. Bis um fünf Uhr nachmittags hielt sie sich mit rühmlicher Entschlossenheit, dann aber waren ihre Verteidigungsmittel erschöpft, und mit harter Betrübnis sahen wir sie die weiße Fahne aufstecken, nachdem bereits eine starke Bresche geschossen worden und der Ausgang eines Sturmes nicht mehr zweifelhaft war. Ein fünfzehnstündiger Waffenstillstand und demnächst eine Kapitulation für dies Werk ward abgeschlossen, vermöge deren dasselbe dem Feinde eingeräumt werden sollte, die preußische Besatzung aber, zusamt ihrem Geschütze, freien Abzug in die Festung erhielt.

er Verlust dieses Postens konnte von entscheidenden Folgen für unser Schicksal werden, weshalb der Kommandant für notwendig hielt, schleunigst Bericht an den König zu erstatten. Der Schiffer Stechow lag eben auf der Reede zum Absegeln nach Memel fertig, und ich erhielt den Auftrag, seine Abfahrt so lange zu verzögern, bis die neuen Depeschen für ihn fertig geworden. Als ich mich eben auf dem Rückwege zur Stadt befand, erhob sich mir zur Seite plötzlich ein furchtbares Kanonen- und Bombenfeuer von unsern Wällen herab, das sämtlich gegen die kaum verlassene Wolfsschanze gerichtet war, und wenige Minuten später ward es auch aus den feindlichen Werken jener Gegend mit einem Ungestüm erwidert, daß mir Hören und Sehen verging und ich mich wacker zu sputen hatte, um nicht in die Schußlinie zu geraten. Der Erdboden unter mir bebte und die Schüsse fielen mit einer Schnelle, daß sie kaum mehr zu zählen waren.

Was konnte dies zu bedeuten haben? War doch bis zum nächsten Morgen ein Waffenstillstand in Kraft! – Doch eben *diesen* hatte der Feind, wie ich nun erst vom Kommandanten erfuhr, gebrochen, indem er die Ausbesserung der eroberten Schanze begonnen und darin durch unser Geschütz hatte gestört werden müssen. Mich selbst erwartete daheim ein unlieblicher Anblick. Eine Bombe war in der Nähe meines Hauses niedergefahren und beim Zerspringen derselben nicht nur meine Haustür in Trümmer gegangen, sondern auch dicht dahinter auf der Flur eine Bauersfrau getötet worden.

Indes fuhren die Belagerer fort, sich in der Wolfsschanze immer fester zu setzen, ja sie gänzlich umzuwandeln und Schießscharten nach unsrer Seite hin zu eröffnen, während sie sich auch andrer Orten in ihren Schanzarbeiten nicht minder fleißig erwiesen. Sie unterstützten diese Operationen durch ein anhaltendes Feuer auf unsre Wälle, die denn auch nicht säumig waren, diese Grüße nach Kräften zu erwidern.

Was wir an Kanonen und Mörsern besaßen, war reiner Ausschuß und das Eisen von einer so spröden Gußmasse, daß gewöhnlich nach neun oder zehn schnellen Schüssen das Springen des Stückes befürchtet werden mußte. Wirklich traf nur zu viele derselben dies Schicksal, welches zugleich einer größeren Menge von Artilleristen auf den Wällen das Leben kostete, als durch feindliche Kugeln hingerafft wurden.

Wenn aber der zunehmende Mangel an brauchbaren Stücken uns mit banger Sorge erfüllte, so mag man sich unsre freudige Überraschung vorstellen, als am 14. Juni die Meldung einging, daß ein englisches Schiff sich der Reede nähere, welches uns eine Anzahl neuen Geschützes samt dazu gehöriger Munition zuführe. Doch ebenso schnell ward uns diese Freude wieder getrübt durch den Zusatz: das Schiff sei in dem stürmischen Wetter unter den Wind geraten und habe die Reede nicht mehr gewinnen können, sondern sich ostwärts wenden müssen, wobei es unweit Henkenhagen der Küste sich zu sehr genähert und nun in Gefahr stehe, entweder zu stranden und so den Franzosen in die Hände zu fallen oder doch von ihnen auf Booten geentert zu werden.

Ich flog mehr als ich ging nach der Münde. Dort war es die alte Geschichte. Viel Mundaufsperrens, viel Fragens, viel Beratens, und dennoch kein Entschluß. Die Lotsen schoben es auf die stürmische See und wollten es nicht wagen, sich näher nach dem Schiffe umzusehen; allein es mochte ihnen, wie ich leicht spürte, wohl mehr vor den Franzosen grauen. Nun schalt ich, und das nicht wenig! Als aber nichts bei den Memmen anschlug, fiel mir kein besseres Mittel ein, sie zu beschämen, als mich auf der Stelle an vier ihrer Weiber zu wenden, die nach hiesigem Brauche des Ruderns beim Prahmen (d. h. Beladen und Entlasten der Schiffe auf der Reede) wohlerfahren und handfest sind. »Trine und ihr andern!« rief ich, »wollt ihr mit?« – »Flugs und gern,

Herr, wenn Er geht!« – Dann packte ich noch einen Lotsen am Arme, dem ich noch die meiste Courage zutraute, zog ihn, gern oder ungern, ins Boot, und heida! ging es auf Henkenhagen zu.

Freilich ließ es das böse Wetter, nachdem ich glücklich an Bord des Schiffes gekommen war, noch eine Zeitlang unentschieden, ob ich es gegen den Wind würde in den Hafen bringen können oder mich begnügen müssen, es nur weiter in See und den Franzosen aus den Krallen zu entführen. Endlich gelang mir das erstere dennoch, und das neue Geschütz ward nun im Triumphe nach der Festung abgeführt. Es waren 45 Kanonen und Haubitzen, zwar eisern, aber vom schönsten Gusse, meist kurze Karronaden, sechs-, acht- und zwölfpfündig. Der dazu gehörigen Kugeln und Granaten war nicht minder eine ansehnliche Menge. Nur eines hätte uns leicht unsre ganze Freude daran verderben können! *Kanonen* hatten unsre Verbündeten uns zwar geschickt, aber nicht die dazu gehörigen *Lafetten*, für welche es vielleicht an hinreichendem Raume in dem Fahrzeuge fehlte oder die sonst in der Eile vergessen worden. Man weiß, wie schlecht wir selbst damit versehen waren, oder was wir etwa noch vorrätig hatten, paßte nicht zu dem Kaliber. Doch unsre Artilleristen machten aus der Not eine Tugend und wußten sich zu helfen. Wo die Schildzapfen für unsre Gestelle zu dünn waren, fütterten sie die Pfannen so lange mit Lumpen und altem Hutfilze aus, bis die Rohre ein festes Lager fanden und mit einiger Sicherheit gerichtet werden konnten.

och hielt der Sturm tosend und unter dem heftigsten Regen an, die Nacht auf den 15. Juni ward finsterer, als sie in dieser Jahreszeit bei uns zu sein pflegt, und alles dies begünstigte ein Unternehmen, an welches sich große Hoffnungen knüpften. Es galt einen Ausfall, der uns die Wolfsschanze zurückgeben sollte. Das Grenadierbataillon v. Waldenfels, welches sie sich hatte müssen nehmen lassen, wollte sie auch wiedergewinnen, und der über alles brave Befehlshaber desselben, zu diesem nächtlichen Sturme vom Kommandanten ausersehen, setzte sich mit hohem Enthusiasmus an die Spitze seiner Leute. Ihm von ferne nachzueifern, konnte ich wohl nicht weniger tun, als nach gewohnter Weise dem Bataillon mit ein paar Wagen zu folgen und mir die Sorge für die zu erwartenden zahlreichen Verwundeten angelegen sein zu lassen.

In tiefster Stille zogen wir aus und, uns den feindlichen Posten nähernd, hatten wir das Glück, fast den Graben unbemerkt zu erreichen. Jetzt aber ward plötzlich Lärm, das Feuern begann von beiden Seiten, überall kam es zum Handgemenge und überall floß Blut. Unsre Leute stürmten wie begeistert, ihnen voran flog ihr edler Führer und war im raschen Anlaufe der erste auf der Höhe der feindlichen Brustwehr. Indem er sich umkehrt, um seine Grenadiere aufzumuntern, ihm zu folgen, trifft ihn eine Flintenkugel in die Schulter, die ihn entseelt zu Boden streckt. Allein des Führers Fall, anstatt die Seinen zu entmutigen, steigert ihre Tapferkeit zur Erbitterung; sie dringen unwiderstehlich nach und die Schanze ist erobert. Ein Oberst, mehrere andre Offiziere und zwischen zweihundert und dreihundert Franzosen werden zu Gefangenen gemacht.

Ein noch empfindlicherer Verlust aber traf das Belagerungsheer, indem sein Anführer, der Divisionsgeneral Teullié, getötet wurde, der darauf in Tramm sein einstweiliges Begräbnis fand.

Erobert war die Schanze allerdings, hätte sie nur auch länger als wenige Augenblicke behauptet werden können! Eine neue feindliche Kolonne, entschlossen, ihres Heerführers Tod zu rächen und des verlorenen Postens um jeden Preis wieder Herr zu werden, rückte unverzüglich heran. Das Gefecht begann wiederum und ward bei der überlegenen Zahl der Angreifenden bald so ungleich, daß keine andre Wahl übrigblieb, als uns fechtend in die Stadt zurückzuziehen. – Vorhin und jetzt hatten wir an Offizieren und Gemeinen mehr als zwanzig Tode und Verwundete gehabt, und nur mit harter Mühe war mir's gelungen, die letzteren aufzunehmen. Am Morgen zeigte ich mich, mit einem weißen Tuche an meinen Stock befestigt, als Parlamentär den feindlichen Vorposten nächst jener Schanze und bat um die Vergünstigung, unsre noch umherliegenden Toten aufsammeln zu dürfen. Das bedurfte, wie gewöhnlich, endloser Formalitäten, doch erreichte ich zuletzt meinen Wunsch, und so brachte ich unsre tapferen Gefallenen nach der Stadt und zu Grabe.

Wie viel uns jedoch am Besitze der Wolfsschanze gelegen sein müsse, das stand nicht nur unserm einsichtsvollen Kommandanten und allen Verständigeren klar vor Augen, sondern auch der große Haufe fühlte es instinktartig, und es war selbst unter den gemeinen Soldaten von nichts als von der Notwendigkeit die Rede, die Wolfsschanze um jeden Preis zurückzugewinnen. Am 19. Juni erklärte das brave Bataillon v. Waldenfels unaufgefordert und aus eignem Antriebe sich bereit zu einem solchen Unternehmen. Es habe sich den Posten nehmen lassen und seine Ehre gebiete ihm, diese Scharte blutig wieder auszuwetzen. Eine gleiche Forderung ließ das Füsilierbataillon v. Möller an den Befehlshaber ergehen, weil es bisher noch nie zu einer wichtigeren Gelegenheit ins Feuer geführt worden. Wer hätte der tapferen Doppelschar nicht freudigen Beifall zugewinkt? – Der Ausfall ward beschlossen und noch des nämlichen Tages vor Abends ins Werk gerichtet, weil man gerade in dieser Zeit den Feind am unvorbereitetsten zu finden hoffte.

Dieser Ausfall sollte wiederum von der schwedischen Fregatte unterstützt werden, und da sich's gezeigt hatte, daß diese aus Unkenntnis der Reede die rechte Stellung zu einem kräftigen Feuer nicht hatte finden können, so entschloß ich mich gern, an Bord des Schiffes zu gehen und ihm für diesmal als Pilot zu dienen. Ich führte die Fregatte, soweit es irgend die Tiefe erlaubte, der feindlichen Schanze nahe. Ihr Geschütz begann zu donnern, und nicht weniger als einhundertsiebenundfünfzig Schüsse wurden in Zeit von einer Stunde gegen diesen Punkt gerichtet, während auch die Artillerie der Festung gegen ihn ein gleich lebhaftes Feuer unterhielt. Unter dem Schutze beider rückten unsre Bataillone entschlossen zum Sturme an und immer noch herrschte in der Schanze eine Totenstille. Erst als jene fast unter die Palisaden vorgedrungen waren, wurden sie mit einem Kartätschenfeuer empfangen, dessen Wirkungen gräßlich waren. Dennoch verloren die Angreifenden den Mut ebensowenig, wie die Angegriffenen die Besonnenheit zur nachdrücklichsten Gegenwehr. Man kam auf der Brustwehr selbst zum lebhaften Handgemenge und Wunder der Tapferkeit geschahen von beiden Seiten. Allein den Feind in seinem vorteilhaften Posten zu überwältigen, ward trotz der beispiellosesten Anstrengungen mit jedem Augenblicke unmöglicher befunden. Mehr als vierhundert der Unsern lagen auf dem Platze, und von den Grenadieren, deren Zahl bereits durch frühere Verluste ansehnlich geschmolzen war, stand nur noch ein geringes Häuflein übrig. Mit bitterem Schmerze mußte man sich entschließen, den Rückzug anzutreten, und das edelste Blut war fruchtlos vergossen!

Nicht geringer war unsre Betrübnis, die wir an Bord der Fregatte waren und unsre Leute endlich weichen sahen. Sobald sie sich indes eine kleine Strecke unverfolgt entfernt hatten, erneuerte auf mein Zutun unser Schiff sein Feuer, und so wurden noch fast zweihundert Kugeln auf die Schanze geschleudert. Während dieser Kanonade verhielten sich die Franzosen wiederum mäuschenstille. Wir empfingen nicht einen einzigen Schuß zurück, bis ich endlich, da nichts weiter auszurichten war, die Fregatte auf ihre alte Ankerstelle vor dem Hafen zurückbrachte.

Am andern Tage gab es ein vielfältiges Parlamentieren um die Vergünstigung, unsre Toten abzuholen und zu begraben; allein man mute mir nicht zu, eine Beschreibung von diesem über alles erbarmenswürdigen Anblicke zu geben. Denke sich jeder selbst, wie es auf einem Platze von kaum zweihundert Schritten aussehen mußte, wo zwischen vierhundert und fünfhundert Leichname neben- und aufeinander, und zum Teil aufs gräßlichste verstümmelt und zerrissen, umherlagen.

o blieb denn der Wolfsberg fortan für uns verloren, der unter den geschäftigen Händen der Belagerer, trotz unsrer Artillerie und ihrer zerstörenden Wirkungen täglich eine verstärkte Festigkeit erhielt. Sie nannten die Schanze jetzt »das Fort Loison«, zu Ehren des französischen Divisionsgenerals, der als Oberbefehlshaber in Teulliés Stelle getreten war, und ihre Kerntruppen rückten dort zur Besatzung ein. Wir an unsrer Seite waren jedoch nicht minder beflissen, dem Platze und dem Hafen gegen diese Seite eine neue Deckung zu geben, indem wir die Ziegelschanze (dicht hinter der Vorstadt Stubbenhagen nordöstlich gelegen) möglichst verstärkten und darin auch, obwohl in unsern Arbeiten durch jenes feindliche Werk nicht wenig belästigt, glücklich zustandekamen.

Von hier ab bis zum 30. Juni nahm unser Geschick eine immer ernstlichere Wendung. Frische Truppenabteilungen verstärkten das Belagerungsheer und errichteten neue Lager unter unsern Augen. In eben dem Maße auch wurden die Schanzen ringsumher an Mannschaften lebendiger, neue Werke stiegen empor, die Laufgräben näherten sich und schnürten uns auf einen immer engeren Raum zusammen. Die Beschießung des Platzes, täglich fortgesetzt, zeigte sich auch täglich zerstörender in ihren Wirkungen. Besonders diente die große Marienkirche bei ihrer Lage mitten in der Stadt und als der hervorragendste Gegenstand allen feindlichen Geschützen zum Zielpunkte und litt außerordentlich. Loucadou hatte diese, wie andre Kirchen, zu Stroh- und Heumagazinen ausgezeichnet, bis sein Nachfolger, von einem besseren Geiste beseelt, das Gebäude sofort der öffentlichen Gottesverehrung zurückgab und jene gefährlichen Brennstoffe am Glacis vor dem Münder Tore in abgeänderte Haufen aufschichten ließ. Nunmehr aber war eine dringendere Notwendigkeit eingetreten, diesen weiten und luftigen Raum der täglich wachsenden Zahl der Kranken und Verwundeten von der Garnison einzuräumen. Da nun die Kirche vollgestopft von solchen Unglücklichen lag, so mag man sich das Elend vorstellen, welches hier herrschte, indem die Kugeln durch alle Teile des Gebäudes hindurchfuhren. Ein Flügel desselben bewahrte nahe an hundert französische Kriegsgefangene auf, allein ihre Landsleute nahmen hierauf, unsrer Hoffnung entgegen, keine Rücksicht und beharrten auf ihrem Werke der Zerstörung.

In der Nacht vom 27. auf den 28. Juni stand ich auf dem Walle an der Brustwehr der Bastion Preußen und in einer Unterredung mit dem Kommandanten begriffen, als eine feindliche Bombe kaum fünfzehn oder zwanzig Schritte von uns niederfuhr, in der Erde wühlte und brummte. Hastig ergriff ich meinen Nachbar bei der Hand, zog ihn etwas seitwärts und rief: »Fort! fort! Hier ist nicht gut sein!« – Gneisenau aber, kaltblütig stehen bleibend, erwiderte: »Nicht doch, die tut uns nichts!« – In dem nämlichen Augenblicke auch platzte die Bombe, ohne uns weiteren Schaden zuzufügen, als daß sie uns über und über mit der aufgewühlten Erde bedeckte.

Des folgenden Tages gelang es mir abermals, mit Hilfe des Lotsen Faßholz, ein englisches Schiff, das uns neue Vorräte von Kanonen, Bombenkesseln und Bomben zuführte, aus dem Bereiche des feindlichen Geschützes in den Hafen zu führen.

Am folgenden Tage war es, daß unser Kommandant mich mit einer Sendung in das feindliche Hauptquartier nach Tramm beauftragte. Er gab mir dazu sein Pferd und ein offenes Schreiben an den General Loison, worin nur mit wenig Worten bemerkt war, daß mir für mein Anbringen voller Glauben beizumessen sein werde. Als ich damit bei den französischen Vorposten anlangte, wurden mir die Augen verbunden und das Pferd von zwei Begleitern am Zügel geführt, während zwei andre, mit Gewehr versehen, mir zur Seite gingen. So kam ich endlich in Tramm an und hier ward mir auch das Tuch wieder von den Augen genommen.

Gleich darauf ward ich zum General Loison geführt und brachte meinen Auftrag zur Sprache, der darin bestand, daß das feindliche Geschütz fernerhin nicht mehr auf denjenigen Teil der großen Kirche gerichtet werden möchte, wo die verwundeten und gefangenen Franzosen untergebracht worden. Das Verlangen fand nicht nur eine willige Aufnahme, sondern ein Offizier begleitete mich auch auf eine Anhöhe, damit ich ihm von dort den Flügel des Gebäudes noch näher bezeichnete, wo seine Landsleute lägen.

Nachdem noch einige Höflichkeiten gegenseitig gewechselt worden, begab ich mich auf gleiche Weise wie ich gekommen war, nach der Stadt zurück. Wovon ich im Hauptquartier hatte Zeuge sein dürfen, das deutete auf Vorbereitungen, welche an dem Ernst der Belagerung nicht zweifeln ließen. Weniger glücklich war ich indes, ein Wort zu erhaschen, welches uns über die Lage der Dinge in Preußen einigen näheren Aufschluß hätte geben können, während uns von den dortigen neuesten Ereignissen schon seit längerer Zeit alle Nachrichten fehlten. Daß der Friede zu Tilsit in dem Augenblicke schon wirklich abgeschlossen worden, ahnten wir damals nicht. Allein unsre Belagerer waren nur zu wohl davon unterrichtet und boten darum von jetzt an auch um so mehr alle ihre Kräfte auf, sich Kolbergs zu bemächtigen, bevor die Friedensnachricht uns erreichte und ihnen die Waffen aus den Händen schlüge.

Alles, was von Anbeginn der Belagerung bis jetzt vom Feinde unternommen worden, mochte nur als ein leichtes Vorspiel von demjenigen gelten, wozu die dritte Morgenstunde des 1. Juli die Losung gab. Denn da eröffnete er aus allen seinen zahlreichen Batterien ein Feuer gegen die Stadt, so ununterbrochen, so von allen Seiten kreuzend und so mörderisch und zerstörend, wie wir es noch nie erlebt hatten. Die Erde dröhnte und man kann sagen, daß es war, als ob die Welt untergehen sollte. Sichtbarlich legten unsre Gegner es darauf an, uns durch ihr Bombardement zwischen dem engen Raume unsrer Wälle dergestalt zu ängstigen, daß wir, nirgends mehr unsers Bleibens wissend, die weiße Fahne zur Ergebung aufstecken müßten.

Ich befand mich in dieser entsetzlichen Nacht neben unserm Kommandanten auf der Bastion Preußen, als dem höchsten Punkte, den unsre Wälle zum Umherschauen darboten. Von hier aus konnten wir beinahe alle feindlichen Schanzen übersehen, und ebenso lag die Stadt vor uns. Es ist nicht auszusprechen, wie höllenmäßig das Aufblitzen und Donnern des Geschützes Schlag auf Schlag und Zuck auf Zuck um uns her wütete, während auch das Feuer unsrer Festung in seiner Antwort nichts schuldig blieb. In der Luft schwärmte es lichterloh von Granaten und Bomben, wir sahen sie hier und da und überall ihren lichten Bogen nach der Stadt hineinwälzen, hörten das Krachen ihres Zerspringens, sowie das Einstürzen der Giebel und Häuser, vernahmen den wüsten Lärm, der drinnen wogte und toste, und waren Zeuge, wie bald hier bald dort, wo es gezündet hatte, eine Feuerflamme emporloderte. Von dem allen war die Nacht so hell, als ob tausend Fackeln brennten, und das gräßliche Schauspiel schien nicht ein Menschenwerk zu sein, sondern als ob alle Elemente gegeneinander in Aufruhr geraten wären, um sich zu zerstören.

Was aber drinnen in der Stadt unter dem armen wehrlosen Haufen vorging, ist vollends so jammervoll, daß meine Feder nicht vermag, es zu beschreiben. Dann gab es bald nirgends ein Plätzchen mehr, wo die zagende Menge vor dem drohenden Verderben sich hätte bergen können. Überall zerschmetterte Gewölbe, einstürzende Böden, krachende Wände und aufwirbelnde Säulen von Dampf und Feuer. Überall die Gassen wimmelnd von ratlos umherirrenden Flüchtlingen, die ihr Eigentum preisgegeben hatten und die unter dem Gezisch der feindlichen umherkreisenden Feuerbälle sich verfolgt sahen von Tod und Verstümmelung. Geschrei von Wehklagenden, Geschrei von Säuglingen und Kindern, Geschrei von Verirrten, die ihre Angehörigen in dem Gedränge und der allgemeinen Verwirrung verloren hatten, Geschrei der Menschen, die mit Löschung der Flammen beschäftigt waren, Lärm der Trommeln, Geklirr der Waffen, Rasseln der Fuhrwerke – nein, es ist nicht möglich, das furchtbare Bild in seiner ganzen Lebendigkeit auch nur von ferne zu schildern!

Indem ich in diesem allgemeinen Tumult mich veranlaßt fand, einmal nach meinem eignen Hause zu sehen, erwartete mich dort ein Anblick, der auch nicht dazu geeignet war, mich sonderlich zu erfreuen. Eine Bombe war, durch den Giebel einschlagend, durch zwei Böden bis in den Keller hinabgefahren und hatte, indem sie dort platzte, sieben Oxhoft voll Branntwein zersprengt, deren Inhalt nun gänzlich für mich verloren ging. Außerdem waren überall im Hause die größten Verwüstungen angerichtet, die ganze Eingangsflur aufgerissen und ebensowenig irgendeine Fensterscheibe, als ein Ziegel auf dem Dache unbeschädigt geblieben. All meine Leute hatten, wie leicht begreiflich, das Weite gesucht, und so stand es nicht bloß bei mir, sondern auch links und rechts und in vielen Nachbarhäusern.

Wie gern aber hätte man jede eigne Not verschmerzt und vergessen, gegen die tief niederschlagende Zeitung, daß um vier Uhr morgens die Maikuhle an den Feind verloren gegangen. Mitten unter dem heftigsten Bombardement, wodurch unsre Aufmerksamkeit von dieser Seite hatte abgezogen werden sollen, war auf diesen Posten von der äußersten westlichen Spitze, sowie von der Seeseite her, ein Angriff geschehen, der wohl für einen Überfall gelten konnte, da der dortige interimistische Befehlshaber der Schillschen Truppen, Leutnant v. Gruben I., auf ein solches Ereignis durchaus nicht gefaßt gewesen zu sein scheint, – eine Sorglosigkeit, die um so unbegreiflicher und tadelnswerter erscheint, da die Bewegungen des Feindes tags zuvor nur zu deutlich die Absicht verrieten, von neuem etwas auf dieser Seite zu unternehmen.

So war die Erstürmung der Maikuhle das Werk weniger Augenblicke gewesen, da auch die Richtung des Angriffs weder dem Münderfort, noch der Morastschanze gestattet hatte, die Behauptung dieses Postens durch ihr Feuer zu unterstützen. Nur die schwedische Fregatte verfehlte nicht, dem Feinde gegen vierhundert Kugeln zuzusenden, allein wenn dieser auch dadurch für Augenblicke aufgehalten, so sahen die Stürmenden sich alsobald durch ihr eigenes Feuer im Rücken und durch den Druck der nachfolgenden Massen wieder vorwärts getrieben. Jede noch so verzweifelte Gegenwehr ward fruchtlos, und genötigt zum übereilten Rückzuge auf das rechte Stromufer, hatte das Schillsche Korps kaum noch Zeit, die Verbindungsbrücke hinter sich abzuhauen.

Mit dem Verluste der Maikuhle war unsere Verteidigung gelähmt, denn nun war auch das Münderfort zur Beschützung des Hafens nicht mehr hinreichend, was sich zeigte, als das englische Schiff beim Vordringen der Franzosen die Ankertaue kappte, um wieder die offene See zu gewinnen. Es gelang ihm nur mit harter Not und unter einem dichten feindlichen Kugelregen, wodurch ihm zwei Mann auf dem Deck erschossen wurden. Und so waren wir denn, vom Meere und von aller von dorther zu erwartenden Hilfe abgeschnitten, fortan einzig unseren eigenen Kräften und Hilfsmitteln überlassen, die sich von Stunde zu Stunde immer mehr erschöpften.

it wenig verminderter Stärke hielt den ganzen Tag des 1. Juli das Bombardement an und häufte Verwüstung auf Verwüstung. Dennoch waren unsere Löschanstalten wirksam genug, um immer noch des Feuers Meister zu bleiben. Erst am späten Abend zündete es wieder im Gouvernements-Bauhofe, und da hier alles voll von brennbaren Materialien lag, mußte man es geschehen lassen, daß das Gebäude bis auf den Grund niederbrannte.

Solchergestalt von Schrecken umgeben und auf noch Schrecklicheres gefaßt, sahen wir der nächsten Nacht entgegen. Das feindliche Geschütz vereinigte sich zu neuen, noch höheren Anstrengungen, und seine zerstörenden Wirkungen im anhaltenden Geprassel einstürzender Häuser, fallender Ziegel und klirrender Fensterscheiben, betäubten das Ohr. Alle jammervollen Szenen der vorigen Nacht erneuerten sich in noch weiterem Umfange. Aber auch mitten in der ringsum drohenden Gefahr erzeugte sich allmählich eine Gleichgültigkeit bei vielen, die nichts mehr zu Herzen nahm. War auch nicht der Mut, so war doch die Natur erschöpft; Anstrengung, Schlaflosigkeit, immerwährende Anspannung des Gemüts und Sorge für Weib und Kind und Eigentum fielen auf die meisten mit einem solchen Gewichte, daß sie selbst in den Trümmern ihrer Wohnungen sich ein noch irgend erhaltenes Plätzchen ersahen, um den bis in den Tod ermatteten Gliedern einige Ruhe zu gönnen.

Da geschah es, daß eine Bombe, verderblicher als alle übrigen, in denjenigen Teil des Rathauses niederfuhr, wo die Ratswage sich befand, und ein hellaufflackerndes Feuer war die unmittelbare Folge ihres Zerspringens. Als naher Nachbar sprang ich auf, um, was ohnehin mein angewiesener Beruf war, schnelle Anstalten zur Brandlöschung zu betreiben, denn an der Erhaltung des ansehnlichen Gebäudes, in welchem unsere Stadtarchive und soviel andere Sachen von Wert aufbewahrt lagen, mußte uns allen vorzüglich gelegen sein. Aber rundum in meiner Nachbarschaft regte sich keine menschliche Seele zum Löschen und Retten. Ich rannte hierhin und dorthin zu den nächsten Bekannten, braven und wackeren Männern, um sie zu Hilfe aufzurufen, aber schlaftrunken und ohne Gefühl für die drohende Gefahr, beachteten sie mein Bitten und Ermuntern ebensowenig wie mein Toben und Schelten. Sie schlummerten fort und ließen es brennen.

In steigender Angst lief ich auf die Brandstätte zurück. Was mir begegnete, packte ich an, um Hand anzulegen, aber kaum einer oder der andere schien auf mein flehentliches Ermahnen zu achten. Ein vierschrötiger Kerl, den ich nicht kannte und dem ich auf diese Weise einen gefüllten Löscheimer aufdrang, nahm ihn und schlug mir ihn, samt seinem nicht gar sauberen Inhalte, geradezu um die Ohren, so daß ich fast die Besinnung verlor und, von Schmutz und Ruß bedeckt, wohl eine sehr jämmerliche Figur machen mochte.

Alles dies achtete ich jedoch weniger, als das Unglück, das dem Rathause bevorstand, und da ich einsah, daß eine wirksame Hilfe allein vom Militär ausgehen könne, so hastete ich mich, das nächste Wachhaus auf dem Walle zu erreichen. Wild stürme ich in das halbdunkle Wachtzimmer hinein. Ich sehe auf der hölzernen Pritsche sich eine Gestalt regen, die ich zwar nicht erkenne, aber sie für den Mann haltend, den ich suche, von ihrem Lager aufschreie, indem ich rufe: »Bester Mann, zu Hilfe! Das Rathaus steht in Flammen!«

Aber weniger meinen Schrei, als mich selbst und mein Jammerbild beachtend, erhebt sich der Offizier mir gegenüber, schlägt die Hände zusammen und spricht: »Ach, du armer Nettelbeck!« – Jetzt erst an der Stimme erkenne ich ihn – es ist Gneisenau. Er hört, er erfährt, er gibt mir einen Adjutanten samt einem Tambour mit, die Lärmtrommel wird gerührt, die Soldaten erscheinen, Patrouillen durchziehen die Straßen, kräftigere Löschanstalten kommen in Bewegung, die zwar den Brand nicht mehr zu unterdrücken vermögen, aber ihm doch dergestalt ein Ziel setzen, daß wenigstens zwei Seiten des ein großes Viereck bildenden Gebäudes erhalten werden, während der schon ergriffene Teil noch bis zum Abend des folgenden Tages in sich selbst niederbrennt und fortglimmt. Zu gleicher Zeit war in der allgemeinen Verwirrung auch eine Anzahl Baugefangener aus dem Stockhause losgebrochen und begann hier und da in den Häusern zu plündern, wie denn auch das meinige von diesem Schicksal betroffen wurde, bis der tätige Eifer des Militärs die versprengte Rotte wieder einfing und unschädlich machte.

So besonnen, wo es Handeln galt, so allgegenwärtig gleichsam, wo eine Gefahr nahte, und so beharrlich, wo nur die unabgespannte Kraft zum Ziele führen konnte, wie der Kommandant in *dieser* furchtbaren Nacht sich zeigte, hatte er immer und überall seit dem ersten Augenblick seines Auftretens sich erwiesen. Seit Wochen schon war er so wenig in ein Bett, als aus den Kleidern gekommen. Nur einzelne Stunden, die er ungern der Tätigkeit auf den Wällen, unter dem heftigsten Kugelregen, abbrach, ruhte er auf einer Pritsche in einem armseligen Gemache über dem Lauenburger Tore, jeden Augenblick bereit, mich oder andere anzuhören, wenn wir ihm etwas von Wichtigkeit zu melden hatten. Vater und Freund des Soldaten wie des Bürgers hielt er beider Herzen durch den milden Ernst seines Wesens, wie durch teilnehmende Freundlichkeit gefesselt. Jeder seiner Anordnungen folgte das unbedingteste Zutrauen.

er Morgen des 2. Juli brach an: aber auch das feindliche Bombardement, so wenig es die Nacht geruht hatte, schien mit dem Morgen wieder neue Kräfte zu gewinnen. Not und Elend, Jammergeschrei und Auftritte der blutigsten Art, einstürzende Gebäude und prasselnde Flammen: – das war fast das einzige, was bei jedem Schritte den entsetzten Sinnen sich darstellte. Mut und besonnene Fassung waren mehr als jemals vonnöten, aber nur wenigen war es gegeben, sie in diesem entscheidenden Zeitpunkte zu behaupten, noch wenigere vielleicht erhielten die Hoffnung eines glücklichen Ausganges in sich lebendig, aber alle ohne Ausnahme gaben das Beispiel einer willigen Ergebung in das unvermeidliche Schicksal. Sie hatten es in Gneisenaus Hand gelegt, mit ihm standen, mit ihm fielen sie! Vertrauensvoll ließen sie ihn walten!

Höher aber und höher stiegen Gefahr und Not von Stunde zu Stunde. Um neun Uhr morgens, während noch das Rathaus loderte, geriet durch eine andere Bombe entzündet auch das Gebäude des Stadthofs in Flammen, die sich auf drei angrenzende Häuser fortpflanzten. Man sah sich genötigt, brennen zu lassen, was brennen wollte.

Gneisenaus scharfes Auge aber, das mitten in diesem gräßlichen Tumulte jede Bewegung seines Gegners hütete, ließ nicht unbeachtet, daß dieser bereits Vorbereitungen traf, sich von der Wolfsschanze aus auch über das Münderfort herzustürzen und so auch die östliche Seite des Hafens zu überwältigen. Gegenanstalten wurden auf der Stelle getroffen, Befehle flogen, alles war in der lebendigsten Anspannung, und ein neuer Kampf von blutigster Entscheidung sollte losbrechen. Es war drei Uhr nachmittags ... Da, plötzlich schwieg das feindliche Geschütz auf allen Batterien. Auf das Krachen eines Donners, wie am Tage des Weltgerichts, folgte eine lange öde Stille. Jeder Atem bei uns stockte, niemand begriff diesen schnellen Wechsel, dies schauerliche Erstarren so gewaltiger losgelassener Kräfte.

Da nahte ein feindlicher Parlamentär, und neben ihm ein Mann, den man in der Ferne als eine Militärperson – dann aber, sowie die Umrisse der Gestalt sich immer deutlicher ausbildeten, unter Zweifel und Verwunderung, sogar als einen *preußischen* Offizier erkannte. Schärfere Augen versicherten sogar, sie unterschieden die Züge ihres Freundes, des Leutnants v. Holleben, vom 3. Neumärkischen Reserve-Bataillon, der erst vor einigen Wochen mit einer Abteilung Kriegsgefangener über See nach Memel abgegangen war. Das schien unmöglich, und doch war dem also! Das erste Wort, als er sich fast atemlos in den Kreis seiner Bekannten stürzte, war der Ausruf: »Friede! Kolberg ist gerettet!«

O des Freudenboten! O der willkommenen Botschaft! der zur rechten, *rechten* Zeit gekommen! Er war unmittelbar aus dem Hauptquartiere des Königs zu Pilkupönen bei Tilsit als Kurier abgefertigt und der Überbringer der offiziellen Nachricht von einem mit Napoleon abgeschlossenen vierwöchentlichen Waffenstillstande, welchem unverzüglich der Friede folgen sollte. Eilend, wie es seine wichtige Zeitung erheischte, aber schon in weiter Ferne noch mehr beflügelt durch den dumpfen Donner des Geschützes, der ihm unseren noch ausharrenden Mut verkündigte, war er vor wenigen Augenblicken erst in Tramm angelangt; schwerlich gern gesehen, aber auch schwerlich wohl mit noch neuer oder unerwarteter Botschaft. Indes – er war da, und die Feindseligkeiten mußten eingestellt werden!

Alsogleich auch ward die fröhliche Kunde den Bürgern durch die ganze Stadt unter Trommelschlag bekannt gemacht, samt der hinzugefügten Ermahnung, nunmehr mit verdoppelter Tätigkeit zur Löschung der immer noch brennenden Gebäude zu eilen. Es geschah, und die Flammen waren nach wenigen Stunden bezwungen.

Aber welche Feder reichte hin, den trunkenen Jubel zu schildern, der in so überraschendem Wechsel alle Gemüter ergriff und aus sich selber hinwegrückte! Man muß wahrlich selbst in der Lage gewesen sein, sich und die Seinigen samt Leben und Wohlfahrt gänzlich aufgegeben zu haben, um dies neue, kaum glaubhafte Gefühl von Ruhe und Sicherheit nachzuempfinden, wobei sich, auf Augenblicke wenigstens, alles verschmerzt und vergißt, was man Drangvolles gelitten hat. Es ist wie ein böser Traum, den man endlich abgeschüttelt hat und aus dem man nun zu vollem freudigen Bewußtsein zurückkehrt.

ie Belagerung war geendigt, eine völlige Waffen-ruhe trat ein, und die Bilder des Krieges verschwanden. Zunächst ward zwischen dem Kommandanten und dem französischen General eine Übereinkunft getroffen, welcher zufolge den Einwohnern gestattet wurde, sich über die französische Postenlinie hinaus in die umliegende Gegend zu begeben. Nach einem anderweitigen Vertrage blieb zwar die Maikuhle noch von den jenseitigen Truppen besetzt, doch sollten Schiffe mit Lebensmitteln frei in den Hafen zugelassen werden. Unsere tätige Freundin aber, die schwedische Fregatte, verließ uns am 12. Juli, und fortan, bis zu Ende des Monats, räumten auch nach und nach die Belagerungstruppen ihre Schanzen und Lager, um etwas entferntere Kantonierungen in der Provinz zu beziehen.

Wenige Tage nach Einstellung der Feindseligkeiten trieb es mich hinaus auf die Lauenburger Vorstadt, wo mein liebes Gärtchen gelegen war. Fast erkannte ich die Stelle meines Eigentums, auf der ich so manchen süßen Schweiß vergossen hatte, nicht wieder. Alles war aufgewühlt und verheert (denn gerade auf diesem Fleck hatten wir eine Batterie von fünf Kanonen errichtet), oder es war dem frei und üppig wuchernden Unkraute preisgegeben! Meine schönen edeln Obstbäume, die Genossen meiner Jugend – sie starrten mich an in ihren abgehauenen Stümpfen ... Doch da gab es nichts zu klagen, denn ich selbst hatte ja, als es not tat, die Axt an sie gelegt! Aber es war mir doch wunderlich und weh ums Herz, und ich mußte dem veröden Plätzchen den Rücken wenden, um nicht noch weicher zu werden.

Da blickte ich in die nächste Nachbarschaft und sah bald, daß ich es nicht allein war, der Trost und Ermutigung bedurfte. Auf der ganzen weiten Brandstätte umher schlichen die unglücklichen Bewohner zwischen den Schutthaufen ihres Eigentums, scharrten hier und da etwas aus der Asche hervor, das der Glut widerstanden, aber nun doch keinen Nutzen mehr für sie hatte; jammerten und weinten schmerzliche Tränen, daß sie nun nirgends eine bleibende Stätte fänden. Das schnitt mir durchs Herz, und ich verfiel in Nachdenken, wie doch diesen Unglücklichen, wenn auch nur vorderhand, zu helfen sein möchte? Indem ich aber über einige verkohlte Balken und andere halbverbrannte Trümmer, die mir im Wege lagen, dahinstolperte, fiel mir's plötzlich ein, daß sich eben davon wohl einige Nothütten würden errichten lassen, um den armen Leuten, zumal jetzt in den Sommermonaten, einstweilen ein leidliches Obdach zu verschaffen.

Voll von diesem Gedanken machte ich mich sogleich auf den Weg zu unserm Kommandanten, um ihm die Not der Heimlosen samt meinem Einfall vorzutragen, und die Erlaubnis von ihm zu erbitten, daß sie sich auf den verwüsteten Stellen notdürftig ansiedeln könnten. Ich langte an und stieß unten im Hause auf ein großes Gewühl von Menschen, denn der Kommandant hatte den General Loison, samt seinem ganzen Generalstab, zu sich eingeladen, und eben saß die Gesellschaft zu Tafel. Indes stieß mir unter den Kommenden und Gehenden alsbald unser Vizekommandant, der Major v. S., auf, der mich wegen meines etwaigen Anliegens befragte. Obwohl nun gerade er nicht allemal mein Mann war, so trug ich doch kein Bedenken, mich in meinen Wünschen gegen ihn auszusprechen. Seine kurze Antwort war: »Daraus kann nichts werden. Und wenn ich selbst der Kommandant wäre, wurde ich es nimmermehr zugeben.« – Nun, das war kurz und deutlich, und so verließ er mich auch und ging die Treppe hinauf.

Aber ich folgte ihm auf der Ferse, bis er in den Gesellschaftssaal eintrat und die Tür hart hinter sich zuzog. Deß war ich nicht gewohnt an diesem Orte; ich bedachte mich also auch nicht, fein säuberlich anzuklopfen und unmittelbar darauf einzutreten. Meine Augen suchten den Kommandanten, er saß dem General Loison zur Seite an der Tafel. Kaum ward er meiner ansichtig, so stand er auf und trat mir einige Schritte entgegen. Mit leiser Stimme trug ich ihm kurz vor, was zur Sache gehörte und was sichtbar seine volle Aufmerksamkeit beschäftigte. »Die armen Leute!« rief er dann, »ja, Nettelbeck! laß sie in Gottes Namen bauen!« – Zugleich füllte er mir ein Glas Wein; ich dankte und nahm mir im Davoneilen nur noch die Zeit, dem Herrn v. S., der gleichfalls zu Tische saß, eine lächelnde Verbeugung zu machen.

Aber nicht um diesen kleinen Triumph war mir's zu tun, sondern um dem kummervollen Häuflein dort draußen unverzüglich Trost und Freude zu bringen. Mit Jauchzen ward ich angehört und empfangen, als ich ihnen in Gneisenaus Namen verkündigte, daß ihnen gestattet sein solle, sich auf ihren Brandstätten in leichten Baracken wieder anzusiedeln. Wirklich auch verliefen nicht vier Tage, so stand dort eine neue Anlage fertig, die mich in ihren äußeren Umrissen auf das lebhafteste an ein indianisches Dorf erinnerte. Sicher aber war es den Bewohnern selbst unter diesem armseligen Obdach leichter und wohler ums Herz, als damals, da ich sie hoffnungslos unter den Trümmern ihres früheren Wohlstandes umherkriechen sah.

Indem ich jedoch nun selbst wieder zu einiger Ruhe kam, konnte ich nicht umhin, den Blick auch auf meine eigene Lage zu richten und mir zu gestehen, daß diese Zeit der Belagerung mich leicht zum armen Manne gemacht haben könne. Mein kleines bares Vermögen war gänzlich daraufgegangen, teils an Arbeiter, die ich aus meiner Tasche bezahlte, teils durch Spenden an unser braves Militär, das jede Art der Erquickung so verdient hatte. Mir aber war es das süßeste Geschäft, wenn ich den wackeren Leuten bei ihrem harten Dienst dann und wann einen warmen Mundbissen, oder was es sonst gab, selbst auf die Wälle, vor die Tore, in die Blockhäuser hinbringen und ihnen Trost und guten Mut einsprechen konnte.

Es ist wahr, meine guten Freunde haben mir deshalb oftmals Vorstellungen getan, daß mich mein guter Wille zu weit führe und zum Verschwender mache, aber nie verließ mich der frohe Mut, ihnen zu antworten: »Ich bin ein alter Mann ohne Kind oder Kegel: *wem* sollte ich es sparen? Aber wäre ich auch der jüngste unter euch, wie leicht kann man in diesen Zeiten den Tod haben! Mir liegen König und Vaterstadt allein am Herzen, und überlebe ich diese Zeit, – nun, so werden ja *sie* mich auch nicht darben lassen.«

Fest hielt ich und halte ich noch an diesem schönen Glauben, aber freilich war das auch um so notwendiger, wenn ich nun auf den geringen, mir jetzt übrig gebliebenen Rest meiner Habe blickte. Mein Haus hatte durch das Bombardement in allen seinen Teilen bedeutend gelitten, meine Scheune vor dem Tore war niedergebrannt, mein Gartenhäuschen abgebrochen worden, mein Garten verwüstet. Von den Vorräten meines Gewerbes war nichts mehr übrig, um es neu wiederherzustellen, und das beschädigte Eigentum zu bessern, hätte es Hilfsmittel bedurft, die mir jetzt kaum mehr zu Gebote standen. Meine Lage war keineswegs erfreulich!

Aber war ich auch wohl berechtigt, über erlittene Einbuße zu klagen? Meine Mitbürger hat all dies Unglück ja auch – den einen

365

mehr, den andern weniger – getroffen. Nein, ich habe auch nicht *klagen*, sondern mir's nur vom Herzen wegreden wollen. Er, der mir's gab, hat's auch genommen, sein Name sei gelobt! Aber daß Gott meine liebe Vaterstadt so wunderbar erhalten hat, deß bin ich froh, und daß er unserm guten Könige Gesundheit, Mut und Stärke verliehen, sich in seinem großen Unglück so herrlich wieder aufzurichten.

ir ward indes in diesen nämlichen Tagen von dieses gnädigen Monarchen Hand eine Auszeichnung zuteil, die ich so wenig erwartet hatte, als vor anderen, die mit mir auch nur ihre Pflicht getan, verdient zu haben glaube, – eine Auszeichnung, die mich sogar beschämen würde, wenn ich nicht in der Meinung stände, daß diese königliche Hand in mir eigentlich die gesamte Kolberger Bürgerschaft habe ehren und ihren bewiesenen Pflichteifer anerkennen wollen. Ich erhielt nämlich folgendes Königliche Kabinettsschreiben:

»Seine Königliche Majestät von Preußen haben aus dem Berichte des Oberstleutnants v. Gneisenau, worin er Höchstdenselben diejenigen Personen anzeigt, welche sich während der Belagerung der Festung Kolberg ausgezeichnet haben, mit besonderem Wohlgefallen ersehen, daß der Vorsteher der Bürgschaft, Nettelbeck, die ganze Belagerung hindurch mit rühmlichem Eifer und rastloser Tätigkeit zur Abwehrung des Feindes und zur Erhaltung der Stadt mitgewirkt hat. Seine Majestät wollen daher dem Nettelbeck für den solchergestalt zutage gelegten löblichen Patriotismus hierdurch Dero Erkenntlichkeit bezeigen und ihm als ein öffentliches Merkmal der Anerkennung seiner sich um das Beste der Stadt erworbenen Verdienste, die hierneben erfolgende goldene Verdienstmedaille verleihen.

Memel den 31. Juli 1807. Friedrich Wilhelm.«

»An den Vorsteher der Bürgschaft zu Kolberg, Nettelbeck.«

Gleichzeitig erhielt unser verehrter Kommandant, nach dem gnädigen Willen des Königs, seine Abberufung von dem so ehrenvoll bekleideten Posten, um, unmittelbar unter den Augen des Monarchen, an die Reorganisation des preußischen Heeres mit Hand anzulegen. Das war für uns ein schmerzlicher Verlust, allein unser Liebling eilte einer höheren Bestimmung entgegen, und unser Eigennutz mußte schweigen! Schon am 8. August schied Gneisenau von uns, doch *wie* er schied, möge nachgehendes Schreiben dokumentieren, welches er im Augenblicke seiner Abreise an uns erließ:

»Meine Herren Repräsentanten der patriotischen Bürgerschaft zu Kolberg!

Da ich auf unseres Monarchen Befehl mich eine Zeitlang von dem mir so liebgewordenen Kolberg trenne, so trage ich Ihnen, meine Herren Repräsentanten, auf, den hiesigen Bürgern mein Lebewohl zu sagen. Sagen Sie denselben, daß ich ihnen sehr dankbar bin für das Vertrauen, das sie mir von meinem ersten Eintritt in die hiesige Festung an geschenkt haben. Ich mußte manche harte Verfügung treffen, manchen hart anlassen – dies gehörte zu den traurigen Pflichten meines Postens. Dennoch wurde dieses Vertrauen nicht geschwächt. Viele dieser wackeren Bürger haben uns freiwillig ihre Ersparnisse dargebracht, und ohne diese Hilfe wären wir in bedeutender Not gewesen. Viele haben sich durch Unterstützung unserer Kranken und Verwundeten hochverdient gemacht. Diese schönen Erinnerungen von Kolberger Mut, Patriotismus, Wohltätigkeit und Aufopferung werden mich ewig begleiten. Ich scheide mit gerührtem Herzen von hier. Meine Wünsche und Bemühungen werden immer rege für eine Stadt sein, wo noch Tugenden wohnen, die anderwärts seltener geworden sind. Vererben Sie dieselben auf Ihre Nachkommenschaft. Dies ist das schönste Vermächtnis, das Sie ihnen geben können. Leben Sie wohl und erinnern sich mit Wohlwollen

Ihres treu ergebenen Kommandanten N. v. Gneisenau.«

Ein so herzlicher Abschied durfte nicht ohne Erwiderung bleiben. Wir versammelten uns und machten userm vollen Herzen in folgender Bekanntmachung an unsere Bürgerschaft Luft:

»Kolberg, den 16. August 1807.

Am 9. d. M. entrückten höhere Befehle unsern würdigen Herrn Kommandanten aus unserer Mitte, und mit dem Verluste dieses mit seltenen Tugenden geschmückten Mannes schwanden unsere stolzen

Träume dahin. Gern wären wir im Besitze des unverzagten Beschützers unserer Wälle für immer geblieben, und gern hätten wir nach den vollbrachten verhängnisvollen Tagen die seligen Früchte des Friedens nur mit ihm geteilt: aber nicht bestimmt, diese in unseren sicheren Mauern zu genießen, hatte ihm unser Monarch, ganz überzeugt von dem Werte dieses großen Mannes, einen anderen Kreis vorgezeichnet, in welchem sein rastloser und tätiger Geist sich ein neues Denkmal stiften sollte.

Ist jedoch dieser unseren Herzen so teuer gewordene Held nicht mehr unter uns und hat er uns verlassen, um vielleicht nie den Art wiederzusehen, dessen beneidenswertes Schicksal in den mißlichsten Augenblicken seinen einsichtsvollen Befehlen untergeordnet war, so wird gleichwohl das Andenken an ihn, der bei den Tugenden des Kriegers nie die Pflichten des Menschen vergaß, der von der ersten Minute seines Erscheinens an Vater eines jeden einzelnen wurde und es auch noch im Momente des Scheidens blieb, nie in unserer von Dank gegen ihn erfüllten Seele erlöschen. Wir alle haben ihm ja alles – die Erhaltung unserer Ehre und unserer Habe, die Zufriedenheit unseres Landesherrn und die Achtung unserer ehemaligen Gegner zu verdanken.

Möge es erst nur unserer spätesten Nachkommenschaft vorbehalten sein, die Asche unseres Verteidigers zu segnen!«

»Von seiner Abreise wurden wir tags zuvor durch das hier wörtlich eingerückte Schreiben benachrichtigt.« (Folgt nun das oben bereits mitgeteilte Abschiedsschreiben des Herrn v. Gneisenau.)

»Wir haben seinen Auftrag mit frohem Herzen erfüllt und zur Steuer der Wahrheit vereinige sich die Bürgerschaft in dem öffentlichen Geständnis:

»»Wir haben nie einen Zwang empfunden, uns haben keine harten Verfügungen gedrückt, und das, was wir taten, geschah aus reiner Vaterlandsliebe. Das höchste Wesen nehme ihn dafür in seine besondere Obhut, lasse ihn nach seinem tatenvollen Leben auch bald die Früchte des Friedens im Schoße der teuren Seinigen genießen, und wenn uns neue Stürme und Gefahren drohen, so kehre er zurück in unsere nicht überwundenen Mauern und finde auch in uns noch das Völkchen wieder, von dem er so liebevoll schied!«««

»Dresow. Hentsch. Zimmermann, Höpner. Nettelbeck. Darckow. Ziemcke. Gibson.«

enige Tage vor der Abreise des so allgemein verehrten Mannes führte mich das Gespräch mit ihm auf meinen verstorbenen Vater, wie der in den drei russischen Belagerungen dem damaligen Kommandanten, Oberst von der Heyden, ebenso mit seinen guten und willigen Diensten habe zur Hand gehen können, als es durch ein sonderbares Verhängnis nach so langen Jahren nun auch mir, dem Sohne, zuteil geworden sei, dem zweiten preiswürdigen Verteidiger meiner Vaterstadt mich in gleicher Weise nützlich zu machen. Zum Andenken eines so ehrenden Verhältnisses habe mein Vater Heydens Bildnis von ihm erhalten und danach unserem Schützenhause geschenkt, wo es noch zu dieser Stunde aufgestellt sei und der Stadt zu einer dankbaren Erinnerung diene. So bewege mich's nun auch zu dem herzlichen Wunsche, daß unser scheidender Freund und Wohltäter mir ein ähnliches Unterpfand seiner geneigten Gesinnung hinterlassen möge, das sein Ehrengedächtnis für alle künftige Zeiten unter uns bewahre. Gneisenau versprach es mit freundlichem Lächeln.

Und dieser Zusage hatte er auch nicht vergessen. Vielmehr, damit dieses Geschenk einen neuen, noch höheren Wert erhielte, veranstaltete er es, daß mir dasselbe mittels einer überaus gütigen Zuschrift durch seine Frau Gemahlin ein Jahr später von Schlesien aus zugeschickt wurde. Meine Freude kannte, wie man sich leicht denken kann, keine Grenzen. Ich besorgte dem teuern Bildnisse einen Rahmen, so schön, als er nur immer bei uns aufzubringen war, und auf der Rückseite ließ ich den Namen des Gebers und die Umstände, welche dieses Geschenk begleitet hatten, verzeichnen. Zugleich aber stand ich in Sorge, daß ein solches Denkmal in den Händen eines Privatmannes, zumal in meinen hohen Jahren leicht das Los einer unrühmlichen Vergessenheit treffen könne, und so hielt ich es für wohlgetan, meinen Schatz dem Kommandanturhause als ein Vermächtnis zuzuweisen, bei dessen Anblick einst noch unseren Urenkeln das Herz vor Stolz und Freude höher schlagen möchte.

Aber bald wechselten unsere Kommandanten in schneller Folge, und auch einer, dessen Name hier zur Sache nichts tut, war eben abgegangen, während seine Gemahlin, die noch einige Zeit bei uns verweilte, bereits ein anderes Haus bezogen hatte. Zufällig kam ich in das Kommandanturgebäude, meine Augen suchen und – vermissen das von mir gestiftete Bildnis. Nach vielem Fragen erfahre ich endlich, es habe neuerdings, samt andern Mobilien, den Umzug mitgemacht. Ich eile hin zu der Dame und bitte höflichst um Wiedererstattung. Die Dame weiß von keinem Bildnis und verweist mich an ihre Domestiken. Nun forsche ich selbst in allen Winkeln des Hauses umher und – siehe da! – das mir so teuere Gemälde findet sich endlich wieder – im Hühnerstall, beschmutzt auf eine Art, die keiner näheren Andeutung bedarf! Mein ganzes Herz war empört. Ich mag mich auch wohl ein wenig deutsch und kräftig über diese schmähliche Entweihung ausgelassen haben, indem ich mein wiedereroberes Kleinod heimtrug, es von allem Makel säubern ließ und dann mit freudigem Gefühle an die Stätte zurückbrachte, die ihm gewidmet worden. Möge es da fortan und immer die ihm gebührende Achtung und bessere Aufsicht finden!

Allein mit dem Andenken an verdiente Männer ist es ein Ding, das einen wohl traurig machen könnte, wenn man erlebt, wie schwer es dem selbstsüchtigen Menschenherzen eingeht, seine Liebe und Dankbarkeit für die Dahingeschiedenen treu zu bewahren. Das sollte ich auch noch anderweitig mit Leidwesen erfahren! Es kam nämlich bald nach der Belagerung der Herr Großkanzler v. Beyme auf seinem Wege aus Preußen nach Berlin hierher zu uns und nahm während seines Verweilens bei dem Kaufmann Schröder ein Mittagsmahl ein, wobei ich die Ehre hatte, von ihm an seine Seite gezogen zu werden. Auch mehrere angesehene Männer vom Handelsstande waren gegenwärtig. Daß die Unterhaltung, deren mich der Minister würdigte, sich meist auf die nächstverlebte Zeit bezog, war wohl sehr natürlich, sowie nicht minder, daß dabei unseres wackeren Vizekommandanten v. Waldenfels und seines Heldentodes gedacht wurde. »Einem so braven Manne,« äußerte dabei unser hoher Gast, »sollte der Denkstein auf seinem Grabe nicht fehlen!«

Der Gedanke elektrisierte mich. Ich stand auf von meinem Stuhle, sah Tafel auf und Tafel ab rings meine anwesenden Mitbürger an und sprach: »Ein Wort zur guten Stunde! – Ja, meine Herren, wir erfüllen es und setzen unserm Waldenfels ein Ehrenmal, wie er's verdient!«

Niemand antwortete mir. Ich aber erhob meine Stimme noch höher und rief: »Wie? Kein Denkmal auf eines solchen Mannes Grab? – Meine Herren, das ist eine Ehrensache für jeden unter uns!« –

So herausgepreßt, erklang denn freilich hier und da ein zögerndes »Ja!« – aber es fiel in die Augen, daß es nicht aus freudigen Herzen hervorging. Meine funkelnden Augen spiegelten sich nur in denen des Großkanzlers wieder, der zu mir sagte: »Sie gestatten mir doch, daß ich meinen Beitrag hier sofort in Ihre Hände lege?« – Das verbat ich mir nun und hatte Mühe, meinen Willen darin durchzusetzen. Desto leichter ward mir's in den nächstfolgenden Tagen, mit den Jaja-Stammlern fertig zu werden, denn da fand sich's, daß es nur in die verhallende Luft gesprochene Worte gewesen waren!

Mochte es sein! Ich aber habe mir selber Wort gehalten und auf eigene Kosten einen schönen achteckigen geglätteten Grabstein, sieben Fuß hoch, besorgt, worauf der Name »Waldenfels« samt Angabe seiner Militärwürden und des Tages, da er für König und Vaterland gefallen, verzeichnet steht. Dies einfache Monument bezeichnet seine Grabstätte. Zu gleicher Zeit ließ ich auch mir die meinige hart neben derselben mit Steinen aussetzen, wo ich denn endlich auch ruhen werde.

hre den braven Männern, die, gleich Waldenfels, in und für Kolberg geblutet und ihr Bestes getan haben! Wo einundzwanzig Offiziere auf dem Bette der Ehre das Leben verhauchten und eine gleiche Anzahl schwere Wunden aufzuweisen hatte, da bedarf es keines weiteren Zeugnisses, daß die Besatzung in allen ihren Graden ihre volle Schuldigkeit getan. Wie der König dies anerkannt hat, spricht sich vollgültig in der Auszeichnung aus, die er dem zweiten pommerschen Infanterieregimente gewährte, welches seit jenen Tagen die Ehrennamen des Regimentes »Kolberg« und »v. Gneisenau« miteinander vereinigt.

Zwar die Ausnahmen sind es, welche die Regel bestärken, und so gab es denn freilich auch unter Kolbergs Braven einzelne Feiglinge, aber billig sollte ihr Andenken der Vergessenheit übergeben bleiben, wenn nicht eine zweifache Betrachtung das Gegenteil zu gebieten schiene. Einmal geschieht jenen Braven, die in so glänzendem Lichte dastehen, nach meinem Gefühle eine Ungebühr, wenn hier die Schattenseite des Gemäldes gänzlich verhüllt würde. Dann aber ist von dem unwürdigen Betragen dieser Finsterlinge schon früher manches mit Einmischung meines Namens zur Kunde des Publikums gekommen, was jetzt als lügenhafte Aufbürdung des damaligen unseligen Parteigeistes ausgeschrieen werden könnte, wenn ich es hier ganz überginge und dadurch gleichsam stillschweigend zurücknähme. Daß ich nicht gern davon spreche, wird man mir glauben; indes stehe hier meine treue und einfältige Erzählung!

In einer Nacht, wo es scharf über die Stadt herging (es war zwischen dem 1. und 2. Juli), befand ich mich auf dem Markte neben dem Spritzenhause, um sofort bei der Hand zu sein, wenn irgend etwa eine Bombe zündete. Hier eilte nun ein Mann im grauen Regenmantel und die weiße Schlafmütze ins Angesicht gezogen mit weiten Schritten an mir vorüber und verlor sich in einen Weinkeller, den man für bombenfest hielt und wohin sich deswegen bereits mehrere alte Männer, Frauen und Kinder samt einigen furchtsamen Bürgern geflüchtet hatten. Gleich nachher aber stürmte aus eben diesem Keller der Haufe in größter Verwirrung hervor, und ich erfahre, es sei eine Granate durch das Gewölbe gefahren. Ich steige hinunter, um mich zu überzeugen, ob Schaden geschehen und Hilfe nötig sei. Davon zeigt sich indes nirgends eine Spur; man faßt nun wieder Mut, kehrt in den verlassenen Zufluchtsort zurück, und drei meiner Bekannten, rechtliche Männer, fordern mich auf, noch einige Augenblicke zu verweilen und ein Glas Wein mit ihnen zu trinken.

Indem ich mir nun hierbei die bunte Versammlung mit etwas besserer Muße ansehe, bemerke ich auch seitabwärts den Mann in der Schlafmütze, der mir bereits durch seine langen Beine merkwürdig geworden. Halb kommen mir seine Gesichtszüge bekannt vor, aber die Dunkelheit des Winkels läßt mich nichts mit Gewißheit erkennen. Ich greife nach einer Kerze, leuchte ihm näher unter die Augen und – siehe! es ist der Hauptmann *** von unserer Garnison. Hochverwundert frage ich: »Ei tausend, Herr Hauptmann! Wie geraten Sie hierher? Ist dies Loch ein Aufenthalt für Sie? Ein Offizier – und verkriecht sich unter alte Weiber und Wiegenkinder! Der König hat Ihnen gewiß vierzig Jahre Brot gegeben, und nun es seinen Dienst gilt, vertun Sie sich abseits?« – Er stotterte etwas daher: »Sehen Sie nicht, daß ich krank bin? Ich habe das Fieber.« – »Daß Sie eine Schlafmütze sind, sehe ich, und das Bombenfieber sehe ich auch,« war meine Antwort. – »Hier heraus mit Ihnen und fort, wohin Sie gehören!« – Ich wäre in meiner Ereiferung vielleicht noch tiefer in den Text hineingeraten, wenn meine vorgedachten Bekannten mich nicht von ihm abgezogen und begütigt hätten. Unterdessen ließ der Fieberpatient sich ein gutes Gericht Essen und ein Viertel Wein auftragen und speiste mit einem Appetit, der auch dem Gesundesten Ehre gemacht haben würde.

Aber es sollte hier gleich noch ein zweites ähnliches Abenteuer geben. Denn indem ich mich von dem Jammerbilde nach einer anderen Seite wende, fiel mir ein Feldbett in die Augen und darauf hingestreckt ein Mensch, der notwendig auch eine Militärperson sein mußte, da unter der Bettdecke hervor ein Degen mit dem Portepee niederhing. Mein Gesicht mochte bei diesem Anblicke wohl wie ein großes Fragezeichen aussehen, denn unaufgefordert erklärten mir meine Freunde, die hier Bescheid wußten, es sei der Leutnant ***, der sich zu gütlich getan und in diesem, ihm gewöhnlichen Zustande so seinen Aus- und Eingang im Weinkeller habe. Das war mir ein Greuel mit anzuhören! Ich riß ihm die Bettdecke vom Leibe und rief: »Herr, plagt Sie ... Was haben Sie *hier* zu schaffen? Heraus und auf Ihren Posten! Hören Sie den Geschützdonner nicht?«

Brummend taumelte er empor, und sich mit Mühe auf den Füßen haltend, tobte der Jämmerliche: »Warum wird das verfluchte Loch nicht übergeben, damit man nur einmal aus dem miserabeln Neste herauskäme!« – Ich traute meinen Ohren nicht und hätte mich wahrlich an dem Elenden tätlich vergriffen, wenn meine gelasseneren Freunde mir nicht in den Arm gefallen wären, während jener wieder auf sein Lager niedertorkelte und prahlte, wie viel Weinflaschen er heute schon den Hals gebrochen.

Beide Auftritte waren indes zu öffentlich und vor zu vielen Zeugen vorgefallen, als daß sie ganz mit dem Mantel der Liebe zu bedecken gewesen wären. Der Hauptmann rechtfertigte sich mühsam durch ein ärztliches Attest, das seine Krankheit bekräftigte, aber dahingestellt ließ, warum sich Patient nicht lieber ruhig in seinem Quartier verhalten und eine genauere Diät befolgt habe? Gegen den Leutnant aber sprachen die Zeugnisse so entscheidend, daß er einem dreimonatlichen Arrest und demnächst seiner Dienstentlassung sich nicht entziehen konnte.

Zu einer anderen Zeit standen unsere Vorposten ringsum des Abends in einem lebhaften Feuer gegen den Feind, der allmählich immer mehr Truppen ins Gefecht brachte. Der Kommandant, in dessen Gefolge ich war, befand sich auf der Bastion Pommern, von wo auch das Feld zu beiden Seiten des Platzes am bequemsten übersehen werden konnte. Um die Unserigen gegen Sellnow hin zu unterstützen, war der Major *** mit drei Kompagnien seines Bataillons abgeschickt worden, mit dem Auftrage, sich den Schillschen Truppen anzuschließen und das Gefecht zum Stehen zu bringen. Aber statt daß nun hier vor dem Geldertore eine neue Regsamkeit zu bemerken gewesen wäre, hörte das Feuer dorthin, zu des Kommandanten nicht geringer Verwunderung, bald gänzlich auf, und die Verwunderung stieg zur Unruhe, da immer noch kein Rapport von der entsandten Verstärkung einging. Ich erbot mich, Nachricht an Ort und Stelle einzuziehen, und eilte von dannen, den Wall hinunter.

Von einem Pulverwagen, der mir in den Weg kam, strängte ich ein Zugpferd ab, warf mich hinauf und trabte zum Geldertore hinaus. Die Nacht war stockfinster geworden. Als ich über die sogenannte Kuhbrücke kam, stutzte mein Gaul, hob sich und wollte trotz all meines Treibens nicht von der Stelle. Endlich ward ich gewahr, daß er sich vor einem Soldaten scheute, der sich quer über den Weg gelagert hatte. Der Bursche hatte geschlafen, und mit ihm ward es auf einmal rund um mich her wach und laut, und ein Dutzend Baßkehlen rief: »Holla! holla! Nur sachte!« – Mit einem Blicke übersah ich nun die saubere Schlafkompanie, die sich hier meist ins Gras gestreckt hatte, anstatt den bedrängten Kameraden weiter vorwärts Luft zu machen.

Im bitteren Unmute meines Herzens stürmte ich auf sie ein und rief: »Ihr seid mir schöne Helden! Pfui euch, daß ihr hier liegen könnt und schnarchen!« – Beschämt wichen sie mir zu beiden Seiten aus, bis ich weiterhin kam und nun auch auf ihren edeln Anführer stieß, der sich sein Ruheplätzchen hart am Heckenzaune ausgesucht hatte, den Kopf nur so eben aus dem Mantel hervorstreckte und mir einen guten Morgen bot. Drei Schritte hinter ihm zeigte sich mir der Hauptmann *** in gleicher Positur, der jedoch aufstand und mir seinen guten Morgen bis dicht ans Pferd entgegenbrachte. Mich noch weniger haltend als vorhin tobte ich: »Den T... und seinen Dank für euern guten Morgen! Ist das recht? Ist das erhört, daß ihr hier auf der Bärenhaut

liegt? Ob eure besseren Kameraden indes ins Gras beißen, das kümmert euch nicht! – Da! da seht!«

In dem Augenblick nämlich kamen einige Schillsche Leute daher,
die zwei Erschossene auf einer Tragbahre aus dem Gefechte trugen
und mehrere Verwundete leiteten. Ich erfuhr von ihnen noch be-
stimmter, daß die ganze Zeit her von einem Unterstützungstrupp
nichts zu sehen noch zu hören gewesen. Demgemäß fiel nun auch
mein Rapport an den Kommandanten aus, der mit Achselzucken versetzte: »Nun, nun – ich werde den Herren die Epistel lesen!«

ch, meinesteils, hatte kein Gelübde getan, aus
den mancherlei Erlebnissen dieser Art vor meinen täglichen Bekannten ein Geheimnis zu machen, und so hatten denn durch mehr als
einen Mund jene Anekdoten auch ihren Weg in des Herrn v. Cölln
damals vielgelesene »Feuerbrände« und einige andere politische Ta-
gesschriften gefunden und bei manchem noch altgläubigen Militär
mitunter Anstoß erregt. Wer aber hätte es glauben sollen, daß es irgend einst einem solchen einfallen könnte, mich, den Unschuldigsten
bei dem gesamten Handel, deshalb feierlichst in Anspruch zu nehmen? Dennoch geschah es also, und auch hierüber gehöre ja wohl ein
kurzer Bericht in meine Lebensgeschichte.

Von einem der Kommandanten, die auf Gneisenau folgten, ward
ich eines Tages durch eine Ordonnanz auf eine bestimmte Stunde in
seine Amtswohnung geladen. Ich ging und ward in einen großen Saal
geführt, den ich von den sämtlichen Offizieren unserer Besatzung
gefüllt fand. Mitten unter ihnen saß der Garnisonauditeur L* hinter
einem Tische, den viele Schriften und Schreibmaterialien bedeckten.
Alles hatte so ziemlich die Miene eines großen gerichtlichen Aktes.

Sofort nach meinem Eintritt kam mir der Kommandant mit einem gedruckten Buche in Quarto entgegen und bedeutete mir: er
habe mir etwas vorzulesen, auf das ich ihm sodann antworten werde.

– Ich hatte nichts dawider, und er setzte hinzu: »Sollten die Worte und Beschuldigungen erlogen sein, so verdiene der Schriftsteller, daß ihm der Prozeß gemacht werde, und man werde bei Sr. Majestät des Königs höchster Person darauf antragen, ihn exemplarisch bestrafen zu lassen.« – Und nun zu dem ganzen Zirkel: »Meine Herren! Ich werde lesen, Sie werden hören!« Jetzt las er mir das Geschichtchen von der Nachtmütze im Ratskeller, und verlangte darüber eine weitere Erklärung. »Die wird am leichtesten zu geben sein,« versetzte ich, »wenn, wie ich glaube, der Herr Hauptmann *** hier in der Versammlung gleichfalls zugegen ist.« – Zu gleicher Zeit schaute ich ein wenig umher und erblickte ein Stückchen von ihm hinter und zwischen einer Gruppe von Kameraden, die mich jedoch nicht verhinderten, meinen Mann hervor an das Tageslicht zu ziehen. Nun kam es denn zu einem Katechismusexamen, wo es auch von ihm hieß: »Und er bekannte und leugnete nicht,« – daß sich alles so verhalte, als dort im Buche stände, denn ich führte ihm die drei unverwerflichen Zeugen zu Gemüte, welche damals neben uns gestanden.

»Allein,« nahm nun der Kommandant aufs neue das Wort, »wie steht es um dies zweite Geschichtchen, das ich Ihnen vorzulesen habe, – von einer schlaftrunkenen Wegelagerung, wobei der Major *** in ein so nachteiliges Licht gestellt ist?« – Er las, und meine Gegenfrage war: »Hätte der Herr Major in der Tat etwas dagegen?« – Ich sah mich nach ihm um, fand ihn und wiederholte nun Wort für Wort, was damals zwischen ihm, seinen Begleitern und mir verhandelt worden. Der Mann, zum Leugnen zu ehrlich, spielte hierbei eine etwas einfältige Rolle, während der Auditeur frischweg protokollierte und sich fast die Finger lahm schrieb. – Nun endlich noch die Gewissensfrage: »Ob *ich* diese Erzählungen dem Verfasser der Feuerbrände mitgeteilt hätte?« – Das konnte ich mit Wahrheit verneinen; und so nahm das gestrenge Inquisitionsgericht ein Ende, ohne daß weiter Gutes oder Böses dabei herausgekommen wäre. Auch habe ich mich ferner nicht darum gekümmert.

berhaupt muß gesagt werden, daß seit Gneisenaus Abschied zwischen Militär und Bürgerschaft meiner Vaterstadt sich ein Verhältnis gebildet hatte, welches mit der jüngst verflossenen Zeit gemeinschaftlichen Bedrängnisses in einem traurigen Gegensatze stand und mir wie jedem patriotisch gesinnten Herzen unendlich viel Unmut, Kummer und Sorge erweckte.

Kolbergs militärische Wichtigkeit, zumal in jener schwierigen Zeit nach dem Frieden von Tilsit, war lebhaft anerkannt worden, aber eben dadurch fühlte sich auch die Besatzung des Platzes in ihrer Bedeutung gehoben und zu Ansprüchen von mancherlei Art berechtigt. Darüber, und weil dies bald einigen Widerstand erzeugte, hatte sich in allen Berührungen mit den bürgerlichen Behörden ein gewisser unfreundlicher Ton eingeschlichen, der immer schmerzlicher empfunden wurde. Es sollte alles martialisch und gewaltig bei uns zugehen, als wenn es noch mitten im Kriege wäre, wogegen der Bürger nur durch die milden bürgerlichen Gesetze des Friedens beherrscht sein und von außerordentlichem Kriegszwange nichts mehr wissen wollte. Die Lasten der Einquartierung bei einer noch immer sehr starken Garnison, die an sich schon lästig genug waren, wurden es noch mehr dadurch, daß die Verteilung derselben sich ungesetzlich in den Händen einer außerordentlichen Kommission befand, die von ränkesüchtigen Köpfen nach Gunst oder Ungunst geleitet ward. Böse Ratgeber der nämlichen Art belagerten das Ohr der Machthaber und freuten sich des gestifteten Unheils; überall Neckerei, Reibung und abgeneigter Wille, und – zum Übermaß dieses Notstandes – eine vielleicht nicht hinlänglich beschäftigte Anzahl alter und junger Militärs, deren Überschwang an Lebendigkeit sich in mancherlei Störungen des friedlichen bürgerlichen Verkehrs, in Prügelszenen, in gewaltsamen Angriffen und Verwundungen rechtlicher Männer kund tat.

Auf der anderen Seite ist ebensowenig in Abrede zu stellen, daß unseren Einwohnern durch die Belagerung das Herz ein wenig groß geworden. Sie hatten in ungewöhnlichen Anstrengungen auch ungewöhnliche Kräfte in sich erwecken müssen, und so wie sie sich dadurch selbst im Werte gehoben fühlten, wollten sie sich auch von anderen besser geachtet wissen. Vielfach hatten sie auch in der Zeit der Not bedeutende Opfer an Eigentum und Vermögen dargebracht; hatten gehofft, nach des Feindes Abzuge durch mancherlei Erleichterungen sich für soviel Einbußen und Entbehrungen entschädigt zu sehen, und fühlten sich nun doppelt getäuscht, da statt der gehofften goldenen Zeit nur neue herbe Früchte für sie reiften. Zwar was das allgemeine Mißgeschick damals über unser armes bedrücktes Vaterland schwer genug verhängte, hätten sie gern und freudig mit ertragen, aber so manche örtliche und besondere Belastung wäre ihnen füglich zu ersparen gewesen, und konnte nicht verfehlen, einen dumpfen Mißmut zu erregen. Dennoch blieben ihre Klagen stumm und scheuten sich, ein Königsherz, dem das Schicksal bereits so große Prüfungen auferlegt, noch tiefer zu bekümmern.

Wie aber mußte denn nicht jedes wackere Bürgerherz sich um so tiefer von Dank und Freude ergriffen fühlen, als ein Königliches Kabinettsschreiben vom 21. Oktober 1807 an die verordneten Stadtältesten Dresow und Zimmermann den Beweis führte, daß Kolberg in seines gütigen Herrschers Beachtung und Fürsorge unvergessen geblieben, indem uns darin unter den huldvollsten Ausdrücken, der Erlaß unseres Anteils an der allgemeinen französischen Kriegskontribution, im Belauf mehr als hundertachtzigtausend Talern angekündigt wurde.

Als im Jahre 1809 durch die eingeführte neue Städteordnung überall die bisherige Magistratsverfassung abgeschafft und den Bürgerschaften ein erweiterter Einfluß auf die Verwaltung zugestanden wurde, wußte sich die Menge in die verbesserten Einrichtungen nicht sogleich zu finden; die Ränkeschmiede und Selbstlinge aber waren nur um desto eifriger darauf bedacht, ihr Schäfchen dabei zu scheren und den blinden Unverstand nach ihren geheimen Absichten zu bearbeiten. Als es daher zur ersten Wahl der Stadtverordneten und eines neuen Magistrats kam, ging es dabei so stürmisch, unmoralisch und ordnungswidrig zu, daß jeder rechtschaffene Mann sein äußerstes Mißfallen daran haben mußte.

Es kann mir also auch nicht als Lobspruch gelten, wenn ich, obwohl als erster Stadtverordneter gewählt, mich dieser Ehre bedankte und mit einer Versammlung nichts zu schaffen haben wollte, von deren Gesinnungen ich nichts als Unheil für die Stadt erwarten konnte. Zwar fehlte es nicht an dringendem Zureden meiner Freunde, welche in der Meinung standen, daß ich durch Übernahme jenes Postens, wenn auch nicht Gutes sonderlich zu fördern, doch manches Böse durch meinen Einfluß zu verhüten imstande sein würde; allein das ganze Wesen, so wie es sich da gestaltet hatte, war mir ein Greuel, und ich lehnte es standhaft ab, mich damit zu befassen. Noch ärger ward das Ding, als nun demnächst zur Ratswahl selbst geschritten werden sollte. Kabalen kreuzten sich mit Kabalen; einige rechtliche Männer, welche die gesetzliche Stimmenmehrheit für sich gehabt, wurden tumultuarisch wieder ausgestoßen, und ich hörte sogar von tätlichem Handgemenge, worin die Anhänger der verschiedenen Parteien sich gestritten hatten.

So wie ich mir nun in stiller Klage mit anderen Biedermännern dies schändliche Unwesen tief zu Herzen nahm und täglich Zeuge sein mußte, wie es immer weiter um sich griff und eine widerrechtliche Anordnung auf die andere folgte, so setzte ich mich hin und schilderte Sr. Majestät dem Könige unmittelbar und umständlich, mit Gewissenhaftigkeit und Wahrheit, wie alle diese Sachen bei uns ihren Verlauf gehabt. Ich nahm mir dabei den Mut, hinzuzufügen, daß, wenn Se. Majestät die jetzt bestehende Stadtverordneten-Versammlung nicht gänzlich kassierte und zur Wahl einer neuen mittels einer unparteiischen Kommission schreiten ließe, der Wirrwarr immer größer werden und nur mit dem Untergange unserer gesamten städtischen Wohlfahrt endigen werde.

Es geschah auch, was ich vertrauensvoll gehofft hatte. Der Monarch beschied mich in einer gnädigen Antwort, daß, meinem Antrage gemäß, die dermalige Stadtverordneten-Versammlung von Stund' an suspendiert und dem Minister v. Domhardt die Ernennung einer Kommission aufgetragen sei, um die Vorfälle untersuchen zu lassen und erforderlichenfalls neue, rechtmäßigere Wahlen zu verfügen. Der Minister benachrichtigte mich, daß er den Polizeidirektor Struensee zu Stargard zum Kommissarius in dieser Sache ernannt habe, und dieser meldete mir den Zeitpunkt seines Eintreffens in Kolberg und gab mir auf, bis dahin meine verschiedenen Klagepunkte gehörig zu ordnen.

Von allen diesen Schritten wußte niemand, weniger zurückhaltend war ich in meinem freimütigen – oft wohl etwas derben Urteile über all den Unfug, der täglich unter meinen Augen vorging. Natürlich waren nur dergleichen Äußerungen, die zudem nicht im Winkel gesprochen worden, den Leuten, denen es galt, fleißig zu Ohren gekommen. Die ganze Korporation kam darüber in Harnisch und ernannte eine Deputation aus ihrer Mitte, mit dem Kaufmann S** an der Spitze, um eine Klage wider mich wegen ehrenrühriger Beschuldigungen beim Stadtgerichte anzubringen. Die Sache war bereits anhängig geworden und mir ein Termin angesetzt, wo ich erscheinen und mich verantworten sollte.

Es ist ein wunderlich Ding, daß all meine Händel vor der Obrigkeit anfangs immer ein hochgefährliches Ansehen hatten und zuletzt doch ein lächerliches Ende nahmen. Das begab sich auch hier. Ich trat zur bestimmten Stunde vor die Schranken, und der Stadtgerichtsdirektor Harder deutete mir an: ich sei in diesem und jenem durch vorlautes Absprechen und Urteilen über eine löbliche Stadtverordneten-Versammlung, wofern die deshalb erhobene Klage gegründet, gar sehr straffällig geworden. Letztere solle mir jetzt vorgelesen und meine rechtliche Verantwortung gewärtigt werden.

»Das möchte sein,« erwiderte ich, indem ich mich zugleich gegen die anwesenden drei gegnerischen Deputierten wandte, »wenn ich nur diese Herren noch für wahre und wirkliche Stadtverordnete anerkennen könnte, nachdem des Königs Majestät sie sämtlich von ihren Ämtern suspendiert hat.« – Ohne mich auch weiter an die großen Augen zu kehren, welche eine so frevle Rede hervorbrachte, zog ich das königliche Handschreiben aus der Tasche und gab es stillschweigend in des Direktors Hände. Der nahm und las, erst für sich allein, dann laut und vernehmlich vor allen Anwesenden. Ich aber, nachdem ich mich einige Augenblicke an den verlängerten Gesichtern geweidet, erklärte dem Gerichte weiter: solchergestalt fände ich auch keinen Beruf in mir, jetzt auf die erhobene Klage weiter zu antworten, wozu sich vielmehr wohl eine andere und bessere Gelegenheit finden werde.

»Recht gut!« sagte der Direktor mit einiger Verlegenheit, indem er mir das Schreiben zurückgab und ich mich zum Fortgehen anschickte. – »Aber wir haben einen Termin abgehalten und hier sind Kosten aufgelaufen. Wer wird die bezahlen?«

»Nun, das werden die Herren, die sie verursacht haben, sich ja wohl nicht nehmen lassen,« erwiderte ich lachend, und ich hatte recht geraten. Denn sogleich auch erbat sich Herr S** die Erlaubnis, mit seinen Begleitern auf wenige Augenblicke abtreten zu dürfen, und nachdem sie sich draußen beraten, zog jener großmütig seinen Beutel und zahlte der Justiz ihre Gebühren.

Wenige Tage später trat auch der Königliche Kommissarius Struensee in dieser Eigenschaft bei uns auf, und meine Anklage gegen die Stadtverordneten und den von ihnen erwählten Magistrat ward in seine Hände übergeben. Ich hatte reichen Stoff gefunden, sie seit meiner ersten Anzeige noch um manches himmelschreiende Faktum zu vermehren, so daß es denn kein kleines Sündenregister gab, welches ich nach und nach bei der Kommission zu Protokoll diktierte und worüber ich die erforderlichen Beweise beibrachte. Anderseits wurden auch die Angeschuldigten vorgeladen, und nach genauester Untersuchung fiel die Entscheidung dahin aus, daß einige der Schuldigsten förmlich von ihrem Posten entsetzt und zur Bekleidung städtischer Amts- und Ehrenstellen auf immer für unzulässig erklärt wurden.

Nach dieser Reinigung leitete der Kommissarius eine neue, ordnungsmäßige Wahl beider Kollegien ein, wodurch das städtische Interesse besser beraten war, und alle Gutgesinnten bessere Hoffnungen für die Zukunft schöpfen konnten. Ihre Stimmen erkoren mich zum ersten unbesoldeten Ratsherrn, und zu diesem Stadtamte bin ich seitdem auch bei jeder neuen Wahl bestätigt worden; – ein Beweis von dem Zutrauen meiner Mitbürger, der meinem Herzen immer sehr wohlgetan hat, wiewohl mein Alter und die damit verbundene Schwachheit mahnt, mich nunmehr von allen öffentlichen Geschäften vollends zurückzuziehen.

Um die nämliche Zeit ward mir durch des Königs Gnade eine ganz unerwartete Auszeichnung zuteil. Es war Sr. Majestät, ich weiß selbst nicht auf welche Weise, zur Kenntnis gekommen, daß ich einst vor langen Jahren in wirklichem königlichen Seedienste gestanden, und demzufolge ward mir jetzt die förmliche Erlaubnis erteilt, die königliche Seeuniform zu tragen. Warum sollte ich leugnen, daß gerade *diese* Vergünstigung einen tiefen Eindruck auf den alten Seemann in mir machte, dessen Patriotismus sich immer und unter allen Himmelsgegenden mit einigem Stolze zur preußischen Farbe bekannt hatte? Zudem fühlte ich mich damals noch rüstig, meinem Landesherrn auch auf meinem eigentümlichen Elemente in Krieg und Frieden einige nutzbare Dienste leisten zu können, und nur des leisesten Winkes hätte es bedurft, um alles zu verlassen und unter jeder Zone für Preußens Nutzen und Ehre zu leben und zu sterben!

Die Rückkehr unseres gefeierten Königspaares von Preußen nach Berlin im Dezember des Jahres 1809, war ein Ereignis, das meine Seele mit hoher, freudiger Teilnahme beschäftigte. Einem Gerüchte zufolge sollte der Weg über Kolberg führen; aber der Anblick unserer Trümmer konnte nicht erfreulich und uns selbst es daher kaum wünschenswert sein, das landesväterliche Herz damit zu betrüben. Auch erfuhren wir bald, daß die Strenge der Jahreszeit die nächste und kürzeste Richtung geboten habe und der königliche Reisezug am 21. in Stargard eintreffen werde, um dort einen Rasttag zu halten. Es war also auch zu erwarten, daß die pommerschen Stände und andere Behörden der Provinz sich dort dem Könige vorstellen würden.

Diese Nachricht traf mich am 19. abends in einer Gesellschaft, wo viele würdige Männer unserer Stadt beisammen waren. »Wie!« rief ich aus, »so viele unserer Landsleute sollen dort vor dem Könige stehen, ihm ihre frohen Glückwünsche darzubringen, und nur aus unserer Vaterstadt sollte sich niemand zu einer solchen freiwilligen Huldigung eingefunden haben? Das hat weder der König um Kolberg, noch wir um ihn verdient! Seine Gnade hat uns erst unlängst eine Kriegssteuer von nahe an zweimalhunderttausend Talern erlassen, bei welcher schicklicheren Gelegenheit könnten wir ihm dafür unseren Dank bringen, als wenn eine Deputation der Bürgerschaft sich jetzt dazu auf den Weg machte? – Vollmacht? Trägt sie nicht jeder mit seinem Gefühle der Dankbarkeit im eigenen Herzen? Wird dort nach Vollmacht gefragt werden, wo wir nichts bitten, nichts verlangen, und wo nur allein unsere Glück- und Segenswünsche aus einem begeisterten Herzen hervorquellen werden?«

Alles war meiner Meinung, aber alles glaubte auch, es sei nicht mehr an der Zeit, diesen Gedanken weiter zu verfolgen, denn um zu rechter Zeit zur Stelle zu sein, würde man noch den nämlichen Abend sich auf den Weg machen müssen. – »Nun, und wenn es sein müßte,« unterbrach ich die kühlen Zweifler, »warum nicht auch schon in der nächsten Stunde? *Ich* bin dazu bereit, aber ich bedarf noch eines Gefährten. Wer begleitet mich?«

Ringsherum nichts als Schweigen und Kopfschütteln, und schon wollte ich im feurigen Unmute auflodern, als der Kaufmann, Herr Gölckel, mir die Hand reichte, sich mir zum Gefährten erbot, in einer Stunde reisefertig zu sein versprach und nun selber zur Eile trieb, damit wir noch vor völligem Torschlusse die Festung im Rücken hätten. Ich selbst übernahm es, die Postpferde für uns zu bestellen.

Glücklich auf den Weg gelangt, bemerkten wir erst draußen auf dem Felde, daß es eine stockdunkle Nacht gab, und daß es schwer halten werde, des rechten Weges nicht zu fehlen. Wirklich auch hatten wir noch nicht Spie erreicht, als wir inne wurden, daß wir uns verirrt und genötigt waren, auf einem weiten Umwege wieder auf die Poststraße zurückzukehren. Dies machte mich so ungeduldig, daß ich dem Postillion Zügel und Peitsche aus den Händen riß, um selbst zu kutschieren, und es könnte wohl sein, daß ich ihm nebenher einige fühlbare Denkzettel auf den Rücken zugemessen hätte. So ging es langsam weiter von Station zu Station, ohne daß mein stetes Treiben sonderlich fruchtete, oder daß ich auf die Vorstellung meines gleichmütigeren Reisegefährten viel gegeben hätte, der mir bemerklich machte, daß wir auf diese Weise mitten in der nächstfolgenden Nacht in Stargard anlangen und dann in dem überfüllten Orte kein Quartier finden würden.

In der Tat war es auch, als wir an Ort und Stelle kamen, noch so früh am Morgen, daß wir noch alles in Finsternis und Schlaf begraben fanden. Dies hinderte jedoch nicht, daß ich gleich zunächst dem Tore mir ein Haus drauf ansah, vor welchem ich zu halten befahl. Es wurde abgestiegen, angeklopft und, nachdem es drinnen munter geworden, mit lauter Stimme Herberge begehrt. Die Antwort war, wie sie zu erwarten stand, eben nicht sehr tröstlich: alles sei dicht besetzt und kein Unterkommen mehr möglich. – »Aber, liebe Leute,« rief ich dagegen, »den alten Nettelbeck werdet ihr doch nicht auf der Straße stehen lassen?« – »Nein, wahrhaftig nicht!« scholl eine weibliche Stimme dagegen. »Tausendmal willkommen! Da muß sich schon ein Winkelchen finden!« – Und es fand sich auch so bequem und wohnlich, daß wir noch in guter Ruhe einige Stunden ausschlafen konnten. Mein Reisegefährte hatte große Lust, sich über diesen Zauber meines bloßen Namens zu verwundern; allein ich entzauberte ihn schnell, indem ich ihm erklärte, daß ich bloß meinen alten freundlichen Wirt wieder aufgesucht, bei welchem ich vor nicht gar langer Zeit gehaust hätte, als ich hier das Kind meines Freundes, des Regierungsrates Wisseling, aus der Taufe gehoben.

Noch vormittags ward die Ankunft des königlichen Paares erwartet, dessen Zug vor unserm Hause vorüber mußte. Wir warfen uns also in unsre Staatskleider – *ich* in meine Admiralitätsuniform, mein Gefährte in die Uniform der Bürgergarde, und erwarteten auf einer erhöhten Treppe den für unser Herz so teuren Anblick. Wagen auf Wagen mit Königlichem Gefolge rollten vorüber. Endlich um zehn Uhr nahte der König selbst, neben ihm die Königin, langsam in einem offenen Wagen. Es klopfte uns hoch in der Brust und wir verbeugten uns ehrerbietig samt allen übrigen, ohne zu wissen, ob wir bemerkt wurden.

Jetzt forderte ich meinen Begleiter auf, dem Zuge mit möglichster Eile zu folgen oder lieber noch zuvorzukommen, um die Gelegenheit zu unsrer persönlichen Vorstellung nicht zu versäumen, bevor der Monarch noch dichter umzingelt würde. Denn was für ein Eulenspiegelstreich wäre es gewesen, uns im Namen einer ganzen Stadt auf den Weg gemacht und dennoch unser Wort nicht angebracht zu haben! Allerdings war das Gedränge um des Königs Quartier unbeschreiblich groß und lebendig, aber mein treuherziges: »Kinder, maakt en betken Platz!« und auch wohl die paar Streifen Gold auf unsern Röcken halfen uns zuletzt glücklich durch das Gewühl, bis wir durch das Spalier des Militärs vorgedrungen waren, uns unter die bunten Gruppen der Offiziere und dienstuenden Adjutanten mischten und so zuletzt die Flur des Hauses erreichten.

Noch kam es darauf an, uns mit unserm Wunsche, vorgelassen zu werden, an den rechten Mann zu wenden, als wir von des Königs Gemächern einen Stabsoffizier die Treppe herniedersteigen sahen, der auf uns zuging und mich freundlich fragte: »Gelt, Nettelbeck, Sie wollen den König sprechen? Dann ist's gerade an der rechten Zeit. Kommen Sie!« – Zugleich faßte er mich und meinen Freund an der Hand und stieg in unsrer Mitte die Treppe hinauf. Nicht ohne seltsame Verwunderung fragte ich ihn: »Wie kommt mir das Glück, daß Sie mich bei Namen keinen?« – »Und darüber wundern Sie sich?« war die Antwort. »Bin ich nicht in Kolberg bei Ihnen in Ihrem Hause gewesen?« – Es war der General v. Borstell.

Indem wir oben ankamen, fanden wir zwei schwarzgekleidete Männer, Deputierte von der Kaufmannschaft einer benachbarten Stadt, vor der offenen Flügeltüre, die zu des Königs Audienzzimmer führte. Der General wies sie vor uns hinein und wir folgten dann nach. Das ganze große Zimmer war erfüllt von Generalen, Damen und Standespersonen, worunter mir die Prinzessin Elisabeth, die von Stettin gekommen war, der General v. Blücher und andre bemerkbar wurden. Alles blitzte von Ordenszeichen jeder Art, und es gab eine feierliche Stille, bis der König hereintrat, samt seiner königlichen Gemahlin, und die Anwesenden ihnen nach der Reihe vorgestellt wurden.

Vor uns traten die genannten beiden Deputierten vor, die etwas beklommen schienen und überaus leise sprachen, so daß uns davon sowie von des Königs Antwort wenig oder nichts hörbar wurde. Als sie sich zurückgezogen hatten, wandten beide hohe Personen sich zu uns, und mich anblickend, fragte der König: »Nicht wahr, der alte Nettelbeck aus Kolberg?« – und dann, während wir unsre Verbeugung machten, zu meinem Gefährten gekehrt: »Die Kolberger sind mir willkommen!«

Wir hatten im voraus verabredet, uns, wenn es dahin käme, in unsern Vortrag zu teilen, damit wir nicht beide durcheinandersprächen. Ich hob demnach an: »Ew. Majestät geruhen gnädigst, uns zu erlauben, daß wir im Namen unsrer Mitbürger Ihnen fußfällig unsern Dank bringen für die große Gnade und Wohltat, die Sie unsrer guten Vaterstadt haben angedeihen lassen. Wir haben dafür kein andres Opfer, als die abermalige Versicherung unsrer unerschütterlichen Treue, nicht allein für uns, sondern auch für unsre spätesten Nachkommen, denen wir mit gutem Beispiele vorangegangen sind. Stets soll es ihnen in Herz und Seele geschrieben bleiben: Liebet Gott und euern König und seid getreu dem Vaterlande!«

Hierauf wandte sich der König halb gegen uns und halb gegen die hinter ihm stehende glänzende Versammlung und sprach in lebendiger Bewegung die Worte: »Kolberg hat sich bereits im Siebenjährigen Kriege treu gehalten und dadurch die Liebe meines Großoheims erworben. Auch jetzt hat es das Seinige getan, und wenn ein jeder so seine Pflicht erfüllt hätte, so wäre es uns nicht so unglücklich ergangen.«

Jetzt nahm mein Freund das Wort und äußerte, wie nahe es uns gehen würde, wenn unsre Gegenwart bei Sr. Majestät eine unangenehme Erinnerung aufregte, allein die Gefühle unsrer dankbarsten Verehrung hätten uns nicht zurückbleiben lassen wollen, und ganz Kolberg teile unsre Gesinnungen. Der König erwiderte darauf: »Ich weiß es; wenn früh oder spät einmal es die Umstände gebieten, werden die Kolberger auch gerne wieder für mich auftreten.«

Hier fing ich Feuer und brach begeistert aus, indem ich mit der Hand auf mein Herz schlug: »Ew. Majestät, dazu lebt der freudige Mut in uns und unsern Kindern, und verflucht sei, wer seinem Könige und Vaterlande nicht treu ist!« – »Das ist recht! das ist brav!« versetzte der Monarch, und als er darauf fragte, wie wir sonst in Kolberg lebten, gab ich zur Antwort: »Gut, Ew. Majestät! Kleinigkeiten machen wir unter uns ab, und ist es etwas Bedeutendes und wir können nicht durchkommen, da wenden wir uns geradezu an Ew. Majestät. Wir hoffen, Sie werden uns nicht sinken lassen.«

»Nein, nicht sinken lassen – nicht sinken laß ich euch!« rief der König, wobei er mir die Hand entgegenbot. »Wendet euch nur an mich, und was zu erfüllen möglich ist, soll geschehen.« – Dann fragte er, ob wir eigens dieserhalb gekommen wären, oder ob uns andre Geschäfte nach Stargard führten? – »Kein andres Geschäft, als der Auftrag der Unsrigen,« entgegnete ich, »und eben dadurch wird dieser Tag der glücklichste unsres Lebens.«

Jetzt beurlaubte uns der König mit den Worten: »Ich danke euch! Grüßt eure guten und braven Mitbürger und sagt ihnen, auch ihnen dankte ich für die Treue und Anhänglichkeit, die sie mir erwiesen haben. Haltet immer auf Religion und Moralität.« – Als wir uns darauf verbeugten und Miene zum Abtreten machten, sagte der König: »Sie bleiben noch hier!« – worauf auch bald hernach die Königin sich näherte, neben ihren Gemahl trat und sich mit gütigem Lächeln und der Bemerkung zu uns wandte: »Wir haben uns heute schon gesehen,« – und der Monarch fiel ihr ein: »Nicht wahr? Ich hatte doch recht geraten?« – So ergab sich's denn, daß ich oder meine Uniform dem königlichen Paare bereits im Vorbeifahren aufgefallen sein mußte. Sie aber fuhr zu mir fort: »Ich bin gewiß recht froh, Sie hier zu sehen und persönlich kennen zu lernen.« – »Und ich,« war meine Antwort, »ich danke Gott dafür, daß er mich den Tag hat erleben lassen, wo meine Augen den guten König und unsre allgeliebte Königin in solchem Wohlsein erblicken. Der Name des Herrn sei dafür gelobt!« – So erhielten wir nunmehr unsre gnädige Entlassung, eilten nach unserm Gasthofe zurück und waren von Herzen froh, unser Geschäft so wohl und mit solchen Ehren abgetan zu haben.

Indes hatte mein Freund sich entfernt, um einige Besuche in der Stadt bei seinen Bekannten abzustatten, als etwa nach einer Stunde ein königlicher Page, der uns lange vergeblich gesucht und erst durch den Polizeidirektor Struensee hatte ausfindig machen können, zu mir eintrat, um uns zur königlichen Tafel einzuladen. Es war spät; mein Gefährte war abwesend und ich mußte mich entschließen, ohne ihn zu gehen. Im Tafelzimmer hatte auch schon alles seine Plätze eingenommen. Als ich dann mich dem Könige präsentierte, fragte er nach meinem Mit-Deputierten, und als ich darauf nicht Genügendes zu erwidern wußte, fiel ein ungnädiger Blick auf den Pagen, der noch nächst der Türe stand, daß er seinen Auftrag so unvollständig ausgerichtet.

Ein Kammerherr führte mich zu meinem Sitze hin, wo rechts der General v. Pirch und links der General-Chirurgus Görke meine Tischnachbarn waren. Beide unterhielten sich mit mir während der Tafel aufs freundlichste und ersterer erbot sich, heute abend zu dem großen Balle, der von der Stadt veranstaltet worden, seinen Wagen zu meiner Abholung bei mir vorfahren zu lassen, was mit herzlichem Danke angenommen wurde.

Nach aufgehobener Tafel machte ich, wie ich es die andern tun sah, dem königlichen Paare das stumme Zeichen meiner Verehrung und war im Begriffe, gleich jenen mich zu entfernen, als der König mich noch bleiben hieß und dann der Königin einen Wink gab. Hierauf kam dieselbe herbei und führte mich in ein besonderes Nebengemach, wo ich nun mit freudiger Überraschung mich ohne Zeugen dem hohen Paare gegenübergestellt fand. Beide taten eine Reihe von Fragen an mich, die ich nach bestem Vermögen beantwortete, deren

Inhalt aber nicht in diese Blätter gehört. Mein Herz geriet dabei mehr und mehr in eine hohe Bewegung. – –

Auf dem Balle, zu dem wir, nach des Königs ausdrücklicher Bestimmung, eingeladen worden, verweilten wir des starken Gedränges wegen nur kurze Zeit. Des nächsten Morgens reisten wir ab, und zufolge den Wünschen meines Freundes begleitete ich ihn nach Stettin, wohin ihn Geschäfte führten und wo uns eine sehr freundliche Aufnahme zuteil ward, so daß wir mehrere uns zugedachte Güte und Auszeichnung von uns ablehnen mußten, weil ich mich noch zum Feste wieder nach Hause sehnte und ich mich überdies ein wenig kränklich fühlte. Mein Geist war aber frei und froh, und es mag auch wohl sein (was mein Reisegefährte behauptet und wessen ich mich gleichwohl wenig mehr entsinne), daß ich manches holländische Liedchen für mich gesungen habe. Das aber kommt nur an mich, wenn meine Seele in innerem geistigen Wohlbehagen schwelgt.

Das war also mein kurzes, aber erfreuliches Leben am Hofe! In ein längeres hätte ich mich freilich schlecht zu schicken gewußt und überdies wäre mir dadurch meine gute ehrliche Pfahlbürgerei vielleicht verleidet worden, zu welcher ich nun mit doppeltem Behagen zurückkehrte und wobei ich mich ohne Zweifel auch besser befand. Ich hatte meine frühere Hantierung, soweit meine verminderten Vermögensumstände es zuließen, klein und bescheiden wieder angefangen und fand dabei, als ein einzelner Mann von wenigen Wünschen und Anforderungen, auch mein notdürftiges Auskommen. Ich würde sogar sagen können, daß ich glücklich und zufrieden lebte, wenn ich irgend bei meinen Hausgenossen, durch die ich meine Geschäfte betreiben mußte, nur etwas von der Treue und Anhänglichkeit gefunden hätte, auf die ich rechnete und deren ich bedurfte. Wenn aber das Gesinde, gegen frühere Zeiten gehalten, schon vor dem Kriege ziemlich aus der Art geschlagen schien, so hatte es nunmehr der Krieg selbst und das Beispiel der lockeren französischen Sitten vollends verdorben, und wenn ich auch zugeben wollte, daß ich in meinen Forderungen an die junge Welt etwas strenger und mitunter auch wohl wunderlicher geworden, als jene gutheißen wollte, so ist's darum nicht minder wahr, daß die, welche mich zunächst umgaben, nur ihrem eignen unerlaubten Nutzen nachgingen und mich in meinem Haushalte auf jede mögliche Weise übervorteilten.

Da fiel mir's denn schwer und immer schwerer aufs Herz, daß ich so ganz abgesondert und verlassen in der Welt dastand. Ich zählte bereits 75 Jahre und in meinen Gedanken hatte ich meine Lebensrechnung sehr viel früher abgeschlossen. Was sollte mit mir werden, wenn Gott mich noch nicht wollte? wenn nun die unvermeidlichen Schwachheiten des Alters näher herzutraten? wenn Kränklichkeit und körperliche Leiden überhandnahmen? wenn meine edleren Sinne mich verließen? wenn ich unvernehmlich und kindisch würde? – Mir grauste, wenn ich auf diese Weise in die Zukunft blickte! Meine Freunde, denen ich aus diesen Betrachtungen kein Geheimnis machte, rieten mir lachend, aber bald auch im wohlgemeinten Ernste, zuversichtlich noch einmal in den Glückstopf des Ehestandes zu greifen. Ich hingegen schüttelte mächtig den Kopf – ein Bräutigam mit drei Vierteln eines Säkulums auf dem Nacken! Überdies: wer, der, wie ich, bereits zwei so böse Nieten aus jenem Topfe gezogen, hätte sich's wohl zugetraut, das dritte Mal mit dem großen Lose davonzugehen?

Dennoch war der Gedanke ein Feuerfunke in meine Seele, der unablässig darin fortglimmte und all mein Sinnen und Streben beschäftigte. Es ließ sich nicht leugnen, daß der Ruhe und dem Wohlsein meines Lebensabends nicht füglicher geraten werden konnte, als durch eine Gefährtin, die mir aus Güte und Wohlwollen die Pflege, welche ich aus bezahlter Hand nur widerwillig erhalten haben würde, mit unendlich treuerer Sorgfalt erwiese. Allein wie konnte und durfte ich Greis irgendwo erwarten, daß ein Frauenherz zu solchen Gesinnungen fähig, den eignen Anspruch ans Leben dergestalt verleugnen sollte, um es mit mir zu wagen? – Ich fing wiederum an, den Kopf noch mächtiger zu schütteln.

Da traten nun endlich meine Freunde im Ernste zu, und ihrem Rate, wie ihren Vorschlägen, danke ich's, daß nicht nur meine tausend Bedenklichkeiten besiegt, sondern auch die Einleitungen zur Verwirklichung meines Entschlusses aufs glücklichste getroffen wurden. Ihre Bemühungen führten mir eine würdige und erwünschte Gattin zu, die nicht nur den Pflichten einer Hausfrau im vollen Umfange zu genügen verstand, sondern die auch durch eine gute Erziehung, Milde der Gesinnung und reine Güte des Herzens mir in Wahrheit ein großes Los, wie ich es nimmer gehofft hätte, geworden ist. Tochter eines würdigen Landpredigers in der Uckermark, war sie zwar frühe Waise geworden, aber unter der Fürsorge liebreicher Verwandten hatten sich Herz und Geist bei ihr trefflich gebildet, und es fehlte ihr an keinem Bedingnis für die Bestimmung zu einem stillen bürgerlichen Leben und Wirken. Was ich damals schon mit völligster Überzeugung aussprach, das hat sich mir jetzt, nach beinahe zehn Jahren, noch wahrhafter erwiesen: Gerade so und nicht anders mußte mir der gnädige Gott eine Gefährtin zuweisen, wenn sie der Trost und die Stütze meines Alters sein sollte!

So ward ich denn im Jahre 1814 der glücklichste Ehegatte und bin es noch: allein was den Leser dieser Blätter vielleicht noch weit mehr überraschen wird, – ich ward gleich im nächsten Jahre auch *Vater*. Ein liebes Töchterchen ward mir geboren, und lebt, wächst und gedeiht zu unsrer herzinnigen Freude. Gleicht es einst der *Mutter*, wie ich mir das verspreche, an Sinn und Gemüt, so bleibt mir kaum noch etwas zu wünschen übrig. Was vom *Vater* auf sie vererben kann und auch vererben soll, ist freilich nicht viel; doch habe und hege sie nur meine Scheu vor Unrecht und meine es gut und redlich mit allen Menschen, so wird auch dieses geringe Erbteil ihr reichlich wuchern! – Ich nahm mir das Herz, Se. Majestät um die Übernahme der Patenstelle bei meinem Kinde zu ersuchen. Des Königs Gnade bewilligte mir nicht nur diese Bitte, sondern erlaubte dem Täufling auch, in einer teuren Erinnerung, den Namen Luise zu führen.

Noch führte ich mein Gewerbe einige Jahre mit günstigem Erfolge fort, als aber in den Jahren 1817 und 1818 die Gewerbscheine zum freien Betrieb aller Hantierungen im Staate immer allgemeiner verbreitet wurden, sah ich meinen Nahrungsverkehr fast gänzlich eingehen, denn belastet mit allen städtischen Abgaben, war es länger nicht möglich, mit dem vom platten Lande hereingeführten Branntwein Preis zu halten. Mir blieb auf diese Weise nichts übrig, als diese Fabrikation ganz aufzugeben, wie wenig ich auch in meinem hohen Alter eine Aussicht gewann, mich in eine andre Beschäftigung zu werfen und dadurch meinen täglichen Unterhalt zu sichern. So begann denn meine häusliche Lage in Wahrheit bedenklich zu werden.

Gleich nach geendigter Belagerung hatte der edle Gneisenau, der um meine mancherlei Einbußen wußte, sich erboten, mir zur Schadloshaltung eine königliche Pension zu erwirken. Mein Ehrgefühl lehnte sich dagegen auf, und mit tränenden Augen bat ich ihn, von diesem Gedanken abzustehen, denn damals waren meine Umstände noch immer leidlich, und ich hatte niemand zu versorgen. Gegenwärtig aber, wo meiner Lebenslast noch zehn Jahre mehr zugewachsen waren, standen meine Sachen um vieles anders, und ich erkannte es mit dankbarer Rührung, als die Huld meines gnädigen Königs mir ein jährliches Gnadengehalt von zweihundert Talern aussetzte, wovon auch nach meinem Tode die Hälfte auf meine Witwe übergehen wird. Nicht minder ward meiner kleinen Tochter zu ihrer Erziehung eine Stelle in dem Luisenstifte zugesichert, oder nach meinem und der Mutter bestem Befinden eine Novizenstelle in dem hiesigen Jungfernstifte vorbehalten. Gottlob! Nun werden meine Lieben nicht ganz verlassen sein, und ich werde mein Haupt ruhig niederlegen!

Solchergestalt hätte ich allem menschlichen Absehen nach nunmehr mit Welt und Leben so ziemlich abgeschlossen, und ich dürfte hier wohl die Feder niederlegen, wenn ich nicht noch ein paar Schwachheiten zu beichten hätte, die mich noch in so späten Jahren versucht haben, mich dennoch mit Welt und Leben wieder zu befassen.

as für ein sonderbares Ding es um das Projektmachen sei, das habe ich im lebendigen Beispiel an mir selbst erfahren. Der freundliche Leser erinnert sich ohne Zweifel noch, was für ein feines Plänchen zu einer preußischen Kolonie am Kormantin ich schon seit den siebziger Jahren auf dem Herzen trug, und wie ich nach unsres großen Friedrichs Tode einen neuen herzhaften, aber vergeblichen Anlauf nahm, den Plan zur Wirklichkeit zu bringen. Seitdem hatte ich nun noch von englischen Seeleuten hier im Hafen wiederholt vernommen, daß ihre Landsleute längst zugegriffen und jene Landstriche mit Glück angebaut hätten. Wer sollte nun nicht gemeint haben, daß endlich jeder Gedanke solcher Art aus meinem Hirne gewichen sei? Ich glaubte es selbst und schalt mich oft einen Toren, daß ich so etwas hatte träumen können.

Allein das bunte Traumbild war nicht entwichen, sondern hatte sich nur in den dunkelsten Hintergrund meiner Gehirnkammern bis auf gelegenere Zeit zurückgeschoben. Wunderbare Dinge waren vom Jahre 1812 an, vor den Augen der erstaunten Zeitgenossen, wie vor den meinigen, vorübergegangen; die Welt war plötzlich eine andre geworden; Frankreichs Übermacht lag zu Boden, und unser geliebtes Vaterland hatte sich von seinem tiefen Falle glorreich wieder aufgerichtet. Mein altes Herz schlug mir jugendlich freudig bei jeder neuen Großtat, welche die preußischen Waffen verrichtet; ich sah den Staat auf dem Wege, eine immer glänzendere und ehrenvollere Stelle unter den europäischen Mächten einzunehmen. Da erwachte plötzlich auch mein alter langgenährter Lieblingswunsch in der Seele, ich wollte Preußen auch jenseits der Weltmeere groß, blühend und geachtet sehen, es sollte seine Kolonien gleich andern besitzen!

Bald ließ es mir bei Tag und Nacht keinen Frieden mehr. Während die verbündeten Heere 1814 den Kampf der Entscheidung auf französischem Boden vollends ausfochten, (ich selbst hatte damals noch keine Ehestandsgedanken, die mir sonst wohl den Kopf zurechtgesetzt haben würden), mußte ich, um es nur vom Herzen loszuwerden, mich hinsetzen und an meinen hochverehrten Gönner, dem seine glänzenden Erfolge im Felde eine bedeutsame Stellung im Staate erworben hatten, etwa in folgenden Worten zu schreiben:

»Bereits seit vielen Jahren hat mir in meinem Herzen ein Wunsch für König und Vaterland gebrannt, und ich glaube, die Vorsehung hat gerade jetzt Zeit und Umstände zu dessen möglicher Erfüllung herbeigeführt. Dieser Gedanke drückt und drängt mich auch dermaßen, daß ich mich nicht enthalten kann, ihn hier vor Ew. &c. auszuschütten. Mögen Sie dann auch von mir denken, wie Sie wollen, oder mich auch gar damit auslachen! Gott weiß, ich meine es dennoch von Grund des Herzens gut. Aber zur Sache!

»Frankreich ist an unsern preußischen Staat mehr schuldig, als es uns jemals wird ersetzen können. Sollte aber ein solcher Ersatz nicht auf andre Weise zu leisten sein, indem es uns in dem bevorstehenden Frieden (der hoffentlich von Preußen und den verbundenen Mächten diktiert werden wird), und unter Englands Genehmigung, eine bereits in Kultur stehende französische Kolonie in Amerika abträte? – z. B. Cayenne mit ihrem Zubehör auf dem festen Lande, oder eine andre, in guter Kultur stehende Insel unter den Antillen, wie Grenada mit den dazugehörigen Grenadillen oder Dominika. So würden wir die Kolonialwaren, die uns nun einmal ein Bedürfnis geworden sind und wofür so große Summen aus unserm Lande gehen, für unsre selbst erzeugten einheimischen Produkte aus jenen Kolonien unter eigner Flagge und Wimpel eintauschen können. Schweden und Dänemark sind ungleich ärmer an inländischen Erzeugnissen und finden dennoch ihren Vorteil dabei, ihre westindischen Besitzungen in St. Thomas und St. Barthelemy zu unterhalten.

»Daß dieser Handel durch Aktien leicht zustande kommen könnte, leidet wohl keinen Zweifel, da unsre Kapitalisten gerne ihre Fonds darin anlegen würden. Nicht nur könnten die Kapitalien assekuriert werden, sondern auch die Assekuranzprämien im Lande selbst verbleiben. – Auch fehlt es uns jetzt nicht an gründlich unterrichteten Seeleuten. Ich selbst für meinen geringen Teil habe dazu wie bekannt seit dreißig Jahren mitgewirkt, indem es mein Lieblingsgeschäft gewesen ist, eine Steuermannsschule zu unterhalten, worin mehrere tüchtige Seemänner gebildet worden, welche auch jene entfernteren Meere und Gewässer zu befahren wohl imstande sein würden.

»Ich habe mich hiermit unterwunden, nur ein kleines schwaches Bild aus meiner Gedankenwerkstatt zu entwerfen; Zeit und Umstände mögen lehren, ob es von den Weiseren und Machthabern nicht lebendiger auszumalen sein möchte. Meinesteils schreibe und urteile ich nur als alter Seemann, der ich in meinen jüngeren Jahren und wiederum von 1770 ab längere Zeit in holländischen und englischen Diensten jene amerikanischen Küsten und Gewässer in allen Richtungen befahren habe. Jetzt bin ich 76 Jahre alt, sollte es aber noch gelingen, daß meine Vorschläge irgend zu ihrem Zwecke führten, so würde ich mir die Gnade erbitten, das erste preußische Schiff selbst dorthin führen zu dürfen.«

Zweifle niemand, daß ich in diesem letzteren Erbieten nicht treulich Wort gehalten hätte! Ich fühlte damals meine Kräfte im ganzen noch ungeschmälert, und was hätte nichts vollends der Feuereifer vermocht, womit die Erfüllung meines Lieblingsgedankens mich beseelt haben würde! Allein diese Erfüllung stand nun einmal nicht im Buche des Schicksals geschrieben, und ich gab mich endlich gern in den Gründen zufrieden, welche mir in der wohlwollendsten Gesinnung, als gegen meinen Vorschlag streitend, aufgestellt wurden; z. B., daß es das System unsres Staates sei, keine Kolonien in auswärtigen

Weltteilen zu haben, daß, wie vorteilhaft es sonst auch sein möge, durch Absatz der Produkte des Mutterlandes die Kolonialwaren einzutauschen, uns hingegen ein solcher Besitz nur abhängig von den Seemächten machen würde usw. Das ließ sich hören, und dem war denn auch weiter nichts zu entgegnen, wenngleich mein schönes Projekt darüber in den Brunnen fiel.

Und doch ist es das einzige nicht, was mir in meinen alten Greisentagen den Herzensfrieden stört und mitunter die schlaflosen Nächte wohl noch unruhiger macht, obwohl man mich ebensogut um des einen, wie um des andern willen tadeln möchte, daß ich mir Dinge zu Herzen nehme, die mich nicht kümmern sollten. Und doch dürfte ich wohl fragen: *Warum* nicht kümmern? In jenem war mir's lediglich um die Ehre und den Vorteil meines lieben Vaterlandes zu tun, die mir bis zum letzten Hauche meines Lebens teuer sein werden. In dem andern, das ich noch nennen will (obzwar ich es am Ende auch für eine Schwachheit meines von jeder Mißhandlung, welche Menschen gegen ihresgleichen üben, tief verwundbaren Herzens halte), sorge und bekümmere ich mich als Mensch und für die Ehre und den Vorteil der Menschheit. *Wann will und wird bei uns der ernstliche Wille erwachen, den afrikanischen Raubstaaten ihr schändliches Gewerbe zu legen, damit dem friedsamen Schiffer, der die südeuropäischen Meere unter Angst und Schrecken befährt, keine Sklavenfesseln mehr drohen?*

Wenn ich *das* noch heute oder morgen verkündigen höre, dann will ich mit Freuden mein lebenssattes Haupt zur Ruhe niederlegen!

Nettelbeck ist 1824, sechsundachtzigjährig, gestorben, seine jüngste Tochter hat bis 1897 gelebt.